THE WORLD WAR II BOOK

“人类的思想”百科丛书

精品书目

经济学百科

心理学百科

哲学百科

科学百科

商业百科

政治学百科

莎士比亚百科

社会学百科

文学百科

福尔摩斯百科

电影百科

历史百科

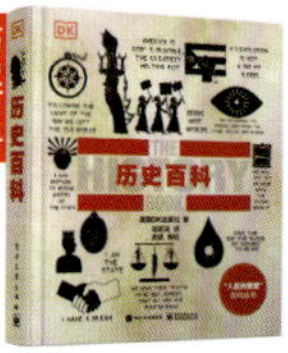

艺术百科

罪案百科

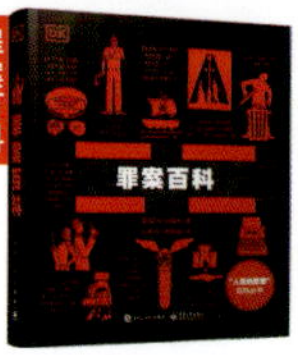

宗教学百科

天文学百科

生态学百科

数学百科

古典音乐百科

法律百科

神话百科

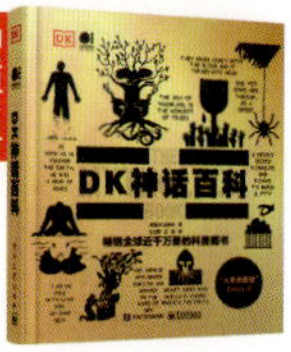

化学百科

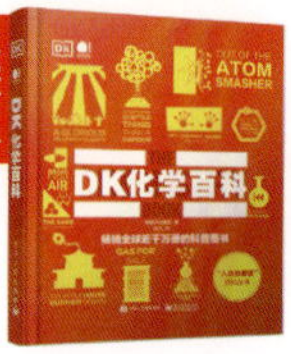

第二次世界大战百科

更多精品图书陆续出版，

敬请期待！

“人类的思想”百科丛书

DK
第二次世界大战
百科

英国DK出版社◎著

史话◎译

范恩实◎审校

電子工業出版社
Publishing House of Electronics Industry
北京 · BEIJING

Original Title: The World War II Book: Big Ideas Simply Explained

版权贸易合同登记号　图字：01-2023-4506

图书在版编目（CIP）数据

DK第二次世界大战百科 / 英国DK出版社著 ; 史话译. 北京 : 电子工业出版社, 2025. 2. -- ("人类的思想"百科丛书). -- ISBN 978-7-121-48260-1

Ⅰ. K152-49

中国国家版本馆CIP数据核字第2024ZB1265号

审图号：GS（2024）3620 号
本书插图系原文插图。

责任编辑：郭景瑶
文字编辑：刘　晓
印　　刷：鸿博昊天科技有限公司
装　　订：鸿博昊天科技有限公司
出版发行：电子工业出版社
　　　　　北京市海淀区万寿路 173 信箱　邮编：100036
开　　本：850×1168　1/16　印张：21　字数：672 千字
版　　次：2025 年 2 月第 1 版
印　　次：2025 年 4 月第 3 次印刷
定　　价：168.00 元

凡所购买电子工业出版社图书有缺损问题，请向购买书店调换。若书店售缺，请与本社发行部联系，联系及邮购电话：（010）88254888，88258888。

质量投诉请发邮件至 zlts@phei.com.cn，盗版侵权举报请发邮件至 dbqq@phei.com.cn。

本书咨询联系方式：（010）88254210，influence@phei.com.cn，微信号：yingxianglibook。

www.dk.com

混合产品
纸张 | 支持负责任林业
FSC® C018179

“人类的思想”百科丛书

本丛书由著名的英国DK出版社授权电子工业出版社出版，是介绍全人类思想的百科丛书。本丛书以人类从古至今各领域的重要人物和事件为线索，全面解读各学科领域的经典思想，是了解人类文明发展历程的不二之选。

无论你还未涉足某类学科，或有志于踏足某领域并向深度和广度发展，还是已经成为专业人士，这套书都会给你以智慧上的引领和思想上的启发。读这套书就像与人类历史上的伟大灵魂对话，让你不由得惊叹与感慨。

本丛书包罗万象的内容、科学严谨的结构、精准细致的解读，以及全彩的印刷、易读的文风、精美的插图、优质的装帧，无不带给你一种全新的阅读体验，是一套独具收藏价值的人文社科类经典读物。

“人类的思想”百科丛书适合10岁以上人群阅读。

《DK第二次世界大战百科》的主要贡献者有Adrian Gilbert, Simon Adams, John Farndon, Jacob F. Field, R. G. Grant, Joel Levy, Olivia Smith, Christopher Westhorp等人。

目录

战争愈演愈烈
1941—1942

局面扭转
1943—1944

终局之战
1945年

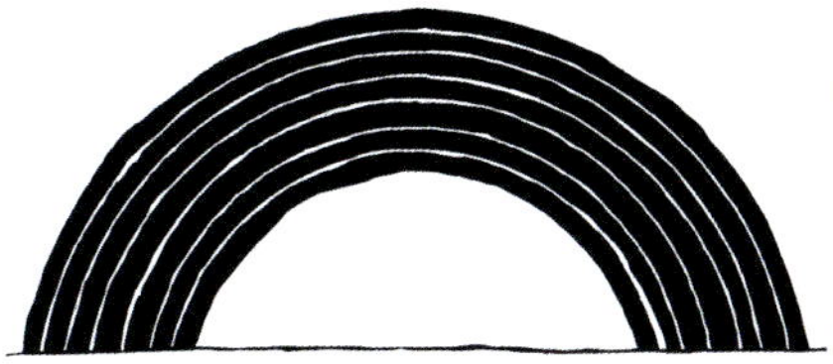

INTRODUCTION

前言

第二次世界大战（以下简称“二战”）是人类历史上规模最大、最惨烈的浩劫。对立的轴心国与同盟国陷入了一场只能以一方毁灭而告终的战斗。伤亡人数直接反映了战争的残酷性：超过7000万人丧生，无数人身心受重创。美国向日本投掷原子弹将二战推向高潮。原子弹是威力巨大的新型杀伤性武器。

共同的野心

二战的爆发源于地球两端两场看似相互独立的军事冲突。远东战场上的冲突因1931年日本侵略中国东北的九一八事变而初现端倪，九一八事变爆发6年后，日本全面入侵中国。在欧洲战场上，1939年德国入侵波兰在很多层面上都预示着欧洲诸国在第一次世界大战（以下简称“一战”）期间发生的欧洲统治权争夺战自此重启。而将地球两端的军事冲突合而为一的推力是德国和日本共同的野心。德日两国试图大规模扩张领土并创造世界“新秩序”，以此来与旧大陆的老牌帝国主义国家相抗衡，甚至试图取而代之，成为新的世界霸主。

轴心国的第3个成员意大利也在着手建立一个帝国，它先后在东非和地中海建立了殖民地。3个轴心国并不认为战争偏离了外交范畴，反而将其视为外交政策的重要工具。远东和欧洲两个区域的军事摩擦加剧了局势的动荡与紧张，最终引爆了世界大战。1941年6月，德国入侵苏联，将苏联卷入战局。苏德战争助长了日本的野心，加速了日本发动太平洋战争的步伐。希特勒在太平洋战争爆发数天后对美国宣战。至1941年年底，区域性摩擦已演变成全球性的大规模战争。

轴心国自始至终都是侵略者。德意日以所谓的“卓越军事精神”为赌注，坚信这种精神足以使它们战胜虽整体实力更强但战斗意志“颓废”的同盟国。

> **每一个健康的、精力充沛的人都会认为获得领土没有任何罪恶，而是完全符合自然规律的。**
>
> 阿道夫·希特勒，1928年

相对优势

虽然意大利的帝国梦在战争刚开始就破灭了，但德国和日本在战争初始阶段取得了一系列惊人的军事胜利。因此，德日两国产生了误判，认为缔造帝国的目标即将实现。然而，它们低估了对手，因为在遭遇最初的挫折之后，同盟国重整旗鼓，最终依靠巧妙的战术和强大的攻击力转败为胜。

战场上，德国和日本的武装力量装备精良，指挥能力良好。此外，德日两国士兵的战斗意志也是战争不断延续的一个显著因素。

从领导力方面看，同盟国的整体领导力是优于轴心国的。温斯顿·丘吉尔、富兰克林·罗斯福和约瑟夫·斯大林都具备宏大的全球

视野。他们愿意彼此配合，共同实现既定目标。相比之下，日本的军国主义政府被长期的派系主义斗争侵蚀，除了单一的领土扩张，几乎没有什么远见；阿道夫·希特勒一生痴迷于在东欧建立广阔的新帝国"生存空间"（Lebensraum）；贝尼托·墨索里尼则只能算是一个虚荣的幻想家。他们只是表面上的合作伙伴，从未认真探索彼此合作的方式。

同盟国有能力获得更多的物资，并且能比轴心国更有效地利用它们。美国和苏联的大规模工业生产处于世界领先地位，打造出了令人生畏的"钢铁洪流"。英国也为战争所需的军民产品做出了诸多贡献。同盟国生产了超过400万辆坦克和战车，而轴心国仅生产了67万辆。稳定的石油供应同样至关重要。到1944年年底，由于燃料短缺，轴心国几乎无法操作机械化武器装备来应战。

在军事情报领域，同盟国也证明自己的能力领先于轴心国，包括破解德国和日本主要密码的技术。在民用技术的军事应用方面，同盟国同样优于轴心国。曾经的科技强国德国逐渐意识到自己已被同盟国超越。虽然德国在喷气式飞机和火箭推进领域处于领先地位，但所取得的进展来得太晚，无法改变已定的败局。

社会变革

二战的深刻影响远超军事竞赛的范畴。虽然它给数以千万计的人带去了深重苦难，却也提供了新的启示和机会，点燃了新的政治诉求和社会期望。例如，女性大规模进入职场。尽管她们中的许多人在战争结束后回归了传统的女性角色，但女性对战争的巨大贡献不容忽视。美国南方农村的数百万名黑人到加利福尼亚州及北方工业区工作，由此形成了一场深刻的人口变革，改变了美国的种族格局。

> **希特勒正在用他掌握的所有力量打击我们。这是他孤注一掷的赌博，所下的赌注差不多是对整个人类的统治。**
>
> 温斯顿·丘吉尔，1940年

亚洲、非洲一些殖民地的人民看到，长期压迫和奴役他们的欧洲殖民者竟被日本人和德国人欺辱，这样史无前例的变化赋予了广大亚非人民争取独立和反殖民斗争的勇气，也昭示着殖民帝国踏上了走向衰亡的第一步。二战明示了欧洲作为世界秩序主导者的衰落，同时加速了美国和苏联这两个超级大国的崛起。

关于本书

本书致力于研究二战如何开始、同盟国如何击败轴心国，并研究这场战争的结局和后续影响。毫无疑问，战争产生了持久的影响，其中的许多影响一直持续至今。本书也希望让读者了解度过人类历史上最不平凡的那些年是什么感觉。■

THE SEEDS OF WAR
1914—1939

战争的种子 1914—1939

1919年

《凡尔赛和约》缔结于该年6月，标志着第一次世界大战的结束。自此德国失去大量领土，武装力量锐减。

1922年

在意大利，墨索里尼领导的法西斯政党上演了“向罗马进军”，该事件成为法西斯夺权的一部分。

1923年

在德国政治动荡的推波助澜下，希特勒发动政变。但这次政变以失败告终，希特勒被短暂监禁。

1924年

“道威斯计划”重组了德国的赔偿计划，稳定了德国的金融体系。

1925年

保罗·冯·兴登堡成为德国总统。他被认为具有稳定的政治影响力。

1928年

美国、英国、法国、意大利、德国和日本共同签署了声明放弃侵略战争的《凯洛格-白里安条约》，即《巴黎非战公约》。

1929年

纽约证券交易所股市崩盘，引发了全球性经济大萧条。

1931年

日军占领了中国东北大部分地区。

二战的开端应追溯到1919年。1919年6月，《凡尔赛和约》的签订标志着一战结束。该条约是胜利方（英国、法国、意大利和美国等）为阻止国际冲突再次发生而做出的努力，但它创造的新矛盾多于它所解决的遗留问题。加之战后欧洲遭受了经济危机的打击，一场比一战更加致命的新世界大战就此埋下伏笔。

国界的重塑

《凡尔赛和约》重塑了欧洲中部地区的格局。一战后，奥匈帝国瓦解，奥地利变成任人宰割的弱小国家，匈牙利的部分领土由罗马尼亚占领；捷克斯洛伐克和南斯拉夫宣告独立；德国的部分领土则由捷克斯洛伐克和战后复国的波兰占领。

尽管“民族自决”概念始终是《凡尔赛和约》的重要指导原则，但它未能遏制中欧诸国相互倾轧的民族野心。国家之间的暗流涌动仍然是冲突爆发的潜在原因。更成问题的是，在捷克斯洛伐克和波兰新获取的德国故土上，仍定居着大量以德语为母语的德意志人。这让后来崛起的德国民族主义者有机可乘。

《凡尔赛和约》的条款也削弱了德国的政治、经济和军事实力。法国收复阿尔萨斯-洛林地区，占领萨尔工业区；胜利方向德国索要巨额战争赔偿款；德国的海外帝国被肢解，其武装部队被裁减至10万人。这些条款引起了德国民众的强烈不满，他们生出了熊熊复仇之火。

英、法等国家联合成立了国际联盟，希望通过谈判、仲裁和集体安全行动来平息国际纷争，以避免未来再度发生战争。然而，国际联盟既没有掌握军事力量，又缺少美苏两个超级大国的参与和支持，其作用被严重限制。国际联盟未能阻止日本帝国主义在1931年悍然挑起九一八事变并入侵中国东北，也无力阻止4年后意大利对埃塞俄比亚的侵略。

希特勒的崛起

战后的经济崩溃导致许多国家的右翼势力借机发展壮大。日

1932年

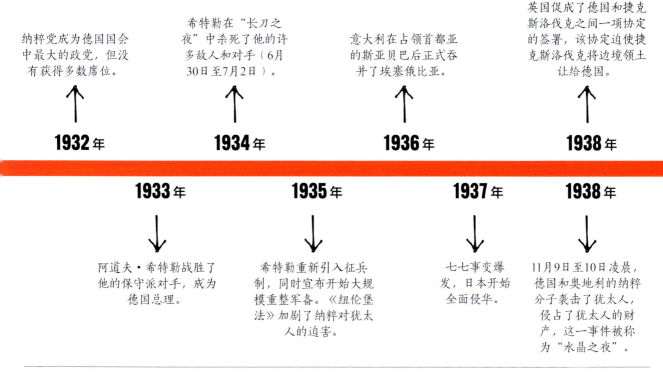

纳粹党成为德国国会中最大的政党，但没有获得多数席位。

1933年

阿道夫·希特勒战胜了他的保守派对手，成为德国总理。

1934年

希特勒在“长刀之夜”中杀死了他的许多敌人和对手（6月30日至7月2日）。

1935年

希特勒重新引入征兵制，同时宣布开始大规模重整军备。《纽伦堡法》加剧了纳粹对犹太人的迫害。

1936年

意大利在占领首都亚的斯亚贝巴后正式吞并了埃塞俄比亚。

1937年

七七事变爆发，日本开始全面侵华。

1938年

英国促成了德国和捷克斯洛伐克之间一项协定的签署，该协定迫使捷克斯洛伐克将边境领土让给德国。

1938年

11月9日至10日凌晨，德国和奥地利的纳粹分子袭击了犹太人，侵占了犹太人的财产，这一事件被称为“水晶之夜”。

本、意大利和德国的右翼政党趁机攫取国家权力，上台执政。1933年，阿道夫·希特勒领导的纳粹党在德国大选中取得胜利。这是欧洲被拖入战争泥潭唯一的，也是最重要的因素。希特勒刚被任命为总理，便立即推翻了助他当选国家领导人的民主制度。随后，他又推行新法律来镇压工会、反对党、犹太人和其他“非雅利安人”。德国迅速进入极权独裁统治状态。希特勒还试图收复德国在一战后失去的领土，并着力重振德国在国际社会中的地位。尽管1934年夺取奥地利政权失败了，但他对夺回失地和扩大势力仍有清晰的长期计划。

他更公然违反《凡尔赛和约》的条款，重整德国军备，大肆装备侵略性战争武器，如坦克、轰炸机和潜艇。

肆无忌惮的侵略

完成军队重建后，希特勒自觉准备就绪，开始扩张德国领土并重新夺回此前被占领的领土。1936年3月，德军在没有遇到英法阻挠的情况下重新占领了莱茵兰非军事区。西班牙内战（1936—1939年）爆发后，胆大包天的希特勒支持佛朗哥领导的民族主义集团。他将西班牙内战作为德国武装部队新式武器和军事战术的试验场。当德国空军借轰炸西班牙城镇来夸耀实力时，其他欧洲国家开始担心本国国民的安全。但由于没有做好战争准备，这些国家对德国采取了绥靖政策。

英国和法国没有采取任何行动去阻止发生在1938年3月的纳粹德国吞并奥地利事件。更有甚者，6个月后，当希特勒要求将捷克斯洛伐克的德语区——苏台德地区并入德国时，英法两国甚至在慕尼黑会议上批准了这场对捷克斯洛伐克的分解。

直到1939年3月德国进一步入侵捷克斯洛伐克的其他地区时，英法两国才避无可避，准备应战。当希特勒得寸进尺地索要波兰走廊时，英法两国终于放弃绥靖政策，转而强硬起来。■

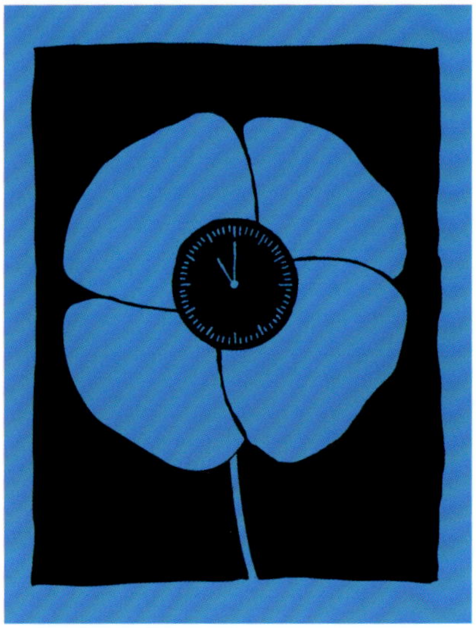

一场终结所有战争的战争

史诗级战争（1914—1918年）

背景介绍

聚焦

紧张的和平局势

此前

1881年 德国与奥匈帝国、意大利结成三国同盟。

1897年 德国开始建造公海舰队，引发了与英国的海军军备竞赛。

1907年 英、法、俄三国缔约。

1912—1913年 两次巴尔干战争之后，塞尔维亚成为一个强大且野心勃勃的国家。

此后

1918年12月1日 南斯拉夫宣布独立。

1919年2月14日 在巴黎和会上，协约国提议建立国际联盟，以促进国际合作。

1923年 恶性通货膨胀让德国本已困顿的经济形势雪上加霜。

一战爆发仅仅几周后，作家威尔斯（H. G. Wells）就写了一篇题为《一场终结了所有战争的战争》的文章。该文被证明是对一战最具概括性和最具讽刺意味的总结。1918年，这一说法传遍欧洲，成为人们期盼更美好未来的代名词。但这种希望是否有理有据呢？

1914—1918年，共有30多个国家参战。绝大多数国家选择加入协约国阵营，包括塞尔维亚、俄国、法国、英国、意大利和美国，以应对同盟国挑起的战争。最初在欧洲东南部爆发的小规模冲突演变成了欧洲几大帝国之间的战争。战争不仅发生在西欧，也蔓延到东欧

许多政客下定决心避免再次发生一战这样的浩劫。

↓

协约国领导人试图通过磋商和平条约和军备限制协议来实现这一目标。

↓

战败国发誓要洗刷被迫签订不平等条约的奇耻大辱，并决心煽动世界政治和经济动荡。

↓

一战并不是终结所有战争的战争。

参见：有瑕疵的和平 20~21页，纳粹的崛起 24~29页，法西斯独裁者 34~39页，德国的扩张 46~47页，国际联盟的失败 50页，绥靖政策 51页。

第二次埃纳河战役期间，法国军队在战壕中。这是1917年法英双方为将德军赶出法国而进行的代价高昂的战役。

和东南欧、非洲和中东等地区。战火从各国战斗前线逐渐蔓延到田野和工厂，冲击了人们的正常生活。

深远的影响

这是一场破坏性巨大的“全面战争”，造成约1700万人死亡和2000多万人受伤。然而，其影响远不止于此。它间接促成了医学的长足进步，如假肢、输血、抗菌消毒和整形手术等方面均有巨大突破。随着投票权的扩大，公众的政治和社会观念发生了变化。工会成为维护劳动者权益的组织，数以百万计的妇女走出家门参与社会劳动。军事技术也有了新的发展，飞机、潜艇和坦克都首次发挥了关键作用。这些技术进步确保人类社会不会倒退回战前水平。

这场战争摧毁了4个帝国。德意志帝国、奥斯曼帝国和奥匈帝国相继覆灭；存续了几百年的沙俄罗曼诺夫王朝于1917年被推翻，沙皇尼古拉二世下台。起初德国认为弗拉基米尔·列宁返回俄国领导十月革命会使俄国退出一战，这或许对德国有利。十月革命固然让俄国退出了战争，但也推动了国际社会主义运动的发展，鼓舞了殖民地、半殖民地人民的解放运动。

领土变化

帝国主义是战争发生的根源。数以千万计的被殖民者为欧洲殖民国而战，甚至付出了生命。协约国阵营成立的结果是，各个帝国的实力得到了不同程度的巩固或加强。彼时还是弱小帝国的日本接手了德国在亚洲的殖民地及太平洋的海上航道。种种帝国主义式攫取点燃了日本称霸亚洲的野心。欧洲旧帝国的灭亡为波兰、南斯拉夫和捷克斯洛伐克等新国家的成立留下了空间。然而，这些新国家的边境很快就因各类冲突而陷入了紧张状态。

《凡尔赛和约》削减了德国领土面积，剥夺了其殖民地，并要求德国支付大量赔偿款；德皇流亡，德国经济和政治一片混乱。所有这些国家层面的困难却为阿道夫·希特勒上台铺平了道路。《德意志报》曾这样预言德国民族情绪：“在我们重新赢回本属于我们的东西之前，我们决不罢休。”

1918年一战结束时，领土争端、殖民竞争的野心和国家局势的紧张等问题始终存在，甚至由于政治、社会和经济不稳定而更加恶化。此时“以战争结束所有战争”的想法还尚未成为德国民众心中的救赎方向。■

> 这不是和平。这仅是为期20年的休战。
>
> 法国将军费迪南德·福煦

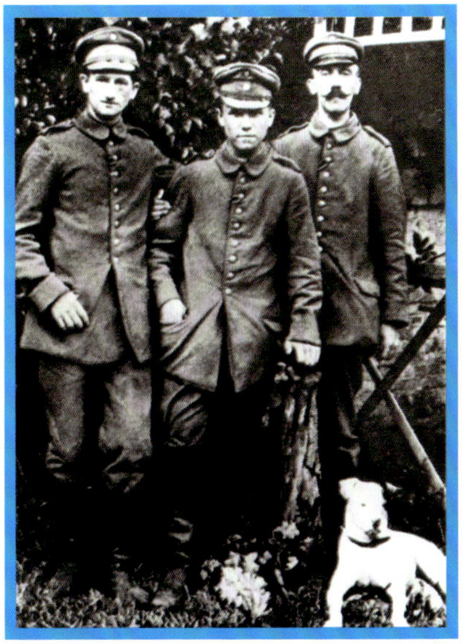

阿道夫·希特勒（右）在一战期间服役于巴伐利亚第16预备步兵团。作为一名传令兵，他两次受伤，并于1918年被授予一级铁十字勋章。

筑于流沙上的和平

有瑕疵的和平（1919年）

背景介绍

聚焦

和平条约

此前

1648年 《威斯特伐利亚和约》结束了欧洲的三十年战争，确立了主权国家的不可侵犯性。

1814—1815年 在维也纳会议上达成的协定，结束了拿破仑战争，重绘了欧洲边界，以达成均势格局，确保欧洲和平。

此后

1945年 《波茨坦协定》确定了处置德国的基本原则和其他有关事宜。

1945年 50个国家签署了《联合国宪章》。联合国是一个全新的国际维和组织。

1947年 《巴黎和约》的内容包括战争赔款、弱势民族权利的维护和主要领土变化。

代表们在凡尔赛宫讨论条约的条款。约30个国家派代表参加了此次会谈，但美国、英国、法国和意大利的领导人占据主导地位。

一战在1918年11月画上休止符，条约的具体条款必须在各国军队返回各自国家之前尽快制定出来。1919年1月18日，战胜国的领导人在凡尔赛宫召开巴黎和会。5个多月后，他们敲定了《凡尔赛和约》，它随后被大多数历史学家描述为“有瑕疵的和平”，因为它埋下了日后二战爆发的种子。

许多国家的代表出席了会议，但条约的内容由被称为“四巨头”的主要协约国领导人把持——美国总统伍德罗·威尔逊、英国首相大卫·劳合·乔治、法国总理乔治·克列孟梭和意大利总理维托里奥·

参见： 史诗级战争 18~19页，国际联盟的失败 50页，绥靖政策 51页，盟军峰会 225页，欧洲的胜利 298~303页，持久的影响 320~327页。

> 25年后，我们将不得不再进行一场战争。
>
> 大卫·劳合·乔治

奥兰多。深陷内战泥潭的苏维埃俄国没有参加，战败国也被排除在外。

胜利者的和平

“四巨头”在议定条约过程中的绝对话语权既是凡尔赛体系的优势，也是其致命伤。它使这些强大的国家有强烈意愿遵守条款，但也让在议定过程中被排除在外的国家心怀怨恨。

威尔逊总统带着“十四点和平原则”出席会议，其中包括结束秘密外交、保证自由贸易、平等对待殖民地的人民，以及充分依据民族自决原则来划定国界和成立国家，即允许具有共同民族认同感的人组建自己的国家。最后一点，也是最重要的一点，是建立国际联盟这样一个保护大小国家均免受外部侵略的国际机构。

英国和法国特别是后者的国土在战争期间被德国部分占领，因此两国要求德国为战争带来的灾难性后果付出应有的代价，并剥夺德国在未来发动战争的一切能力。

为争取英国和法国加入国际联盟，威尔逊接受了一项“战争罪”条款，将发动战争的一切罪责归咎于德国。因此，德国必须支付巨额的惩罚性赔偿款，法国控制了德国萨尔工业区。德国军队被裁减，莱茵兰被非军事化，莱茵河以东50千米内德国不得驻军设防。

条约的效力

德皇退位后选举出的新领导人别无选择，只能接受该条约。但许多德国人指责这些条款造成了席卷全国的经济灾难。条约对德国的种种制裁却为阿道夫·希特勒上位铺平了道路。

虽然埋下了一颗定时炸弹，但《凡尔赛和约》也有一些积极的方面，使人们得以恢复和平的生活。一些新的欧洲国家，包括捷克斯洛伐克，建立了起来。新政权的建立体现了民族自决原则。然而，中东和非洲后来被大国瓜分，这些大国完全不顾当地民众的意愿，留下的冲突“遗产”至今仍在肆虐。

国际联盟创建了一个应对国际紧张局势的体系，但它缺乏最基本的军事力量的支持。直到二战后联合国成立，才有了能够有效解决冲突的国际机构。■

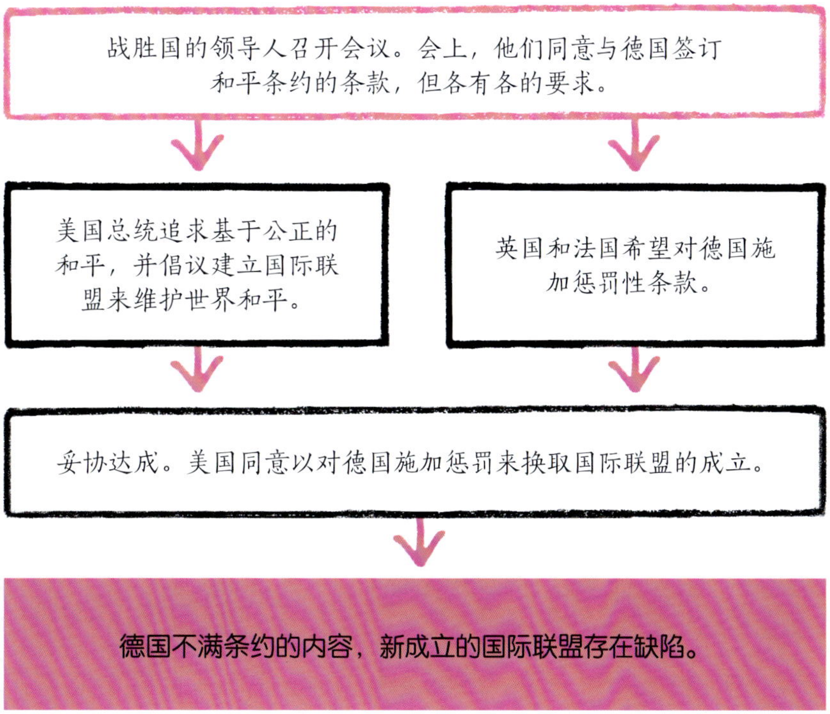

战胜国的领导人召开会议。会上，他们同意与德国签订和平条约的条款，但各有各的要求。
美国总统追求基于公正的和平，并倡议建立国际联盟来维护世界和平。
英国和法国希望对德国施加惩罚性条款。
妥协达成。美国同意以对德国施加惩罚来换取国际联盟的成立。
德国不满条约的内容，新成立的国际联盟存在缺陷。

仅存于理论上的民主

意大利与法西斯主义的崛起（1922—1939年）

第一次世界大战后，意大利以惊人的速度野蛮走上法西斯主义道路。早在1925年希特勒完成《我的奋斗》之前，墨索里尼就已宣布自己是意大利的独裁者，要求人民称他为“领袖”。在许多层面上，墨索里尼都是希特勒的灵感来源。

尽管意大利是一战的胜利者之一，但它在生命和财力方面付出了惨重的代价，意大利原本期望的领土扩张也没有实现。战时的总理维托里奥·奥兰多备受指责。在此经济下行阶段，人们开始寻找自由

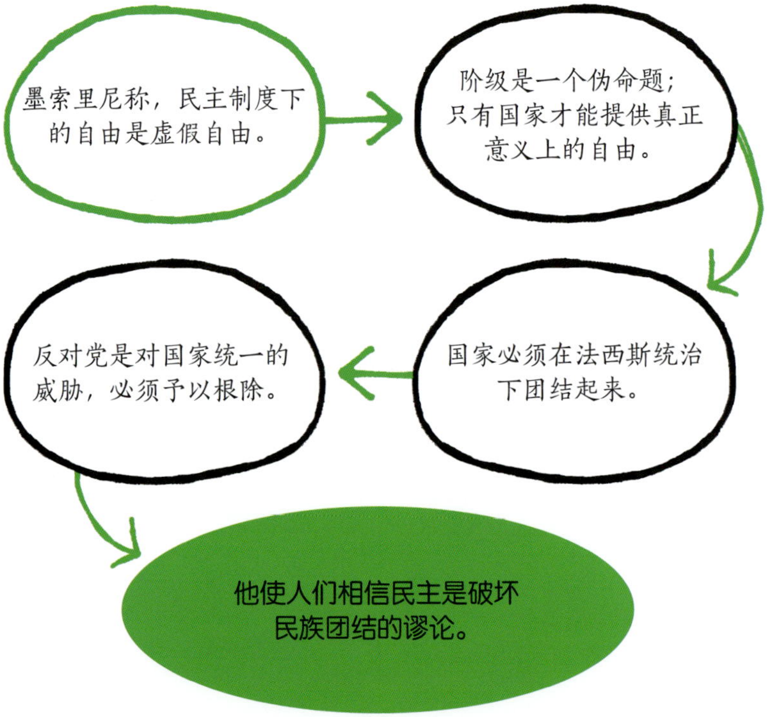

墨索里尼称，民主制度下的自由是虚假自由。
阶级是一个伪命题；只有国家才能提供真正意义上的自由。
国家必须在法西斯统治下团结起来。
反对党是对国家统一的威胁，必须予以根除。
他使人们相信民主是破坏民族团结的谬论。

背景介绍

聚焦

极权主义

此前

1914年 墨索里尼因国内激进的民族主义思潮兴起而放弃了意大利社会党，转而选择了军国主义和种族主义意识形态。

1915年 《伦敦条约》允许意大利攫取潜在的领土收益，诱惑意大利参加一战。

1919年 意大利民族主义政党占领了克罗地亚的意语区——富姆港。

此后

1943年 同盟国攻入意大利后，墨索里尼一度被逮捕并废黜，但随后他被德国突击队救出。

1945年 墨索里尼在试图逃往瑞士时再度被捕，最终被游击队枪杀。

1948年 在1921年以来的第一次自由选举中，新法西斯主义政党意大利社会运动党仅获得2%的选票。

参见: 有瑕疵的和平 20~21页, 纳粹的崛起 24~29页, 法西斯独裁者 34~39页, 西班牙内战 40~41页, 意大利参战 88~89页。

法西斯黑衫军“向罗马进军”的事件是希特勒于1923年11月发动的未遂政变——慕尼黑啤酒馆暴动的灵感来源。

民主的替代方案。

数以百万计的工人和农民渐渐认同社会主义的理念，要求工厂和农场转为公社集体化经营。但是，对此深感恐惧的地主和中产阶级转而支持前陆军军官墨索里尼领导的法西斯战斗团。墨索里尼坚持认为军队遭到了背叛。意大利国家法西斯党很快就为人所知，这一名字来源于古罗马语的束棒（fasces），是团结和力量的象征。

民主制度土崩瓦解

墨索里尼认为民主制度是一种失败的国家制度。他宣称自由是虚幻的，国家强权是使人们获得真正自由的唯一途径，能够将国家提升到阶级意识之上。依照他的观点，任何反对民族团结的因素都应当被根除，必要时甚至可以用暴力手段摧毁。墨索里尼宣称：“我们每个人的牙齿理当如匕首般锋利，每个人手中都要握有一颗炸弹，心中应有无限的蔑视。”

很快，被称为“黑衫军”（Camicie Nere）的法西斯团体向它们的政敌们，尤其是社会主义者，发起了残酷的攻击。

1922年10月，黑衫军进军罗马并接管了政府。墨索里尼被任命为总理。

> 尽归于国，无外于国，无逆于国。
>
> 墨索里尼

最高领导人

社会主义者试图反抗，但遭到无情镇压。1924年，他们的领导人贾科莫·马泰奥蒂被谋杀，浪潮般的反墨索里尼声音被压制。墨索里尼趁机宣布意大利成为一党制国家，由自己担任最高领导人。到1943年下台前，他始终牢牢占据最高领导人的位置。

墨索里尼有意识地引导民众对他的个人崇拜。他频频对公众发表有煽动性的、情绪化的演讲，蛊惑人们高喊口号——“相信，服从，战斗！”和“领袖永远是对的”。墨索里尼的一切施政方针都以“国家至上论”为依据，他希望带领意大利取得军事胜利。为实现这一目标，他重振国内经济，将农业、工业集体化，将私人企业重组成国有“公司”。任何反对他的人都会遭遇灭顶之灾。

为了转移人们对国内长期矛盾的注意力，墨索里尼在1935年入侵了埃塞俄比亚，展开了获取殖民地和海外领土的行动。1939年5月，希特勒和墨索里尼签订了《德意同盟条约》（《钢铁盟约》），这是一个军事和政治联盟，是他们为战争做的准备。■

淫威下的服从

纳粹的崛起（1923—1933年）

背景介绍

聚焦

德国政治

此前

1919年 斯巴达克同盟起义在柏林爆发。这是一场由德国共产党领导的大规模罢工。该起义被准军事组织"自由军团"镇压。

1920年 德国民族主义者和君主专制支持者在柏林发动政变。政变失败后，自称总理的领导人沃尔夫冈·卡普逃亡。

1922年 根据《拉巴洛条约》，德国和苏维埃俄国相互放弃赔偿要求，根据最惠国待遇原则发展贸易并进行经济合作。随后双方又签订秘密协定，同意两国军队共同进行军事训练。

此后

1933年 国会大厦纵火案为希特勒完全控制德国民主政权提供了借口。

1934年 希特勒在"长刀之夜"消灭了政敌。

1935年 随着希特勒收回1920年以来由法国占领的萨尔州西部领土，纳粹的扩张野心渐渐浮出水面。

1936年 西班牙内战爆发，希特勒派出空军和装甲部队支援佛朗哥将军。

1940年 根据在柏林签订的《德意日三国同盟条约》，意大利、德国和日本成为盟友，不久后匈牙利也加入其中。

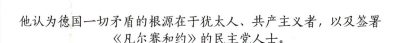

希特勒认为《凡尔赛和约》完全悖逆德国民意，将发动第一次世界大战的罪责全都归咎给德国，并导致德国人民失去家园。

↓

他认为德国一切矛盾的根源在于犹太人、共产主义者，以及签署《凡尔赛和约》的民主党人士。

↓

他说，纳粹会推举出一位领导人来推翻《凡尔赛和约》，驱逐犹太人和共产主义者，最终结束民主党的暴政。

↓

纳粹声称，将重整军队、重建德国、扩大领土，为雅利安人提供宽阔的"生存空间"，创造新的未来。

1923年，德国魏玛共和国陷入经济政治双重危机中。国家的困顿给了希特勒可乘之机。在接下来的10年里，希特勒和他的纳粹势力统治了德国。彼时德国与一战战胜国的关系因战争赔款问题而破裂，同时国内左右两派之间的暴力冲突造成了严重的社会动荡。

怨恨滋生

一战战胜国将德国的赔偿款定为1320亿金马克，还特别注明支付赔偿款的货币单位为德国早在1914年就已废止的金本位货币，以防止德国使用一战后汇率频繁波动的纸马克偿还。德国被迫大量印制货币以购买外汇和支付赔偿款。纸马克很快贬值，进而引发了恶性通货膨胀。到了1922年，德国再也无力支付剩余赔偿款。

参见: 史诗级战争 18~19页, 意大利与法西斯主义的崛起 22~23页, 纳粹政权的建立 30~33页, 法西斯独裁者 34~39页, 德国的扩张 46~47页。

希特勒

阿道夫·希特勒, 1889年4月出生于奥地利布劳瑙。他在学生时代并未展露出任何天赋。青年时代的他渴望成为艺术家, 却未能在维也纳立足。他转而尝试参军。虽然被判定不适合入伍, 但他向巴伐利亚国王路易三世请愿, 成功在巴伐利亚军队获得了一席之地, 参与了一战。

1919年, 希特勒加入民族社会主义德意志工人党, 并负责党政宣传工作。他的演讲天赋和感染力推动纳粹党迅速崛起。他本人也获得了各个阶层的支持。希特勒的魅力也让戈培尔和鲁道夫·赫斯折服。希特勒坚信自己是德意志民族的"救世主"。他不计代价追求的目标却以二战中德国失败而告终。1945年, 他在柏林自杀, 他的统治自此结束。

1923年1月, 法国和比利时军队占领了德国的鲁尔河谷工业中心地带, 掠夺其工业商品以抵债。魏玛政府的回应则是鼓励工人进行非暴力抵抗。

侵占和反侵占过程引起了罢工和抗议运动, 有100多名德国平民丧生, 这引发了民众进一步的仇外情绪。与恶性通货膨胀加剧相伴而生的是企业大量倒闭, 民不聊生。在短短11个月内, 1块面包的价格从250马克飙升到2000亿马克。到了1923年11月, 1美元甚至可以兑换4.2万亿马克。

纳粹党的崛起

极左翼和极右翼政党对魏玛共和国的支持率均急剧下降。右翼政党包含羽翼未丰的民族社会主义德意志工人党, 即纳粹党, 其前身是德意志工人党。该党于1919年在巴伐利亚州最大的城市慕尼黑成立。1919年秋, 德国国防军(魏玛共和国军队)的政治代理人阿道夫·希特勒被派去策反民族社会主义德意志工人党。然而, 他对该党的党章产生了共鸣, 于是选择加入该党, 并在1920年发布了《二十五点纲领》。

该纲领主张废止《凡尔赛和约》, 收回德国对本国事务的自决权。此外, 纲领还带有威胁性质地声明, 只有德意志人才能成为公民, 有犹太血统的人不应被接纳为德国公民。

反犹太主义、街头暴力和恐吓不仅是纳粹党早期的特征, 更贯穿纳粹历史始终。1921年, 希特勒建立了冲锋队(Sturmabteilung), 它很快就因其制服颜色而被称为"褐衫军"。

慕尼黑啤酒馆暴动

1923年, 希特勒在巴伐利亚发表演讲, 指出柏林政府及其盟友——犹太银行家和共产主义者——应为国家当下的困境负责。在德国面临亡国危机的情况下, 纳粹的言行吸引了成千上万的拥趸。

然而, 希特勒高估了民众对他的支持力度。11月8日, 他试图发动政变。他带着数百名褐衫军冲进慕尼黑的一个大型啤酒馆。巴伐利亚州州长古斯塔夫·冯·卡尔准备在那里发表讲话。希特勒的目的是说服冯·卡尔支持在柏林举行的推翻魏玛共和国的游行。希特勒最初在集会中占据上风, 但慕尼黑的宪兵粉碎了褐衫军占领政府大楼的企图。第二天, 州警察拦截了纳粹游行, 杀死了16名纳粹分子。希特勒逃走, 但随后被捕入狱。

20世纪20年代，彼此敌对的政党摩擦不断。1927年，经常受褐衫军针对的红色前线战士联盟成员与柏林警方发生冲突。

纳粹党逐渐壮大

希特勒被指控犯有叛国罪，他以极具感染力的演讲为自己辩护。这些演讲被广泛宣传并使他赢得了进一步的支持。希特勒最初被判5年有期徒刑，但在仅9个月后便获释。在此期间，他写下了《我的奋斗》一书。

获释后，希特勒追缅政变中丧生的16名纳粹分子为“烈士”，并以沾满他们鲜血的旗帜为“血旗”（Blütfahne），这面旗成为纳粹在所有重要场合中必然展示的“圣物”。

政变引起了全国民众的关注，但它的失败也让希特勒坚信，公开的暴力行动不是前进的正确路径。他退而求其次，决心利用德国的民主制度追求权力。

获得民众支持

希特勒被禁止公开演讲，直到1927年才获得解禁。因此，他将全部精力用在加强和扩大纳粹党上，他努力使其成为一个由他牢牢掌舵的全国性政党。为了获取年轻人的支持，他创建了民族社会主义德国学生联合会和德国妇女骑士团（1931年并入民族社会主义妇女联盟）。他在全国各地任命了大量“高莱特”（州长），以负责领导更低一级的官员。他以这种方式争取让自己拥有更广阔的政治代表性。在柏林，他的“高莱特”是约瑟夫·戈培尔。戈培尔是一位业务娴熟的公关专家，他利用一切可能的机会让纳粹党获得关注。

希特勒还改革了安全部队，加强了褐衫军的军队纪律，创建了一个小型贴身保镖团（Schutzstaffel）。到1930年时，保镖团人数已达3000人，由残暴的反犹太分子海因里希·希姆莱领导。

转折点

1925年至1929年间，纳粹党成员从2.5万人升至18万人左右，甚至很快就增加到数百万人之多。1927年，希特勒重新开始公开演讲并参加国会选举。次年，纳粹党在德国国会中首次获得12个席位，但社会民主党获得了153个席位。与所有竞争对手相比，社会民主党仍领先22个席位。

1929年发生的事件彻底改变

> **世上只有两种可能：要么雅利安人获胜，要么犹太人胜利并屠尽雅利安人。**
>
> 希特勒，1921年

1932年，一张纳粹党的选举海报上的数字1表示纳粹党希望在德国取得的地位。

了德国的政治格局。10月，华尔街证券交易所股价暴跌，这对德国造成了灾难性的影响。失去美国贷款后，德国工业无可避免地崩盘了，失业人口在1年内达到200万人，1934年更是飙升至600万人。

1930年7月，德国总统保罗·冯·兴登堡违背德国国会的意愿，采纳了新任总理海因里希·布吕宁的建议，启动紧急法令推动削减政府开支，包括削减工资和失业金。国会没有通过这项法令，启动了新的选举。

随着魏玛政府公信力的减弱，德国公众把希望寄托在极端主义政党身上。希特勒抓住机会将自己描绘成德意志民族的“救世主”，同时不忘进行反犹和反共宣传。

在1930年9月的选举中，社会民主党损失惨重，纳粹党获得107个席位，一跃成为德国第三大党。对于财力雄厚的实业家们来说，由于担心其他政党壮大可能造成财产损失，他们选择支持希特勒。

1931年，媒体大亨兼国家人民党领导人阿尔弗雷德·胡根伯格错误地认为希特勒仅仅是自己的傀儡。他与纳粹党联手组建了哈尔茨堡阵线，“成功”让布吕宁总理的内阁垮台。希特勒和戈培尔利用这些有利条件，在胡根伯格的报纸上获得大量宣传曝光机会，但两个政党从未形成统一战线。

粉墨登场

1932年2月，出生于奥地利的希特勒取得德国国籍，参加当年3月的总统竞选。他以37%的得票率位居第2，仅次于当时的总统兴登堡。随着政府陷入混乱，兴登堡罢免了总理布吕宁。新一任总理弗朗茨·冯·帕彭解除了针对褐衫军的临时禁令，以争取纳粹的支持。在7月的选举中，纳粹党充分利用褐衫军对选民的威慑，在德国政体风雨飘摇和社会骚动愈演愈烈的背景下脱颖而出，成为德国国会最具影响力的政党，赢得了608个席位中的230个。希特勒拒绝了副总理的职位，选择在1933年1月就任总理。整个政坛都为他攫取绝对权力做足了铺垫。■

《我的奋斗》

希特勒的自传《我的奋斗》分上下两卷，分别于1925年和1927年出版，表达了他态度强硬且用心险恶的政治宣言。上卷是他在1924年服刑期间创作的，讲述了他的青年时代经历、一战经过及他认为的德国在巴黎和会上遭遇的“背叛”。他为德国一战后的动荡找了3个替罪羊：魏玛政府、“寄生”在德意志人身上的犹太人和共产主义者，后两者也是他政治生涯里长期针对的目标。他还颂扬雅利安人是最优秀的种族。下卷阐述了纳粹党获得和掌握国家权力的具体途径，指出必要时可以使用恐怖手段。

尽管文笔不佳、逻辑欠缺，但《我的奋斗》表达的极端民族主义情绪、反共思想和种族歧视具有煽动性，引起了德国精英和公众的强烈反响。

希特勒夺权

纳粹政权的建立（1933—1934年）

背景介绍

聚焦

极权统治

此前

1923年 希特勒发起了慕尼黑啤酒馆暴动，这是一场失败的政变。

1928年 纳粹政治家首次当选为德国国会议员。

1931年 奥地利和德国的银行纷纷倒闭。这是大萧条和失去美国贷款导致的结果。

此后

1938年 德国吞并奥地利。希特勒还操纵全民公决以证明奥地利同意加入德国。

1939年 德国入侵波兰，宣告二战爆发。

1932年的一整年里，魏玛共和国政府都深陷混乱中，国家经济一片萧条。危机之下，希特勒领导的纳粹党获得了越来越多的公众支持，成为德国国会最大的政党。

然而，尽管纳粹党掌控了德国政局，但当完全丧失国会支持的总理弗朗茨·冯·帕彭被迫辞职时，兴登堡总统并没有提名希特勒为总理。兴登堡不仅不信任希特勒，还对他有深深的鄙夷。兴登堡理想的总理人选是他的亲密盟友库尔特·冯·施莱歇尔将军。

参见：有瑕疵的和平 20~21页，纳粹的崛起 24~29页，德国的扩张 46~47页，纳粹阴霾下的欧洲 168~171页，德国与战争 188~191页，德国的军工 224页。

希特勒认为只有强势的领导人才能给德国应有的未来。

→ 他视民主制度为夺取政权的工具，但拒绝向民主人士妥协，连片刻也不屑伪装。

→ 他一掌权就无视国会，绕过国会统治国家，身兼总理和总统两职。

→ 为了维持他的全部权力，希特勒用尽一切手段消灭所有可能的反对者，无论是通过暗杀还是通过集中营囚禁。

施莱歇尔试图拉拢纳粹党，但以失败告终。他于1933年1月下旬辞职。在短暂的任期内，施莱歇尔的主要成就是提出并实施了一项修建公路、运河和铁路复合运输网的宏伟计划。但该成就后来经常被错误地归到希特勒名下。

1933年1月30日，兴登堡终于被说服，任命希特勒为总理。纳粹党的支持者在柏林的街道上欢呼雀跃。

> 这个人（希特勒）能当总理？我最多让他当个邮政局局长，他可以跪舔邮票上我的头像。
>
> 保罗·冯·兴登堡，1932年

精心策划的镇压

2月27日，德国国会大厦发生火灾。荷兰共产主义者马里努斯·范德卢贝被希特勒指控为煽动者并被捕入狱。尽管法院后来判定范德卢贝此次纵火是单独行动，但当时纳粹充分利用这一事件，将它用作夺取国家政权的借口。

早在纵火案发生几周前，希特勒的内阁就颁布了一项限制新闻自由和禁止集会的临时法令。纵火案发生后的第2天，内阁颁布了《保护人民和国家的总统法令》（又名《德国国会纵火法令》）。该法令增加了种种有损民主的限制性条款，并宣布国家转入紧急状态。

共产党人被明令禁止进入德国国会大厦。党卫队围捕了数千名反纳粹人士，并将他们关进包括慕尼黑附近的达豪在内的几所早期集中营中。

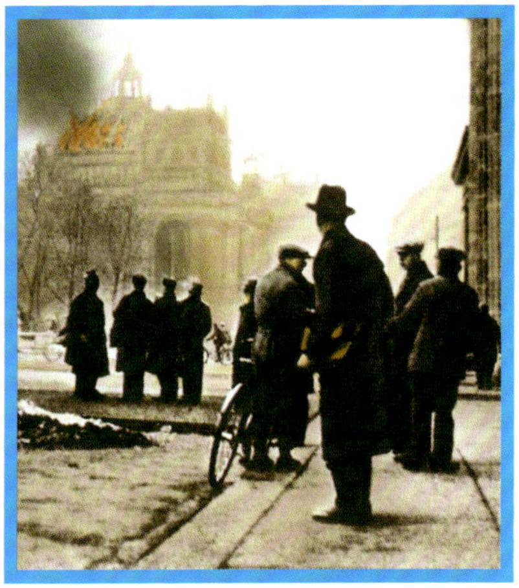

国会大厦纵火案在晚上9点左右发生。大火摧毁了该大厦的精钢、玻璃圆顶和一个主厅。路人说，起火前听到了玻璃破裂的声音。范德卢贝随后在附近被捕。

夺权

1933年3月23日，德国进行了总统大选，纳粹党仍未能成功获得多数席位。尽管如此，大选结束的2周后，希特勒仍然成功地操控国会通过了授予他国家最高权力的法案。该法案"授权"德国内阁和作

1933年5月10日，数千部典籍在柏林被烧毁。事情的起因是一场学生领导的大清洗运动，他们对不符合纳粹意识形态的“非德国”著作加以核定和销毁。这类事件标志着德国开始对文艺作品进行严格审查。

为总理的希特勒能够在不征求国会大厦或总统意见的情况下制定和执行法律。

2个月前，《法兰克福汇报》宣布，德国的民主多样性格局十分稳固，独裁政权是无法占上风的。德国犹太人创办的报纸《青年报》也坚信德国将始终抵制“野蛮的反犹太政策”。然而，这些媒体都误判了局势，魏玛共和国政府的民主制度已经名存实亡。

1933年4月1日，纳粹党策划了一场全国范围内抵制犹太企业的运动，借此妖魔化犹太人，从而让他们成为德国长期经济疲软的替罪羊。

4月7日，新成立的纳粹政权通过了一项法律，修改了德国公务员的架构，强迫没有雅利安血统的公务员退休。这意味着所有犹太裔及其他非雅利安裔的教师、教授和司法人员都将被迫退出公务员系统。仅有部分在一战中服役的军人及死亡官兵的遗属幸免。

大清洗的目的是迅速重组德国社会，使民众的政治信仰与纳粹党纲领保持高度一致，激活狂热的反犹太意识形态。

掌控全国

在1933年达成的一项政教协定的基础上，希特勒寻求天主教会对自己政权合法性的承认。

他承诺不会削减教会的影响力，以换取教会默许他的独裁政策（尽管后来一些牧师因为反对希特勒独裁而殉道）。纳粹的口号，如“孩子、厨房、教堂”等，旨在鼓励已婚妇女不要工作，而是待在家里繁衍后代，这与天主教会对母性的重视完全一致。

1933年7月，希特勒取缔了除纳粹以外的所有政党。随着反对党被消灭，在11月的选举中，92%的选民投票给了纳粹党或纳粹的“特邀嘉宾”。在短短7个多月的

> **国家纪律支配我们的生活！**
>
> 纳粹口号，1933年2月

纳粹的舆论操控

操控舆论是纳粹党最初获得政治成功的关键。舆论走向由约瑟夫•戈培尔一手策划。戈培尔于1928年开始担任纳粹党的宣传部部长。

戈培尔创造了诸多吸引人的口号，协助塑造了对希特勒的个人崇拜。在戈培尔的运作下，希特勒被视为德国的救赎者。在大多数德国人还没有其他信息来源时，戈培尔已经能娴熟地利用媒体、宣传册和群众集会来传播纳粹信息，进而“收割”人们的盲目拥护了。

希特勒的亲密盟友阿尔伯特•施佩尔曾经愤愤不平地指出，第三帝国的一个关键特质，在于它能够利用交流来维持统治并“剥夺统治对象独立思考的能力”。

时间里，一个民主国家就变成了一个极权国家。

政治大清洗

1934年初，纳粹的准军事部门负责人、褐衫军的首领恩斯特•罗姆谏言，鉴于德国军队受到1919年《凡尔赛和约》条款的严格限制，褐衫军应该归入希特勒秘密筹建的新国防军麾下，以取代原来的德国国防军。希特勒却怀疑罗姆有狼子野心，反而起意消灭褐衫军。

此外，由于需要国防军的支持，为了避免激怒国防军统帅，希特勒最终决定消灭罗姆的势力。他以罗姆密谋造反为借口，于1934年6月30日将其逮捕并枪杀。

当晚，希特勒派党卫队和盖世太保杀害了数十名褐衫军成员，以及包括前总理施莱歇尔在内的一些被认为有威胁的人物。这场政治大清洗，后来被称为“长刀之夜”。它被公开证明是重要的反革命行动。

盖世太保的关键任务是追捕和拘留一切被认为对纳粹构成威胁的人。其前身是一年前由纳粹领导人赫尔曼•戈林组建的普鲁士警察部门，后来它渐渐演变成一支在纳粹德国各地运作的秘密警察部队。

在告密者和间谍所提供的线索的助力下，盖世太保最初负责追捕纳粹的政治对手，但后来也追剿犹太人、罗姆的褐衫军，这些人一旦被抓住，就会被送往集中营进行强制劳动。

重振德国

1934年8月，兴登堡总统的自然死亡为希特勒掌握绝对权力扫除了最后的障碍。希特勒将总统和总理的角色合二为一，自称元首。他开始策划德国在国际社会上的复兴。他将国内事务委托给值得信赖的下属。

但是，为了遏制下属不必要的野心，他巧妙设计权力结构，确保下属互相掣肘。地方政府归纳粹官员管理，工会则被取缔，特别法庭在消除了一切反对意见的独裁法律体系中发挥作用。

哈尔玛•沙赫特于1933年担任德国中央银行行长，并于1934年被任命为财政部部长。他增加政府支出，斥巨资修建住宅、高速公路和水道等大型基础设施。这些修建工程吸纳了大量劳动力，大幅降低了官方统计的失业人口数量。

然而，大兴土木从未考虑过聘用被迫失去公职的犹太人。甚至到1935年，根据《纽伦堡法》，犹太人失去了全部正当的公民权。

操控舆论

宣传在政治集会上的作用最为明显，起到了洗脑大众的作用。在艺术领域，犹太人和其他“非德意志人”的影响力被彻底剔除。文艺作品的格调统统被调整，以煽动爱国主义情怀、夸耀军备力量雄厚和歌颂德国国民的无畏精神。

随着经济的复苏，军工厂也纷纷恢复生产，作为元首的希特勒开始制定他的领土扩张战略。■

异化的高潮

法西斯独裁者（1922—1939年）

背景介绍

聚焦

身陷囹圄的民主

此前

1799年 拿破仑·波拿巴在法国夺取政权。

1871年 奥托·冯·俾斯麦成为德意志帝国宰相。

1919年 《凡尔赛和约》瓦解了德意志帝国。

1922年 法西斯政治家贝尼托·墨索里尼成为意大利的领导人。

此后

1943年 盟军攻入意大利，墨索里尼被废黜。

1974年 土耳其入侵塞浦路斯，乔治斯·帕帕多普洛斯领导的军政府在统治希腊7年后垮台了。

1980年 约瑟普·铁托去世，南斯拉夫结束了铁托时代。

1989年 尼古拉·齐奥塞斯库被处决，罗马尼亚国内发生剧变。

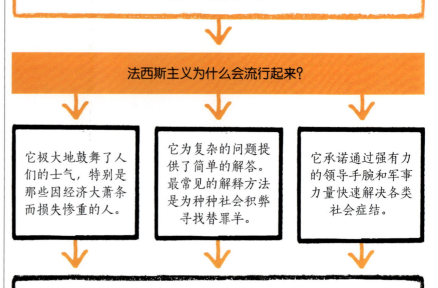

一战后帝国制度的解体以及民主制度的蓬勃发展未能阻止法西斯主义的诞生，这让人们迷失了方向。法西斯主义和民族主义承诺恢复人们应有的身份地位。

↓

法西斯主义为什么会流行起来？

↓

它极大地鼓舞了人们的士气，特别是那些因经济大萧条而损失惨重的人。

它为复杂的问题提供了简单的解答。最常见的解释方法是为种种社会积弊寻找替罪羊。

它承诺通过强有力的领导手腕和军事力量快速解决各类社会症结。

↓

一战为法西斯主义和民族主义意识形态的生根发芽打下坚实基础，也为之培育了庞大的军人队伍。

尽管德国希特勒和意大利墨索里尼的上台十分引人注目，但其实在20世纪二三十年代，法西斯主义在欧洲许多地方强劲生长着。欧洲每个角落几乎都出现了类似的法西斯主义拥趸。许多欧洲国家落入了法西斯独裁者的手中。

法西斯主义席卷整个东欧和中欧。这两个地区夹在走共产主义道路的苏联和走资本主义道路的西欧两座大山之间。

但在法国、英国和美国，法西斯主义获得了相当大的支持。更何况，在获得一战指挥权的各国士兵中，不乏准备夺权的国家首脑候选人。

法西斯主义

法西斯主义的流行使人们开始质疑民主制度，因为大家认为民主制度未能阻止一战爆发。此外，民主也未能阻止席卷战后世界的经济灾难的发生，人们被迫遭遇大萧条，面对诸多巨大困难。因此，法西斯分子说，民主可能带领人们奔向更好的生活，但见效非常缓慢。这就导致许多人倒向法西斯主义这样一种能够提供果断行动和可以快速解决问题的意识形态。

在德意志帝国和奥匈帝国解体后，对国家的民族认同渐趋分崩离析，生活中的不确定性增加，人们感受到自身的脆弱与局限。民族

参见：有瑕疵的和平 20~21页，意大利与法西斯主义的崛起 22~23页，纳粹的崛起 24~29页，西班牙内战 40~41页，德国的扩张 46~47页，战争的代价 314~317页，持久的影响 320~327页。

经济大萧条在20世纪30年代重创了欧洲民众，让饥肠辘辘的人们极易被法西斯主义提供的简单粗暴的社会矛盾解决方案所蛊惑。

主义者和种族主义者则发出了富有感召力的爱国呼声，增强了民众对祖国的认同感。

法西斯主义强调个人主义、激情和本能，这些都能提供振奋人心的快感，而不是科学和理性所蕴含的那种笼统的感受。这些虚无缥缈的快感使人们迷失在法西斯主义中。

推翻民主政体

大多数国家的法西斯分子数量很少，但这些法西斯分子残暴无情，最终一个又一个国家落入了法西斯独裁者的手中。墨索里尼率先在意大利夺权，紧随其后的是西班牙的米格尔·普里莫·德·里维拉，他于1923年9月成为独裁者。作为一个推崇专制制度的民族主义者，他认为自己的使命是从老派政客手中“拯救”西班牙，亲自为政府铺平道路，直至国家被“干净”的爱国者接管。他取消了西班牙议会，将他认为的政敌们流放至加那利群岛，并重拳打压争取自治的加泰罗尼亚人民。

在西班牙的邻国葡萄牙，安东尼奥·德·奥利维拉·萨拉查发动军事政变，于1926年掌权，并在1932年经选举后成为这个一党制国家的总理。

历史学家对萨拉查是法西斯分子还是单纯的独裁者意见不一，但他对权力的掌控力反映了右翼势力接管国家后的普遍情形。

军事力量

萨拉查上台的同年，一名波兰军官也决定动手。波兰的马歇尔·约瑟夫·毕苏斯基率领军队进军华沙，要求建立一个更有决断、更有担当的政府。在总统大选中，他获得了压倒性的胜利，但他拒绝担任总统，因为他认为这个职位没有足够的权力。5个月后，他出任总理，并在接下来的9年中独揽国家大权。

与此同时，在立陶宛，一场军事政变推翻了民选政府。右翼政治家安塔纳斯·斯梅托纳领导的立陶宛民族主义联盟上台。斯梅托纳以共产党人密谋背叛国家为借口，一掌权就逮捕了350名共产党人。

安东尼奥·德·奥利维拉·萨拉查领导下的葡萄牙是20世纪二三十年代专制独裁与军事统治相结合的典型代表，这种结合在当时的欧洲普遍存在。

尽管从未找到相关的证据，但斯梅托纳在长达14年的掌权时间里，禁止其他政党接近权力。

事实上，斯梅托纳的统治比法西斯极权主义更专制、更极端。拉脱维亚的民主制度也没能幸免，遭遇了与立陶宛类似的危机。

两年后，法西斯主义和民族主义开始撼动欧洲大陆的中部地区，即由塞尔维亚、克罗地亚和斯洛文尼亚王国组成的中欧。后者是一个成立于1918年的国家，塞尔维亚的亚历山大王子自1921年起担任国王。

中欧三国试图解决民族和种族的问题。1928年，塞尔维亚和克罗地亚之间的巨大分歧达到了顶点，当时克罗地亚反对派领导人斯捷潘·拉迪奇在贝尔格莱德议会上发生的激烈辩论中被枪杀。随着国家陷入混乱，亚历山大于1929年1月6日成为统治者。这一历史事件后来被称为“1月6日独裁”。

在这一背景下，亚历山大意图消除民族分裂倾向，将国家划分为9个省，并将国家的名称改为南斯拉夫——这个名字被一直沿用，直至20世纪90年代南斯拉夫解体。

再往欧洲南部看去，仍然实行民主管理的希腊在独裁、共和制和君主制之间摇摆不定，但最终在1936年屈服于扬尼斯·梅塔克萨斯的极权主义领导。

纳粹主义和反犹太主义

为了帮助国家摆脱经济困境，奥地利总理约翰内斯·肖伯削减了捷克斯洛伐克和南斯拉夫因哈布斯堡王朝剥削而欠下的赔款。不久之后，即1930年9月，一个与德国褐衫军相呼应的右翼民兵组织“国防军”接管了政府并开始镇压他们所谓的反对党。在11月的选举中，尽管奥地利选民果断地拒绝了“国防军”，将选票投给了社会党，但事实证明，这对诸民主党派来说只是暂时的喘息之机。

随着希特勒的上台，纳粹在奥地利的影响力越来越大。1933年夏天，一度被禁止的纳粹旗帜在维也纳上空飘扬，纳粹的支持者走上街头游行。1938年，奥地利成为纳粹德国的一部分。

与此同时，毫无疑问的是，在纳粹主义和种族主义浪潮的裹挟下，反犹太主义在匈牙利和罗马尼亚等国家越来越流行。这些国家的铁卫队由法西斯政治家科尼利乌·

> **法西斯主义、纳粹主义是异化的高潮。**
>
> 埃里希·弗洛姆，出生于德国的哲学家

1938年，欧洲极右翼政党都采用了法西斯式敬礼，并辩称这是罗马习俗。

1938年的五一劳动节，苏联红军在莫斯科红场阅兵，向世人展示了共产主义力量。

科德雷亚努创建。尽管在1930年时它仍是少数派，但铁卫队对犹太人的暴力行为是极端的。到了20世纪30年代中期，它与其他极右翼政党勾结，联合主张将犹太人和匈牙利人从罗马尼亚的公共生活中抹杀。同样，共产主义的支持者也都被监禁。

在英国，奥斯瓦尔德·莫斯利爵士在新闻大亨罗瑟米尔勋爵的支持下成立了英国法西斯联盟及联盟麾下身穿制服的黑衫军。尽管一些政党对法西斯主义持同情态度并且对希特勒表示认同，但公众对此仍持强烈反对态度。1936年10月，反法西斯示威者，包括工会主义者、共产主义者、无政府主义者、英国犹太人、爱尔兰码头工人和社会主义者等，在伦敦的一次反法西斯游行中与警察发生了冲突。这场行动被称为“电缆街之战”，标志着法西斯主义在英国宣告失败，此后，英国在公共场合禁止穿政治制服。

风雨飘摇的世界

两次世界大战之间的那段时间，法西斯主义于欧洲大部分地区掀起巨浪。世界处于风雨飘摇之中。到20世纪30年代后期，战争不断临近，民主制度受到法西斯主义和其他形式的极端主义政治的袭击，世界将再次经受血与火的考验。■

查尔斯·林德伯格

查尔斯·林德伯格（1902—1974年）于1927年成名，当时他在纽约和巴黎之间进行了人类史上第一次横跨大西洋的不间断单人飞行。他的名气因此大增。不幸的是，5年后，他年仅2岁的儿子被绑架并惨遭杀害。

1938年，美国政府派林德伯格出访德国，视察德国不断壮大的空军部队。在此期间，他转而支持纳粹主义。就在“水晶之夜”的前几周，赫尔曼·戈林授予了他一枚特别奖章。此后，他成为希特勒的辩护者，声称希特勒“如果心中没有热忱，就绝难有这么多的结果，无论这些结果是好是坏”。

林德伯格开始变得非常反犹。1941年，他激烈反对美国为同盟国提供租借资金的计划。他声称战争的爆发都是犹太人的错。

激烈的内战

西班牙内战（1936—1939年）

背景介绍

聚焦

极权主义

此前

1922年 墨索里尼在意大利掌权。他认为自己领导的意大利让个人自由从属于国家统治。

1923—1930年 米格尔·普里莫·德·里维拉将军成为西班牙第一位独裁者，并得到了军队和国王的支持。

1928年 在苏联，斯大林实行第一个五年计划，完成了农业和工业的国有化。

此后

1975年 佛朗哥去世。他的继任者是领导西班牙向民主平缓过渡的国王胡安·卡洛斯一世。

1989年 分隔东西柏林的柏林墙倒塌，引发了东欧剧变。

西班牙内战于1936年7月18日爆发，当时右翼军官联合起来推翻西班牙共和政府。其中的一名军官弗朗西斯科·佛朗哥在加那利群岛广播，号召所有军官加入这场民族主义反抗行动。

从摩洛哥的“非洲军队”开始，民族主义者迅速占领了西班牙北部的大部分地区和包括塞维利亚在内的一些南部城市。

在1931年的西班牙大选中，绝大多数人投票赞成废除君主制并建立开明的共和国，但新成立的左

1936年，志愿者战士游行保卫西班牙共和国。超过1000名妇女参加了民兵战斗，还有数千人负责输送补给。

参见： 意大利与法西斯主义的崛起 22~23页，纳粹的崛起 24~29页，法西斯独裁者 34~39页，国际联盟的失败 50页，伦敦大轰炸 98~99页。

翼政府很快就遇到了麻烦。其雄心勃勃的改革计划不仅让传统精英感到不安，也让素来保守的民众感到不安，其中许多人十分反感政府对天主教会的攻击。大萧条带来的负面影响也使拟议的改革难以为继。

1933年的新选举使右翼政府重新掌权。2年后，随着西班牙北部的叛乱被镇压，佛朗哥被任命为军队领导人。1936年的进一步选举恢复了共和党的人民阵线联盟，这导致了5个月后军队的军事政变。

一场国际内战

佛朗哥征服了西班牙右翼法西斯政党长枪党，并得到了墨索里尼和希特勒的军事支持，后者提供了德国空军秃鹰军团的军事支援。当民族主义者联合起来在西班牙推进时，共和党人开始分裂成不同的派别，从温和的自由主义者到无政府主义者，他们之间爆发了武装冲突。巴塞罗那的无政府主义工人甚至发起了工人革命，将丽兹酒店变成了工人食堂。

成千上万的海外理想主义者加入了共和党领导的国际纵队，其中包括英国作家乔治·奥威尔。其他人，诸如美国作家欧内斯特·海明威等，以外国记录者的身份记录了自己从旁观者视角所看到的战争实景。

数十万名平民在内战中丧生，他们主要是遭到了处决和炸弹袭击，特别是地毯式轰炸，这是一种由希特勒的秃鹰军团研发的新技术。当毕加索被委托为1937年巴黎世界博览会创作艺术品时，他画了举世闻名的《格尔尼卡》，这幅画记录了纳粹德国轰炸西班牙北部巴斯克的小镇格尔尼卡、杀害无辜平民的事件。

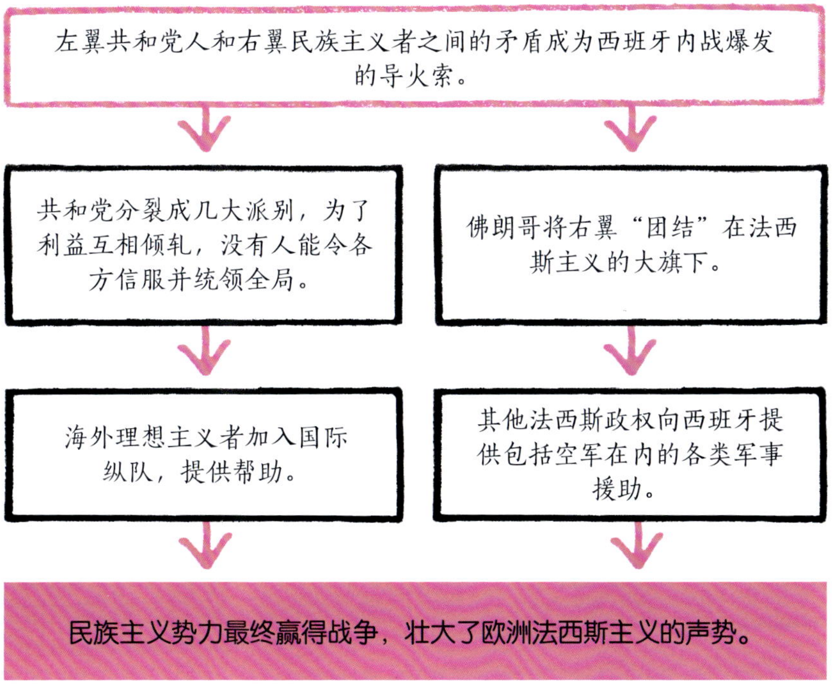

左翼共和党人和右翼民族主义者之间的矛盾成为西班牙内战爆发的导火索。
共和党分裂成几大派别，为了利益互相倾轧，没有人能令各方信服并统领全局。
佛朗哥将右翼“团结”在法西斯主义的大旗下。
海外理想主义者加入国际纵队，提供帮助。
其他法西斯政权向西班牙提供包括空军在内的各类军事援助。
民族主义势力最终赢得战争，壮大了欧洲法西斯主义的声势。

马德里的沦陷

在国际纵队的帮助下，马德里经受住了民族主义者初期的攻击。然而，从1936年10月开始，长达28个月的围城让民众忍饥挨饿，几乎丧失了防御能力。1939年3月28日，大约20万名来自各国的士兵进入该市。其他法西斯国家提供了军事援助，包括进驻马德里的空军部队。共和党政府逃往法国，而留守在首都的数千名共和党人被处决。佛朗哥大获全胜，成为西班牙接下来36年的绝对统治者。■

> 我们努力形成一个统一的民族战线……
>
> 弗朗西斯科·佛朗哥

民族若要自由，须先舍弃自由

动荡中的中国（1919—1937年）

背景介绍

聚焦

中国参战派系

此前

1899年 义和团发动了一场以“扶清灭洋”为口号的农民运动，该运动两年后落下帷幕。

1912年 武昌起义后，6岁的中国末代皇帝溥仪退位。

此后

1949年 中华人民共和国成立，毛泽东成为中华人民共和国主席。

1976年 毛泽东逝世。

1912年中国末代皇帝溥仪退位后，中国不同派别之间出现了严重分歧。这些内部分歧被日本人利用，他们趁西方国家深陷一战之中无暇顾及其他的时机侵略中国。

希望破灭

1919年，许多中国青年希望西方国家能够在一战后的巴黎和会上重建世界秩序，向日本施加压力，使其放弃对中国的侵略。

然而事与愿违，法国和美国撤回了对中国的支持，转而与日本签署了“分赃”协议，承认了日本在中国的特权。

> 外争主权，内惩国贼；
> 誓死力争，还我青岛。
>
> 学生们示威游行时的口号

1919年5月4日，中国民众很长一段时间以来积蓄的民族情绪爆发，北京高校的3000多名学生走上街头抗议巴黎和会上有关中国的决议，敦促当时的北洋政府不可签约。北洋政府对示威者的镇压，引发了全国范围内的进一步抗议浪潮。

受俄国革命的影响，一些年轻的抗议者于1921年联合起来创建了中国共产党。初生的中国共产党选择与孙中山领导的国民党合作。孙中山于1925年逝世，继任者是年轻的军事首领蒋介石。

共产主义在前进

1928年，北伐战争结束了北洋军阀时代，蒋介石成为南京国民政府主席兼陆海空军总司令。从一开始，蒋介石就与中国共产党矛盾颇深。在蒋介石成为国民政府主席之前，他的军队就在1927年残酷镇压共产党在上海组织的工人罢工，残

参见: 有瑕疵的和平 20~21页，日本的进军 44~45页，国际联盟的失败 50页，日本的困境 137页，中国抗日战争 250~253页。

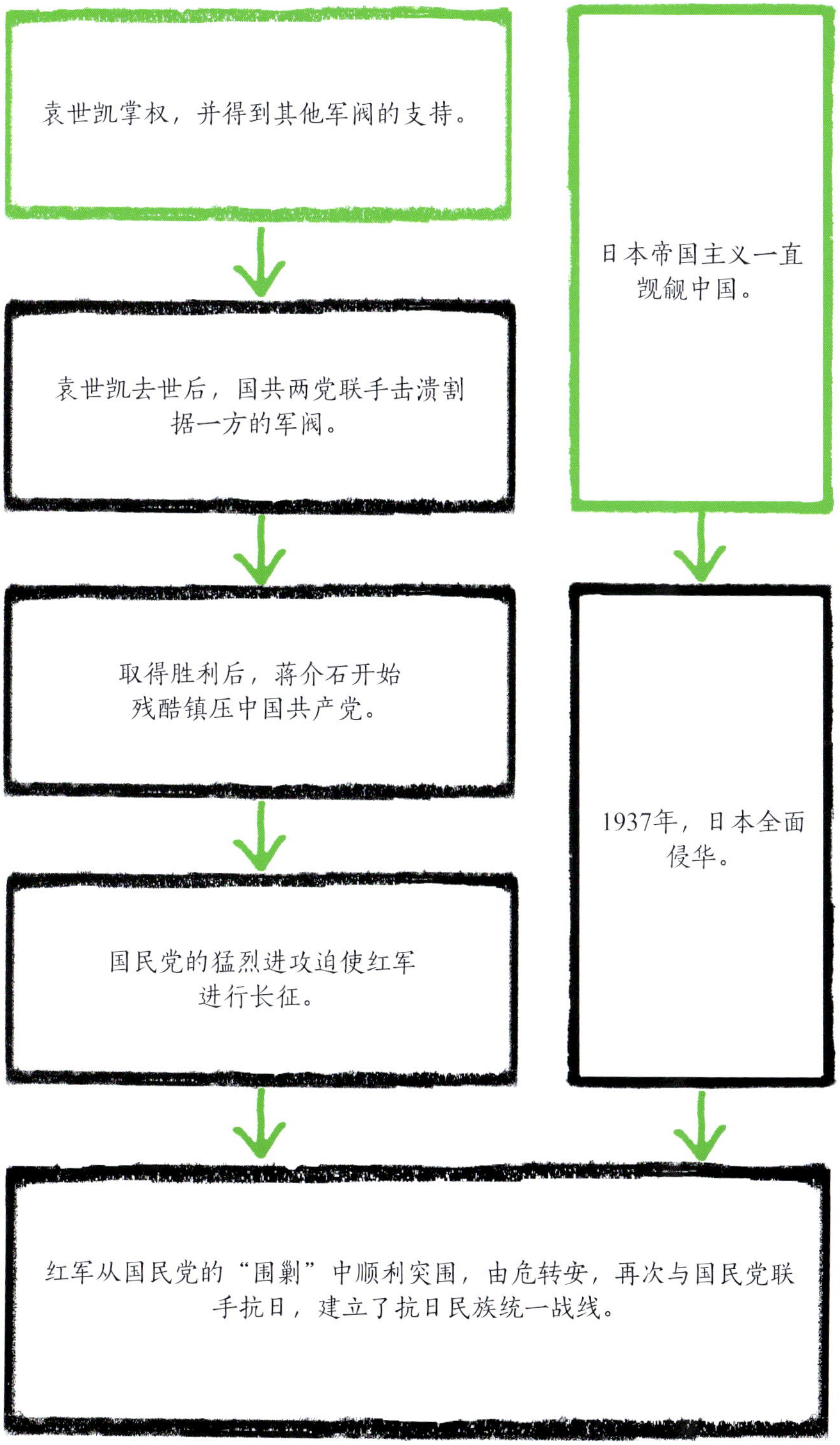

袁世凯掌权，并得到其他军阀的支持。
袁世凯去世后，国共两党联手击溃割据一方的军阀。
取得胜利后，蒋介石开始残酷镇压中国共产党。
国民党的猛烈进攻迫使红军进行长征。
日本帝国主义一直觊觎中国。
1937年，日本全面侵华。
红军从国民党的“围剿”中顺利突围，由危转安，再次与国民党联手抗日，建立了抗日民族统一战线。

害了众多工人和共产党人。

毛泽东认为农民是革命的关键，因此他带领工农红军，依托山区的根据地进行游击战。到1930年，全国各地创建了大小十几块革命根据地，其中，以红四军为主在赣南、闽西建立的中央革命根据地面积最大。

从1930年10月开始，蒋介石领导的国民党对中央革命根据地进行了4次大规模的军事“围剿”，结果都被红军粉碎了。1933年秋，蒋介石对中央革命根据地发动了第5次“围剿”。中共中央和中央红军被迫放弃中央革命根据地，进行战略转移。1934年10月，中央红军开始长征。1935年10月，中央红军历经艰难险阻，终于到达陕甘革命根据地，与陕北红军胜利会师。1936年10月，红军三大主力会师，长征胜利结束。红军长征的胜利，粉碎了国民党消灭红军的企图，保存了中国共产党和红军的基干力量，使中国革命转危为安，打开了中国革命的新局面。

日本侵略中国

日本自1931年以来发动侵华战争。蒋介石坚持认为他的首要任务是打败共产党，张学良、杨虎城等爱国将士于1936年12月12日发动西安事变，逼迫蒋介石抗日。

然而，即使国共联手一时之间也未能抗衡住日本，日本在1937年7月全面侵华，其军队迅速占领了中国东部的大部分地区，使抗日民族统一战线面临严峻考验。■

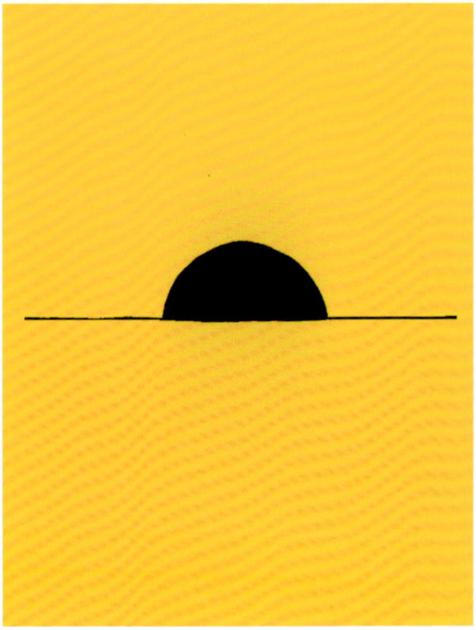

扩张是日本的企图

日本的进军（1931—1941年）

背景介绍

聚焦

日本扩张

此前

1895年 日本蓄意挑起的侵华战争——甲午中日战争，以中国清政府的失败而告终。

1904—1905年 日本分别在陆上和海上战场击败俄国。这是近代史上亚洲国家第一次战胜欧洲强国。

1919年 在巴黎和会上，日本代表提出了关于国际社会承认种族平等原则的议案，却遭到美国的否决。

1933年 日本因1931年侵占中国东北而被谴责为侵略者，日本因此而退出了国际联盟。

此后

1941年7月 维希法国默许日本占领中南半岛南部。

1941年12月7—8日 日本偷袭了美国在珍珠港的海军基地，并入侵东南亚。

19世纪，日本借鉴西方技术和军事组织制度，进行了改革，但保留并强化了部分日本传统，如天皇崇拜和武士伦理。一战时期，它成为一方霸主，将朝鲜半岛和中国的台湾占为己有，并进行殖民统治。然而，好战的日本民族主义分子并不满足于在白人主导秩序的世界中占有一席之地。他们渴望建立一个被西方承认、与西方列强平起平坐的亚洲帝国。

中国当时的混乱局势给了日本军队里的民族主义分子可乘之机。1931年，日本谎称中国人炸毁了其位于中国东北沈阳的铁路，起兵占领了中国东三省。

这次侵略是由日本极端民族主义军官一手策划的。整个20世纪30年代，他们在东京发动了一系列暗杀和未遂的政变。

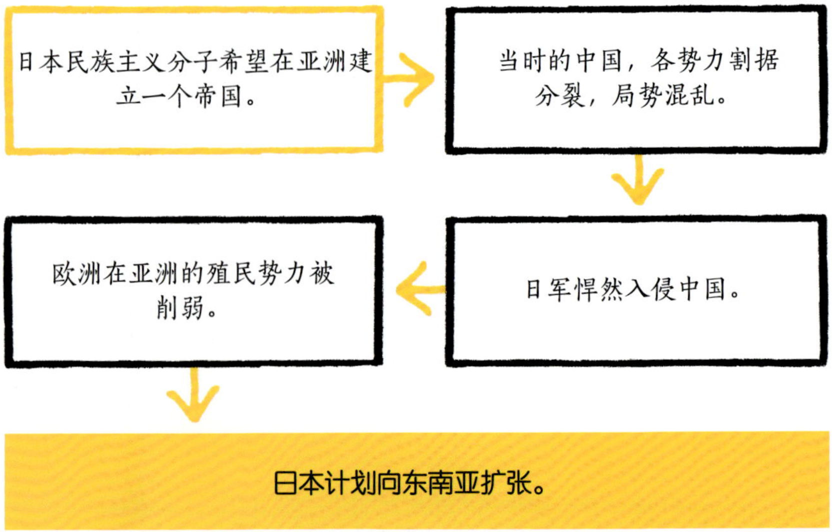

日本民族主义分子希望在亚洲建立一个帝国。
当时的中国，各势力割据分裂，局势混乱。
日军悍然入侵中国。
欧洲在亚洲的殖民势力被削弱。
日本计划向东南亚扩张。

参见: 日本的困境 137页, 日本偷袭珍珠港 138~145页, 日本的扩张 154~157页, 中国抗日战争 250~253页。

> 一个小男孩的身体……竟有4处刺刀的伤口……对于这种残忍，是个人就不能沉默！
>
> 南京大屠杀的目击者约翰•拉贝

日益膨胀的野心

九一八事变后，日本继续蚕食中国领土。1937年7月7日，日军以军事演习中一名士兵失踪为借口，要求进入宛平城搜查，这一无理要求遭到了中国驻军的拒绝。早有准备的日军悍然炮轰中国驻军的防地。这就是“七七事变”，又称“卢沟桥事变”。七七事变标志着中国全民族抗战的开始。国共两党建立以国共合作为基础的抗日民族统一战线。但是，淞沪会战失利后，日本继续向中国腹地推进。同年12月，侵华日军野蛮侵入南京，制造了长达6周的惨绝人寰的南京大屠杀。几十万名中国军民遭遇集体枪杀、焚烧、活埋。

东条英机等日本指挥官计划进一步扩张。1939年夏天，苏联军队击败日本，阻止了日本入侵亚洲北部的野心。但英国、法国和荷兰的东南亚殖民地却遭到了日本的劫掠。这些殖民地拥有丰富的自然资源，可以供应日本自给自足所需的原材料、食品和燃料。

1940年夏天，日本宣布建立所谓的“大东亚共荣圈”，声称将领导亚洲国家摆脱西方帝国主义的控制。同年9月，日军入侵法属中南半岛北部，与纳粹德国、法西斯意大利签订条约。这些做法进一步坚定了美国打击日本的决心。

为了惩罚日本入侵东南亚，美国对日本施行了禁运政策。然而，1941年春天，两国进行了非正式谈判，希望降低战争爆发的风险。■

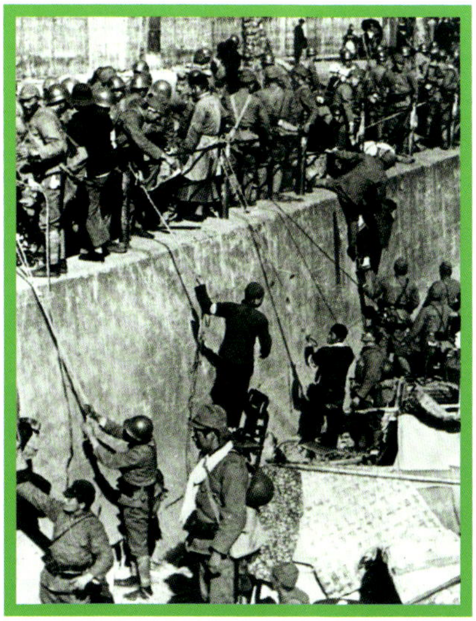

1937年淞沪会战期间，日军正翻越虹口区的港墙。这是中国抗日战争中最激烈的战斗之一。

东条英机

1884年，东条英机出生在一个低级武士家庭。他的父亲是日本陆军大学第一期毕业生，所以他从小便受到军国主义思想和武士道精神的熏染。1935年9月，东条英机出任关东军宪兵总司令，并以此为跳板开始了他向日本法西斯最高权力中心的冲击。

1940年7月被任命为战争大臣后，东条英机支持与纳粹德国结盟的决定。作为首相，他从1941年10月起率领日本与美国作战。

1942年，东条英机成为政府和军队的首脑，拥有近乎独裁的权力。二战末期，日本的一系列战败使他名誉扫地，他最终于1944年7月下台。

1945年日本投降后，他开枪自杀未遂。战争结束后，东条英机被捕，并在远东国际军事法庭上以战争罪接受审判。1948年，他被执行绞刑。

我们需要领土和地盘

德国的扩张(1935—1939年)

背景介绍

聚焦

日耳曼帝国

此前

1742年 普鲁士国王腓特烈大帝吞并了波兰大部分地区，令德意志人迁入居住，并废除了波兰语。

1919年 根据《凡尔赛和约》，德国将阿尔萨斯-洛林归还法国，萨尔煤矿归法国开采。

1925年 希特勒在他的政治宣言《我的奋斗》中概述了他的“生存空间论”和德国扩张计划。

此后

1939年 德国入侵波兰，英国和法国向德国宣战。

1945年 在波茨坦会议上，德国领土被削减成今天我们所见到的规模，并分为东西两部分。

1933年，希特勒上台，他决心收复德国因《凡尔赛和约》而失去的所有领土。他的目标是将所有以德语为母语的民族团结在一个名为“大德意志帝国”的德意志民族国家里，并实现德国的扩张，以为其人民提供“生存空间”。希特勒的“生存空间论”基于他的信念，即诸如被他斥为懒汉的东欧斯拉夫人这类“劣等”种族应该为“优等”种族让路。

希特勒就任德国总理后，以惊人的速度开始了德国的扩张。1936年，希特勒公然违反《凡尔赛和约》，重新引入征兵制度，重整军队，对莱茵兰实行再军事化。随后，他举行了一场被操纵的公投，以使自己当选最高领导人合法化。几个月前举行的另一场公投也使德

德国士兵跨过莱茵兰进入了美因茨市，这一区域原本是永久的非军事区。22000名士兵进入该地区，直接违反了《凡尔赛和约》。

参见：有瑕疵的和平 20~21页，国际联盟的失败 50页，绥靖政策 51页，欧洲陷入危局 56~57页，波兰的毁灭 58~63页。

> 血统相同的人属于同一帝国。
>
> 希特勒

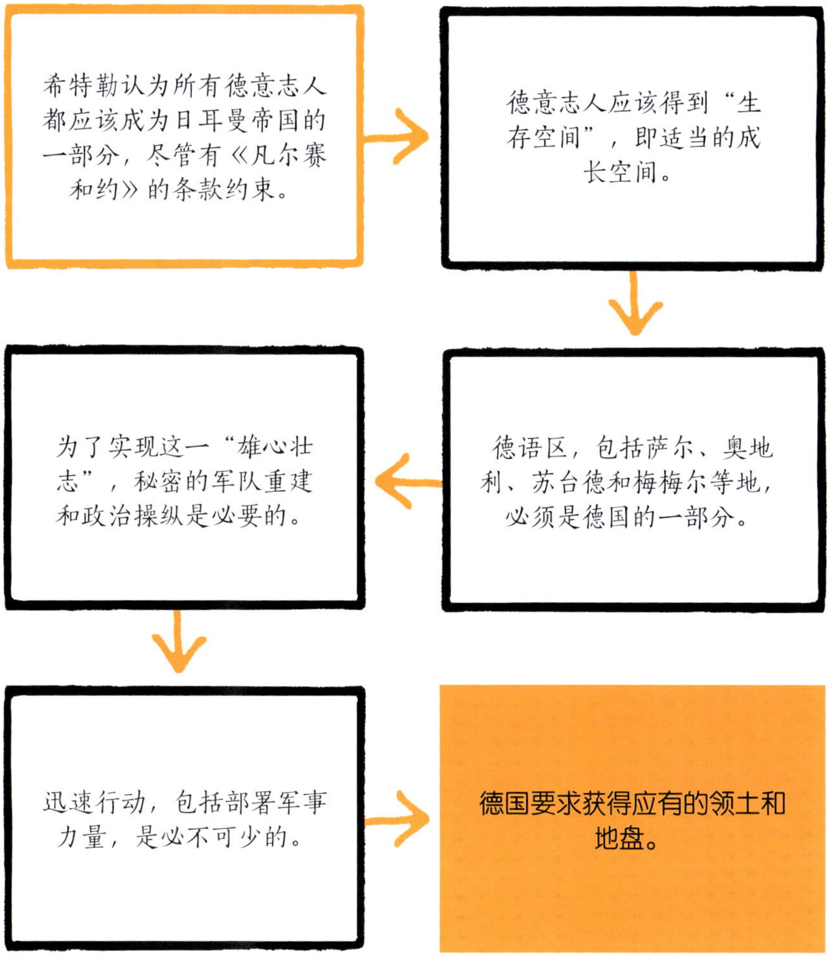

希特勒认为所有德意志人都应该成为日耳曼帝国的一部分，尽管有《凡尔赛和约》的条款约束。
德意志人应该得到“生存空间”，即适当的成长空间。
德语区，包括萨尔、奥地利、苏台德和梅梅尔等地，必须是德国的一部分。
为了实现这一“雄心壮志”，秘密的军队重建和政治操纵是必要的。
迅速行动，包括部署军事力量，是必不可少的。
德国要求获得应有的领土和地盘。

国与法国分而治之的萨尔地区重新统一。英国和法国纷纷谴责德国，但英国政客意识到战争升级的危险，反对武装干预德国行动，奉行绥靖政策。

“德奥合并”

2年后，希特勒违反《凡尔赛和约》的另一部分条款，吞并了奥地利，美其名曰“德奥合并”。起初，他对奥地利总理库尔特·冯·舒施尼格提出颇有深意的要求：释放所有奥地利纳粹分子；将2名主要的纳粹分子任命为内政部部长和国防部部长；由德国接管奥地利的经济。

当舒施尼格就与德国合并一事举行全民公投时，德国军队进军奥地利并接管了该国。随后的公投被纳粹操纵，因此从表面上看有超过99%的奥地利人支持合并。没有国际联盟（一战后为维护世界和平而成立的组织）的支持，法国和英国只能做出微弱的抗议。

强制占领

希特勒胆大包天，把矛头转向捷克斯洛伐克。希特勒利用捷克斯洛伐克的苏台德地区拥有大量德意志人这一事实，逼迫西方盟国在没有捷克斯洛伐克人参与的情况下，根据1938年9月的《慕尼黑协定》接受德国对苏台德地区的接管。6个月后，德军占领了整个捷克斯洛伐克，建立了波希米亚和摩拉维亚保护国，使之成为德国的藩属。德军还进驻梅梅尔——《凡尔赛条约》将这一地区划给了立陶宛。与捷克斯洛伐克一样，立陶宛别无选择，只能被迫接受这一事实。

到了这个关头，绥靖政策终于行不通了，英国同意保护波兰免受德国的侵略。第二次世界大战一触即发。■

野蛮人的行径

水晶之夜（1938年）

背景介绍

聚焦

反犹太主义

此前

1348—1351年 欧洲各地的犹太人被诬告在水井里投毒，导致了黑死病泛滥；数千名犹太人被杀害。

1881—1884年 对犹太人的迫害迫使200万名犹太人离开自己的家园。

1935—1936年 德国犹太人被剥夺了公民身份、工作和资产。

此后

1939年 二战爆发前，德国一半以上的犹太人逃离。

1950年 《回归法》允许来自任何国家的犹太人在新创建的以色列定居。

1938年11月9日至10日凌晨，纳粹分子在德国和奥地利肆意攻击犹太人，毁坏他们的财产。由于众多犹太店铺和会堂的窗户被击碎，落满街道，因此这一事件被称为“水晶之夜”。1933年希特勒上台后，犹太人受到的攻击和恐吓越来越严重，他们的权利被逐渐蚕食。犹太人被剥夺了公民身份，不能任公职，也不能与被视为雅利安人的德国人结婚或自由恋爱。“水晶之夜”是纳粹第一次针对犹太人有组织的袭击。

纳粹为发动“水晶之夜”找的借口是，17岁的波兰犹太学生赫

欧洲的反犹太主义由来已久。

↓

希特勒将魏玛共和国的弊病归咎于犹太人，从而赢得了民众的支持。

↓

纳粹支持者攻击犹太人，杀害他们并侵占他们的财产。

↓

纳粹将自己迫害犹太人的原因归咎于犹太人。

参见：纳粹的崛起 24~29页，纳粹大屠杀 136页，大屠杀 172~177页，抵抗运动 226~231页，华沙隔都起义 242~243页，纽伦堡审判和去纳粹化 318~319页。

歇尔·格林斯潘于11月7日在巴黎射杀了德国外交官恩斯特·沃姆·拉特。这名学生试图为他被从汉诺威驱逐到波兰的父母报仇。希特勒的宣传部部长约瑟夫·戈培尔抓住机会煽动纳粹支持者，呼吁人们对犹太人进行报复。这类命令是从慕尼黑发出的，戈培尔和希特勒用这种方式来纪念1923年慕尼黑啤酒馆暴动——希特勒试图推翻魏玛共和国的一次失败的政变。

暴力袭击

纳粹将自己精心策划的暴力事件描述成民众的自发行为。盖世太保要求警方不得干涉，并警告消防队，除非雅利安人的财产受到威胁，否则不要出来。在此次袭击中，德国各地共1000多座犹太会堂和7000多家犹太店铺被摧毁，数百所房屋和学校被洗劫一空，近百名犹太人被杀害。

相反，盖世太保逮捕了近3万名犹太男性，其中包括年幼的孩童，为此德国不得不扩建集中营来关押他们。德国当局将所有的损失都计到犹太人头上，对犹太人处以10亿马克（约合今天的70亿美元）的罚款，由所有犹太纳税人按季度分期支付。

> **我们从没想过德国人会袖手旁观，置身事外。**
>
> 玛戈·弗里德兰德（娘家姓本德海姆），犹太目击者

“水晶之夜”发生期间，大火吞噬了慕尼黑的一座犹太会堂。这一夜之后，犹太人几乎再也不可能在公共场合举行宗教仪式了。

持续迫害

“水晶之夜”过后几天，犹太人被禁止进入学校。1个月后，所有公共场所都禁止犹太人出入。其他诸如此类的反犹太法律和法令开始生效。尽管数百名犹太人死亡，但大多数被关押在集中营的犹太人只要答应立即离开德国很快就会得到释放。大多数持有护照的犹太人意识到他们在德国没有出路后，选择了离开德国。

“水晶之夜”在世界范围内激起了民愤，然而只有罗斯福从德国召回了大使。一些国家开始接收犹太难民。英国的“儿童救援计划”在1938—1940年从德国和德国附属领土上解救出了数千名无人陪伴的犹太儿童。尽管所有人都知晓德国境内正在发生的恐怖事件，但德国的大多数犹太人留在故土，走进预留给他们的命运——希特勒一手设计的骇人听闻的“最终解决方案”。■

今天是我们，明天就轮到你们

国际联盟的失败（20世纪30年代）

背景介绍

聚焦

国际合作

此前

1899年 常设仲裁法院在海牙成立，这是第一个解决国际争端和商定战争行为的多边机构。

1919年 在巴黎和会上，一战的战胜国成立了国际联盟。

1920年 国际联盟设立了国际常设法院。

此后

1944年 在美国布雷顿森林会议上，同盟国提议建立国际货币基金组织和世界银行。

1945年 同盟国成立联合国，该组织取代了国际联盟。

1919年《凡尔赛和约》的首要任务是防止世界大战再次发生。国际联盟的成立是为了“促进国际合作，实现和平与安全”。它致力于在国家之间爆发公开战争之前解决争端。

无用的姿态

尽管成立国际联盟的建议是由美国总统伍德罗·威尔逊提出的，但美国国会坚持19世纪的孤立主义政策，拒绝投票支持美国加入。没有美国，国际联盟的决议似乎只是象征性的姿态。此外，国际联盟没有武装力量来支持其决议。

起初，国际联盟取得了一些成效，如缓和了20世纪20年代波兰与立陶宛间的争端。但当20世纪30年代世界各地出现独裁政权的苗头时，国际联盟的弱点便暴露无遗。希特勒于1932年宣布德国退出国际联盟。日本也在国际联盟反对日本入侵中国东北的次年选择了退出。国际联盟虽然表面上反对墨索里尼1935年入侵埃塞俄比亚的行为，但法国和英国早已暗中默许墨索里尼。

当希特勒在1938年放话要入侵捷克斯洛伐克的德语区苏台德地区时，由于英法采取绥靖政策，国际联盟无能为力。■

1936年，埃塞俄比亚皇帝海尔·塞拉西（左二留着胡子的男人）出席国际联盟会议，抗议国际联盟未能保护他的祖国免受意大利入侵。

参见：有瑕疵的和平 20~21页，意大利与法西斯主义的崛起 22~23页，法西斯独裁者 34~39页，德国的扩张 46~47页。

我们时代专属的和平

绥靖政策（1938—1939年）

背景介绍

聚焦

战争的前奏

此前

1620年 白山之战后，西波希米亚，即后来的苏台德地区，并入奥地利帝国，成为帝国的德语区。

1919年 《圣日耳曼条约》将苏台德地区归于捷克斯洛伐克的统治之下。

1936年 希特勒的军队违反《凡尔赛和约》，进入莱茵兰。

此后

1989年 捷克斯洛伐克爆发了天鹅绒革命。

1993年 捷克斯洛伐克分裂为捷克和斯洛伐克两个独立国家。

1938年，英国首相内维尔·张伯伦三度出访德国，试图解决捷克斯洛伐克苏台德地区的问题。希特勒想将拥有300万名德意志人的苏台德地区纳入德国领土，并威胁张伯伦，如若这个要求得不到满足，他就会全面入侵捷克斯洛伐克。捷克斯洛伐克总理爱德华·贝内斯向英国和法国寻求保护，但英法的政策是安抚、姑息希特勒以避免战争。英国和法国同意了希特勒的要求，并承诺会向捷克斯洛伐克施加压力。

9月30日，张伯伦第3次飞抵慕尼黑。从慕尼黑返回伦敦，下飞机走向等待的人群时，他挥舞着一张纸，向大家宣布："今天早上，我与德国总理希特勒先生进行了另一次会谈，这是上面签有他名字的协议。"他说，该协议将"为我们的时代带来和平"。第2天，德军就占领了苏台德地区。

> **如果你为了维护世界和平而牺牲了我的国家，我一定第一个为你鼓掌。但如果不是，先生们，祈祷上帝拯救你们的灵魂吧。**
>
> 捷克斯洛伐克外交部部长
> 扬·马萨里克

很快大家就意识到，牺牲苏台德地区并没有遏制德国的扩张野心，但仍然有人主张对德采取绥靖政策。1939年5月，美国驻伦敦大使约瑟夫·肯尼迪试图与德国官员达成协议，通过提供黄金贷款来换取互不侵犯条约。美国政府很快否决了这个计划，没人知道希特勒是否知道此事。■

参见：有瑕疵的和平 20~21页，纳粹的崛起 24~29页，纳粹政权的建立 30~33页，德国的扩张 46~47页，欧洲陷入危局 56~57页。

EUROPE GOES TO WAR
1939—1940

欧洲陷入战争
1939—1940

1939年8月23日
德国和苏联签署了《苏德互不侵犯条约》。

1939年9月1日
德国入侵波兰。2天后，与波兰签订过共同防御条约的英国和法国向德国宣战。

1939年10月14日
英国皇家橡树号战列舰在苏格兰斯卡帕湾的基地内被一艘德国U型潜艇击沉，这对英国海军的士气造成了打击。

1939年11月30日
苏联攻入芬兰，但进展缓慢。赫尔辛基被苏联的空中部队炸毁。

1939年12月17日
德国舰长汉斯·朗斯多夫是施佩伯爵的指挥官，他宁愿凿沉自己的船只，也不愿与他认为有优势的英国军队作战。

1940年2月16日
英国驱逐舰哥萨克号违反国际法进入挪威水域，并释放了德国运输船阿特玛克号上的299名英国囚犯。

1940年4月13日
英国皇家海军的战舰在挪威纳尔维克峡湾击沉了8艘德国驱逐舰——这是盟军在挪威取得的为数不多的胜利。

1940年5月10日
德军在西线发动大规模攻势，派出了10个机械化师。

在战争最初的2年里，二战并不被认为是一场全球性的冲突。对许多历史学家来说，这只不过是一战的延续，是19世纪“争夺欧洲统治权”的高潮——德国春风得意，以英法为首的协约国在政治和军事上屡遭挫折。

早期

1939年9月1日，希特勒入侵波兰，英法对德宣战。希特勒征服波兰的速度让世界大吃一惊。在不到1个月的时间里，波兰军队被消灭，根据德国和苏联8月签署的《苏德互不侵犯条约》，波兰领土被德国和苏联瓜分。

波兰沦陷后，英法虽然对德宣战，但交战双方只进行了零星交战，这一时期的战争通常被称为“静坐战”（“假的战争”）。法国和英国在法德边界沿线占据阵地，只守不攻。

在此期间，交战双方都躲在战壕中，只守不攻，好似重演1914—1918年的一战。空战仅限于偶尔的轰炸和大量投放宣传单，只有海战颇为激烈、认真。英国皇家海军围困并击毁了德国军舰和商船，而德国海军则发起了一场针对英国海军的潜艇战。

根据《苏德互不侵犯条约》，苏联不仅得到了波兰东部，更成功地获得了对爱沙尼亚、拉脱维亚和立陶宛等波罗的海国家的统治权。苏联还希望占领芬兰靠近列宁格勒（圣彼得堡）的那部分领土。芬兰拒绝了这一提议，于是苏联军队攻入芬兰，发动了冬季战争。英法等国试图向芬兰提供援助，但是苏联在这些援军登陆斯堪的纳维亚之前便取得了胜利。

1940年4月，德国占领丹麦，随后入侵挪威。尽管英国和法国派兵支援挪威，但无力阻止德国的野心。

欧洲大陆沦陷

当挪威与德国的战斗仍在继续时，希特勒又在西部发动了他的大攻势。1940年5月10日，德军横扫荷兰和比利时。由于对机动装甲作战毫无准备，荷兰人很快就不知所措，被迫投降。与此同时，德国的装甲师穿过比利时的阿登山脉，

1940年6月4日

英法联军从敦刻尔克撤离。

1940年6月10日

墨索里尼对法国和英国宣战。10天后，他的部队在法意两国边境被法国军队击退。

1940年6月19日

希特勒敦促丘吉尔为了英国人民的利益签署停火协议。但他的要求在3天后被英国拒绝了。

1940年6月22日

法国投降。法国北部和西部直接受德国统治；其余部分由设在维希的傀儡政府管辖。

1940年9月15日

德国空军在不列颠之战中与英国皇家空军厮杀。

1940年11月14日

英国城市考文垂遭受德国空军的毁灭性轰炸。工厂和历史建筑被摧毁。

1940年12月3日

英国宣布已经与美国造船厂签署第1份订单，计划建造60艘商船。

1941年1月

仅1个月内，盟军就损失了76艘船只，它们中的大部分是在潜艇战中被击沉的。

摧毁了法国在默兹河上的防御工事。德军的装甲师接着又赶赴英吉利海峡，建立了军事走廊，将英法联军一分为二。

被包抄的英军面临绝境，被迫退回到敦刻尔克港准备撤离。法军则处于更为危急的境况中。雪上加霜的是，5月28日，比利时在这一关键节点向纳粹投降了。

德国选择转头南下，消灭法国残余部队。此时，法军正试图建立一条新的防线来保护巴黎和法国腹地。6月5日，德军击破法军防线，14日巴黎陷落，22日，新上任的法国总理菲利普·贝当与德军签署停战协议。在短短6周的时间里，希特勒彻底击败法国并迫使英军撤退到英国国内。

袭击英国

希特勒本以为英国会与德国达成协议，可他的议和提议却被英国拒绝了，于是他号令军队整装待发。德军对英作战的首要任务是获得英国南部的制空权。

1940年7月至9月期间，英国皇家空军与德国空军激烈交战，最终击败德国，史称“不列颠之战”。由于没有获得制空权，希特勒被迫放弃入侵英国的计划。德国空军重新制定作战策略，决定对伦敦和其他英国城市进行大规模轰炸。随后的战役被称为“伦敦大轰炸”，一直持续到1941年4月。尽管伦敦大轰炸给英国平民造成了重大伤亡，但并没有改变整体局势，在德国多次猛烈入侵下，英国仍然安全，并未伤及筋骨。

未能击败英国让希特勒深感挫败，但他在欧洲其他地方取得了一系列重大胜利，这仍能让他感到自豪。这些军事胜利使他成为欧洲大陆的主人。他的势力范围从英吉利海峡一直延伸到苏联边境。苏联将成为他的下一个目标。■

欧洲历史的转折点

欧洲陷入危局（1939年）

希特勒想入侵波兰，但他知道苏联将进行干预。

↓

德国和苏联签署互不侵犯条约，划定了双方在东欧的势力范围。

↓

希特勒入侵捷克斯洛伐克后，英国和法国放弃了对德国的绥靖政策。

↓

英国和法国承诺，如果波兰受到攻击，它们将保卫波兰。

↓

德国现在可以自由进攻波兰了，而英国和法国则需要被迫保卫它。

背景介绍

聚焦

外交联盟

此前

1935年 德国和英国签署《英德海军协定》，确定了两国海军的相对规模。它允许德国拥有超过《凡尔赛和约》规定吨位的军舰。

1936年 德国和日本签署了《反共产国际条约》。

1937年 意大利加入《反共产国际条约》。

此后

1940年 德国、意大利和日本缔约，承诺相互支持。

1941年 希特勒启动巴巴罗萨行动，入侵苏联，这标志着《苏德互不侵犯条约》失效。

1939年，欧洲各国争先恐后地结成联盟，这与一战的历史惊人地相似。由于彼此竞争、相互恐惧，各国都急切希望知道哪国会介入何种争端，以及在被袭击时自己可以依靠哪方的支持。

1938年9月的《慕尼黑协定》，是英国、法国和意大利为安抚德国而达成的一项解决方案。协定允许德国吞并捷克斯洛伐克的苏台德地区，这让被排除在协定之外的苏联产生了不满，认为英国和法国在鼓励德国东侵苏联。然而，在1939年3月15日，即达成协定仅6个月后，德国就单方面撕毁了《慕尼黑协

参见: 德国的扩张 46~47页，绥靖政策 51页，波兰的毁灭 58~63页，德国入侵丹麦和挪威 69页，法国的沦陷 80~87页，美国中立态度的终结 108页，巴巴罗萨行动 124~131页。

约阿希姆·冯·里宾特洛甫

约阿希姆·冯·里宾特洛甫于1893年出生在普鲁士的一个军人家庭。一战期间，他先后在东线和西线战场服役。战后，他成为一名葡萄酒商人，并娶了一位富有的女继承人。

1932年与希特勒会面后，他加入纳粹党，1年内就晋升为党卫队上校和国会议员。

1934年，里宾特洛甫成为希特勒的海外首席代表，与英国、法国、意大利、中国和日本进行谈判。他于1938年成为德国外交部部长。他主导的谈判主要有《慕尼黑协定》和1939年的《苏德互不侵犯条约》的签署。这些条约为德国入侵波兰铺平了道路。里宾特洛甫在整个二战期间一直担任德国外交部部长，但1944年年底，他的影响力有所下降。这一时期，希特勒更依赖他的海外纳粹盟友而非内阁。

二战结束后，里宾特洛甫因战争罪、反和平罪、反人类罪和阴谋罪受审。他被判罪名成立，于1946年被处以绞刑。

定》，入侵了捷克斯洛伐克的其他地区。为了阻止希特勒侵略波兰，英国和法国在3月底承诺将保证波兰的安全和主权。5月底，德国与意大利签署了《钢铁盟约》，承诺相互提供军事支持。

密谋

希特勒不希望像一战那样同时在两条战线上开战。为了避免这种情况，他认为既应向东扩张，又应放下对共产党的成见，与苏联结盟。他知道，如果他试图占领波兰，苏联就会采取行动，这将使德国和苏联针锋相对。他还知道，他必须挫败英法与苏联结盟共同对抗德国的企图。

1939年8月，德国外交部部长约阿希姆·冯·里宾特洛甫飞往莫斯科，会见斯大林和苏联外交部部长维亚切斯拉夫·莫洛托夫。他们均表示愿意签订《苏德互不侵犯条约》，即著名的《莫洛托夫-里宾特洛甫条约》。

希特勒提议该条约的有效期应为100年，但斯大林将时间缩短为10年。条约规定，缔约一方如与第三国交战，另一方不得给予第三国任何支持，以避免苏德之间的防御条约失效。该条约还包含一份秘密协定，该协定规定了希特勒征服波兰后双方在东欧地区的势力范围——苏联将获得波兰东半部，以及立陶宛、爱沙尼亚和拉脱维亚。

该条约为希特勒进攻波兰开了绿灯。英国和法国知道德国和苏联的协议尚未达成，因此做出反应，正式确定对波兰的承诺，宣布如果波兰受到侵略，两国将为波兰而战。■

1939年8月，约瑟夫·斯大林（右）与苏联外交部部长维亚切斯拉夫·莫洛托夫（在斯大林的右手边）和德国摄影师海因里希·霍夫曼（左）一起为《苏德互不侵犯条约》的签署举杯庆祝。

它们永远无法挣脱德国的怀抱

波兰的毁灭（1939年9月）

背景介绍

聚焦

入侵波兰

此前

1918年 波兰共和国成立。波兰走廊作为波兰通往波罗的海的重要通道，将东普鲁士与德国分隔开来。

1939年3月31日 英国承诺全力支持波兰独立。

此后

1939年秋 德国和苏联划定在东欧的势力范围。德国有计划地虐待、剥削、驱逐和谋杀波兰人，造成超过500万人死亡。

1943年4—5月 犹太人在华沙犹太人区（隔都）奋起反抗纳粹的压迫。

1944年8—10月 华沙起义爆发。

1945年 重建后的波兰建立起了政权机构。

> 胜利者不会被盘问他是否说了实话。
>
> 希特勒

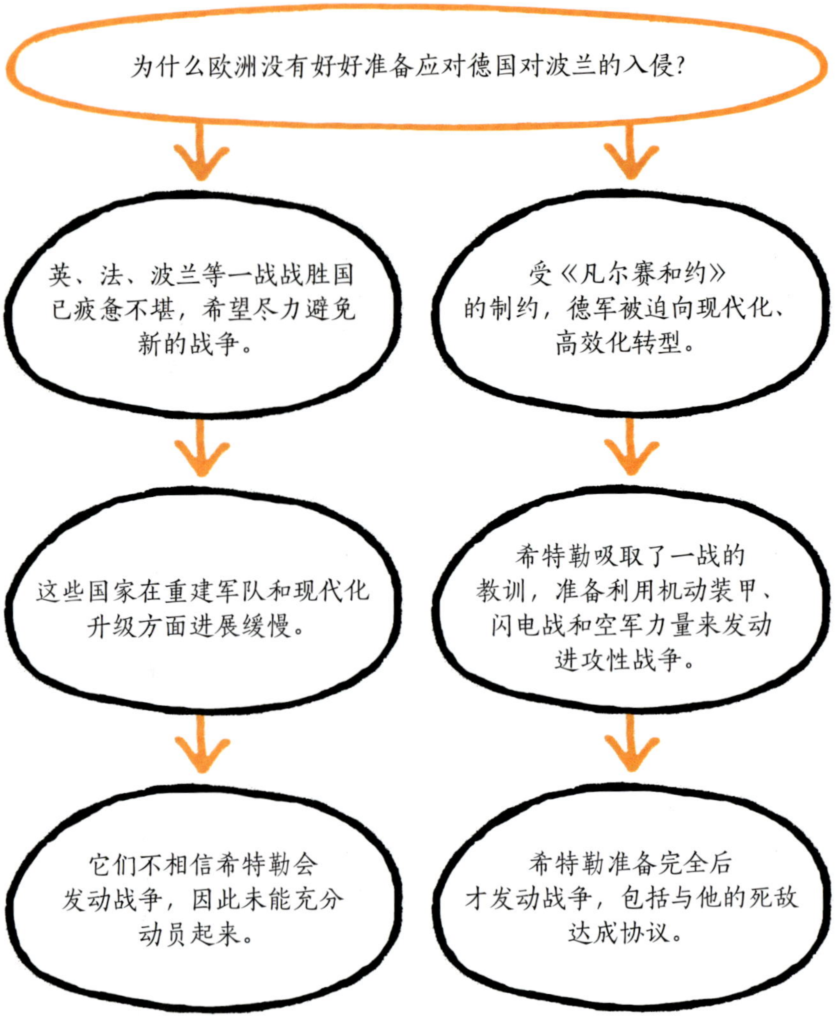

为什么欧洲没有好好准备应对德国对波兰的入侵？
英、法、波兰等一战战胜国已疲惫不堪，希望尽力避免新的战争。
受《凡尔赛和约》的制约，德军被迫向现代化、高效化转型。
这些国家在重建军队和现代化升级方面进展缓慢。
希特勒吸取了一战的教训，准备利用机动装甲、闪电战和空军力量来发动进攻性战争。
它们不相信希特勒会发动战争，因此未能充分动员起来。
希特勒准备完全后才发动战争，包括与他的死敌达成协议。

1939年8月26日午夜刚过，二战差点提前开始。这源自一个失误。德国早就准备入侵波兰。为进攻波兰而制订的军事计划“白色方案”，号召小股德国陆军情报局突击队越过边界并夺取关键战略要点。希特勒将入侵日期定在8月26日，但在得知墨索里尼有所动摇后，他仅几个小时之内就取消了进攻。

然而，突击队成员赫兹纳中尉没有接到取消的通知，深夜12点30分，他和他的手下越过边界，占领了一个火车站，并与波兰守军发生了冲突。当他的上级辗转联系到他并命令他撤退时，双方各有一人被杀。

这次戏剧性的“错误开战”本应被视作一个警报，但它并未得到波兰的足够重视。之后，希特勒得到了墨索里尼的保证。他将入侵波兰的日期重新设定为9月1日。

纳粹需要一个宣战理由，因此策划了“希姆莱行动”这样一个

参见：有瑕疵的和平 20~21页，法西斯独裁者 34~39页，欧洲陷入危局 56~57页，静坐战 64~65页，华沙隔都起义 242~243页，持久的影响 320~327页。

荒唐但行之有效的挑衅事件。盖世太保在入侵正式开始的前一天晚上，将1名囚犯从德国集中营带到格莱维茨郊外波德边境的一家广播电台。囚犯身着波兰军服被枪杀。

纳粹旋即声称枪杀囚犯意味着自己挫败了波兰试图入侵德国的阴谋。出于自卫，德国将反攻波兰。因此，这位无名男子可以说是二战全面爆发后首个官方伤亡人员。在接下来的几年里，死亡人数从1飙升至几千万。

快速攻城略地

德军迅速集结，对波兰发动了毁灭性的战争，借此向不知所措的对手证明，当其他国家仍按照一战的模式打仗时，希特勒及其部下已经准备好打一场模式更新颖的战争了。由于亲历一战，希特勒支持他麾下的德国军队采用现代战争模式。他特别强调奇袭战术和机动装甲的重要性。另外，希特勒从一战中还得到了一个教训，那就是德国最好不要在东线和西线同时开战。

尽管德国已经与苏联签订了互不侵犯条约，但希特勒知道，当法国和英国在西线进行战前动员时，他入侵波兰仍然是一场豪赌。可是他相信，国防军的闪电战战术将迅速取胜，法国和英国会措手不及，像过去4年里它们多次做过的那样，直接向德国妥协。

按照设想，希特勒认为可以实现他的战略目标，夺取波兰的大部分地区，使德国与东普鲁士统一。德意志人也将获得广阔的新“生存空间”，在新空间里体会种族优越感，享受身为雅利安人的美妙生活。

德国总共集结了60个师，其中包括5个拥有1500辆坦克的装甲师，以及其他摩化师、3600架飞机和大量海军。德国的入侵战略据说是模仿了古代布匿战争中汉尼拔的战术，以相对较弱的中锋和强大的两翼来拼杀和快速移动，冲破波兰的防线，切断波兰的支援线，围困所有顽强抵抗的残余部队。

北方集团军群由费多尔·冯·博克上将率领，有63万人，其任务是，驾车穿过所谓的波兰走廊（将德国与东普鲁士分隔开的地带），与东普鲁士的德国第3集团军会合，再转向南方，攻打华沙。南方集团军群由格尔德·冯·伦德施泰特上将率领，有88.6万人，将

> 波兰军队永远无法摆脱德国人的‘怀抱’。
>
> 德国空军总司令赫尔曼·戈林

面对德国的入侵，波兰平民挖防空战壕来躲避飞机轰炸。波兰的防御力量严重不足，无数平民在德国的入侵中丧生。

> 哪怕一息尚存，也必死守华沙。
>
> 波兰陆军中校瓦茨瓦夫·利宾斯基

一路向东进攻利沃夫，并与博克的部队会合，一起攻打华沙。

艰难的抉择

大敌当前，波兰面临着巨大的挑战。尽管有将近100万武装力量，但波兰仍然寡不敌众，几乎在每条战线上都处于劣势。波兰只有轻型和中型坦克，而且各仅有300辆；其海军只有4艘现代驱逐舰和5艘潜艇；400架战备飞机中，只有36架是能与德国空军一战的新式战斗机。

波兰发动一切可能战斗的预备役人员，但为时已晚。波兰总司令爱德华·斯米格维-雷兹面临着一个艰难的抉择，要么将部队拆散，尝试覆盖整个前线，要么撤退到易守难攻的天险后面，据险自守。

鉴于后者意味着放弃大量的故土、城镇和父老乡亲，他勇敢地选择了前者——这样做的结局必然悲壮，他的士兵们注定要为国捐躯。

俘获波兰人

9月1日拂晓，希特勒对波兰发动闪电战。轻型和重型轰炸机袭击了波兰机场，摧毁了大部分波兰空中力量，德军掌控了制空权。带有特殊尖叫警报器的斯图卡俯冲轰炸机使大量平民被迫流亡，铁路、公路和其他战略目标也被击中。“波兰走廊”在几天内被切断。

9月6日，德国的两个集团军群在波兰中部的罗兹会合，将波兰一分为二，并将大部分波兰军队困在西部边境。德军装甲师将波兰军队逼入孤立无援的境地，试图用炮击和轰炸逼波兰军队投降。

9月8日，德军的坦克已经到达华沙郊区，2天后，波兰军队的所有余部奉命撤回东部，在那里等待法国和英国通过攻打德国西线的方式而提供的援助。但是，英法的援助从未到来。

德国和意大利大力宣传的关于波兰人的故事版本是，波兰骑兵用长矛和马刀对坦克进行了徒劳的冲锋。虽然波兰确实有骑兵团，但这些骑兵团仅用于对付德军步兵，甚至取得了一些成功，它们从未向坦克发起进攻。

抛开这些杜撰不谈，波兰战役期间德国情报主管弗雷德里克·冯·梅伦廷的观察非常正确：“波兰人经常表现出的冲刺和勇敢都无法弥补他们缺乏现代武器和严格战术训练的弊端。”

德国的作战能力对于波兰人来说太现代、太高效、太强大了，后来的战争历史证明，即使更强大的对手也难以轻易与之一战。

恐怖政策

到9月15日，波兰的首都华沙已被德军包围。9月17日，苏联从东部攻入波兰。波兰四面楚歌，

德国斯图卡俯冲轰炸机在行动。它们向波兰投下有子炸弹的集束炸弹，对波兰士兵和平民造成了骇人听闻的伤害。

无望解脱。被持续轰炸了18天后，波兰政府最终于9月27日投降。开战的这4个星期里，德国有8000多人丧生，近3万人受伤；而波兰则有约70万名士兵和2.5万名平民丧生，超过13万名士兵受伤。10月5日，德军进驻华沙。

德国俘虏了约69.3万名波兰士兵，而苏联俘虏了21.7万名。这些人最终被运往集中营，几乎无人幸存。

德国和苏联领导人很快就划定势力范围达成了一致意见。由于德国的计划是清洗波兰最西部的斯拉夫人，尤其是犹太人，从而为种族优化扫清障碍，因此德占区的情况更为惨烈。

德占区东部被用作劳工和被驱逐人口的集中营。德国制定了一项可怕的政策，该政策最终将杀害17%以上的波兰人口。波兰境内的犹太人被悉数赶进贫民窟，其中大部分被关在华沙。这样做是为了方便日后的统一屠杀。

大约9.5万名波兰士兵和飞行员侥幸逃脱了追捕，进入了立陶宛、匈牙利和罗马尼亚境内。许多流亡的士兵一路西行，加入了瓦迪斯瓦夫·西科尔斯基将军领导的自由波兰流亡部队。■

波兰防空部队在华沙被围期间瞄准德国轰炸机。1939年9月10日（史称“血腥星期天”），这座城市遭遇了连续17次空袭。

整个欧洲一片死寂

静坐战（1939年9月3日—1940年4月）

背景介绍

聚焦

军事战术

此前

1915年 在一战中，压倒性的防御火力导致西线的战壕陷入了僵局。

1938年9月 在慕尼黑会议上，法国和英国同意了希特勒对捷克斯洛伐克苏台德地区的主张，以安抚希特勒。

此后

1944年6月 在诺曼底战役中，德国军队淹没了田野，并采用连续的防线来减缓盟军的进攻。

1947—1951年 冷战期间，美国及其盟国进行干预以防止苏联扩大势力范围。

静坐战指1939年9月至1940年4月期间，英国和法国虽然已正式对德国宣战，但陆军和空军几乎没有打过一场战斗。德国9月入侵波兰后，波兰政府还期待它的英法盟友兑现曾许诺的军事支援，相信张伯伦4月份做出的承诺——“盟军将在波德冲突发生时全力支持波兰”。然而，英法会强攻德国西部这一希特勒最担心的事情并没有发生，波兰最大的希望随之破灭了。

英法的战略是以守为攻，它们的作战力度非常小。9月4日，英军的飞机轰炸了一个德国海军基地；9月6日，法国军队将长约24千米的战线向德国萨尔州方向推进了

1940年初，一列载着英国远征军士兵的火车赶往前线。

参见： 波兰的毁灭 58~63页，准备应战 66页，拉普拉塔河口海战 67页，冬季战争 68页，潜艇大战白热化 110~113页。

> 和一个冷酷无情的敌人用五彩纸屑打仗是可耻的。
>
> 爱德华·斯皮尔斯将军
> 评价英国宣传单运动

8千米。德军的反应是撤退到齐格弗里德防线后面。这条防线是一条沿德国西部边界修筑的防御工事系统。仅仅5天后，法国军队就撤退了。9月9日，英国远征军作为先遣部队进入法国，但远征军并没有冒险越过法国东境的马奇诺防线。

暴风雨前的平静

在接下来的8个月里，西线没有爆发任何战斗。尽管西线的法国和英国军队与德国军队的数量比例为2∶1，但法国和英国军队放弃了这个后来公认的千载难逢的战机。在一战的思维定式和战术指导下，法国和英国军队把信心放在了防御上。他们普遍相信并希望，一旦希特勒在波兰实现了他的战略目标，他就会寻求议和。希特勒手下的将军们也一直是如此提议的。10月6日，也就是希特勒签发第六号作战指令即入侵西欧的“黄色方案”的前3天，他在一次演讲中暗示过要追求和平，同时也再次强调国际社会要承认德国取得的战果。英法拒绝了这些模糊的提议。

与此同时，英法仍需要时间来集结和武装军队，因此它们认为避免激怒德国是明智之举。在法德边境的一些地方，法国军队竖起了礼貌的标语，上面写着：“请不要开枪，我们也不开枪！”英国拒绝轰炸德国的军工厂，理由是军工厂是私有财产；其唯一的行动是在德国境内空投了数百万份宣传单。然而，最终德国未在1939年进一步侵略的原因是严冬将至，难以作战。

海战

虽然陆地上和空中风平浪静，但在海上的对战却是实打实的。9月3日，英国对德宣战仅9小时后，一艘德国U型潜艇就用鱼雷击中了英国游轮雅典娜号，导致100多人丧生。在接下来的1个月里，德国U型潜艇部队宣布对英国海军作战取得了胜利，主要战绩包括在9月17日击沉英国航空母舰勇敢号和10月击沉英国皇家橡树号战列舰。皇家橡树号战列舰失事时停靠在英国奥克尼群岛附近号称坚不可摧的斯卡帕湾港口，这次失事英国共损失了800多名船员。1940年4月，德国对丹麦和挪威的入侵最终标志着陆上“静坐战”的结束。■

马奇诺防线

马奇诺防线以20世纪30年代法国陆军部长安德烈·马奇诺的名字命名，由法德边境的一系列防御工事组成。它从瑞士的蓬塔里耶一直延伸到卢森堡和比利时的边境，在法国南部也有掩体、堡垒等工事。这条防线修筑于一战后，目的是延缓、阻隔敌军的突然袭击。

这条防线北段长450千米，驻守着40万名士兵。它由钢筋混凝土建造而成，防线内部通道四通八达，连通生活区内的不同场所。地下铁路能运载部队直达指挥所。有人曾提议将防线一直修筑到英吉利海峡，但由于缺乏资金和比利时的反对，续建计划被搁置。马奇诺防线最危险的方面在于它在心理上给人造成了一种错误的安全感。法国因过度信赖此防线而战备松懈，最终德军绕道比利时进攻法国，法国军队的战斗意志被彻底粉碎。

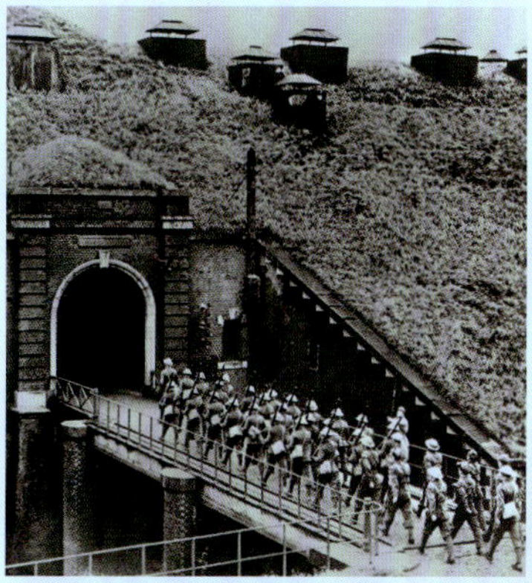

马奇诺防线顶部是炮台和旋转装甲炮塔，其中一些是可伸缩的。

士兵们……坚持住！

准备应战（1939年）

背景介绍

聚焦

对平民的影响

此前

1935年 希特勒强烈抵制《凡尔赛和约》对德国的军事限制，在德国引入征兵制度。

1937—1938年 英国建立空袭预防管理员系统，在发生战争时会实施全国停电以防止轰炸袭击。

此后

1941年12月 英国《国民服役法》要求所有20~30岁的未婚女性及无子女的寡妇登记参加战争相关工作。

1943年1月 德国征召妇女担任民事义务。

1950年 德国结束配给制。

1954年 英国结束配给制，此时距配给制开始已有14年。

当欧洲各国的军队蓄势待发准备迎敌时，后方的平民也不得不为即将到来的战争做准备。所有参战国家都重新引入了征兵制度。德国从1935年开始征兵；英国于1939年5月开始征召20～22岁的单身男性，但到了宣战之日，征兵范围扩大到所有18～41岁的男性。同时，英国还组建了一支由邮差、救护车司机、重型救援队、消防员组成的“本土军队”，以在需要时迎敌。

疏散和配给

英国还制订了从可能成为轰炸目标的城市地区疏散弱势群体的计划。1939年9月，英国政府发起了“吹笛人行动”，疏散了超过150万人，其中约80万人是儿童。法国政府规定父母有责任让孩子安全地到乡下的亲戚或宗教组织那里避难。

所有参战国都逐渐实行了配给制。德国从1939年8月开始实行粮食配给制，并将多余食物提供给有利于战争的人。英国于1939年10月发起“为胜利而挖掘运动”，鼓励拥有花园的人们自己种植粮食。政府向每个英国家庭都发放了配给票证，除面包或土豆以外的所有食品和衣服都凭票供应。■

1939年，法国应征入伍的人们在巴黎报到。1935年，法国将国民服役期延长至2年，以应对德国的复兴。

参见：德国的扩张 46~47页，绥靖政策 51页，欧洲陷入危局 56~57页，闪电战 70~75页，法国的沦陷 80~87页。

马上出击，不管现在是白天还是黑夜

拉普拉塔河口海战（1939年12月）

背景介绍

聚焦

海上袭击

此前

1935年6月 《英德海军协定》将德国海军的规模限制为英国皇家海军的35%。

1939年9月 德国U型潜艇向英国游轮雅典娜号和航空母舰勇敢号发射鱼雷。

1939年10月 英国皇家橡树号战列舰在奥克尼群岛的斯卡帕湾被一艘U型潜艇的鱼雷击中。

此后

1940年2月 希特勒命令U型潜艇瞄准一切驶向敌方水域的非德国盟友船只。

1941年 U型潜艇开始攻击美国东海岸的美国航运船只。后来，攻击范围扩展到了加勒比海和墨西哥湾。

二战开始时，英国皇家海军是世界上最强大的海军。《凡尔赛和约》限制德国拥有大吨位舰艇，但德意志级装甲舰这种娇小紧凑、装有巨大火炮的重型装甲舰，完美规避了限制。英国称之为“袖珍船”。德国海军的主要目标是，封锁英国商船，并防止被封锁，以免德国为战争做的种种努力成为徒劳。

火力全开

1939年12月，首场大型海战发生在阿根廷附近的拉普拉塔河口附近，由汉斯·朗斯多夫舰长指挥的格拉夫·施佩海军上将号主战。在印度洋和南大西洋击沉了9艘船后，朗斯多夫驶向拉普拉塔河口，期望在附近找到商船船队，却遇到了3艘严阵以待的英国海军舰艇。

12月13日，3艘英国船只——阿贾克斯号、阿基里斯号和埃克塞特号，与格拉夫·施佩海军上将号交战。朗斯多夫指挥了多次集中火力攻击，迫使英国船只撤退，自己则在激烈战争中存活，进入中立国乌拉圭的蒙得维的亚港休整。乌拉圭允许他停留72小时。英国却巧用计谋，授意英国广播公司播报假消息误导朗斯多夫，使他相信英国的船只很快就会追来，最终他弃船离港。英国声称这一结果是一个重大的、鼓舞士气的胜利。几天后，朗斯多夫开枪自杀，他的船员则被关押在阿根廷。■

格拉夫·施佩海军上将号在舰长汉斯·朗斯多夫的命令下沉没。他决定将这艘船凿沉，而不是让他的船员打一场注定失败的战斗。

参见：有瑕疵的和平 20~21页，俾斯麦号沉没 109页，潜艇大战白热化 110~113页，大西洋上的对决 214~219页。

饿狼今冬将饱餐一顿

冬季战争（1939年11月30日—1940年3月13日）

背景介绍

聚焦

军事战术

此前

1917年12月6日 芬兰宣布独立。

1939年8月23日 德国和苏联在莫斯科缔结《苏德互不侵犯条约》。

此后

1941年6月26日 芬兰与德国结盟，继续参与二战，夺回了失去的领土并占领了苏联的部分地区。

1944年6月 苏联组织反攻，在卡累利阿地峡击退了芬兰军队。

1944年9月19日 芬兰和苏联签署停战协议，两国之间的战争结束。

1939—1940年的冬季战争是芬兰与苏联之间的战争。《苏德互不侵犯条约》将波罗的海北部地区划给苏联，但苏联向芬兰提出的领土扩张要求却遭到了拒绝。1939年11月30日，苏联军队从4个地点攻入芬兰。由于寡不敌众，加之装备匮乏且大多陈旧，芬兰似乎注定要失败。然而，有效的战术和恶劣条件下背水一战的勇气使芬兰人能够坚持抵抗。

苏芬交战

最初，苏联军队的坦克没有步兵支援，这使得没有坦克的芬兰人仅用汽油弹就可以成功地猎杀它们。

期待快速取得胜利的苏联士兵没有准备好抵御严寒。身着白色冬季装备并配备滑雪板的芬兰军队发起反攻，取得了一系列胜利。苏联被迫改变策略。在使用了空军、装甲部队和步兵的联合作战战术后，苏联军队击退了疲惫作战的芬兰军队。

1940年3月，由于国际支援迟迟没有兑现，芬兰被迫与苏联谈判，放弃了大片领土。然而，对苏联的仇恨驱使芬兰一年后加入了意欲侵略苏联的纳粹阵营。■

滑雪中的芬兰士兵。他们充分利用了严酷的冬季条件，能够在有时低于-40℃的深雪中有效地战斗。

参见： 法西斯独裁者 34~39页，欧洲陷入危局 56~57页，波兰的毁灭 58~63页，巴巴罗萨行动 124~131页。

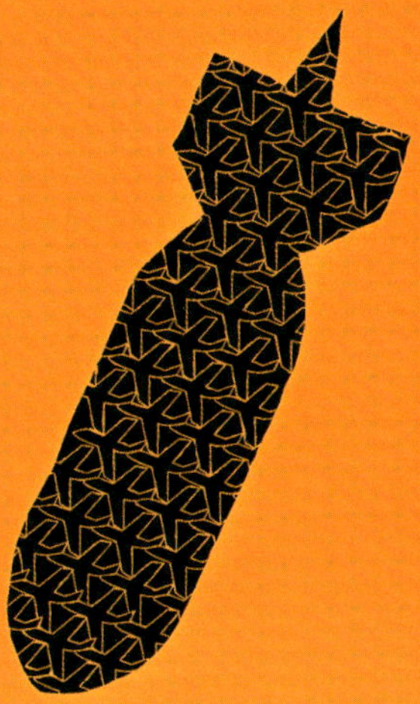

德国的飞机正在轰炸、扫射我们

德国入侵丹麦和挪威（1940年4月9日—6月10日）

背景介绍

聚焦

战略入侵

此前

1939年12月14日 埃里希·雷德尔上将敦促希特勒入侵挪威。

1940年1月 希特勒命令最高统帅部着手策划入侵挪威。

1940年2月16日 哥萨克号驱逐舰在挪威水域的一艘德国商船上救出英国囚犯，这违反了挪威的中立原则。

1940年4月8日 英国海军发起“威尔弗雷德行动”，行动内容包括布设水雷以封锁挪威海域。

此后

1940年6月10日 挪威向德国投降。

1942年2月 德国任命维德昆·奎斯林为挪威大臣兼总统。

战争开始以后，德国一直没有放弃入侵挪威，希望能借此保卫重要的瑞典铁矿石进口路线，并保护具有重要战略意义的新潜艇行动基地。出于同样的原因，盟军也计划攻入挪威。

当德国于1940年4月9日发起威胁行动时，英国军队已经登上了运输船开赴挪威。德国伞兵和海军通过突袭占领了挪威的要塞，而丹麦在被包围时迅速选择投降。

惨痛教训

盟军在挪威的应战并无章法。一支旨在夺取特隆赫姆（挪威）的反德部队被德国空中力量挫败，盟军不得不撤离。盟军另一次对挪威的进攻选择在更北的纳尔维克进行，但由于英国皇家海军和英国陆军之间的争斗而受阻。

这次灾难性的经历给英国皇家海军带来了关于空战的惨痛经验教训。不过，德国也为胜利付出了高昂的代价，大量士兵死亡，飞机以及最好的战舰被炸毁，这严重削弱了德国入侵英国的能力。德国还不得不在战争余下的时间里派35万人驻守挪威。■

上图为1940年4月9日德国入侵挪威前夕的一支丹麦陆军炮兵小队。快速入侵丹麦是德国进攻挪威的前奏。进攻挪威被认为更具战略价值。

参见：静坐战 64~65页，闪电战 70~75页，不列颠之战 94~97页，纳粹阴霾下的欧洲 168~171页，抵抗运动 226~231页。

如果装甲战成功，那么胜利就会随之而来

闪电战（1940年5月10—24日）

背景介绍

聚焦

德国的军事野心

此前

1905—1906年 德国陆军元帅阿尔弗雷德·冯·施利芬实施了一项战略计划，希望能战胜法国。

1914年8月 施利芬的计划失败了。失败部分归因于当时机动部队的局限。

1939年9月 在入侵波兰的过程中，德军磨炼出了快速推进装甲部队的机动性和近距离空中支援的执行能力。

此后

1940年5月26日—6月4日 法国和英国的军队从敦刻尔克撤离。

1940年6月5日 德军开始从索姆河南部向法国发起进攻。

1940年6月22日 法国向德国投降。

1940年5月，德国一支机动部队向鹿特丹挺进，准备乘筏渡河。荷兰摧毁了许多桥梁以减缓德军的前进。

德军进攻西线的计划密谋已久，虽然经常由于各种原因被迫推迟，但人们早已预料到会有这么一天。不过，它的速度和破坏性仍然让盟军大吃一惊——这种战术后来被称为“闪电战”。

希特勒的军官们准备了德国一战战术——施利芬计划的升级版本，被命名为“黄色方案”。这需要有强大的军队在右翼席卷比利时和法国北部，而较薄弱的左翼则需要在受马奇诺防线保护的法国边境地区与盟军交战。

当这些计划的副本在1940年1月意外落入比利时人手中时，德国将军埃里希·冯·曼施坦因设计了一个计划变体，即“镰刀收割计划”（又名“曼施坦因计划”）。和以前一样，北方的B集团军将穿越低地国家，而南方的C集团军仍然战力薄弱；不同的是，中心地区的A集团军得到了加强。

绝妙的计划

根据“镰刀收割计划”，B集团军的出击在盟军的预料之中，盟军将通过把主力部队向北推进到被称为“戴尔防线”的防御阵地来应对德军。这些部队包括法国第1军和英国远征军。

此时，格尔德·冯·伦德施泰特领导的A集团军将冲出被认为不可逾越的阿登地区，向德国战略家所谓的“最大努力点”发起攻击。这里是盟军强大的南翼和北翼部队间的支点。因此，德军绕过马奇诺防线，并希望切断盟军在北方的部队，然后执行后续计划，即“红色计划”，来消灭法国部队的余部。

这是一个比较巧妙的计划，它的成功完全取决于对后来被理解为新战争学说（闪电战）的完美执

> **你用拳头打人，而不是用你张开的手指。**
>
> 德国陆军将军海因茨·古德里安

参见：波兰的毁灭 58~63页，法国的沦陷 80~87页，巴尔干战争 114~117页，巴巴罗萨行动 124~131页，诺曼底登陆 256~263页。

行。尽管德国在兵力和坦克数量方面都处于劣势，但它能够取得巨大的成功。面对法国、英国、比利时和荷兰的144个师，德国只有136个师。法国有3000辆坦克，而德国装甲师只有2700辆。与法国不同的是，德国装甲师可以高度集中火力进行毁灭性打击。德国已经接受了坦克战的可能性，而法国仍抱着一战延续下来的防御心态。直到1939年，菲利普·贝当元帅还坚持认为“坦克不会改变战争面貌”。

德国在空军领域可抗衡其他列强。德国空军拥有盟军没有的俯冲轰炸机，更知道如何使用它们来近距离支援地面部队。此外，德军战斗机作战技术的优势让盟军感到担忧。

至关重要的是，德国梅塞施密特飞机比盟军任何飞机都快。1937年法国参议院国防委员会的一份报告提出警告：“德国空军完全可以有恃无恐地飞越法国。”

强有力的攻击

“镰刀收割计划”于1940年5月10日清晨启动，一切都按德国的计划进行。B集团军对比利时和荷兰发动了强有力的攻击。这场进攻在德军装甲师将军，同时也是战后的军事历史学家弗里德里希·冯·梅伦廷眼里是“令人生畏、嘈杂和壮观的”。盟军如德国预期的那样，选择向戴尔防线推进。梅伦廷说：“它们越是如此，就越是必败无疑。”

5月13日，保罗·冯·克莱斯特派出德国A集团军的精锐部队（其中就包括海因茨·古德里安的第19装甲军团），抓住千载难逢的时机，在色当对法军发动了以“集中兵力、重点突破”为指导方针的攻击。色当如同一座大型堡垒，拥有悠久历史和现代防御工事。

法军无力招架德军集中装甲力量、近距离空中支援能力和作战主动性的组合攻势。一名德军装甲部队指挥官说：“我们装甲车的快速移动和灵活操控性一次又一次地让敌人不知所措。”

德军装甲部队飞快地突破了盟军防线，向海岸线迅猛推进，试图阻拦比利时的盟军部队增援。当

闪电战

德国人最初并没有将他们的新战术称为“闪电战”。伞兵将军库特·斯图登特说，“从来没有像闪电战这样的东西”。希特勒本人也嘲笑这个词。事实上，这并不是真正的新理论，而是现有德国军事传统与新技术应用相结合的革新。

闪电战在很大程度上得益于19世纪军事战略家卡尔·冯·克劳塞维茨和阿尔弗雷德·冯·施利芬的著作。克劳塞维茨在《战争论》(1832)中提出了“集中兵力”的概念。其核心原则是，进攻的主要力量应集中在敌人防御的薄弱点上，而不是平均分布。它还要求每一个活跃的作战单位都有一套明确的目标。施利芬在一战前就提出了这一构想，但它只有在高速飞机和坦克发展起来后才变得可行。

闪电战战术

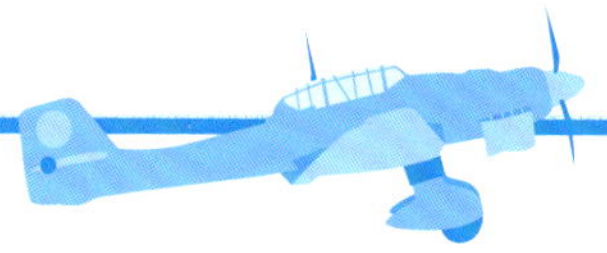

俯冲轰炸机和支援战斗机能够突袭军事和空军基地，并在敌机有任何升空机会之前将其击毁。

取得制空权后，坦克冲进敌方领土，夺取铁路线和通信枢纽；恐吓当地平民；控制关键战略中心。

用卡车运输的机动化步兵跟在坦克后面，扫清残军，并巩固对桥梁、防御工事和道路等战略要地的控制。

> 这不是占领战，而是快速击穿和歼灭战——它是闪电战。
>
> 《时代杂志》，1939年

装甲部队指挥官经过闪电战发明人海因茨·古德里安时，古德里安喊出了那句名言："去战线的尽头。"英国军事战略家和作家利德尔·哈特称"独立装甲部队的深度战略渗透通过远程坦克驱动，将敌方军队远远地阻隔在其战线后面"。

压倒性的优势

因对机动性的热爱而被称为"急速海因茨"的古德里安，无视上级的愤怒和要求他按兵不动等待增援的命令，将他所擅长的快速机动作战发挥到了极致。他于5月20日抵达英吉利海峡附近的阿贝维尔。那一天他所取得的成就就是闪电战的缩影。

早上7点，他的两个坦克师离开佩罗内，向西行进。上午10点时，坦克师已经到达阿尔贝。在那里，一小队英国士兵试图从由纸板箱组成的路障后面阻止坦克师，但也只是徒劳无功。上午11点，在埃多维尔，坦克师遇到了一个英国炮兵连，该炮兵连只装备了假炮弹。

中午，坦克师进入亚眠，古德里安在那里短暂停留，并参观了大教堂。到下午4点时，坦克师占领了博克纳，还在那里缴获了英国远征军的地图档案。晚上9点，坦克师到达阿贝维尔——"战线的尽头"。在英吉利海峡的岸边，它们将炮口对准了英国。

包围圈

此时，荷兰已经投降了。在德国空军在鹿特丹的破坏力的威慑下，荷兰于5月15日选择了投降。对空袭的恐惧使600万到1000万名难民离开了他们在法国北部和比利时的家园。流亡的难民堵塞了道路，进一步影响了盟军的应战能力。

5月18日，法国总理保罗·雷诺改组政府和军事指挥部，任命一战英雄菲利普·贝当元帅为副总理。同一天，即将成为法国军队中最年轻的将军的戴高乐率领一个坦克师，试图向拉昂的德军发起猛烈的反击。

5月21日，英军试图突破阿拉斯附近的德军防线，但两次尝试都

比利时难民逃离他们的家园，希望能在法国得到庇护。多达200万人流离失所，虽然大多数人后来返回故土，但仍有许多人留在法国，还有一些人到了英国。

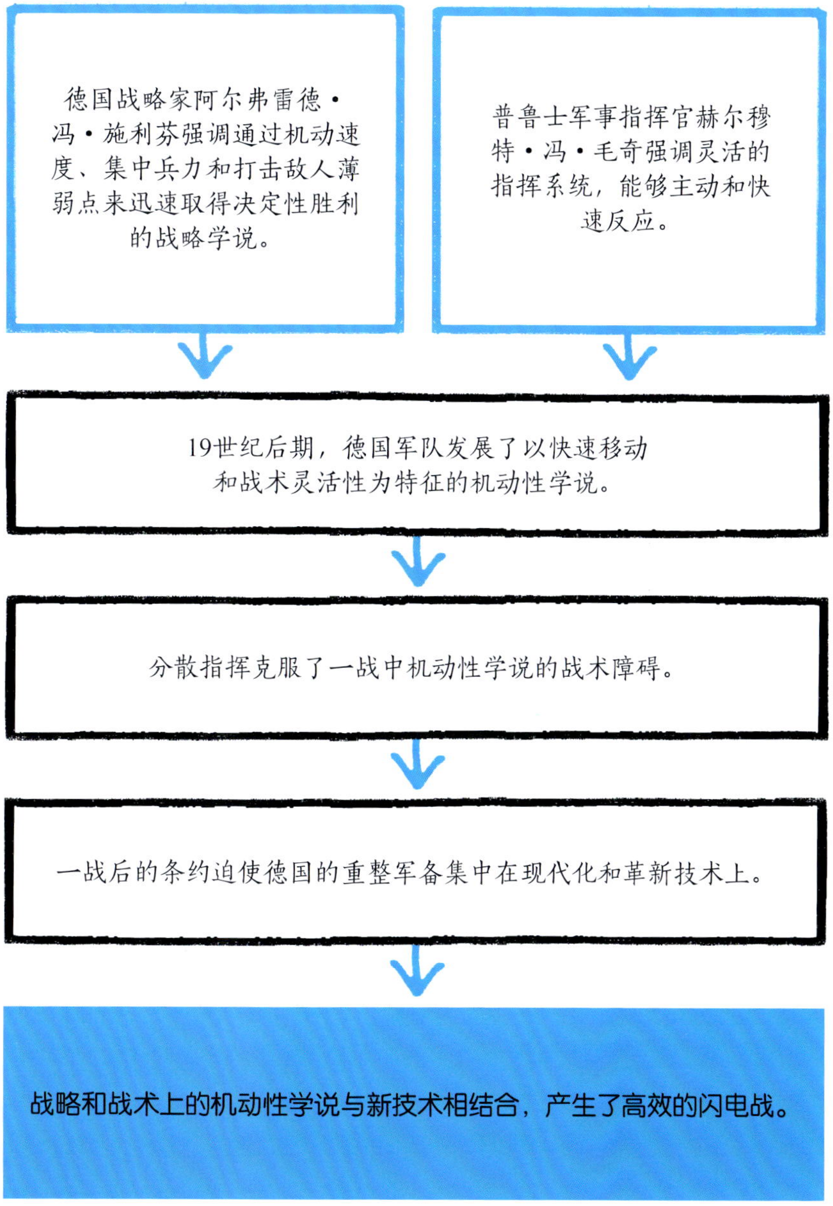

德国战略家阿尔弗雷德·冯·施利芬强调通过机动速度、集中兵力和打击敌人薄弱点来迅速取得决定性胜利的战略学说。
普鲁士军事指挥官赫尔穆特·冯·毛奇强调灵活的指挥系统，能够主动和快速反应。
19世纪后期，德国军队发展了以快速移动和战术灵活性为特征的机动性学说。
分散指挥克服了一战中机动性学说的战术障碍。
一战后的条约迫使德国的重整军备集中在现代化和革新技术上。
战略和战术上的机动性学说与新技术相结合，产生了高效的闪电战。

失败了。后面的一次进攻被埃尔温·隆美尔指挥的部队直接击退。德军装甲部队协同作战，击退了盟军，而盟军的装甲部队则因战线拉得太长而无法发挥作用。

由于无法突破包围圈，难以与南面的法国军队会合，英国远征军和法国第1集团军向敦刻尔克方向撤退，而德军则在后面穷追不舍。

5月22日，英国皇家空军失去了在欧洲大陆的最后一个机场。从这时起，英国所有的飞机都必须从英国本土起飞，这大大缩短了其可执行任务的时间，从而限制了其与德国空军抗衡的能力。

5月24日，德国A集团军和B集团军联合起来，进一步围堵盟军。克莱斯特的装甲部队当时距离敦刻尔克只有29千米，他后来回忆说，他的坦克爬上了俯瞰佛兰德的高地，从那里，他可以指挥通往敦刻尔克的道路。数十万名盟军将士被困在港口周围的一个“小口袋”里，他们看起来十分绝望。

停战令

就在德军准备发动致命一击时，希特勒却下令停止进攻。希特勒5月24日下达的停止前进的命令给了盟军48小时的喘息时间。盟军得以组织一次大规模的撤离，从而逃出生天。事后，德国的将军们批判此事时毫不留情，装甲部队将军威廉·冯·托马在战后说“希特勒毁掉了近在眼前的胜利”，而克莱斯特后来称这是“希特勒的愚蠢命令”。

尽管历史证明这是一个无可救药的大错，但希特勒做出这一决定仍然是出于理性的考量的。A集团军的指挥官伦德施泰特当时呼吁停止进攻。他和希特勒都担心坦克的炮火会远远超过其步兵的支援范围，甚至让步兵落入敦刻尔克周围沼泽地上盟军的陷阱中。他们还推断，强大的法国军队仍然在其他地方保留了有生力量。

与此同时，赫尔曼·戈林曾发誓称德国空军一定能消灭敦刻尔克包围圈内的敌人。希特勒和许多将领都相信英国别无选择，只能投降。他们更在意的是法国，他们一心想要打败这个宿敌。因此，他们将目标转向了“红色计划”，即征服法国的计划。■

拯救生命的奇迹

敦刻尔克大撤退（1940年5月26日—6月4日）

背景介绍

聚焦

部队撤离

此前

1939年9月4日 英国远征军逐渐抵达法国北部。

1940年5月10日 德国入侵法国和低地国家，法国战役开始。

1940年5月20日 德军抵达了海峡沿岸。

此后

1940年6月5日 德军开始从索姆河向南进攻。

1940年6月22日 法国投降。

1944年6月6日 盟军于诺曼底登陆日重返欧洲大陆。

1940年5月26日至6月4日期间，超过34万名盟军将士从法国敦刻尔克撤离。这一成功的撤离不仅让英国保留了继续进行战争的能力，还鼓舞了英国国民的士气。丘吉尔后来将敦刻尔克撤离描述为“拯救生命的奇迹”。

5月24日，德国的侵略战争将超过40万名盟军士兵困在敦刻尔克港周围的一个“小口袋”里。但希特勒却下令停止进攻，给了盟军至关重要的两天时间来加强周围的防御并准备撤离计划。

在海军中将贝特朗·拉姆齐的

参见: 法国的沦陷 80~87页, 不列颠之战 94~97页, 诺曼底登陆 256~263页。

士兵们在敦刻尔克的海滩上排队，等待撤离。若是德国空军没有因恶劣天气停飞，他们就很容易成为活靶子。

指挥下，敦刻尔克大撤退预计最多能在德国摧毁敦刻尔克之前撤离4.5万人。丘吉尔的预期更不乐观，他后来写道："我认为……可能会有2万至3万人登船撤退。英国军队的全部有生力量和司令部……似乎即将在战场上被剿灭，或者被送去遭受充满屈辱和饥饿的囚禁。"

保卫敦刻尔克

敦刻尔克大撤退取得成功的一个关键因素是，保卫包围圈的部队的英勇无畏。法国第1集团军和一些英军挖地三尺，并进行了顽强的殿后行动。敦刻尔克大撤退以后保卫部队大多被俘告终，伤亡数量并不大。敦刻尔克周围的沼泽地阻止了德国装甲车推进。这是让希特勒谨慎地停战的因素之一。

不过，到了5月27日，德军总司令沃尔特·冯·布劳希奇将军已说服希特勒下令继续进攻。然而，希特勒决定将坦克保留下来用于他认为更重要的战斗，并将它们重新派遣给在索姆河-埃纳战线附近集结的部队，以应对即将到来的对法国的进攻。

在撤退行动中，发生了一系列被英国人广泛解释为"奇迹"的幸运事件。现在我们来讲述出现的第一个奇迹。希特勒原本认为，他的空军会比他的装甲部队更易摧毁包围圈，这不无道理。但在5月28日，佛兰德上空刮起了一场巨大的风暴，德国飞机被迫停飞。在极低能见度和强降雨的掩护下，数千名英国士兵在没有被扫射的情况下被转移到了海岸。

> 敦刻尔克……应该算是一系列的危机。每个危机都解决了，但是马上被另一个危机所取代……
>
> 沃尔特勋爵，《敦刻尔克奇迹》

温斯顿·丘吉尔

温斯顿·丘吉尔被很多人认为是英国最伟大的首相，也是一位颇有争议的人物。丘吉尔青年时期是在古巴和非洲的军事作战中度过的。一战期间，他作为第一海军大臣在土耳其西南部指挥了堪称他政治生涯里最大错误的加里波利战役。

作为一名政治家，他多次改变党派，并担任过国家大部分要职。他对自己在军事事务上的专业知识和直觉评价很高，因为他认为自己既重视技术进步，又真正关心前线部队福祉。20世纪30年代，他仕途颇为不顺。但由于他长期支持重整军备，反对绥靖政策，在张伯伦政府倒台时他成为最顺理成章的接班人。1940年5月10日，就在德国对比利时、法国和荷兰发动进攻的那一天，他接任首相。丘吉尔后来回忆这一时刻时说："我觉得自己好像在与命运同行，我的所有过去都只是在为这个时刻和这个考验做准备。"

5月30日，在吹嘘英国军队很快就会被消灭的3天后，德军总参谋长哈尔德将军在他的日记中记录道："恶劣的天气使德国飞机被迫停飞，现在我们只能袖手旁观，眼睁睁看着无数的英国士兵逃走……"

混乱场面

神奇的是，在这场风暴肆虐的时候，英吉利海峡却异常平静，为英国船只的通行提供了便利。德国空军摧毁了敦刻尔克的港口，人们不得不从海滩上登船，而倾斜的海滩让人难以登船。后来，一个从港口东部伸出的长长的防波堤被投入使用，使登船变得容易了一些。

然而，一开始，场面很混乱，士兵们涉深水攀船，水手们用船桨击退快要弄翻船的人，军官们威胁要射杀不守规矩的绝望的士兵。

英国甚至没有告诉法国自己有撤离计划。当行动开始时，英国的政策是不允许法国士兵上船，希望借此让法国士兵掩护自己撤离。至少有一次，法国士兵因为试图加入撤离行动而遭到了枪击。

小船

运送撤离人员的是皇家海军舰队，但海滩吃水很浅，这意味着需要较小的船只将人员从岸上转移到较大的船只上。5月29日，小型船只库中长度小于30米的私人机动船被征用。

这些船只出海带动更多后来被称为"小船"的船只前来帮忙，包括渔船和游船、伦敦郡议会的斗篷驳船以及伦敦港派出的原本用来拉泰晤士河帆船的拖船。小船的船员中有66岁的查尔斯·赫伯特·莱特勒，他曾是泰坦尼克号的副船长。

英国皇家空军发挥了至关重要的作用，一次又一次地驱逐德国空军。飞行员道格拉斯·巴德描述了这一场景："从敦刻尔克到多佛的海域……航运非常稳定。人们觉得可以在不弄湿脚的情况下走过去。"

巴德还描述道："海港内燃

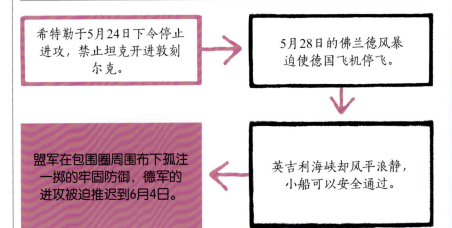

希特勒于5月24日下令停止进攻，禁止坦克开进敦刻尔克。

5月28日的佛兰德风暴迫使德国飞机停飞。

英吉利海峡却风平浪静，小船可以安全通过。

盟军在包围圈周围布下孤注一掷的牢固防御，德军的进攻被迫推迟到6月4日。

烧的坦克中升起巨大的黑烟，这让敦刻尔克多么显眼。”这些坦克是被德军的炸弹击中而烧起来的，但这对盟军来说也算是一件幸事，因为烟雾为盟军提供了重要的掩护。仅在5月31日，盟军就有6.8万人撤离。

迎难而上

然而，由于自身没有什么防御能力，撤离的舰队极其脆弱。6月1日的一次天气好转让德国空军击沉了盟军的3艘驱逐舰和1艘客船，并严重损坏了另外4艘船。

拉姆齐海军中将禁止了白天的航行，但疏散行动在夜间继续进行。最后1艘英国军舰在6月2日黎明时分撤离，英国远征军的剩余部队则通过渡船撤离。当天晚上，船队折返去接法军撤退，但无法完成任务，只能在第2天晚上再次尝试。这一天成功地撤离了2.7万人，这时德军已经近在咫尺了。

6月4日，丘吉尔在下议院讲述了“33.5万人是如何从死神手里被抬出来的”。事实上，在敦刻尔克大撤退之前，英国已经有大约2.5万名非战斗人员撤离。据官方统计，敦刻尔克大撤退中安全回归的人数通常为34万人（22万名英国人和12万名法国人），此外还有3.4万辆汽车和170条狗（军团吉祥物）。另有22万名盟军士兵从法国其他港口被救，包括瑟堡、圣马洛、布雷斯特和圣纳泽尔，使撤离总人数达到约56万人。

英国将1940年6月9日星期日定为全国感恩节。敦刻尔克大撤退鼓舞了英国国民的士气，同时也保住了英国大部分有生力量。它被视为战争的转折点。■

“黑色的海滩上人满为患，火光冲天，堪称极其显眼的活靶子。

敦刻尔克小艇船员亚瑟·迪瓦恩”

几十支部队的士兵挤在一艘救援船上。较大的船只从东摩尔（East Mole）接走士兵。那是一个通往深水区的防波堤。只有较小的船只可以接近平缓的海滩。

我们在强攻下被击溃了

法国的沦陷（1940年6月5—22日）

背景介绍

聚焦

法国投降

此前

1923年 法国和比利时军队占领德国的鲁尔区。

1939年9月3日 德国入侵波兰2天后，法国和英国向德国宣战。

1940年5月 德军从比利时出发，进军法国，最终到达英吉利海峡，迫使英军从敦刻尔克撤离。

此后

1940年7月19日 战胜法国后，希特勒将12名将军提升为陆军元帅。

1942年11月 德国占领维希法国。

1944年6月6日 盟军在诺曼底登陆。

反坦克防御工事是马奇诺防线的重要标志。法国于20世纪30年代沿国家东部边界修建了该防线，旨在建立一道能够抵御德军入侵的坚不可摧的屏障。

1940年5月9日，即德国进攻西欧的前一天，希特勒向他的参谋部承诺：“先生们，你们即将见证历史上最著名的胜利。”6月4日，随着英国人被赶出欧洲大陆，法国陷入了混乱，这一预测似乎即将成为现实。

德国此时将注意力集中在“红色计划”上，这是德国接管法国其他地区的计划，特别用于解决法国军队在坚固的马奇诺防线沿线大量集结的问题。

法军总司令马克西姆·魏刚在法国东北部的索姆河和埃纳河沿线部署了49个师，形成所谓的“魏刚防线”。但此时，他的国家岌岌可危。

英国远征军已经逃离欧洲大陆，只有少数英军滞留法国。法军损失了71个野战师中的22个、7个摩化师中的6个以及20个装甲师中的8个。大约有17个师的力量被牵制在马奇诺防线上。

正如希特勒所计划的那样，在德国横扫荷兰、比利时和卢森堡之后，法军的预备队全部投入了低地国家。英国皇家空军无法派遣更多飞机参与战斗，早些时候派出的先进空军战队以飓风般的速度丧失了战斗力——每天折损25架飞机，而工厂每天只能生产4～5架。英国皇家空军的负责人知道，不可避免的不列颠之战需要动用一切可用的飞机。

魏刚防线沿线的法军处于劣势，隆美尔率领的部队仅用了2天时间就在鲁昂附近完成突破。6月9日，德军渡过塞纳河和埃纳河，此时的法军无能为力，只能任由德军摆布。

大逃亡

6月10日，即意大利对法国和

> 士气是信仰的问题……这些人怎么可能对抛弃了他们的领导者有信心？
>
> 美国记者弗吉尼亚·考尔斯
> 描述大逃亡

参见：史诗级战争 18~19页，闪电战 70~75页，敦刻尔克大撤退 76~79页，意大利参战 88~89页，殖民羁绊 90~93页，纳粹阴霾下的欧洲 168~171页，诺曼底登陆 256~263页。

英国宣战的那一天，法国政府迁至波尔多，同时宣布巴黎是一个开放的、非军事化的不设防城市，试图使其免于毁灭。在大约500万巴黎人中，有300万人逃离，踏上了这条后来被称为“大逃亡”的可怕的逃难之路。逃难之路惨烈无比，护士们对无法移动的病人实施了安乐死，婴儿被遗弃在路边，难民和士兵的抢劫行为随处可见。6月12日，一名瑞士记者在巴黎空荡荡的街道上甚至遇到了游荡的牛群。

随着德军向巴黎推进，大量法国平民逃离这座城市。经常有车辆抛锚或没油，堵塞道路，迫使车内的人弃车步行逃离。

其他地方也有类似的景象。纳粹官员阿尔伯特·施佩尔于6月26日抵达兰斯，看到居民的桌子上摆放着玻璃杯、盘子、餐具，以及无人动过的饭菜，他感叹：“仿佛城镇居民的生活，在这个疯狂的时刻戛然而止了。”在卢瓦尔河谷，一名准备保卫渡河点的法国坦克指挥官被急于避免自己的城镇卷入战斗的当地人杀死了。

一个不太可能成功的联盟

6月11日，随着德军快速推进，法国和英国领导人召开了最高战争委员会会议。丘吉尔和他的战争部部长安东尼·伊登飞往巴黎南部的布里亚尔，会见法国总理保罗·雷诺、新任副总理菲利普·贝当和魏刚。

据英国联络官爱德华·斯皮尔斯后来回忆，当时在场的法国部长们全都铁青着脸，流露出明显的失败主义情绪。只有刚刚被任命为国防和战争部副国务秘书的年轻将军夏尔·戴高乐表现出一些斗志。

1940年夏天，骑着摩托车的德国士兵涌入法国时研究法国的路线图。

他选择支持拼命说服法国继续作战的丘吉尔。

几天后，戴高乐还支持一项关于建立英法联盟的激进提议。政策研究机构查塔姆研究所早些时候起草了一份《英法永久联合法案》，英国外交部从1940年3月开始认真考虑该法案。最终，英法协调委员会主席和法国外交官让·莫奈起草了《英法联盟草案》，英国内阁于6月16日批准了该草案。尽管丘吉尔持怀疑态度，但他仍然送出祝福。戴高乐那天下午还高兴地给雷诺打电话转达此事。

然而，该草案很快就遭到了大多数人的反对。法国部长会议否决了它，因为部长们担心英国阴谋统治法国。贝当觉得只有向德国投降才能拯救法国，他宣称，与英国结盟将是“与尸体的融合”。

丘吉尔后来称该草案被否决是“我们所经历过的最惊险的一次逃脱”，并指出该联盟在战争后期会给英国带来巨大的阻碍。

不可避免的崩溃

丘吉尔希望法国无论如何坚持到1941年，但他的希望迅速破灭了。6月14日，德军进入了几乎空无一人的巴黎。第2天，德军突破了马奇诺防线的大部分，凡尔登这一历史悠久的要塞被攻陷，德军在瑞士边境围堵并困住了法国第3、第5和第8集团军，约40万名法国官兵集体投降。

6月18日，大约2周前才抵达法国的英国第2远征军撤离完毕。1天后，德国急行军穿过法国到达南特。魏刚建议雷诺，失败是不可避免的，并反对法国海外殖民地继续战斗。6月16日，雷诺辞职，他支持贝当接任总理。6月20日，当第16装甲军团到达里昂时，双方已经停火。法国人的战斗意志在这时被彻底击垮。法国约有9万人死亡，200万人受伤，还有190万人失踪或被俘。德国陆军和空军共有约3万人死亡，另有超过16万人受伤。

并非所有法国人都接受战败的事实。夏尔·戴高乐于6月16日离开法国。2天后，他在英国广播公司广播了一条激动人心的反德信息，告诫他的同胞要坚信法国

> **法国输掉了一场战斗。但是，法国并没有输掉这场战争！当我说法国没有失败时，请你们相信我。**
>
> 戴高乐

> 这是法国历史上最可怕的崩溃。
>
> 马塞尔·布洛赫
> 法国实业家

会复兴，最终的胜利终将到来。他说：“法国抵抗的火焰绝不能也不会熄灭。”然而，此时的戴高乐仍是一个默默无闻的人物，几周前才晋升为准将，他在法国政府任职时间仅有2周。

魏刚严厉驳斥了戴高乐的战斗说辞，宣称英国将在3周内“像小鸡一样被拧断脖子”。维希法院后来裁定戴高乐犯有叛国罪，并在他缺席的情况下判处他死刑。德国向法国提出的投降条件之一是，任何支持戴高乐和英国所谓的“自由法国”的人都将被判处死刑。

6月22日晚，在巴黎东北70千米处的贡比涅，法国将军夏尔·安齐热签署了正式投降书。希特勒坚持要在22年前法国接受德国投降的同一节车厢内进行签字。在参观了附近的1918年停战协定花岗岩纪念碑后，希特勒下令将其摧毁。德国陆军元帅威廉·凯特尔写道，这是“德国有史以来最大的耻辱”，必须“一劳永逸地抹去”。

根据投降条款，五分之三的法国领土，包括北部和西部的大部分地区以及整个大西洋沿岸，必须服从德国统治，法国承担德军高达4亿法郎/天的统治费用。贝当担任法兰西国政府元首，统治其余地区，并以奥弗涅温泉小镇的名称命名他的统治区为维希法国。7月10日，法国国民议会在这里投票解散了拥有70年历史的法兰西第三共和国。

瓜分法国

“宰杀”了法国这个“猎物”后，德国现在又对其进行了“分尸”。意大利被允许吞并尼斯周围的法国东南角，而法国北部与比利时接壤的部分地区则被置于布鲁塞尔的德国军事当局的监管之下。德国吞并了阿尔萨斯和洛林，东北部的其他地区被保留，以便将来被德国殖民。北部的其他地区由德国军事总督统治。

维希法国

只有40%的法国领土留给了贝当政府，他的政府定都维希。因为法国中部这座温泉小镇拥有300家酒店，有足够的房间容纳被赶出巴黎的各部委和官员（包括大约10万名公务员）。贝当感到十分开心，因为维希有一个国际电话交换机，与巴黎交通畅通，而且气候宜人。

在这里，贝当建立了一个在战后被描述为“相对无害和被动”的政权。它表面上试图保护其公民的安全，但实际上是一个野心勃勃的反动独裁政权。贝当的统治是专制的，具有浓厚的天主教色彩，奉行等级制度和反犹太主义。

大多数时候，贝当会来到他

戴高乐

戴高乐于1890年出生在法国里尔。他是一位教授的儿子，一战时他是一名年轻的步兵军官，战争中三度负伤并被俘。一战结束后，他潜心研究现代战争，提出法国军队应该更加机动化和机械化，但他的意见并未得到重视。二战爆发时，他成为一个坦克团的团长。1940年6月上旬，在保罗·雷诺的政治支持下，他被晋升为准将，加入了雷诺政府，并前往伦敦会见了丘吉尔，他给丘吉尔留下了深刻的印象。

法国沦陷后，贝当取代雷诺成为法国领导人。戴高乐离开法国，前往英国。在接下来的4年里，他将法国抵抗组织“自由法国”打造成了一个候任政府，并于1944年8月光复法国，回迁巴黎。

戴高乐的“自由法国”让法国人在二战以及本民族的民族解放运动中发挥了作用。他本人继续担任国家总统直至1946年1月。1958—1969年，他再次就任总统。他于1970年在位于科隆贝莱斯-德埃格利塞的家中去世。

> **元帅，我们在这里！在您面前，法国的救世主，我们发誓，祖国的儿女，永远效忠您、跟随您。**
>
> 法国作词家安德烈·蒙塔加德，出自歌曲《元帅，我们到了！》

的私人住所，同时也是维希政府所在地的杜帕克酒店的阳台上，听支持者唱一首为他而写的流行歌曲《元帅，我们到了！》。84岁的贝当认为自己是现代的圣女贞德，声称他的新政府将发起民族复兴运动。实际上，他只是一个耄耋老人，时而清醒且精力充沛，时而困倦又健忘。他主导的政府施行粗暴的反动行政机制。例如，贝当以堕胎罪将玛丽·路易丝·吉罗送上了断头台。她是法国最后一位以这种罪名被处决的女性。

维希法国虽然不是纯正的纳粹政权，但由好战的右翼理论家组成。例如作家罗伯特·布拉西拉赫，他在1945年因通敌被处决前承认自己是“德国人的同伙”，并承认与纳粹侵略者关系密切。

维希反犹太主义

维希政府围捕犹太人的首批行动之一是反犹太法的颁布。尽管在维希政府治下幸存下来的法国犹太人人数相对较多，但这些犹太人却沦为了二等公民。作为难民涌入法国的外国犹太人大量被捕。德国称这一行为为突袭，法国则称之为围捕。在法国的德占区内，成千上万的法国警察与德国党卫队合作，拘禁法国本土和外来的犹太人。

7月16日至17日，在巴黎所谓的“大突袭”或“冬赛馆事件”（因为犹太人被扣押在冬季自行车赛场中而得名）期间，超过1.2万名巴黎犹太人被抓进集中营。2周后，维希法国的1万多名警察加入了对逃亡的波兰和德国犹太人的大规模搜捕行动。尼斯周围的意大利占领区成为犹太人的避风港，墨索里尼坚持要保护他们。这种短暂的“安全”只持续到1943年9月意大利军队撤走的那一刻。

强迫劳动

贝当和他的维希政府仍然受到许多法国人的欢迎。1944年4月贝当访问巴黎圣母院时，出来为他欢呼的人比4个月后巴黎解放时走上街头看戴高乐的人还多。最初人们对维希政府十分拥护，但有两件事对贝当的名声产生了非常不利的影响。

第一件是贝当在1942年11月德国占领法国时决定留任，这损害了他作为坚定的法国爱国者的声誉。第二件是强迫劳动制度，从

右图为维希法国佩皮尼昂地区里沃萨尔特拘留营关押的儿童。该营地最初用于安置加泰罗尼亚难民，后来用于关押即将被送往奥斯维辛集中营的犹太人。

一张维希政府的海报宣称“不会有糟糕的生活了……我爸爸在德国赚钱”，试图让强迫劳动看起来富有吸引力。根据当时的维希法律，强迫劳动以征兵的形式进行。

1942年到1944年，65万名法国工人被征召到德国工厂参加强迫劳动。这引起了广泛的不满，许多人因此加入了法国抵抗运动。

维希政府的合作者

1943年1月成立以来，对抗抵抗运动的主要力量是米利切，即法兰西民兵，它是一个维希准军事组织，无情地追捕和迫害抵抗运动成员和犹太难民。1944年7月，在卢瓦尔河谷发生了一起暴行，一支由暴力反犹太分子约瑟夫·莱屈桑领导的法兰西民兵小队将36名犹太人推入了3口井中，之后将成袋的水泥和石块投入井中将他们活活压死。尽管贝当提出了微弱的官方反对意见，但他并没有采取任何行动来制止这种野蛮行径。

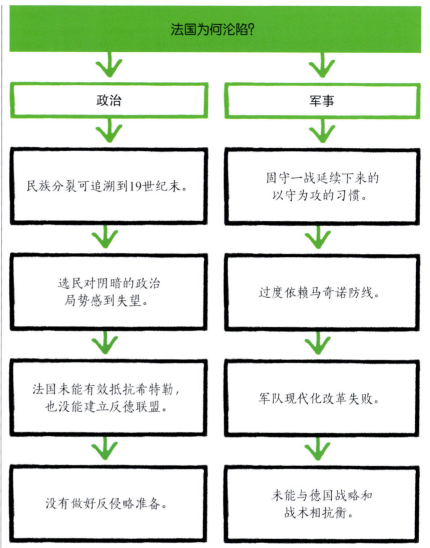

法国为何沦陷?

政治

民族分裂可追溯到19世纪末。

↓

选民对阴暗的政治局势感到失望。

↓

法国未能有效抵抗希特勒，也没能建立反德联盟。

↓

没有做好反侵略准备。

军事

固守一战延续下来的以守为攻的习惯。

↓

过度依赖马奇诺防线。

↓

军队现代化改革失败。

↓

未能与德国战略和战术相抗衡。

到战争结束时，维希法国驱逐了多达8万名犹太人，拘留了7万名所谓的“国家公敌”，并审判了13.5万名法国公民。

德国之所以能操控法国，是因为大量法国人选择与德国合作。数千人为盖世太保从事间谍活动，每月领取少量津贴，数以万计的匿名举报信被发送给盖世太保。

在大约150万名法国战俘被关押的情况下，德国军人和法国妇女勾搭在一起，结果有多达20万名婴儿出生。1940年至1944年间，法国生产的所有粮食里有一半被德国人征用。

战后的法国需要时间来接受维希时期的历史。直到1995年，雅克·希拉克总统才首次承认了法国在犹太人种族灭绝事件中的推波助澜。■

我只需要几千人赴死

意大利参战（1940年6月）

背景介绍

聚焦

意大利军事行动

此前

20世纪20—30年代 由于工业上的腐败和政府的无能，意大利军工实力大大降低。

1936年 意大利攻占了埃塞俄比亚，扩大了其在东非的殖民势力。

1939年5月22日 墨索里尼和希特勒签订了《钢铁盟约》。

此后

1940年6月25日 法国和意大利停战，法国向意大利割地。

1941年2月 驻扎于埃及西部沙漠的意大利军队在贝达富姆之战中惨败。

1943年7月25日 墨索里尼下台，盟军登陆西西里后逮捕了他。

1943年9月 德国和同盟国为争夺对意大利的控制权爆发了战争。

1940年6月10日，意大利向英国和法国宣战，此举对意大利及其独裁者贝尼托·墨索里尼产生了灾难性的影响。1939年5月，意大利与德国缔结了墨索里尼口中的《钢铁盟约》，这是一份联合防御条约，双方还口头约定，1943年前任何一方都不会挑起战争。1939年，希特勒激进的好战态度日益明显，墨索里尼举棋不定，犹豫是否参战。但到了1940年夏天，德国希望意大利能够保持中立，理由是意大利会成为关键的缓冲区，维护地中海地区的平静。

然而，在帝国主义和投机主义的驱使下，墨索里尼有了其他想法。1940年5月下旬，法国沦陷已成定局，战争显现出要结束的端倪，胜利的天平朝着有利于希特勒的方向倾斜。墨索里尼想分一杯

墨索里尼正在检阅意大利第8集团军。该集团军成立于1940年2月，驻扎在意大利北部，于同年10月解散。

参见：意大利与法西斯主义的崛起 22~23页，北非和地中海 118~121，攻入意大利 210~211页。

1940年9月，意大利第10集团军的一个摩化师在入侵埃及西部期间投入战斗。意军在前进停滞之前到达了西迪·巴拉尼。

羹。他于5月26日告诉他的高级将领，他打算参战，以便在“瓜分世界”的谈判桌上赢得一席之地。6月5日，他无视将领们提出的意大利军队准备不足的问题，对彼得罗·巴多格里奥元帅说：“我只需要一个战死几千人的局面，这样我就能以一个参战国领导人的身份参加和平会议。”因此，6月10日，墨索里尼的外交部部长加莱亚佐·齐亚诺告诉英国和法国大使，意大利将在当日午夜向两国宣战。

法国大使安德烈·弗朗索瓦·庞塞称此举是“用匕首给一个已经倒下的人一击”。

装备简陋

意大利境内的部队约有100万人，海外驻军约有60万人，但他们装备简陋，参战准备不足。例如，当时的意大利坦克是备受嘲笑的，上面甚至没有配备无线电。尽管如此，墨索里尼仍希望在法国与德国达成停战协定之前夺取部分法国领土。他于6月15日号令军队沿法国东南边界发起进攻，这场战役后来被称为“阿尔卑斯山战役”。意大利军队袭击了法国阿尔卑斯军团，但结果并不尽如人意，法国军队进行了顽强的抵抗。意大利人只实现了他们众多预设目标中的一个，夺取了几天前法国军队已经撤离的边境城镇芒通。■

阿尔卑斯山战役

在阿尔卑斯山的法意边境，意大利试图利用德军正在法国境内向南进攻的机会，通过山路攻打法国。墨索里尼希望此举能击溃法军防线。意大利第4集团军希望能到达阿尔贝维尔，但其难以越过法国边境的防御工事。

恶劣的天气和复杂的地形阻碍了空中支援的到来。由于兵力和炮火浪费在正面攻击上，意军在阿尔卑斯山的攻击未能取得最佳效果。意军仅在少数几个地方取得突破。即便如此，设防严密的法军前哨仍然坚守阵地，意大利的机动部队难以通过隘口。

在停战协定达成前的4天里，意军未能占领边境防御区的全部纵深，任何地方的进展均未超过边界18千米。

1940年6月下旬，意大利山地部队在塞恩山口附近的崎岖地形中奋力向法国边境进发。

保卫母邦

殖民羁绊（1939—1945年）

背景介绍

聚焦

对殖民地的影响

此前

1914—1918年 在一战中，大量殖民地人民为其宗主国而战。

此后

1947年 印度脱离英国，获得独立。

1949年 英国的一些前殖民地承认英国君主为英联邦领导人，但不承认其为本国的领导人。

1954年 奠边府战役标志着法国殖民统治在东南亚地区落下帷幕。

1962年 经过8年的苦战，阿尔及利亚从法国手中赢得了独立。

德国在战争开始时占领了一些海外殖民地，但与英国、法国和比利时相比，德国的殖民地规模很小。英法这些老牌殖民国家的殖民地在战争期间向宗主国提供了大量资源和人口。

英国人坚信英属殖民地会“供养”英国；比属刚果选择与比利时站在同一阵营，于1941年1月宣布加入同盟国。然而，德国占领法国后，维希法国成立，法属殖民地不得不决定是承认维希法国政府还是承认由戴高乐领导的流亡伦敦的自由法国政府。

法国殖民地

最初，大部分法属殖民地承认维希法国政府，其中也包括法属

参见：史诗级战争 18~19页，北非和地中海 118~121页，日本的困境 137页，二战中的印度 158页，火炬行动 196~197页，持久的影响 320~327页。

费利克斯·埃布埃

费利克斯·埃布埃于1884年出生在南美洲沿海的法属圭亚那。他是一名很有才华的学生，进入法国顶尖学校学习，并获得奖学金。他先后在瓜德罗普岛和乍得担任总督，是第一个担任殖民地总督职务的黑人。

在二战中，埃布埃认识到纳粹的残暴本质，于1940年7月宣布支持自由法国政府。他召集乍得和法属赤道非洲其他地区的人民抵抗维希法国这个纳粹傀儡政权。

1940年11月，戴高乐任命埃布埃为法属赤道非洲总督。埃布埃定居自由法国政府在刚果的首府布拉柴维尔。他为自由法国工作，并提议对战后法国的殖民政策进行改革。埃布埃于1944年在开罗去世。他的骨灰于1949年被安葬在巴黎的先贤祠，他成为第一个被安葬在那里的黑人。

中南半岛。法国在那里统治了几个国家和地区，包括如今的越南、柬埔寨和老挝。

1940年7月，维希法国政府任命了一位新的中南半岛总督——海军中将让·德句（Jean Decoux）。德句很快发现，中南半岛境内的法国殖民政府徒有其表，统治力极弱，该地区的真正主人是日本，日本有自由出入和驻军的权利。

日本的侵略

1940年9月，日本入侵法属中南半岛。尽管法国在当地组建了一支军队，另有2万名外籍士兵组成的军团，但仍不敌日军。

在战争余下的大部分时间里，日本盘剥该地区的自然资源、食物，占据这里的交通要道。日本允许法国进行名义上的管理，以方便控制中南半岛上的各行政区。

唯一有效抵抗日本入侵的武装力量是越南独立同盟会（以下简称越盟），这是1941年5月由胡志明在美国战略服务局的支持下成立的共产主义游击队组织。1944年10月，越盟击退日军，在越南北部地区建立了政权。1945年，越南北部大米供应中断，发生大饥荒，导致多达200万人饿死。

在战争即将结束时，法属中南半岛被自由法国政府统辖。但日本镇压了剩余的法国部队，屠杀了1700名法国士兵。战后，中南半岛名义上仍是法国的殖民地，但胡志明领导的独立运动影响力不容小觑，法国最终将被赶走。

一些法属殖民地的人民勇敢地反对维希政权。乍得总督费利克斯·埃布埃宣布支持自由法国政府。这一大胆决定为戴高乐提供了建立另一个法兰西帝国的重要基地。

比利时殖民地

比属刚果，包括卢旺达-乌隆地在内，幅员辽阔，面积是比利时领土面积的80倍。1941年1月，尽管起初并不情愿，但比利时流亡政府还是允许英国开采该地区蕴藏丰

1940年，一支阿尔及利亚轻骑兵团分遣队穿越沙漠。当时的阿尔及利亚是维希法国的一部分，但一些兵团支持自由法国政府。

这幅英国征兵海报给人一种殖民地和统治区部队之间势力平等的印象。但实际上，很少有黑人士兵被允许上前线作战。

富的矿产资源。英国最终买下了刚果在战时生产的全部铜及其他各类金属和放射性矿石。美国最初用于研制原子弹的铀也来自这里。

比属刚果的男人也参加了战争。他们在比属刚果的公共部队服役，该部队在非洲和中东都有参战。然而，战争期间，刚果发生了矿工罢工、军队哗变和反抗殖民当局等事件。这些事件发生的部分原因是殖民地人民对比利时长期残酷的殖民统治不满。

英国的黑人战士

数以万计的非洲人被迫为英国而战。他们被强迫劳动以开采原材料。战争导致苏伊士运河交通量减少，前往南亚和东方的英国船只只能改道好望角绕过非洲。超过15万名西非士兵和一些东非师旅被派往缅甸，在当地的白人军官手下服役。

非洲士兵在欧洲战场上没有被用作战斗人员，因为黑人杀害白人在当时被认为是不可接受的。尽管没有官方种族歧视规则限制黑人加入英国军队服役，但丘吉尔要求以“行政手段”来阻止他们参军。

西印度群岛的黑人克服了这一非正式的障碍，他们因自己被剥夺服役的机会提出抗议。最终，约有300名西印度群岛黑人作为空勤人员在皇家空军服役，他们赢得了90枚勋章，包括7枚杰出服务勋章。1944年，1个加勒比军团被招募，并被派往埃及看守战俘。但是，由于当地的白人部队反对黑人男子携带武器，双方发生了激烈的冲突。

印度加入战争

在加入战争的问题上，英属印度没有选择的权利。1939年，英国在没有咨询印度国会的情况下，宣布印度与德国开战。这种不征求印度意见的做法在印度政治家中引发了激烈的争论，尤其是那些已经在寻求民族独立的人，如圣雄甘地和贾瓦哈拉尔·尼赫鲁。

超过250万名印度人在战争中服役。例如，第4印度师在北非、叙利亚、巴勒斯坦、塞浦路斯、意大利和希腊作战，获得了4枚维多利亚十字勋章（VC）；第5印度师在北非作战并守卫伊拉克油田，之后被派往缅甸、马来亚和爪哇，也获得了4枚维多利亚十字勋章。

高昂的代价

包括印度皇家海军和印度皇家空军（1947年印度皇家空军改名为印度空军）在内的印度武装部队总共损失了约3.6万名人，另有6.4万人受伤。他们的英勇行为帮助他们获得了4000多项奖励，其中包括31枚维多利亚十字勋章。获得维多利亚十字勋章的人之一是第5皇家廓尔喀步枪队的哈维尔达·加杰·加勒，1943年5月，他在缅甸攻打日军时受重伤。根据他的说法，他“统领全局……不停投掷手榴弹，浑身是血，领导了一轮又一轮的突击”。

印度为英国的战争付出了高昂的代价。除了数以百万计的士兵，印度还派出了历史上规模最大的志愿军。印度为英国提供了大量的食物和原材料，以致印度国内资源严重短缺，造成了1942—1943年孟加拉大饥荒，约300万人死于饥饿。

> **我们抵制英国帝国主义，不亚于抵制纳粹主义。如果有区别，那仅仅是程度的轻重。**
>
> 印度反殖民民族主义者，圣雄甘地

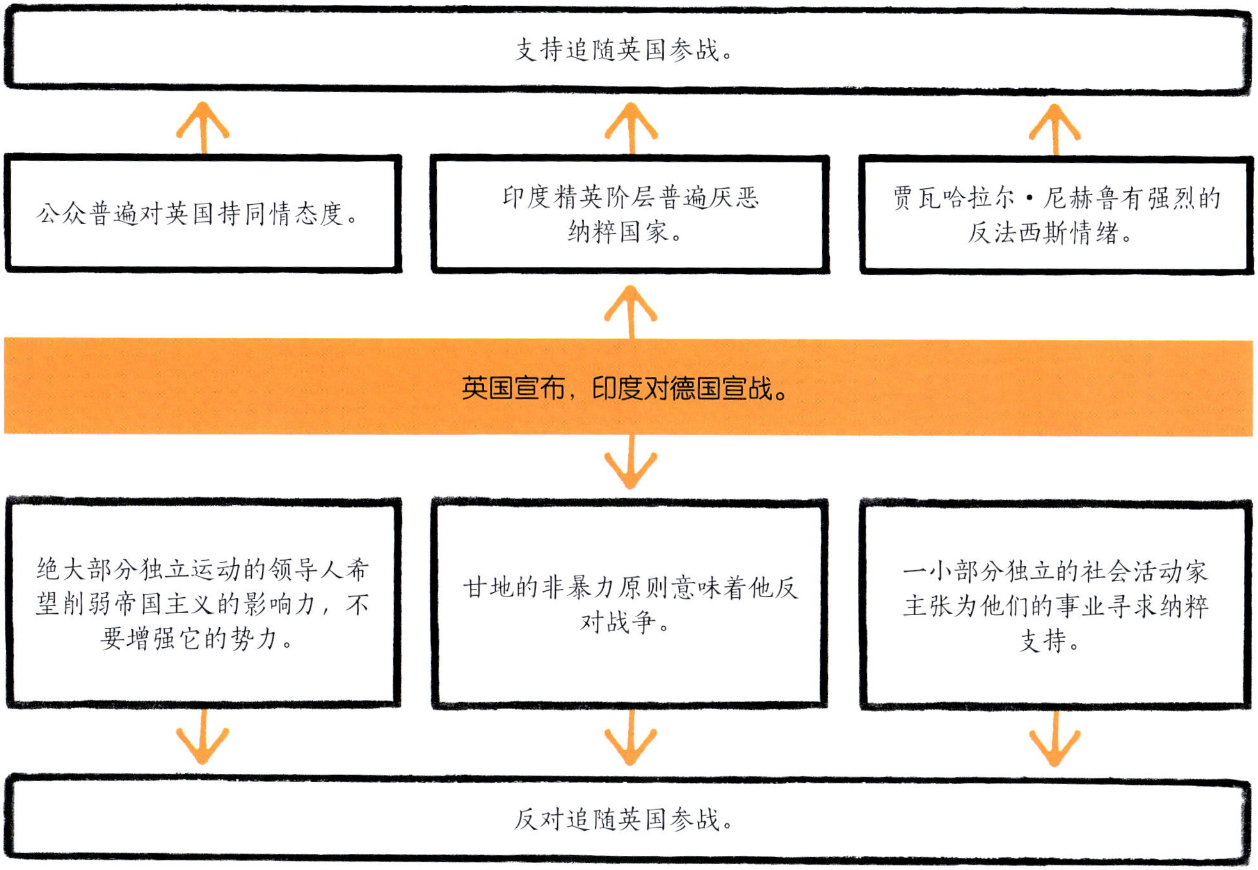

支持追随英国参战。
公众普遍对英国持同情态度。
印度精英阶层普遍厌恶纳粹国家。
贾瓦哈拉尔·尼赫鲁有强烈的反法西斯情绪。
英国宣布，印度对德国宣战。
绝大部分独立运动的领导人希望削弱帝国主义的影响力，不要增强它的势力。
甘地的非暴力原则意味着他反对战争。
一小部分独立的社会活动家主张为他们的事业寻求纳粹支持。
反对追随英国参战。

英联邦自治领的战争

虽然不再是英国的殖民地，但澳大利亚、新西兰和加拿大等英联邦自治领都与英国并肩作战。

尽管一战留下的疮痍未平，而且公众对欧洲战争的态度也存在分歧，但种种问题并没有影响这些国家参战。例如，澳大利亚人普遍反对澳大利亚参战，但1939年4月，该国的新任总理罗伯特·孟席斯宣布：“如果英国参战，澳大利亚也会参战。”在1941年日本偷袭美国珍珠港海军基地、新加坡沦陷和1942年日本袭击达尔文港等事件发生后，澳大利亚参战的决心更加坚定。

加拿大总理麦肯齐·金的政治博弈能力对于争取民众对战争的支持至关重要。一部分原因是，他保证不在海外征兵；另一部分原因是，他承诺进行一场“有限责任”战争——在任何特定时间内只提供必要的兵力。在英国当时拥有或曾经拥有的殖民地中，就比例而言，新西兰做出的贡献最大，死亡的人口比例也最大（0.67%）。与其他自治领相比，南非对战争的态度更谨慎，但在公民投票中仍以微弱优势加入英国的宣战。

殖民地和自治领的参与创造了多条战线同时作战的状况。印度位于非洲、中东和太平洋战区之间的战略要塞，处于西方和东方双重威胁之下——纳粹梦想穿过中东攻打印度，而日本的成功则使战火烧至印度。维希法国控制下的北非，成为盟军试图扭转战争不利局势的关键战场。■

军事史上从未有过如此的众寡悬殊

不列颠之战（1940年7月10日—9月17日）

背景介绍

聚焦

战争中的空中部队

此前

1933年 德国开始筹建空军。

1935年 英国发明了实用的雷达系统。

1936年 喷火式战斗机首飞。

此后

1941年5月 随着德国空军力量被派遣至东部战线，德国对英国的空袭逐渐结束。

1942年 英国空军战略性地进攻德国。

1944年3月 美国的远程战斗机严重削弱了德国空军力量。

1944年4月 德国Me-262喷气式战斗机首次投入实战。

1954年 英国皇家空军喷火式战斗机最后一次出击作战。

不列颠之战是一场争夺英国上空控制权，尤其是争夺英吉利海峡的战争，于1940年7月至9月分几个阶段进行。随着法国的沦陷，英国因海上和空中受到入侵而绷紧了神经。7月16日，希特勒发布了第16号指令——“关于对英国进行登陆作战的准备工作”。他的将军们被要求制订一个入侵计划，即“海狮行动”。该计划的指导性假设是，两栖登陆成功与否完全取决于德国空军的轰炸机能否赶走英国皇家海军，而这又取决于德国空

参见：波兰的毁灭 58~63页，德国入侵丹麦和挪威 69页，闪电战 70~75页，法国的沦陷 80~87页，伦敦大轰炸 98~99页，英国组织全面战争 100~103页，轰炸德国 220~223页。

> 今天的气氛看似平静，实则焦灼。
>
> 记录于1940年5月19日的英国大众观察调查

军能否首先确保空中优势。正如希特勒的命令："英国空军必须被消灭到这样的程度，即它将无法对入侵的部队进行实质性的抵抗。"

德国空军与英国皇家空军

戈林向希特勒保证，德国空军会摧毁英国皇家空军，他对此信心满满。战斗开始时，德国拥有大约1300架轰炸机和俯冲轰炸机，以及大约900架单引擎战斗机和300架双引擎战斗机。这支部队与英国皇家空军战斗机司令部约650架飞机的规模形成了鲜明对比。然而，有几个重要因素对德国空军不利。此前，德国空军一直在自己的基地附近活动，并作为闪电战中地面和海军部队的策应部队参战。在闪电战中，容克87（斯图卡）轰炸机从高空俯冲，因此速度极快。但现在，它既没有地面支援，又在离德国基地更远的地方执行任务，因此不得不低空飞行，速度要慢得多。梅塞施密特Bf-109战斗机虽然在许多方面优于英国皇家空军的战斗机，但它的油箱很小，只允许它在英国领空停留30分钟。与此同时，被击落并存活下来的英国飞行员可能在当天晚些时候就能回到蓝天，重新投入战斗。

也许最重要的是，英国皇家空军战斗机司令部能够高度有效地调集稀少的资源，因为它有优越的预警攻击能力。这要归功于情报工作，特别是无线电测向技术（后来被称为"雷达"）。该技术在战争开始前就已经被开发出来了。英国在海岸周围建立起了发达的雷达站网络，雷达信号被输入到一个复杂的指挥和控制系统中，该系统使战斗机中队的拦截率提高了一倍以上。

战斗的第一阶段开始于7月10日，以德国空军轰炸英国的船只和港口为开端。德国的飞机组成了3个航空机队，在法国北部和荷兰的50个基地运营。应战的是英国皇家空军战斗机司令部的52个中队，由空军元帅休·道丁领导。

德国空军飞越英吉利海峡只需6分钟；即使有雷达预警，英国皇家空军传递"紧急起飞"信息进行动员也得4分钟，喷火式战斗机需要13分钟才能达到拦截高度。英国皇家空军战斗机司令部希望避免成为旨在引诱飞机离开防御机场的虚张声势的受害者。因此，它以12架飞机组成的小型中队拦截敌机，而德国空军最小的单位是由30架飞机组成的集团军。只有在战斗的后期，随着对轰炸机攻击的预测能力的不断提升，英国皇家空军战斗

在不列颠之战期间，英国战斗机飞行员争先恐后地登上喷火式战斗机。截至1940年8月底，英国共有372架喷火式战斗机和709架飓风式战斗机参战。

雷达防御系统是如何工作的

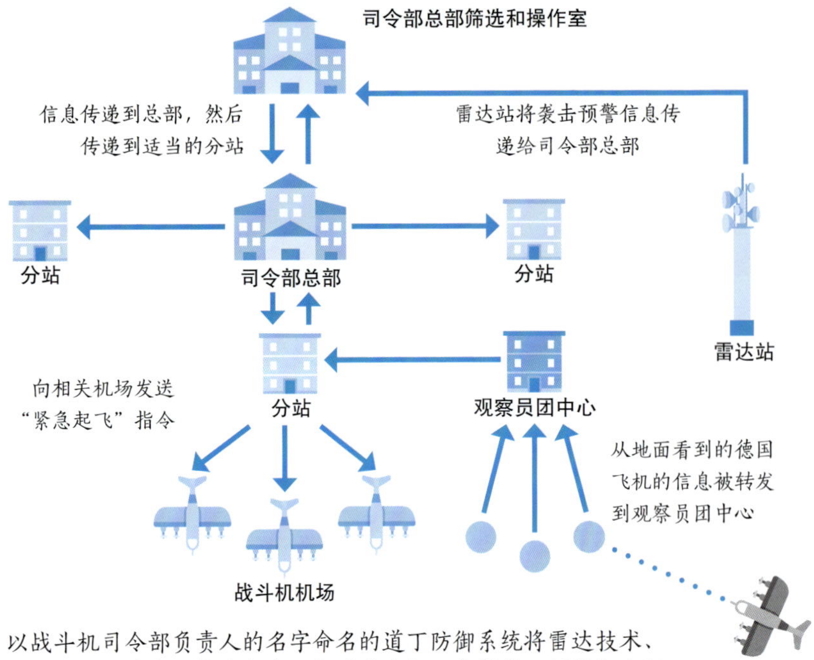
司令部总部筛选和操作室
信息传递到总部，然后
传递到适当的分站
雷达站将袭击预警信息传
递给司令部总部
分站
司令部总部
分站
雷达站
向相关机场发送
“紧急起飞”指令
分站
观察员团中心
从地面看到的德国
飞机的信息被转发
到观察员团中心
战斗机机场

以战斗机司令部负责人的名字命名的道丁防御系统将雷达技术、地面防御和战斗机结合起来，部署战斗机、高射炮、探照灯和拦截气球以应对德国空军的威胁。

机司令部才在杜克斯福德基地组建了“大编队”进行作战：5个飓风式战斗机和喷火式战斗机中队一起工作。

火力升级

最初，德国空军瞄准海峡航运，希望误导英国皇家空军，使其将资源浪费在护航任务上。德国空军击沉了共计3万吨的航运力量，但这只是每周通过海峡的吨位的一小部分。到了7月底，很明显，“海狮行动”没有取得进展，德国空军是时候提高强度了。8月1日，希特勒在第17号指令中发出了“密集空战”（verschärfter Luftkrieg）的指示：“德国空军要在尽可能短的时间内用掌握的所有手段战胜英国皇家空军。攻击将主要针对飞机本身……”这个计划是有一定正确性的，但在现实中它并没有实现。随着8月8日不列颠之战第二阶段的开始，空战升级了，但这次攻击在一个广泛的战线上，目标多且分散。德国空军发动了大规模的、接近连续的轰炸，第一天就达到1485架次，到8月15日增至1786架次。德国人把8月13日称为“鹰日”，他们把这一天作为不列颠之战的真正开始，因为他们打算从这一天开始攻击机场。尽管当天飞行了近1500架次，但德国飞行员受到了恶劣天气和不明确命令的限制。德国空军损失了46架飞机，而英国皇家空军只损失了13架。

雷达开始展现出其价值。按照英国皇家空军联队指挥官马克斯·艾特肯的说法：“雷达确实助我们赢得了不列颠之战……我们没有浪费汽油、能源和时间。”相比之下，德国的努力因情报不足而受阻，其情报严重高估了英国皇家空军的损失，放大了德国空军的成功。

空中缠斗

德国战斗机（如道尼尔Do-17）的航程限制意味着大部分空战集中在英格兰东南部。战斗是残酷和令人绝望的。尽管Bf-109战斗机比英国皇家空军的战斗机速度稍快，而且俯冲和爬升能力更好，但它的转弯半径没有那么紧凑。德国飞行员抱怨说他们无法牵制英国的飓风式和喷火式战斗机。

战斗的第三阶段于8月24日开始，德国空军最终将火力集中在轰炸英国空军基地上，正如它一开始就应该做的那样。由80～100架德国轰炸机组成的机队，在多达100架战斗机的跟随下，轰炸了比金

“

英国拥有非凡的优势，我们在整个战争期间都无法克服这一优势。

德国飞行员，
阿道夫·加兰上校

”

赫尔曼·戈林

戈林出生于1893年，是一战中备受嘉奖的王牌飞行员，之后他一跃成为纳粹德国的第二大权势人物。他在1923年啤酒馆暴动中受伤，之后他的权力随着纳粹的发展而增长。他一手组建了盖世太保和第一个集中营。1933年，他负责重组空军这一秘密行动，建立了德国空军，并在攻打波兰、挪威和法国的战役发挥了至关重要的作用。

到1940年7月，戈林已成为希特勒指定的继任者，但自不列颠之战战败开始，他经历了一系列失败，尤其是他对德国经济的混乱管理更凸显了他的无能。希特勒被包围后，戈林建议由自己接管帝国，这激怒了希特勒，导致他被党卫队逮捕。在纽伦堡审判中，他被判犯下反人类罪。最后他通过自杀逃脱了处决。

山、曼斯顿和林普恩等英国空军基地。8月30日，德国空军出动了1345架次，英国皇家空军被拉到了极限，第2天就损失了39架战斗机。

在这个月里，英国皇家空军有304名飞行员伤亡，其中一些飞行员只接受了20个小时的训练就被派上了战场。但希特勒的另一个战略错误为英国皇家空军提供了喘息机会。

轰炸城市

8月24日，德国空军的一架亨克尔He-111轰炸机冒着失事的风险向伦敦城投下了炸弹。作为回击，英国皇家空军于8月25日至29日对柏林进行了一系列空袭。曾向德国民众承诺保护他们首都的希特勒被激怒了，犯下了一个因愤怒驱使的错误。他在9月4日咆哮道：“当他们宣布要攻击我们的城市时……我们就要将他们的城市夷为平地。”

德国空军的轰炸目标突然从机场转变为城市。伦敦大轰炸拉开了序幕。尽管当时没有人意识到，但德国实际上已经在逐渐输掉不列颠之战了。在9月15日对伦敦的大规模空袭中，德国空军损失的飞机数是英国皇家空军的2倍。2天后，希特勒推迟“海狮行动”，要求军队等“后续通知”。尽管伦敦大轰炸仍在继续，但不列颠之战已经结束。飞机的损耗是惊人的。1940年5月以来，德国损失了1733架飞机，而英国皇家空军只损失了915架。尽管这些数字与战争后期大规模空战中的损失比起来相形见绌，但英国皇家空军还是让希特勒第一次品尝到了失败的滋味，并使英国摆脱了立即受到入侵的威胁。■

右图为1940年在伦敦上空的德国空军道尼尔Do-17轰炸机。这种飞机因狭窄的机身而被称为“飞行的铅笔”。此型号的飞机在对抗机动性更强的英国皇家空军战斗机时损失惨重。

烈火焚烧，炸弹轰城

伦敦大轰炸（1940年9月7日—1941年5月10日）

背景介绍

聚焦

对平民的影响

此前

1937年 德国空军于4月26日对西班牙格尔尼卡进行了轰炸，第一轮的目标是平民。空中轰炸也是新型恐怖袭击战略出现的信号。

1940年 到了9月，华沙大部分地区的卢布在数周内迅速贬值。

此后

1942年 英国的战略性空军进攻拉开序幕，进攻以德国军事基地和平民聚居区为轰炸目标。

1942年 “贝德克尔空袭”发动于4月，持续至6月。之所以用“贝德克尔”命名这场袭击，是因为德国的轰炸目标是根据《贝德克尔旅游指南》来选择的。

1944年 第二轮伦敦大轰炸开始，此轮轰炸德国动用了V系列复仇武器，火力主要集中于英格兰东南部。

伦敦大轰炸是德国空军针对英国城市的密集轰炸行动。虽然对伯明翰和利物浦的空袭发生在1940年8月，但伦敦大轰炸真正开始于9月7日，德军对伦敦进行了大规模的日间空袭，随后是几个月的夜间空袭。

空袭最初的目的是协助德国拿下不列颠之战。在不列颠之战中失败后，德国改变了目标，改为制造恐惧和轰炸基础设施。希特勒将德国空军的轰炸目标从英国皇家空军的机场转向英国城市。这被视为一个战略失误，使德国在空战中失去了胜利的战机。那么，德国空军为什么要改变策略呢？

这可能是因为英国皇家空军对柏林的袭击刺激了希特勒，又或者是因为戈林一直希望误导英国，

伦敦的街道在大轰炸的初始阶段遭到了破坏。1940年冬天，德国空袭的范围扩大到英国其他城市，如利物浦、布里斯托尔和考文垂。

参见：波兰的毁灭 58~63页，轰炸德国 220~223页，复仇武器 264~265页，德国城市的毁灭 287页。

每月平民伤亡数

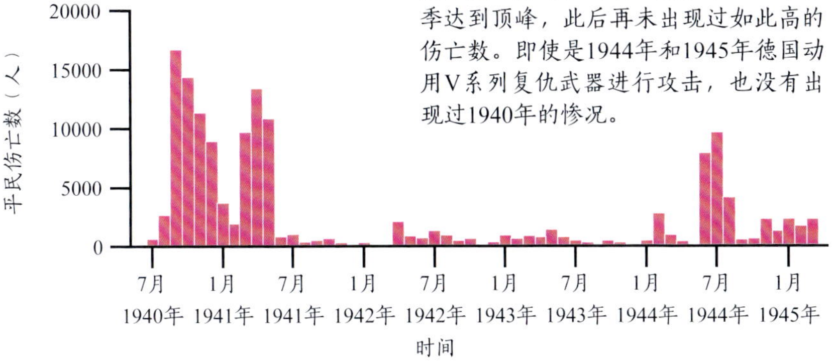

随着战争的继续，伦敦大轰炸中的平民伤亡数每月都在波动。数值于1940年秋季达到顶峰，此后再未出现过如此高的伤亡数。即使是1944年和1945年德国动用V系列复仇武器进行攻击，也没有出现过1940年的惨况。

使英国误以为德国已经把全部力量用在空袭上，从而将易受德国空军攻击的英国战斗机派出来。

另一种说法是，希特勒已经决定不再进行“海狮行动”，或者是他认为英国皇家空军即将失败，这会使英国屈服投降，而德国陆军和海军则可借机转移到东线。又或者是，德国认为可以通过恐怖的轰炸来击垮英国人的意志。

在空袭中幸存下来

英国的防空部队对空袭几乎无能为力。即使在第一次袭击后不久保卫伦敦的高射炮数量增加了一倍，收效仍然甚微，唯一的实际效果是提高了平民的士气。许多伦敦人逃离了城市或退到地窖里，但贫穷的百姓无力离开，他们居住在轰炸目标最密集的地区，即东区和码头周围。英国当局反应迟钝，民众被迫自己谋生路，占领了地铁站和其他避难场所。

深受轰炸之苦的人们无比愤怒，导致了1940年9月15日萨沃伊酒店事件。当天，100名东区人占领了酒店。政府提供的避难设备，如莫里森避难床，不过是一些加固了的桌子，质量堪忧。许多拥有这种床的人都不使用它们。1940年11月中旬，轰炸的重点转移到英国其他城市。从1941年2月起，港口成为目标。1941年5月中旬，德国将轰炸机中队重新部署到苏联。5月10日是伦敦大轰炸的最后一晚，也是情况最糟糕的一晚，有3000多名伦敦市民丧生。在整个大轰炸期间，总共有4.3万名英国平民死亡，13.9万人受伤。德国空军也损失了约600架轰炸机。然而，伦敦大轰炸并没有将丘吉尔推上谈判桌，英国对这场战争的态度基本没有改变。■

米奇·戴维斯

1940年9月13日，伦敦东区眼镜商米奇·戴维斯在他的店铺遭到轰炸后开始推进一个新项目：为在隧道中躲避轰炸的大量人员改善条件。英国当局未能保护最贫困者的生命，迫使他们自发行动，大约5000人挤进了一个仅供2000人使用的空间。

戴维斯领导了一个由当地人自发组织的委员会，将这个不卫生的空间改造成了一个整洁的模范避难场所，俗称“米奇的庇护所”。

戴维斯被政治家约瑟夫·韦斯特伍德描述为“思想和精神上的巨人”，他组织并筹集了发电设施、床上用品、卫生、医疗保健和其他设施所需的资金。该庇护所及其社区选举委员会被誉为“英国民主的典范”。战后，戴维斯成为当地的议员。

我们永不投降

英国组织全面战争（1940年6—12月）

背景介绍

聚焦

战争中的英国

此前

1939年4月27日 英国发起了历史上第一次和平时期的征兵。

1939年8月24日 《紧急权力（国防）法》颁布。

1939年9月3日 英国和法国对德国宣战，这是对德国入侵波兰的回应。

1939年12月 停电导致大量交通事故发生。

此后

1944年12月 英国地方军退出历史舞台。

1954年 肉类产品配给制度结束。

2006年12月29日 英国终于还清了欠美国和加拿大的战争债务。

1940年6月4日，丘吉尔在英国下议院发表了激动人心的演讲，他发誓说，尽管英国现在独自对抗纳粹势力，但“我们不会示弱或失败。我们将继续进行到底。我们将战斗……我们将保卫我们的岛屿，无论付出何种代价”。随着国家陷入全面战争，英国的经济力量和社会资源几乎都被卷入了战争。艰巨的战争动员将

参见：欧洲陷入危局 56~57页，静坐战 64~65页，驻英美军 255页，战争的代价 314~317页。

检查员在一家英国军工厂检查弹药。数以万计的工人为炮弹和炸弹装填炸药，其中大部分是女性。

国家推向最困难的境地。

战争动员是在静坐战期间开始的，当时前线的无所作为与后方形势的迅速变化形成了鲜明对比，官僚政府开始采取行动。甚至在宣战之前，英国议会就已经通过了《紧急权力（国防）法》，其中规定了一系列“为确保公共安全、国防和战争有效地进行而显得必要或有利的条例”。

停电和配给制

一系列新规则和限制让英国民众的态度由坚定转为困惑甚至怨恨。二战爆发前两周内通过的紧急法令比一战爆发第一年通过的还要多，限制性停电规则、配给制、并非必要的儿童疏散和审查制度的实施扰乱了民众的生活。

议员哈罗德·尼科尔森在他的日记中记录了当时的荒谬之处。他指出，信息部拒绝公开向德国投递的数百万张传单中的措辞，因为“我们不被允许披露对敌人可能有价值的信息”。

英国和法国都争先恐后地宣布国家经济进入战争状态，并加快了它们在前几年才勉强开始的重整军备行动。英国于1939年4月引入强制征兵制，但在战争爆发时，该制度才刚刚实施，7月15日仅征召了3.5万人。

对德国入侵的恐惧

在法国沦陷和从敦刻尔克撤离之后，英国政府的决策笼罩着一层悲观色彩，犹如世界末日即将到来一般。

1940年6月，英国信息部印制了100多万份题为“侵略者来了怎么办”的传单，其中指出，“希特勒对波兰、荷兰、比利时（法国当时仍处于战争状态）的入侵，受益于这几国的民众，因为民众……不知道该做什么”。

英国对民众的指示包括：“留在原地”，因为当局不希望道路堵塞，就像在法国发生的那样；“不信谣，不传谣”；“不要给德国人任何东西”。

各部门负责人讨论了如果遭到入侵，将政府和大部分武装部队迁往加拿大的可能性，并制订了将王室成员和其他人疏散到北美的计划，尽管最终只有国家的黄金储备被搬走。

美国支持

对战争更重要的是美国向英国提供的各类援助。在敦刻尔克大撤退后，美国帮助英国重新武装军队。1940年6月11日，美国向英国提供了50万支恩菲尔德步枪和1.29亿发子弹，895门火炮和100万发炮

> 英国正在打两场战争：对抗国外纳粹侵略和抵制国内的纳粹倾向。
>
> 英国议会议员
> 丁格尔·福特

弹，超过8万挺机枪，143架轰炸机，以及许多其他武器。

这一援助背后的推手是美国总统罗斯福，他明确表示美国将向反轴心国的盟友提供大量支持。他推动美国国会于1941年3月批准了《租借法案》。美国可以据此向同盟国提供战争物资。1941年，美国政府就该法案拨款约70亿美元，1942年拨款约260亿美元。战争结束时，仅美国向英国提供的贷款就超过了310亿美元。

具有讽刺意味的是，英国为了与法西斯主义的斗争而对本国公民采取了严厉的限制措施。1940年5月，丘吉尔在《紧急权力（国防）法》中引入了一个新的条款，这赋予了他自克伦威尔以来所有英国领导人中最独裁的权力，包括不经审判就无限期拘禁法西斯分子的权力。这是英国退无可退、孤注一掷的时刻。

战事筹备

最紧迫的问题是食物短缺。由于英国超过70%的食品是通过脆弱的航运路线进口的，因此确保国内食品生产至关重要。“为胜利而挖地”运动使英国的耕地面积增加了43%。

与此同时，耕地人口从1939年的81.5万人增加到了1943年的140万人。加上配给制的推行，英国的粮食产量几乎可以做到自给自足。到战争结束时，英国已能够生产足够的糖来供应国内消费。

1940年1月，黄油、糖、培根和火腿实行配给制。1941年，配给制的范围扩大到除面包和土豆之外的所有食品。其他实行配给制的用品类别包括衣服、汽油和肥皂。

劳动力市场中的女性

经历了缓慢的起步后，经济和劳动力结构的转型逐渐加快。最值得注意的方面之一是女性劳动力的大规模招募，约8万名女性在女子土地服务队中接管了农业工作，约16万名女性在伦敦大轰炸期间负责运输物资。丘吉尔在1943年12月说：“铁路所取得的成果（继续运行）是用她们的血汗换来的。”

1944年6月，1600万名14～59岁的英国女性中，有710万名被动员起来从事与战争相关的工作。这在一定程度上是通过征兵实现的：1941年12月，政府征召妇女参加后勤保障服务；所有18～60岁的女性都有被征召的可能，她们的报酬可能低于男性。

男性就业率甚至更高：到1944年底，1590万名14～54岁的英国男性中，有93.6%受雇于国民服务的各个部门，还有175万人在国民警卫队服役，另有175万人在民防部队服役。

儿童也参与了全国战备工作，他们主要是作为疏散计划里的疏散对象参与的。该计划从战争爆发时开始，并在伦敦大轰炸的第一和第二阶段重复进行。1939—1944年，超过100万名儿童被从城市疏散到农村。

国债

支付动员费用将英国政府推向了破产边缘。所得税税率从37.5%上升到50%。由于大量生产

一名教官正在指导学员训练。这支部队接受了拆弹和防空射击的训练。

军用飞机生产

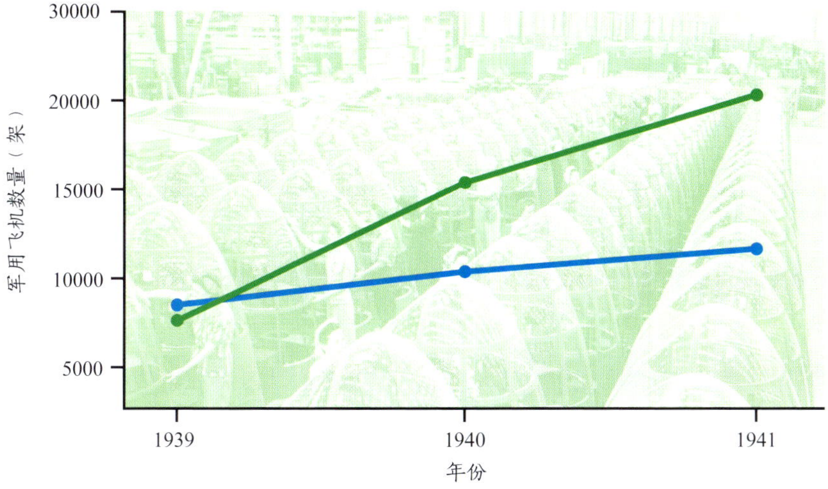

在战争的头两年，英国的军用飞机产量比德国增长得更快——到1941年，英国有2万架，而德国只有1.2万架。但是，与美国和苏联相比，英国的产量依然很少。

战争物资，出口崩溃，英国在1945年的贸易逆差超过了10亿英镑，几乎是战前的3倍。英国被迫清算其大部分金融储备和外国资产。即便如此，到战争结束时，英国的债务仍翻了5倍，达到了33.5亿英镑，居世界首位。

1945年12月，英国经济学家约翰·梅纳德·凯恩斯与美国谈判时说，美国只要能提供37.5亿美元的贷款，就能将英国从凯恩斯所警告的“金融敦刻尔克”中拯救出来。

撇开经济问题不谈，英国的战前动员取得了巨大的成功，战时产能显著提高。与1939年的水平相比，1940年的小型武器产量翻了一番，到1942年则增长了7倍：1942年的炮弹制造量增加了10倍；装甲战车的产量增加了17倍。令人惊讶的是，飞机产量在1940年1月至1942年1月期间增加了2倍（同期德国的产量仅增加了1倍）。

煤炭开采是唯一实际产量下跌的行业。陈旧的技术和工作实践、低效的企业组织以及劳工问题共同阻碍了该行业的发展。■

女性就业

战争最重要的文化影响之一是强烈鼓励妇女参加工作。这让女性进入了许多以前以男性为主的就业领域。妇女加入了除采煤业以外的所有行业，在农业领域尤为突出，一战期间兴盛过的女子土地服务队得以复兴。超过20万名妇女成为“土地女孩”，前往田间耕作。1944年，服务队人数达到巅峰的8万人。女性为国家的农业稳定做出了巨大的贡献，付出了极大的体力劳动。

“服务队的战场是田野，”女子土地服务队主任格特鲁德·丹曼夫人宣称，“在英国的田野上，正在进行目前最关键的战斗，我们甚至很可能取得胜利。”女子土地服务队从1939年6月重办，一直存续到1950年11月。

这些女子土地服务队成员正在收割庄稼。她们也挤牛奶、筑篱笆、挖沟渠和砍伐木材。没有她们的贡献，英国将陷入饥荒中。

THE WIDENING WAR
1941—1942

战争愈演愈烈
1941—1942

1941年3月24日
隆美尔的非洲军团在利比亚发动攻势，占领了英国控制的阿盖拉镇。

1941年4月
德国在大西洋海战中部署了31艘U型潜艇。仅在4月份这一个月里，德军就击沉了195艘盟军船只。

1941年4月6日
德军入侵南斯拉夫和希腊。南斯拉夫在几天内就沦陷了，但希腊坚持到了月底。

1941年4月至5月
盟军向维希法国政府控制的法属叙利亚托管地和黎巴嫩挺进，而伊拉克的德国同情者则被英国驱逐了。

1941年5月20日
德国空降部队攻击英国控制的克里特岛。德军虽然伤亡惨重，但依然在5月底之前占领了该岛。

1941年5月24日
德国战列舰俾斯麦号击沉了英国战列巡洋舰胡德号。胡德号上的1418人中只有3人幸存。

1941年6月13日
维希法国这个傀儡政府宣布逮捕1.2万多名犹太人。在被运往德国之前，他们被关押在拘留营中。

1941年6月22日
德军在巴巴罗萨行动的开始阶段入侵了苏联。德军迅速击破了苏联的防线。

作为欧洲大陆的霸主，1941年，希特勒用了几个月时间为入侵苏联做准备。在外交层面，他试图说服巴尔干国家同意德国军队自由通过其领土。大多数巴尔干国家加入了德国阵营，只有南斯拉夫和希腊没有。

希特勒的战争准备工作被意大利墨索里尼的行动打断了。墨索里尼对英国宣战，将地中海变成了冲突地带。意大利入侵埃及引起了英国的反击，迫使意大利军队返回了利比亚。希特勒觉得有必要增援；德国指挥官埃尔温·隆美尔的非洲军团稳定了意大利撤退后的地中海局势，并由此展开了一场漫长的拉锯战。直到1942年11月阿拉曼战役打响，这种胶着的局面才得以终结。

从希腊到苏联

意大利入侵希腊也被证明是灾难性的，希特勒再次向墨索里尼提供援助。此时，英国和希腊是盟友，英国在希腊建立的空军基地使对德国至关重要的罗马尼亚油田面临被空袭的风险。1941年4月，德国入侵南斯拉夫和希腊，取得了显著的成功。然而，这场战争消耗了德国原本要用到苏联这个主要战区的资源。

在东欧开辟新的土地，从而为德意志人民提供“生存空间”，一直是希特勒的“雄心壮志”。1941年6月22日，他发动了巴巴罗萨行动，超过300万名轴心国士兵越过苏联边界。东线的战争是战争史上最惨烈的几场战争之一。数以千万计的士兵被卷入了这场从波罗的海一直延伸到黑海的冲突。

希特勒认为东线的战争理应是一场种族灭绝式的战争。他指示德国武装部队采取相应行动。犹太人和苏联官员当场被杀，平民被饿死。正因如此，轴心国的战俘在苏联得到了大致相同的对待。

东线的战争是欧洲战争的中心。赢者会成为全局的胜者。在巴巴罗萨行动的初始阶段，德国对苏联取得了一系列巨大的胜利。1941年年末，莫斯科已有落入德国手中

1941年8月9—12日

丘吉尔和罗斯福在纽芬兰岛普拉森提亚湾会晤，这是美国逐步参战的重要一步。

1941年12月6日

苏联的大规模反攻让德军措手不及。德军在混乱中从莫斯科郊区回撤。

1941年12月7日

日本对位于珍珠港的美国海军基地发动了突然袭击，这是日本对同盟国宣战的号角。

1942年1月20日

高级纳粹分子参加在柏林举行的万湖会议，讨论他们所谓的“最终解决方案”，即系统消灭欧洲犹太人的计划。

1942年2月15日

驻新加坡的英军向日军投降。超过8万名盟军士兵被囚禁。

1942年5月

在珊瑚海海战中，日军和盟军进行了一系列交战，结果双方在战术上打成平手，但盟军在战略上取得了胜利。

1942年5月26日

隆美尔开始猛攻英军控制的加扎拉防线，这是迫使英国从利比亚撤退到埃及的第一阶段攻势。

1942年8月23日

在苏联，德军攻入斯大林格勒市。苏联红军在这座城市里进行了史诗般悲壮的保卫战。

的征兆，这代表着希特勒的入侵进入了高潮阶段。1941年12月，疲惫不堪的德国军队开始动摇，再加上来自西伯利亚的增援部队抵达战场，天平开始向有利于苏联红军的方向倾斜。

苏联红军的进攻对德国武装部队造成了严重冲击，但德军最终守住了阵地。然而，希特勒并没有重新进攻莫斯科，而是决定向南进攻，以确保高加索山脉周围石油资源丰富的地区的安全。与此同时，他下令进攻斯大林格勒市（今伏尔加格勒市）。事实证明，这是他犯下的最大错误之一。

日本的目标

当苏联红军占据上风时，日本也在为战争做准备。由于日本缺失重要的生产原材料，又面临西方世界的敌对，因此日本政府认为战争是解决诸多问题的唯一办法。日本希望进行一场迅速的海战，以摧毁美国在太平洋的有生力量，占领荷属东印度群岛、马来亚和菲律宾，将它们变成所谓的“大东亚共荣圈”的一部分，从而为日本提供经济自给自足的基础。然而，这种策略是极其鲁莽的。

1941年12月，日本偷袭了美国位于珍珠港的海军基地，还袭击了荷属东印度群岛、菲律宾和马来亚。日本取得了惊人的军事胜利。但以美国为首的西方同盟国很快便恢复了元气。袭击珍珠港事件发生仅仅6个月后，在1942年6月的中途岛海战中，日本就遭受了一次重大的军事失败。■

我们必须成为维护民主制度的不朽武器

美国中立态度的终结（1941年3月）

背景介绍

聚焦

军事援助

此前

1920年3月 美国国会拒绝了《凡尔赛和约》。

1928年8月27日 《巴黎非战公约》呼吁和平解决国际争端。

1935年8月—1939年11月 美国国会通过了一系列中立法，希望阻止美国被拖入国际冲突的泥沼中。

此后

1941年8月14日 美国和英国联合发表《大西洋宪章》，制定了共同战争目标。

1941年12月7日 日本偷袭了美国位于珍珠港的海军基地。

1941年12月11日 德国对美宣战。

尽管美国在一战中占尽好处，一跃成为世界上最强大的国家，但美国的选民十分不愿意对其他国家承担义务。1935年，美国国会通过了第一个中立法，规定美国向交战国出售或运输武器是非法的。即使在1939年9月德国进攻波兰之后，也只有16%的美国人希望美国援助英国和法国。但在1939年11月，在最后一个中立法中，国会同意，交战国可以从美国获得军事物资，只要立即付款并由非美国船只运送（“现购自运”政策）。

支援英国

1940年秋天，哥伦比亚广播公司的广播网络将伦敦大轰炸的消息传播到了美国人家中，并告诉他们，在伦敦听到的爆炸声最终会落在他们的城市。大多数人（52%）开始选择支持援助英国。当温斯顿·丘吉尔承认英国已破产，无力承担“现购自运”的费用时，罗斯福总统劝告国会，美国应成为“民主军火库”。1941年1月，他提出了一项计划，允许总统向任何被认为是美国第一道防线的国家提供军事资源，而无须立即付款。1941年3月11日，《租借法案》被批准。表面上中立的美国正在密切配合同盟国的战斗。■

罗斯福总统签署了《租借法案》，承诺美国将向英国等同盟国提供军事援助。

参见：有瑕疵的和平 20~21页，国际联盟的失败 50页，绥靖政策 51页，伦敦大轰炸 98~99页，日本偷袭珍珠港 138~145页。

它倒下了，颜色褪去

俾斯麦号沉没（1941年5月18—27日）

背景介绍

聚焦

海军优先原则

此前

1935年 德国海军与汉堡的布隆福斯造船厂签订了制造俾斯麦号战列舰的合同。

1939年2月14日 俾斯麦号正式下水。

1941年5月5日 希特勒与陆军元帅威廉·凯特尔和舰队司令君特·吕特晏斯上将一起检阅俾斯麦号。

此后

1943年 德国海军活动仅限于“狼群”范围内，依靠迅速集结成群的U型潜艇攻击英国商船船队，但由于损失惨重，这种战术在当年的5月就基本上被放弃了。

1944—1945年 德国海军残部积极为波罗的海沿岸撤退的德国陆军提供火炮支援，并在大型救援行动中运送平民和难民。

俾斯麦号装备有70门火炮，全长251米，满载排水量达5.2万吨，是德国一战以来建造的吨位最大、技术最先进的战列舰，也是德国恢复军事力量的一个象征。1941年5月19日，俾斯麦号奉命在大西洋上攻击盟军的商船船队，进行了它的首次战斗航行。第二天，英国收到了关于俾斯麦号位置的报告，开始猎捕希特勒海军的“骄傲”。

俾斯麦号与欧根亲王号重巡洋舰会合，双双驶入北大西洋。英国军舰威尔士亲王号和胡德号冲向冰岛进行追击。5月24日，双方开火。俾斯麦号做出回应，击中了胡德号，致其沉没。俾斯麦号也被击中两次，速度有所下降。与此同时，引擎问题迫使欧根亲王号返回基地。

英国航空母舰皇家方舟号和胜利号随后于5月25—26日起飞了剑鱼双翼鱼雷轰炸机，袭击了俾斯麦号。俾斯麦号距离纳粹占领的法国安全地带有1200千米。5月27日黎明时分，乔治五世号战列舰和罗德尼号战列舰，以及诺福克号和多塞特郡号重巡洋舰，向俾斯麦号发起攻击。上午10点40分，俾斯麦号沉没。希特勒的反应是对他的水面舰队采取更加谨慎的策略，这样做减少了它所面临的风险，但也降低了它的威胁。■

> **多年来，我们第一次拥有一艘战斗力可以与任何敌人匹敌的战舰。**
>
> 俾斯麦号指挥官
> 恩斯特·林德曼上校，1941年4月

参见：拉普拉塔河口海战 67页，德国入侵丹麦和挪威 69页，潜艇大战白热化 110~113页，袭击北极船队 166页。

一船一鱼雷

潜艇大战白热化（1940年6月—1941年12月）

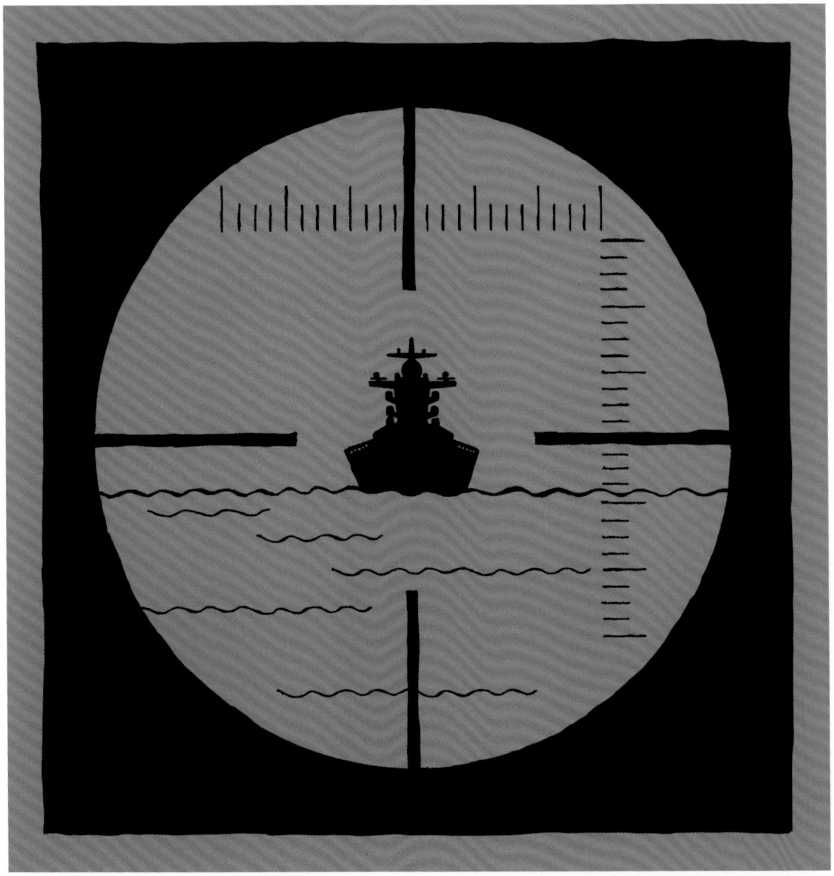

背景介绍

聚焦

海战

此前

1917年 一战期间，德国的大西洋U型潜艇海战几乎摧毁了英国的经济。

1935年 《英德海军协定》允许德国建造潜艇。

1939年7月 波兰的密码专家向英国和法国揭示了他们破解德国恩尼格玛密码机的方法。

此后

1942年 U型潜艇主宰了美国东海岸，击沉了数百艘货船。

1943年 在“黑色五月”，U型潜艇损失惨重，致使潜艇战变得难以为继，潜艇舰队从大西洋撤出。

英国在二战中的生存依赖从世界各地海运来的重要物资。面对德国的进攻，为确保航线安全而进行的斗争，即大西洋之战，历时6年，经历了多个阶段。在开始阶段（1939年年底），德国海军的水面部队取得了一些成功，但被英国皇家海军的规模比下去了。此外，英国从一战的严重航运损失中吸取了教训，采用了护航系统，即船只在军舰的保护下分组航行。

然而，从1940年夏天开始，德国的U型潜艇舰队使天平向对德国有利的方向倾斜了。之后，它们将在丘吉尔所说的“一场摸索和淹

参见：拉普拉塔河口海战 67页，德国入侵丹麦和挪威 69页，美国中立态度的终结 108页，俾斯麦号沉没 109页，袭击北极船队 166页，秘密战争 198~203页，大西洋上的决战 214~219页。

1939年9月17日，U型潜艇U-29号鱼雷击中了勇敢号航空母舰。这艘航空母舰是二战期间被德军击沉的第一艘英国航空母舰。

没的战争”中使英国航运遭受灾难性的损失。

战役开始

1939年8月19日，所有U型潜艇的艇长都收到了一份关于军官聚会的消息。实际上，这是个加密的信息，旨在告诉他们在不列颠群岛周围占据阵地，以为战事做准备。没过多久，潜艇就宣称完成了第一次杀戮，但这是一个可怕的错误。9月3日，在德国和英国宣战仅9小时后，U-30潜艇的艇长在爱尔兰西部航行时，看到了他认为是一艘武装商船的船只轮廓。他向其发射了一枚鱼雷，并将炮口对准了它。最终，该船沉没，100多人丧生。实际上，这是从英国驶出的游轮雅典娜号。

在战争的最初几个月里，德国的U型潜艇被证明作用较小。潜艇的鱼雷经常发生故障，难以应对英国的战术。9月16日，战争中的第一个跨大西洋商船船队离开加拿大新斯科舍省的哈利法克斯。商船沿“之”字形路线行驶，以迷惑敌人，而它们的海军护卫队则利用一战期间开发的声呐回声定位系统监听U型潜艇的情况。

虽然护航系统一开始大体上是成功的，但到1939年年底，U型潜艇仍然设法击沉了近50艘商船。许多商船因U型潜艇分布在不列颠群岛航道周围的磁性水雷而遭到了致命的损坏。然而，在1939年11月一枚水雷被拆除后，英国科学家设计出了一种使船体消磁的方法，该方法可以防止船体吸引爆炸性武器，从而降低了这种威胁。

转折点

从1939年9月到1940年2月，英国在大西洋上损失了约140艘商船，按吨位计算，这一损失几乎是德国遭受的损失的2倍。但英国在战争开始时拥有近2000艘商船，占世界商船总数的三分之一。按比例来说，英国的损失还不到德国的一半。

结果，德国对英国航运的攻击不足以影响战争局势。1940年2月15日，希特勒试图施加更大的压力，他发布了一项指令，即任何驶向英国控制水域的船只，无论是敌对的还是中立的，都应该在没有警告的情况下被击沉。转折点出现在1940年4—6月，当时，挪威和丹麦的被占领以及法国的沦陷，使德国有了一系列可供操作的大西洋基地，同时也将德国海军行动的战略重点缩小到了英国航运上，一场海洋围攻战将使英国陷入困境。

> **鱼雷发射前没有鸣枪示警。我自己观察到被鱼雷击中的船上发生了很大的骚动。**
>
> U-30的船员阿道夫·施密特
> 对雅典娜号游轮被击沉事件的回忆

“狼群”攻击战术

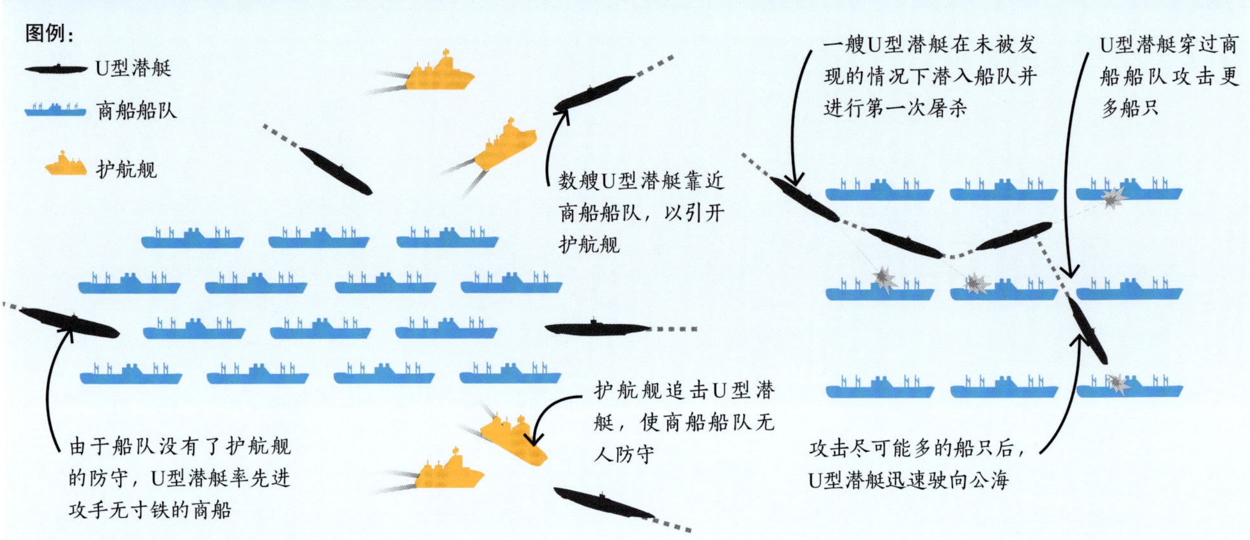
图例：
U型潜艇
商船船队
护航舰
数艘U型潜艇靠近商船船队，以引开护航舰
由于船队没有了护航舰的防守，U型潜艇率先进攻手无寸铁的商船
护航舰追击U型潜艇，使商船船队无人防守
一艘U型潜艇在未被发现的情况下潜入船队并进行第一次屠杀
U型潜艇穿过商船船队攻击更多船只
攻击尽可能多的船只后，U型潜艇迅速驶向公海

一艘U型潜艇找到一个商船船队并指挥其他U型潜艇在其周围集结。第一波U型潜艇吸引了护航舰，使商船船队容易受到攻击。

一旦护航舰改道，一些U型潜艇便可以穿透商船船队防御，从船队内部浮出水面，对个别船只发射鱼雷。其余的U型潜艇则从船队外围发射鱼雷。

英国的“最大梦魇”

1939年之前，希特勒的潜艇战略拥护者卡尔·邓尼茨曾辩称，“对英国作战的决定性转折点是对大西洋上商船的攻击”。丘吉尔同意这一评估，并在战后写道：“U型潜艇袭击是我们的噩梦。德国把宝全押在它身上是明智的。”

整个战争期间，英国高度依赖航运进口。英国依靠商船运入全国三分之二的粮食，以及更高比例的货物，如石油产品（95%）和铬（100%）。然而，希特勒迟迟没意识到英国在海上封锁面前的战略脆弱性，他甚至承认自己对海军的考虑是盲目的，他承认“在陆地上我是个英雄，但在海上我是个懦夫”。因此，德国海军没有好好利用英国的贸易弱点。德国的雷德尔上将曾想把德国海军扩充到可以赢得大西洋之战的程度，但前提是要等到1944年再开战。邓尼茨本人认为，他至少需要300艘可作战的潜艇才能实现对英国的成功封锁，但在战争爆发时，他只有大约45艘，能够在大西洋上发挥作用的就更少了。

> **战争期间唯一真正让我害怕的是U型潜艇带来的威胁。**
>
> 温斯顿·丘吉尔，1949年

在1940—1941年的冬天，邓尼茨的潜艇数量进一步减少。1940年8月，他有27艘作战潜艇，到1941年2月减少到21艘。尽管如此，通过大胆的新战术及对侦察和情报的巧妙运用，邓尼茨成功地提高了这支小部队的效能。

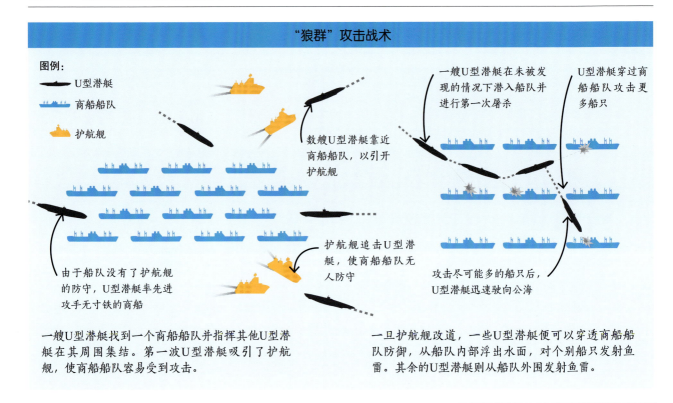

邓尼茨的第一个绝招是颠覆公认的潜艇日间水下攻击学说。他引入了“狼群”攻击战术，即成群结队的U型潜艇在夜间浮出水面攻击，避开了英国的潜艇探测系统。“狼群”在英国航线上排成一排，由远程秃鹰侦察机在空中侦察、定位“猎物”，这类侦察机由挪威和法国的基地补给。此外，先进的无线电技术增强了整个舰队的通信效

率。这样，数量相对较少的潜艇不仅可以覆盖广阔的区域，还能迅速聚集在已确定的目标周围。1940年7—10月，近300艘盟军船只被击沉。随着给盟军船只造成的损失不断增加，到1941年年初，德国潜艇上的船员认为这是战争中的“快乐时光”。

破解恩尼格玛密码机的意义

二战期间，德国军方使用一种类似于小型打字机的复杂加密设备，被称为“恩尼格玛密码机”。它能对许多无线电信号进行编码。这种密码机最终被位于伦敦北部布莱切利园的盟军情报机构破解。

1939年，多亏了波兰密码学家的破译，盟军拥有了恩尼格玛的复制品。但德国海军版本的密码机包含额外的密码盘，因此更为复杂，保密性也更高。

1940年2月，英国从一艘被俘的U-33潜艇上找到了密码盘，并于1941年5月从U-110上收缴了一台完好无损的恩尼格玛密码机及其相关的密码本。在德国于1942年改变密码系统之前，布莱切利园的密码专家可以读取德国海军的行动信息，从而极大地提高了船队的躲避率。在1941年下半年，对恩尼格玛的超强解密可能拯救了数百艘盟军船只。

填补“大西洋中部缺口”

英国试图调整战术，部署小型战舰（轻型护航舰）以加强分散的护航能力，并利用大西洋中部的冰岛空军和海军基地（英国于1940年5月首次占领冰岛）。其他同盟国也向英国提供援助。加拿大皇家海军从1940年年底开始承担了大部分护航和猎杀U型潜艇的工作。美国海军也从1941年5月开始这样做。空中掩护是对付U型潜艇的一个重要武器。轰炸带来的威胁可以迫使U型潜艇潜入水中，而盟军的空中力量可以赶走秃鹰侦察机。不过，航程的限制使英国在对商船船队的空中支援方面出现了一个“大西洋中部缺口”。为了填补这一缺口，英国采取了一系列大胆的措施，包括在商船上安装弹射器（这种商船也被称为“弹射器商船”），使它可以向大西洋中部发射战斗机。由于无处着陆，这些飞机只出动了一次就不得不在海面上迫降了。

1941年9月，装载有战斗机的轻型护航航母开始投入使用。它们对U型潜艇和秃鹰侦察机的攻击开始缩小“大西洋中部缺口”。但在U型潜艇战争中最重要的行动也许是分别于1940年2月和1941年5月对U-33和U-110的攻击，这些攻击将有关德国海军恩尼格玛密码机的重要情报送到了英国人手中。这将使布莱切利园的密码专家能够在战争发生时读取德国海军的大部分无线电传输信息。

1941年12月美国参战，预示着大西洋之战进入了一个新阶段。1942年2月，在海军恩尼格玛密码机加密技术进步的鼓舞下，U型潜艇指挥官们把目光转向了美国东海岸，他们在此地收获颇丰。这是德国潜艇船员的第二个，也是最后一个“快乐时光”。■

一名倚靠在海军舰炮上的盟军士兵正在俯瞰冰岛的雷克雅未克附近海湾。

我从未见过对死亡的如此蔑视

巴尔干战争（1941年4—5月）

背景介绍

聚焦

军事入侵

此前

1913年5月 根据《伦敦条约》，原本归奥斯曼帝国统治的克里特岛由希腊占领。

1939年4月 意大利入侵阿尔巴尼亚。

1940年8月 一艘意大利潜艇在爱琴海的蒂诺斯附近挑衅性地用鱼雷攻击了希腊巡洋舰埃利号。

此后

1941年6月22日 希特勒为征服苏联而发动了巴巴罗萨行动。

1944年10月 德军先撤出雅典，随后退出希腊的其他地区。

1944年10月20日 苏联红军解放了贝尔格莱德；德军终于在1945年5月从南斯拉夫撤退。

到了1940年6月，随着西线战争的基本胜利，希特勒终于可以专注于打击他的主要目标——苏联了。为了向东推进并攻占苏联，他计划于1940年7月开始大规模行动，但巴尔干发生的事情阻碍了他的计划的实施。

入侵希腊

尽管意大利和德国此时是盟友，但双方却并不完全信任对方。由于嫉妒德国在巴尔干地区日益增长的影响力，墨索里尼将目光投向了中立的希腊，并且没有将计划告

参见：意大利与法西斯主义的崛起 22~23页，法西斯独裁者 34~39页，抵抗运动 226~231页，苏联红军挺进德国 288~289页。

在引发巴尔干冲突的战争宣传海报中，希腊妇女携带枪支和弹药前往山区与意军作战。

知希特勒。1940年10月28日，这位意大利领导人向希腊政府发出仅3个小时的最后通牒，要求让意大利军队自由通行，以占领希腊的战略要塞。希腊总理扬尼斯·梅塔克萨斯严词拒绝，意大利军队随即开拔入侵希腊。

希腊迅速阻击入侵军队，从意属阿尔巴尼亚向希腊西北部山区边境发起三路进攻，并将意军驱赶回阿尔巴尼亚。英国皇家空军中队为希腊军队提供了空中支援，这给意大利空军造成了相当大的损失。到了1941年1月11日，希腊已经占领了阿尔巴尼亚境内具有战略意义的克里苏拉山口。意大利入侵希腊的最后一次尝试在1941年3月以失败告终，而希腊军队的武器和装备此时也消耗殆尽。

希特勒因没有收到意大利的事先警告而感到愤怒，他也对意大利这个主要盟友的踌躇无能感到震惊。他担心英国军队和飞机会抵达克里特岛帮助保卫希腊。他还担心英国可能会以克里特岛为军事基地，对罗马尼亚油田发动空袭，他需要这些油田来为筹谋中的攻打苏联提供燃料。

1941年春天，德军集结在保加利亚与希腊东北部的边境。英国随后派遣了由6.2万名士兵组成的英联邦军队，这支军队以其领导人亨利·梅特兰·威尔逊中将的名字命名，被称为“W部队”。尽管如此，英国仍然不愿派遣更多军队，因为那样会耗尽其在北非的驻军。

“除了确保我们不遗余力地帮助那些表现得如此有价值的希腊人，我们别无选择。”

温斯顿·丘吉尔

南斯拉夫政变

希特勒在希腊以北的南斯拉夫面临着更多问题。南斯拉夫政府一直抵制与德国结盟。为了巩固盟友之间的关系，希特勒与意大利、日本在1940年9月27日签订了《德意日三国同盟条约》，又称《柏林公约》。后来，斯洛伐克、匈牙

反抗希特勒

抵制德国的国家并不都是民主制国家。南斯拉夫王国的国王亚历山大一世废除了宪法，取缔了政党，并在1929年国民议会遭到袭击、两名议员被杀后掌握了执政权力。马其顿革命者在克罗地亚法西斯分子的支持下刺杀了亚历山大一世之后，由于其子彼得二世尚未成年，保罗亲王得以摄政。保罗亲王大力维护君主制统治。他在南斯拉夫王国缔造了一个被称为“没有独裁者的独裁政权”。直到彼得二世亲政，南斯拉夫王国才开始反对德国。

希腊的乔治二世于1935年流亡归来，希腊君主制得以恢复。1936年，他支持扬尼斯·梅塔克萨斯将军上台，后者建立了一个专制、民族主义的政府。

南斯拉夫的政变和意大利对希腊的进攻迫使这两个专制政权加入了反对德国的阵营。

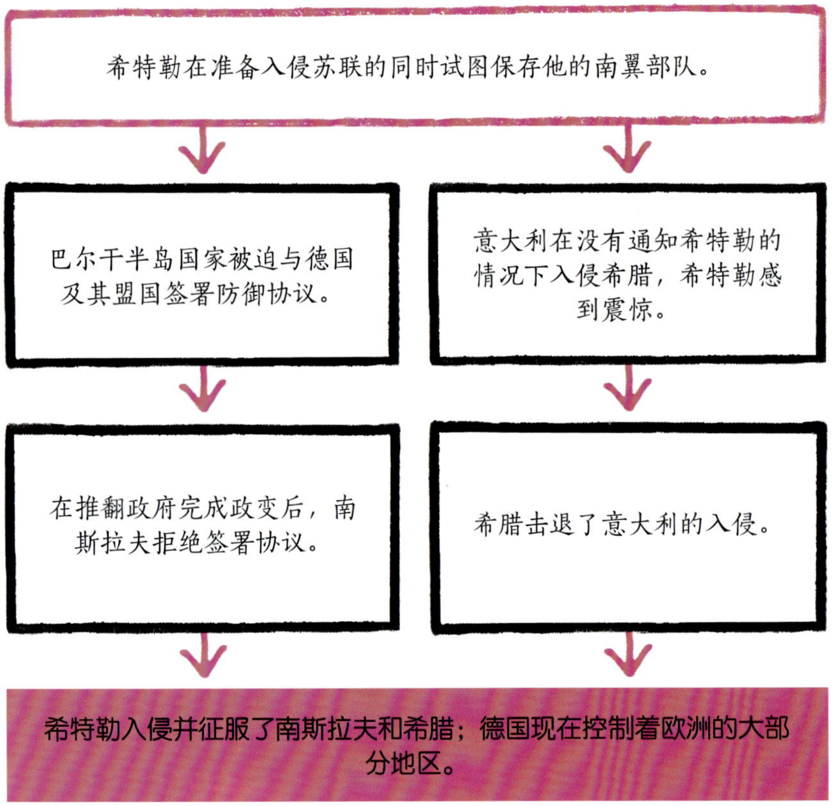

希特勒在准备入侵苏联的同时试图保存他的南翼部队。
巴尔干半岛国家被迫与德国及其盟国签署防御协议。
意大利在没有通知希特勒的情况下入侵希腊，希特勒感到震惊。
在推翻政府完成政变后，南斯拉夫拒绝签署协议。
希腊击退了意大利的入侵。
希特勒入侵并征服了南斯拉夫和希腊；德国现在控制着欧洲的大部分地区。

利、罗马尼亚和保加利亚也加入了该条约。然而，南斯拉夫摄政王保罗亲王与英国王室有姻亲关系，不愿意签署该条约。1941年3月25日，保罗亲王终于被说服了，但南斯拉夫王国对此事迅速做出了反应。2天后，亲西方的南斯拉夫皇家空军军官推翻了保罗亲王，扶持17岁的彼得二世登基。彼得二世掌握了全部王权，他的新政府迅速与苏联签订了《苏南友好和互不侵犯条约》，并与英国就巴尔干联盟进行了会谈。

希特勒入侵

意大利久攻希腊不下，英国介入希腊事务，南斯拉夫投奔同盟国阵营……种种变化使希特勒决定采取行动。1941年4月6日，德军同时进攻南斯拉夫和希腊，对南斯拉夫首都贝尔格莱德和雅典主要港口比雷埃夫斯发动了空袭，基本摧毁了南斯拉夫空军建制并破坏了英国进入希腊的补给线。德军随后从德国、保加利亚和后来的罗马尼亚涌入南斯拉夫，而匈牙利第3军团则进攻南斯拉夫东北部。南斯拉夫南部的德军一路北上进攻希腊，并于4月9日占领了莫纳斯提尔和萨洛尼卡，将希腊与南斯拉夫隔绝开来。

4月10日，德军占领了北部城市萨格勒布，当地的克罗地亚人宣布独立并支持意大利。意军从南北两面夹击南斯拉夫的海岸线并在杜布罗夫尼克会合。与此同时，德军于4月13日占领了贝尔格莱德，然后横扫西南占领了萨拉热窝。败局已定，南斯拉夫于4月17日投降。

当德军向南进入希腊时，英国W部队已经从希腊北部的阿利阿克蒙防线向南撤退到了奥林匹斯山。在接下来的两周里，德军继续推进，成功地在东部的W部队和此刻孤悬在阿尔巴尼亚的希腊第1军之间占有了一席之地。意军终于在阿尔巴尼亚取得了一些胜利，它迫使希腊第1军于4月20日投降。单独面对德军，英军制订了撤离计划。W部队进一步向南撤退至温泉关，并于4月22日开始将其部队撤回克里特岛。3天后，德军的伞兵在科林斯登陆。4月底，德军占领了希腊最南端，取得了决定性的胜利。

最后的撤退

希特勒急于求成，下令立即进攻希腊大陆以南约160千米的克里特岛。5月20日，由2.2万人组成的德国入侵部队中的第一支分两波降落在该岛的北海岸。它们与大约

> **南斯拉夫的政变发生得如此突然。27日上午，当这个消息被送到我面前时，我以为这是一个笑话。**
>
> 希特勒

1941年4月，一名德国伞兵在希腊科林斯的一个街角处射击，当时德军占领了通往爱琴海的要道科林斯运河。

3万人的英联邦军队打了遭遇战，后者得到了大约1.1万名希腊军人和许多克里特岛平民的支援。

由于寡不敌众，德军在该岛西北海岸查尼亚遭受了希腊军队的炮火攻击，也被西部防守马莱梅机场的新西兰军队猛攻。尽管损失了许多伞兵，但德军仍在5月21日成功地占领了机场。然而，英国皇家海军粉碎了5月21—22日德军首次登陆的企图，击退了5月22—23日的第二支入侵部队。虽遭遇重重挫折，但德军仍击退了对马莱梅机场的多次进攻，并沿着克里特岛向东推进。

在海上，德国俯冲轰炸机的袭击使英国损失了9艘舰艇，另有13艘严重受损。最终英国皇家海军在东地中海的战斗力只剩下2艘战列舰和3艘巡洋舰。面对失败，英国皇家海军于5月28日开始将大量部队撤离到埃及。到了月底，英军主力基本离开了克里特岛。留守的战士加入了克里特抵抗组织。

英国在欧洲大陆已经失去了最后的立足点。而随着克里特岛的沦陷，德军确保了巴尔干半岛的安全，并准备继续向东进军，直攻苏联。

事后总结

巴尔干战争对德国十分有利，因为德国的兵力和装备都远远胜过同盟国。南斯拉夫很快便失去了抵抗能力，因为大约25个装备不良的师旅需要保卫长达1600千米的边界，而其人数是装备较好的德军人数的一半。大多数希腊军队仍然在阿尔巴尼亚作战，只剩下第2军和人数相对较少的英军负责抵御入侵。

尽管在克里特岛取得了胜利，但德国伞兵在军事史上首次以空降为主的入侵中，伤亡惨重。希特勒不愿意授权进一步的空降行动，反而更愿意将伞兵作为地面部队使用。相反，盟军在这次战役中意识到了伞兵的潜力，开始组建空降突击团和机场防御团。德国还面临着它第一次但远非最后一次的平民大规模抵抗运动。来自克里特岛的民众自发组织反击，6000多名德国士兵在入侵期间死亡。

一些历史学家认为，巴尔干战争推迟了巴巴罗萨行动并对其产生了不利影响，最终导致希特勒于1941年6月进攻苏联。另一派学者则认为，入侵希腊的胜利鼓舞了德国的士气，而它所造成的延迟使苏联的情报部门失去了信誉。此前苏联情报专家预测，德国最初计划入侵苏联的时间为5月。■

在德国空军轰炸了驻扎在克里特岛的英国战斗机之后，德国空降突击团跳伞进入该岛，这是德国在二战中最大规模的空降攻击。

沙漠是被遗弃的土地

北非和地中海（1940—1941年）

背景介绍

聚焦

军事策略

此前

1912年 意大利从奥斯曼帝国手中夺取了利比亚，以壮大自己在索马里和厄立特里亚的东非殖民地。

1936年 意大利占领了埃塞俄比亚，将自己在厄立特里亚的殖民地连接起来，建立起了一个庞大的东非帝国。

此后

1942年11月4日 隆美尔在埃及的阿拉曼被击败，开始撤退。

1943年5月6—13日 驻守突尼斯的轴心国军队投降，非洲的战争结束。

1940年6月10日，意大利领导人墨索里尼向英国和法国宣战，并立即开始扩张其在地中海和东非的势力。凭借更为强大的空军和地面部队，意大利削弱了英国在埃及的影响力及其对苏伊士运河的控制，也缩减了英国在苏丹南部、索马里和肯尼亚的殖民地以及法国在北非的殖民地。

6月11日，意大利飞机轰炸了红海沿岸的苏丹港以及苏丹与厄立特里亚接壤的卡萨拉港。7月4日，意大利地面部队离开埃塞俄比亚，前往肯尼亚的卡萨拉和莫亚莱。8月，意大利入侵了索马里，迫使英军撤离到了亚丁。

1941年1月19日，英军开始发起反攻行动。英军夺回了卡萨拉，又进军厄立特里亚，并最终于4月1

参见：意大利与法西斯主义的崛起 22~23页，意大利参战 88~89页，马耳他之围 167页，从加扎拉到阿拉曼 192~195页，火炬行动 196~197页，沙漠中的胜利 208~209页，攻入意大利 210~211页。

埃尔温·隆美尔

埃尔温·隆美尔于1891年出生在德国海登海姆。1937年，他根据自己的战争经历，撰写了权威的军事教科书《步兵攻击》。

二战初期，隆美尔在1940年入侵法国期间担任第7装甲师指挥官，于1941年2月被任命为北非新成立的非洲军团的指挥官。他将北非战役描述为“没有仇恨的战争”。

隆美尔接受纳粹领导，但不是纳粹党员。1944年初，他对希特勒的幻想破灭，后因参与7月20日刺杀希特勒的计划而被捕。因顾忌隆美尔在德国的影响力，希特勒让他选择自杀还是接受审判蒙羞而死。隆美尔选择在赫尔林根的家附近结束自己的生命，后来德国为他举行了国葬。

日占领了其首都阿斯马拉。1941年2月26日，来自肯尼亚的其他英军占领了索马里首都摩加迪沙。一支联合部队随后从索马里向西进入埃塞俄比亚，并于4月6日解放了其首都亚的斯亚贝巴；5月5日，忠于废帝海尔·塞拉西的军队加入了联合部队。意大利在东非的政权已到穷途末路。

利比亚战役

意大利宣战4天后，英国派遣军队从埃及进入利比亚，占领边境堡垒，其巡逻队到达西边150千米的托布鲁克港。1940年9月13日，意大利派遣自己的军队进入埃及80千米处，在西迪巴拉尼建立了营地。

然后，英军撤到埃及海岸更东边的梅尔萨-马特鲁阵地。12月9日，盟军的西部沙漠部队发起了“罗盘行动”，仅用3天时间便重新占领了西迪巴拉尼，并很快占领了托布鲁克。该部队的第6澳大利亚师沿海岸线追击意军，而其第7装甲师则向内陆进发，于1941年2月6—7日在贝达富姆困住了撤退的意军。当意军在利比亚东部的昔兰尼加省战败时，超过13万名意大利士兵被俘。

隆美尔的到来

希特勒认为，北非乃至地中海对于他进攻和击败苏联来说是次要的。然而，他认识到，他必须向利比亚派遣军队以支援意大利。

1940年9月，在意大利入侵埃及期间，意大利飞行员策划着他们的下一步行动。在北非战争的头3个月里，意大利共损失了84架飞机和143名机组人员。

1941年，在托布鲁克附近，隆美尔在他的指挥车上观察着盟军阵地。

1941年2月12日，他派遣他最喜爱的将军埃尔温·隆美尔率领新组建的非洲军团来挽救局势。这位将军得到的命令是守住利比亚的阵地，防止意大利的进一步失败。但他有强烈的进攻本能，他知道派遣部队保卫希腊已经削弱了英国的力量。

初步战果

经过初步的空中侦察，隆美尔判断坦克战对他来说更有优势，于是他从的黎波里向东进发，于3月24日迅速占领了位于昔兰尼加西部的沿海城市阿盖拉。他几乎没有遇到任何抵抗，于是继续绕过海岸线，于4月4日占领了班加西。他的第2支部队穿越沙漠，于4月8日占领了梅希里堡，俘虏了大约2000名英国士兵。接着，他向托布鲁克进发，于4月10日包围了托布鲁克，围困了第9澳大利亚师。隆美尔接到了攻占托布鲁克的命令，但他决定围而不攻，并进一步向西前往埃及。托布鲁克之围一直持续到11月27日，共计231天。托布鲁克的澳大利亚和波兰守军遭到了德军大炮和飞机的猛烈轰炸，但有英国地中海舰队为其从海上提供补给。

隆美尔迅速推进到埃及边境的哈法亚山口，并于4月14日占领了山口。5月和6月，英军两次尝试均未能收复它。此时，英国首相丘吉尔任命克劳德·奥金莱克将军接替阿奇博尔德·韦维尔将军担任总司令，并向埃及提供大量军事援助，尤其是坦克。新指挥官的沙漠部队由澳大利亚、新西兰、波兰、南非、英属印度和自由法国等的部队联合组成，奥金莱克将军将之重组为英国第8集团军。

十字军行动

经过周密的准备，奥金莱克发起了“十字军行动”，并于11月20日占领了隆美尔位于托布鲁克东南部甘布特机场的总部。几天后，隆美尔经验丰富的坦克指挥官在托布鲁克东南部的西迪雷泽格机场制造了一场混乱，隆美尔的坦克部队在混乱中战胜了英军。但隆美尔也在此地失去了英国第8集团军的踪迹。于是，他向空旷的沙漠撤退，而新西兰部队则向托布鲁克进发。随着补给的减少和对被围困在托布鲁克的恐惧，隆美尔再次向西撤退，于1942年1月6日到达阿盖拉。

海战

对于在北非沙漠作战的双方来说，控制地中海至关重要。双方都在努力摧毁对方的关键补给线，同时千方百计地确保自己的补给线安全。双方也都旨在给对方造成最大的破坏，以争夺海上的主导权。双方还利用当地的空军基地，试图掌握制空权。意大利舰队拥有数量众多的舰船，包括具有良好火炮射程的新型快速巡洋舰，但在1941年，意大利的舰艇缺乏声呐和雷达。与英国的地中海舰队不同，意大利没有舰队航空兵或航空母舰。

1940年6月11日，也就是意大利宣战后的第2天，意大利的飞机轰炸了马耳他，而6月28日，英

> **先生们，你们像狮子一样战斗，却被驴牵着走。**
>
> 埃尔温·隆美尔在托布鲁克围城期间对被俘的英国军官喊话

国击沉了意大利驱逐舰埃斯佩罗号。7月9日，当意大利和英国的舰队在意大利南部的卡拉布里亚海域相遇时，双方未分出胜负，因此停止了行动。11月11日，英国使用过时的剑鱼双翼飞机向塔兰托的意大利舰队发起了大胆的攻击。从英国的光辉号航空母舰上发起的两波攻击，沉重打击了意大利舰队，意军残部退到了那不勒斯。

英国于1941年3月28日至29日在希腊大陆南端的马塔潘角附近取得了第2次决定性的胜利。首先，英国皇家空军发现了意大利派遣的一支舰队在拦截向希腊运送部队的英国船队。从亚历山大港出发的英国地中海舰队合围杀入，击沉了意大利3艘巡洋舰和2艘驱逐舰，并严重损坏了维托里奥·维内托号战列舰。从那时起，意大利便开始尽量避开大型海战。

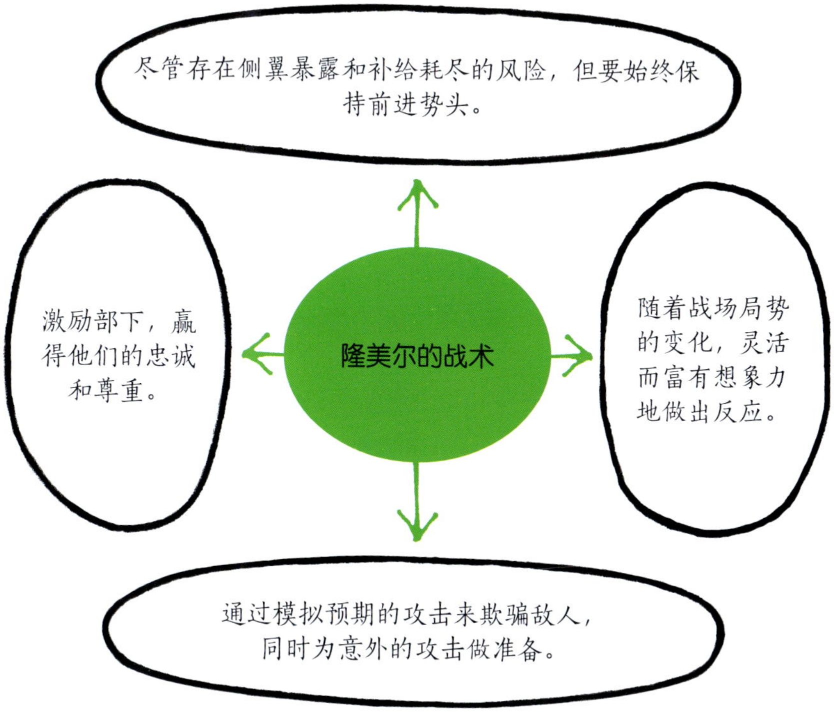

尽管存在侧翼暴露和补给耗尽的风险，但要始终保持前进势头。
激励部下，赢得他们的忠诚和尊重。
隆美尔的战术
随着战场局势的变化，灵活而富有想象力地做出反应。
通过模拟预期的攻击来欺骗敌人，同时为意外的攻击做准备。

争霸

意大利和英国都派遣船队穿越地中海。意大利的海军基地在北非，而英国的基地则在马耳他。来自东部的马耳他船队通过苏伊士运河进入，来自西部的船队通过直布罗陀海峡进入，德国U型潜艇可以在此展开攻击。这两条补给线都很容易受到意大利海军的攻击，而马耳他本身也受到来自西西里岛的轰炸。1941年6月，克里特岛落入德国之手，英国舰队的实力虽然在海上受到了削弱，但它们仍然有能力攻击轴心国的商船船队。11月，英国击沉了西西里岛和希腊之间意大利杜伊斯堡船队的1艘驱逐舰和全部7艘商船；12月13日，英国在的黎波里的邦角附近击沉了2艘为北非的德国空军提供补给的意大利巡洋舰。

12月19日，当英国的船只驶入的黎波里附近的雷区时，英国遭遇了变故：2艘沉没，另有2艘严重受损。同一天，意大利的水雷在亚历山大港炸毁了英国的2艘战列舰和1艘驱逐舰。意大利舰队重新站稳了脚跟，但地中海之战远未结束，隆美尔和蒙哥马利1942年的战役将证明这一点。■

意大利战列舰罗马号是为应对盟军进攻北非而从意大利东南部的塔兰托移至那不勒斯的3艘战列舰之一。

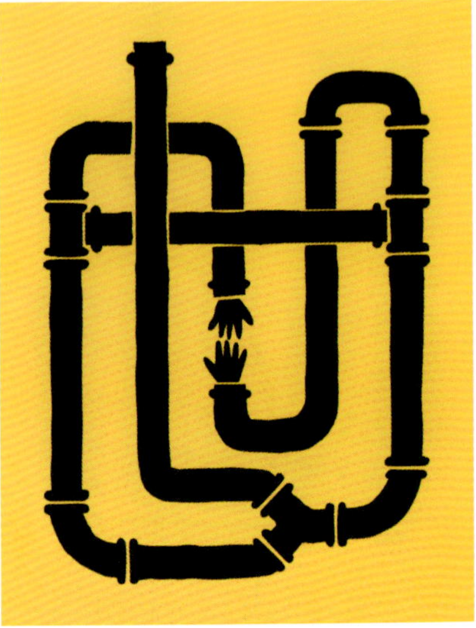

借伊朗之力，与苏联携手

掌控中东局势（1941年）

背景介绍

聚焦

战略疆域

此前

1932年10月3日 英国准许伊拉克王国独立。

1936年9月9日 法国授予叙利亚自治权，同时保留了在其领地内驻扎军队的权利。

1940年6月 叙利亚和黎巴嫩均声称支持维希法国。

此后

1943年11月8日 黎巴嫩宣布脱离法国独立。

1946年4月17日 叙利亚正式脱离法国，获得完全独立。

1946年3—5月 英国、苏联的军队离开伊朗。

1947年10月26日 英国彻底结束了对伊朗的统治。

除了西线和东线的大规模战斗，1941年，中东几个国家间发生了一些经常被遗忘但很重要的事件。该地区丰富的石油供应意味着它对同盟国和轴心国来说都具有重要的战略意义。

不稳定的地区

随着1940年6月法国政府垮台，法国统治下的黎巴嫩和叙利亚的领土落入维希法国政府的控制之下。维希法国政府的亲德情绪对英国的利益，尤其是英国对苏伊士运河的使用，构成了潜在威胁。1932年脱离英国获得独立的伊拉克，被认为更能维护英国国家安全，因为英国保留了其在伊拉克境内的军事基地及其部队的过境权。但事实证明，这在政治上是不稳定的。黎巴嫩、叙利亚和伊拉克在战略上非常重要，因为来自伊拉克北部基尔库克的石油通过两条管道流向黎巴嫩的的黎波里和巴勒斯坦的海法。英国迫切需要这些石油来为其在地中海和北非的军队提供补给。

> “如果登陆遭到反对……那就用武力击败伊拉克军队并尽快占领岸上合适的防御阵地。”
>
> 中东总司令阿奇博尔德·韦维尔将军

伊拉克政变

1941年4月1日，纳粹德国的支持者、伊拉克前总理拉希德·阿里与一群被称为“黄金广场”的亲法西斯军官一起推翻了摄政王阿卜杜勒·伊拉的亲英政府。这种微妙的政治局势引发了内乱。拉希德·阿里一上台就与德国情报部门合作，并接受了德国和意大利的军事支持。

随后局势迅速恶化。伊拉克士兵围攻了巴格达附近的英国哈巴

参见: 法国的沦陷 80~89页，巴尔干战争 114~117页，北非和地中海 118~121页，二战中的印度 158页。

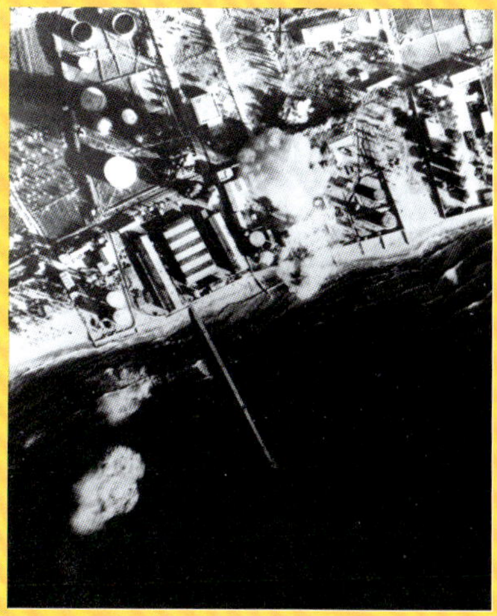

作为英国进攻叙利亚和黎巴嫩的“出口者行动”的一部分，英国飞机对贝鲁特附近的荷兰皇家壳牌石油公司油库进行了空袭。

> 中东的阿拉伯自由行动是我们抗衡英国的天然盟友。
>
> 希特勒

尼耶空军基地，英国和印度军队在该国南部的巴士拉登陆，一支特遣部队从巴勒斯坦出发去解救该基地。驻扎在北部摩苏尔的德国飞机支援伊拉克。随着英军接近巴格达，拉希德·阿里于5月27日逃往伊朗。3天后，双方签署停战协定，亲英政府得以恢复。

自由法国攻入

面对维希法国政府选择支持拉希德·阿里，盟军迅速做出了回应。6月8日，英军和自由法国军队攻入黎巴嫩和叙利亚。维希法国的军队在陆地和海上进行抵抗。但在大马士革被盟军攻占后，由于贝鲁特受到威胁，维希法国政府要求停战。战争于7月12日结束，国家权力被移交给了自由法国政府。

1941年6月的巴巴罗萨行动结束后，英国和苏联成为盟友。伊朗与苏联接壤，既是一个主要的石油供应国，也是向陷入困境的苏联提供物资的最便捷通道。然而，伊朗的统治者雷扎·沙阿·巴列维拒绝驱逐境内所有德国人，也拒绝加入同盟国。于是，盟军于8月25日出击，英国和印度军队从波斯湾攻入伊朗，而苏联红军则从高加索和中亚地区进攻。在人数和战斗力不足的情况下，伊朗在8月30日同意停火。巴列维退位，他的小儿子穆罕默德成为新的沙赫。1942年年初，苏联红军和英国军队分别占领了该国的北部和南部，并驻守在那里一直到战争结束。■

印度军队进入伊朗南部的一座炼油厂，以保障同盟国的石油供应。其他印度军队则攻入伊朗中部。

整个世界都将为之屏息

巴巴罗萨行动（1941年6—12月）

背景介绍

聚焦

军事入侵

此前

1939年 苏联和德国签订了《苏德互不侵犯条约》，承诺互不侵犯。

1939年9月 苏德两国瓜分了波兰领土。

1940年6—7月 苏联先进攻波罗的海国家，后攻打罗马尼亚的比萨拉比亚和北布科维纳。

此后

1942年1—4月 苏联红军的一系列反击未能逼退轴心国部队，但是保住了苏联，使其避免了沦陷于敌手。

1942年6月 轴心国部队发起了“蓝色方案”，针对巴库和斯大林格勒进行了双管齐下的进攻。

1942年8月23日 斯大林格勒保卫战打响。

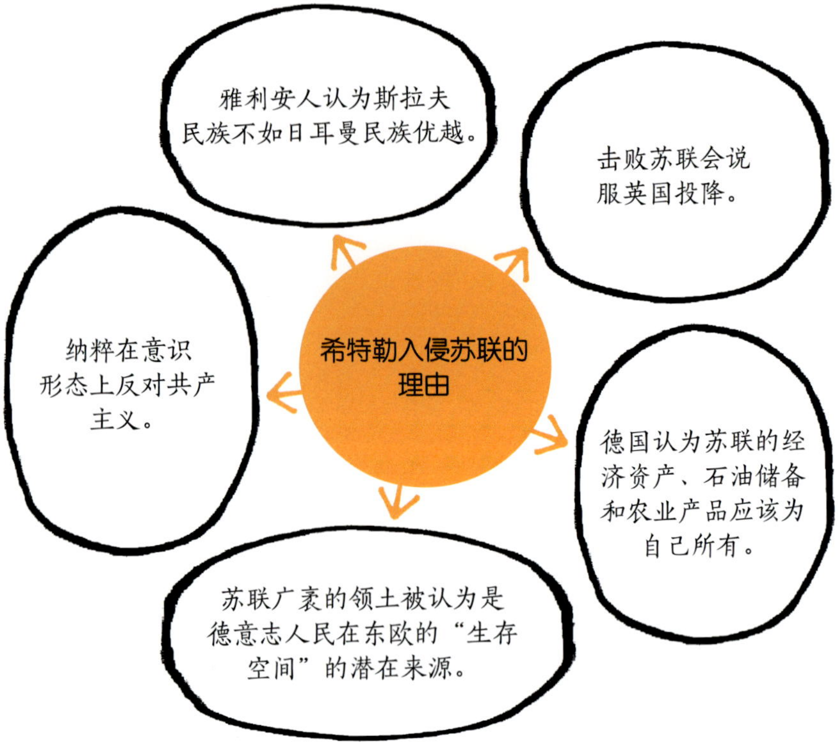

1940年12月18日，希特勒发布第21号元首指令，呼吁在1941年上半年摧毁苏联。然而，在此之前的1939年，两国签署了互不侵犯条约，其中包括一项秘密协议，即在当年9月德国入侵波兰后，双方将瓜分波兰领土。德苏关系缓和的另一个标志是1940年的贸易条约。此后，德国用成品来交换苏联的原材料。

希特勒入侵苏联的计划必须保密。他为这个计划拟定的代号为巴巴罗萨行动，以12世纪神圣罗马帝国强大的德裔皇帝腓特烈·巴巴罗萨（“红胡子”）的名字命名。

德国的野心

尽管苏联和德国表面上交好，但对布尔什维主义的反感是纳粹意识形态的核心原则之一。希特勒和其他激进的纳粹分子经常预言要与苏联进行最后的军事对决。

此外，在《我的奋斗》和他的演讲中，希特勒将欧洲以东的苏联领土视为德意志人民“生存空间”的来源。当地居民中的大部分被纳粹视为“次等人类”，要么被奴役，要么被迫远走他乡，要么被屠杀。苏联国内的剧变也使希特勒认定斯大林是不可信任的。

尽管德国还没有打败英国及其盟友，但入侵苏联的时机已经成

> **我们现在正把目光投向东方的土地。**
>
> 希特勒《我的奋斗》

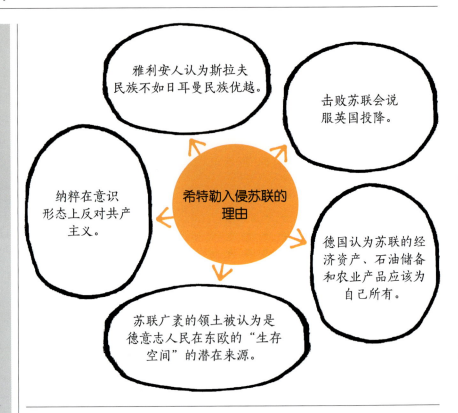

参见：德国的扩张 46~47页，欧洲陷入危局 56~57页，波兰的毁灭 58~63页，巴尔干战争 114~117页，伟大的卫国战争 132~135页，纳粹大屠杀 136页，斯大林格勒战役 178~183页。

熟。1940年6月，苏联红军向西出击，占领了拉脱维亚、爱沙尼亚和立陶宛。不久之后，苏联红军又向南开进，攻占了曾是罗马尼亚一部分的比萨拉比亚和北布科维纳。后者被吞并使德国更加担忧，因为它使苏联接近了德国机动化部队严重依赖的罗马尼亚油田。在取得这些战果后，苏联开始建立莫洛托夫防线。它位于苏联的新西部边境，包括从波罗的海到喀尔巴阡山脉的一系列军事防御工事。

准备入侵

巴巴罗萨行动最初定于1941年5月15日进行。德军最高统帅部认为，这将使德国有足够的时间在冬季来临之前击败苏联。这是基于希特勒和他的将军们认为苏联红军不可能坚持很久而做出的决定。

德国的信心源于在法国取得的军事胜利，也源于纳粹的“人种优越论”。纳粹分子认为雅利安人与以斯拉夫人为主的苏联红军相比具有先天的人种优势。

此外，德国的军事参谋认为，1936—1938年，数千名经验丰富的苏联军官被处决或免职，这削弱了苏联红军的战斗力。苏联红军在1939—1940年对芬兰的冬季战争中所面临的困难，更加重了德国对苏联军事力量的蔑视。

1941年4月，德国与匈牙利先后加入意大利入侵南斯拉夫和希腊的计划，巴巴罗萨行动被推迟。尽管轴心国于6月1日之前在巴尔干地区取得了胜利，但入侵苏联的日期不得不推迟5周。

目标仍然不变：让德国到达“A-A线”（之所以这样命名，是因为它从南部的阿斯特拉罕延伸到北部的阿尔汉格尔斯克）从而控制苏联西部的资源。德国相信战争可以在5个月内完成，所以并没有准备士兵的冬衣，也没有制订为适应寒冷天气而调整装备的计划。

1941年6月，超过300万名德国士兵，以及来自罗马尼亚和芬兰的69万名士兵集结在苏联边境。尽管苏联的将军、情报专家，甚至英国和美国的专家都发出过警告，但苏联拒绝相信德国入侵已经近在眼前，苏联希望避开与德国的任何潜在冲突。

> **我们只需踢开门，整个腐烂的结构就会倒塌。**
>
> 希特勒

不过，以防万一，斯大林还是在1941年初下令增强苏联红军的战斗力，增派兵力并加快生产坦克、飞机和大炮。1941年年中，大约有300万名红军守卫在苏联西部边境。

入侵开始

1941年6月22日凌晨3点15分左

1941年，德国步兵进入苏联境内时经过一座被炸毁的房屋。对苏联境内的军事目标进行炮击和空中轰炸，是德国入侵苏联的开始。

巴巴罗萨行动中的轴心国入侵兵力

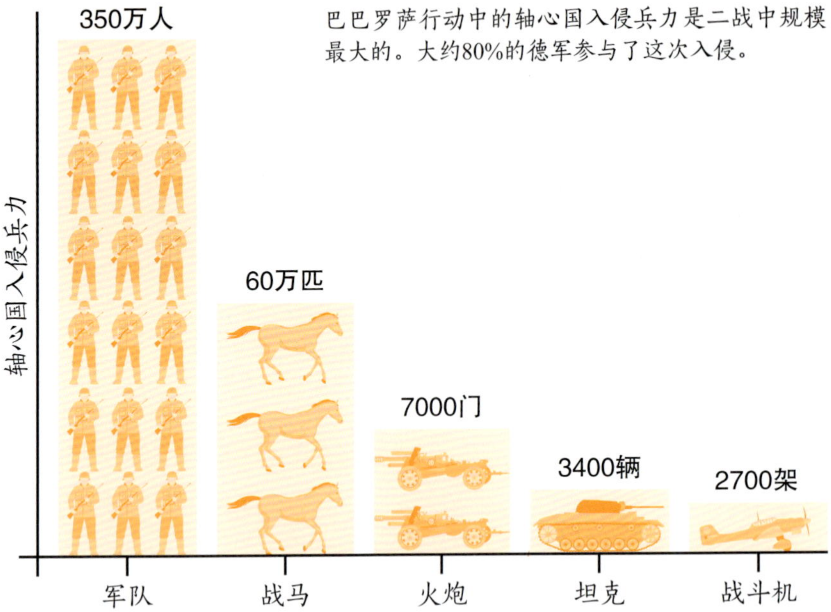

巴巴罗萨行动中的轴心国入侵兵力是二战中规模最大的。大约80%的德军参与了这次入侵。

右，巴巴罗萨行动开始，德国对苏联境内的军事目标进行了炮击和空袭。东线的战斗已经打响。德国的进攻使苏联先后与英国和美国结盟。

德国的入侵计划相对简单：沿着2900千米长的战线，三管齐下进入苏联。由威廉·里特·冯·里布指挥的北方集团军群将通过波罗的海国家推进并占领列宁格勒；而由费多尔·冯·博克指挥的中央集团军群将借道白俄罗斯向斯摩棱斯克推进，之后夺取莫斯科。最后，格尔德·冯·伦德施泰特的南方集团军群将占领基辅，然后直逼高加索。快节奏和急行军将是德国取胜的关键所在。

装甲部队将在飞机的支持下快速推进，以粉碎苏联红军的防线并破坏其凝聚力。然后，步兵将扫荡整个抵抗区。一旦德国巩固了对苏联领土的控制，“饥饿计划”就将被启动。这是一个将粮食供应从苏联转移到德国军队和平民手中的计划。根据这一计划，数百万名苏联人将死于饥饿。

德国取得了进展

入侵的早期阶段，对德国和其他轴心国来说，战事是按计划进行的。没有为战争做好充分准备的苏联红军被彻底打乱了阵脚，防御协调很困难，抵抗也缺乏凝聚力和组织性。

尽管苏联红军拥有的坦克数量与德军一样多，但其驾驶员缺乏训练和经验。德国空军摧毁了苏联空军的大部分地面基建，并利用空中优势摧毁了苏联红军的补给站、地方总部和运输路线。

德军进展迅速，一天之内往往能行军超过30千米。收获最大的是中央集团军群，它们于6月28日占领了明斯克，俘虏了28万名苏联士兵。7月17日，德军已经到达距离苏联西部边界480千米的斯摩棱斯克。

德国最初在东线的主导地位掩盖了其主要的结构和战略弱点。装甲部队的快速行军给后续的步兵留下了空隙，这意味着坦克部队经

1941年6月22日上午，德军越过华沙附近的布格河，进入苏联领土。

1941年7月中旬，德国中央集团军群占领斯摩棱斯克，当地的建筑物被焚毁。苏联红军损失惨重，但仍然持续不断地骚扰德军。

常不得不等待步兵并坚守阵地，而不是持续向东推进。德军的速推能力将军事补给线拉到了崩溃的边缘。

苏联的道路变得堵塞拥挤，更糟糕的是，苏联的铁路轨道使用的是与德国火车不同的轨距，德军必须对此进行改装。补给问题对装甲部队来说尤其严重。在入侵开始的1个月内，德军的坦克战斗力下降了一半。

民间抵抗

苏联人民开始给德军制造麻烦。7月3日，斯大林号召人民加入战斗，直至流尽最后一滴血。他还颁布了焦土政策，不让入侵者得到任何援助。

德军经常残暴地对待当地居民。流动杀戮部队就更不用说了，它们大规模处决所谓的“不良分子”。种种暴行也坚定了苏联人民抵抗侵略的决心。

为了应对频繁的法西斯暴行、屠杀及对平民财产的肆意破坏和掠夺，苏联的农村各地都出现了游击队。起初，游击队的作用有限，但在战争后期，它们在敌后给敌人造成了巨大的破坏。

红军反击

在入侵的最初冲击之后，苏联红军重新集结、整合。增援部队被召集起来，作战部队数量从170个师增加到212个（尽管只有90个是满员的）；后备炮兵团被建立起来，并被转移到前线的关键地区作战。

苏联的将军们从与入侵者的战斗中学到了经验，取得了一些成效。特别是，苏联红军在乌克兰进行了激烈的抵抗，使乌克兰的德国南方集团军群进度慢于原计划。然而，从7月中旬开始，德国入侵部队开始突破，罗马尼亚和意大利的特遣队也加入了进来。

9月15日，德军在基辅周围围困了65万名苏联士兵，这是军事史上最大的包围圈。5天后，苏联红军指挥官米哈伊尔·科尔波诺斯将军被地雷炸死。德军得以占领基辅，俘虏了超过40万名苏联士兵。

德军进一步向南和向东推进，占领了顿巴斯的大部分工业区。11月21日，港口城市顿河畔罗斯托夫被占领，德军准备进军高加索油田。

然而，6天后，苏联红军发动了绝地反击，迫使德军于11月29日

下图为被德军俘虏的苏联士兵。这些苏联士兵受到的虐待十分严酷，有一半以上的被俘苏联士兵没有活下来。

放弃了顿河畔罗斯托夫。这是德军在巴巴罗萨行动中的首次重大撤退。

与此同时，北方集团军群已经占领了波罗的海国家，并于9月8日到达了列宁格勒郊区。希特勒没有猛攻这座城市，而是命令他的军队轰炸它并试图将守城苏军饿死，由此拉开了一场持续872天的围城战。

中央集团军群自攻占斯摩棱斯克以来进展缓慢，推迟了对莫斯科的进攻，究其原因是补给的不及时和麾下装甲部队转去增援其他地区的战斗。

为莫斯科而战

1941年9月6日，希特勒发布了第35号元首指令，要求进攻莫斯科。这场名为“台风行动”的袭击将大部分装甲部队集中在中央集团军群中，以突破莫斯科的防御工事。

然而，秋天的雨水带来了“泥海”季节，使得苏联本已糟糕的道路几乎无法通行。这让苏联红军有时间组织莫斯科的防御工事，并从远东地区调集援军。

在基辅战役中，德军通过演习来困住苏联红军。1941年9月中旬，南方集团军群的装甲部队与中央集团军群的装甲部队相遇，完成了包围圈。

“台风行动”于9月30日开始。起初，德军稳步推进，在3周内俘虏了70万名苏联士兵。10月19日，莫斯科告危，德军已经推进到距离该城市不足25千米的地方，甚至能看到著名的圣瓦西里大教堂的穹顶。

德军认为苏联红军必然会崩溃，但苏联红军却选择继续战斗。苏联红军发动的反击阻止了莫斯科的沦陷。

11月初，战争仍然在继续，德军最高统帅部很清楚，德军无法在1941年占领莫斯科，甚至无法击败苏联红军。巴巴罗萨行动的目标是迅速取得决定性胜利，但是显然，行动此时已经失败。

绝地反击

斯大林仍然留在莫斯科，他的身影甚至出现在红场每年一度的十月革命纪念日庆祝活动中。此时的他终于有机会反击了。与德国不同，苏联有9支后备军，这些有生力量已经做好了在严寒中作战的充分准备。严寒扰乱了德国空军的行动，剥夺了德国的空中优势。

1941年12月6日，苏联红军发起反攻。许多士兵身穿白衣，借着雪地伪装，发起了猛烈的进攻。

希特勒拒绝撤退，命令军队不惜一切代价坚守阵地。这与他的将军们的建议背道而驰：将军们建议进行战术性撤退以巩固德军的防

平民在列宁格勒的废墟中寻求庇护。他们在饥饿和几乎持续不断的炮击中坚持了两年多。

列宁格勒保卫战

悲壮的列宁格勒保卫战是苏联人民为战争所付出的代价的缩影。1941年9月，当德军逼近列宁格勒时，数十万名居民挖了550千米的反坦克壕沟和2600千米的战壕。这有助于阻止德军冲进城市。但是，德军并没有选择进城，而是包围了列宁格勒，并试图饿死全城军民。

9月8日围攻开始时，列宁格勒有260万人口，但食物只够维持一个月。随着时间的推移，人们不得不吃墙纸糊，以及马、猫和狗等动物。列宁格勒遭遇着持续不断的轰炸，德军总共向该市发射了15万枚炮弹和10.46万枚炸弹。1943年1月18日，封锁被打破，物资得以运入城内。然而，直到1944年1月27日苏联红军抵达，围困才完全解除。官方公布的死亡人数为63.2万人，但实际死亡人数可能达100万人。

尽管最初成功地击破了苏联的防线，但德军后续的作战能力却受到了战线过长、严寒和苏联庞大的兵力储备的三重阻碍。最终，苏联红军成功地阻止了德军入侵莫斯科。

图例：
- 德军的前进路线
- 1941年6月21日的德军前线
- 9月1日的德军前线
- 9月15日的德军前线
- 12月5日的德军前线
- 苏联红军的包围圈

线，但希特勒的回应是解除德军总司令瓦尔特·冯·布劳希奇的职务，他亲自上阵。

此时的希特勒亲自掌管武装部队，任何与他作对的将军都将面临被免职和被替换的命运。

战争在继续

12月底，德军已退到离莫斯科80～240千米的地方，德军对莫斯科的直接威胁解除了。希特勒命令士兵挖地三尺，建造“刺猬”，即占领成本很高的防御强点。但由于天气寒冷，他的工程师们不得不使用炸药来炸开冰冻的坚硬土地。

随着1942年的到来，巴巴罗萨行动初期德国急行军与速推两大特点已成为遥远的记忆。近100万名德国士兵战死或受伤，而苏联红军也有约100万人阵亡，300万人受伤，330万人被俘。

很明显，东线的战斗将持续数月甚至数年，并使双方的军队和苏联的平民遭受严重损失。■

纳粹宣传海报显示，在巴巴罗萨行动期间，一支德国雪橇车队在苏联境内前进。在现实中，苏联的严冬严重扰乱了希特勒的计划。

约瑟夫·斯大林

约瑟夫·斯大林于1878年出生在今天的格鲁吉亚，他在20岁出头时参与了具有革命性质的共产主义政治活动。1924年列宁去世后，斯大林开始领导苏联。

在斯大林的领导下，苏联进行了集中的经济和工业化改革。由于他的积极推动，苏联于1939年与德国签订了互不侵犯条约。在第二次世界大战期间，他领导苏联红军与盟军协力击败了轴心国。在他的领导下，苏联在二战中幸存下来。1953年斯大林逝世时，苏联已经成为一个拥有核武器的超级大国。

为祖国而战，为胜利而战！

伟大的卫国战争（1941—1945年）

背景介绍

聚焦

苏联后方

此前

1924年 弗拉基米尔·列宁逝世，斯大林成为苏联的领导人。

1928年 斯大林发起第一个五年计划，通过工业和农业集体化来实现苏联经济改革与现代化建设。

1941年6月22日 德国撕毁互不侵犯条约，发动巴巴罗萨行动，大举入侵苏联。

此后

1945年 苏联红军于5月占领柏林，德国向同盟国投降。

1946—1949年 在军事进攻了东欧和中欧的诸多国家后，苏联建立了一系列卫星国。

二战期间，苏联人民遭受了非常深重的苦难。苏联共死亡了约2660万人，其中超过三分之二是平民。

在希特勒于1941年6月发起巴巴罗萨行动后，轴心国的军队在入侵和占领大片苏联领土时造成了巨大的破坏。苏联数百万人在战斗中丧生，还有无数人因饥饿和疾病而死亡。轴心国的军队完全或部分摧毁了1710个城镇、7万个村庄和600万所房屋，使2500多万苏联人无家可归。

参见：巴尔干战争 114~117页，纳粹大屠杀 136页，纳粹阴霾下的欧洲 168~171页，斯大林格勒战役 178~183页，战俘 184~187页，德国的军工 224页。

以这张描绘1941年列宁号召人们保卫列宁格勒的海报为代表的战时宣传单，激发了苏联人民参与保卫战的热情。

然而，由于严冬时节极寒的天气减缓了德军的前进速度，苏联得以幸存，最终逼退了入侵者。苏联社会秩序没有彻底崩溃，经济生产也没有停摆，苏联人民集体行动起来，在这场被苏联领导层命名为“伟大的卫国战争”中击败了法西斯主义。

战场东移

与德国和其他轴心国作战需要大量弹药、车辆、食品以及燃料等物资。如何制造这些物资成为苏联领导层面临的一个主要难题。苏联的工业和农业中心区都位于苏联的欧洲部分，这些地方要么已被德国占领，要么正受到入侵威胁。1941年6—12月，苏联失去了大约三分之二的煤炭和铁产量、一半以上的钢铁产量和40%的农田。

因此，苏联领导层不得不想办法将这些重要物资的生产转移到乌拉尔山脉以东苏联在亚洲的腹地，以避免被攻击。

在1928年第一个五年计划启动时，苏联领导人约瑟夫·斯大林就开始将工厂和采矿业务东迁。到1941年，该国超过三分之一的煤炭、钢铁生产成功转移，但超过90%的轻工业，包括大部分武器和汽车生产，仍在乌拉尔山脉以西地区。

随着德军在巴巴罗萨行动中步步逼近，数百家工厂被拆除并向东迁移，安全地远离了战斗或空中轰炸的威胁。德国入侵仅1年后，苏联超过四分之三的军用物资便已实现了在亚洲部分的生产。

争取公众支持

从一开始，苏联就认识到，需要调动全体人民的积极性，并将人民团结在一起。为了做到这一点，苏联援引了1812年俄国抵抗拿破仑入侵的历史例子。当时，俄国人民尽管面临着巨大的困难和严重的物资匮乏，但仍勇敢地进行了反击，击退了入侵者。

1941年6月23日，在巴巴罗萨行动开始的第二天，苏联官方报纸《真理报》就将这次战役命名为“伟大的卫国战争”。这句话与俄国历史上的伟大人物一起出现在海

尽管苏联最初并没有准备好应对德国的入侵，但斯大林作为一个铁血的领导人，有能力组织苏联人民展开反侵略战争。

↓

他需要全面的支持，以爱国的反纳粹热情激励人民，号召人民牺牲个人利益来战胜敌人。

他监视和镇压所有反对势力。

↓

苏联人民的集体努力增加了苏联的军事和工业生产，帮助苏联击退了入侵的德军。

报上，成为凝聚苏联人民的有力方式，唤起了人民的爱国情怀和民族自豪感。

为了进一步加强民族情绪、链接历史，苏联领导人还仿照沙皇时代的圣乔治十字勋章，推出了光荣勋章，以表彰勇敢者。

每个苏联公民都被期望以某种方式为战争做出贡献。这种国家层面的期许体现在战争宣传口号中："一切为了前线，一切为了胜利！"

为了确保后备力量充足，1942年2月，所有16～55岁的健壮男子和16～45岁的妇女（9月提高到50岁）被征召，在军队中服役或加入后勤保障队伍。虽然大多数军事人员是男性，但妇女在武装部队中也承担了从狙击手、飞行员到军事警察等各类工作。

从1943年开始，为了获得更多的公众支持，苏联放松了早先对东正教教会的压制，允许神学院重新开放，并正式允许建立教堂。为了增强苏联众多少数民族人民的认同感，政府要求官方战时电台以65种不同的语言进行广播。

促进生产

工人群体被鼓励利用他们的主动性来缩短生产时间，改善组织，并提高产量。响应号召的人被授予"先锋队"的荣誉称号。

在苏联进入二战后的6个月内，工人们积极响应号召，很多人能完成日常工作配额的两倍，超额完成工作的工人填补了被派往前线的同事留下的缺口。

苏联的主要青年组织共青团也积极招募工人。1944年，有40万名年轻人自愿加入劳动队伍。苏联为优秀工人提供了一系列激励措施，包括提高口粮配给和公开表彰。

苏联工人生产力水平的提高表明，宣传工作（或者说对德国纳粹的恐惧和对苏联政府的信任）很快就见效了。1943年，由于工人夜以继日地辛勤劳动，苏联军火工业的产量已远远超过战前水平。当年，苏联共生产弹药2.29亿发、步枪340万支、冲锋枪200万支、机枪45.8万挺、坦克2.41万辆、作战飞机2.99万架、迫击炮6.94万门、火炮12.24万门。

为了解决劳动力的温饱问题，政府引入了严格的配给制度，优先向军人和工厂的工人提供口粮。为了弥补农田在战争中的损失，花园被改造成了耕地。到了1942年夏天，超过500万块花园变成了耕地。

即便如此，粮食仍供不应求。这主要是由于苏联失去了乌克兰这

> **要教育工人们对德国法西斯主义的恶棍怀有火热的仇恨……要激励我们的人民进行伟大的爱国解放战争。**
>
> 苏联政府给地方报纸编辑的指令

1943年，柳德米拉·帕夫利琴科担任苏联红军狙击手，她被授予苏联最高荣誉——苏联英雄金星勋章。

无论男女都长时间工作。有的工作场所在地下深处。这家生产苏联红军所需武器的秘密军工厂就是一个例子。

个前“粮仓”。在不太肥沃的东部地区播种小麦弥补了部分缺口。然而，即使到了1943年，大多数苏联工人每天也只能获得大约1500卡路里的口粮——大约是每日推荐量的一半。

来自西方的援助

苏联利用同盟国提供的大量援助（以及缴获的敌方装备）来弥补国内生产的不足。在德国入侵的几周内，英国海军开始向苏联提供军事援助。

1941年9月，第一批穿越北冰洋的英国商船船队抵达苏联港口城市摩尔曼斯克。在战争期间，英国向苏联援助了数以千计的飞机、坦克、摩托车和反坦克炮。

同盟国运往苏联的绝大多数战略物资来自美国。根据罗斯福的《租借法案》，苏联受益于美国车辆、武器和其他货物的运输。

从美国运来的食品总量超过400万吨。这些食品格外有价值，因为它们以口粮包的形式出现，可以很容易地分发给武装部队。

另两个重要的补给是卡车和吉普车。1945年苏联红军服役的66.5万辆机动车辆有三分之二来自同盟国。美国向苏联提供了25万部电话和3.5万部无线电台，以及包括铝和铜在内的宝贵原材料。美国甚至将一个完整的轮胎厂拆分并运到苏联。

> 我们的事业是正义的！敌人终会被打败！胜利将属于我们！
>
> 维亚切斯拉夫•莫洛托夫，1941年

旷日持久的记忆

这场“伟大的卫国战争”至今在俄罗斯的民族认同和大众文化中仍具有图腾般的重要性。尽管幸存下来的老兵寥寥无几，但现代俄罗斯人仍然珍藏这段记忆，并将苏联人民为战争做出的牺牲视为战胜法西斯主义的重要原因。■

枪林弹雨

纳粹大屠杀（1941年7—12月）

背景介绍

聚焦

种族灭绝

此前

1935年9月15日 《纽伦堡法》剥夺了犹太人的德国公民身份。

1939年10月 安乐死计划“T4”开始用于德国福利院中的患者。

1941年7月31日 党卫队将军莱因哈德·海德里希开始为“犹太人问题”的“最终解决方案”制订计划。

此后

1942年1月 爱沙尼亚宣布犹太人口清零。

1942年3月 党卫队杀害了被关在波兰贝乌热茨、索比布尔和特雷布林卡集中营的近200万名犹太人和其他少数民族的人。

希特勒反复强调自己的目标是让东欧的土地成为德意志人民的“生存空间”。在东欧领土上生活的斯拉夫人在他眼里属于“次等公民”。他也视犹太人为“毒瘤般的种族”。当德国于1941年6月22日入侵苏联时，他同时发起了一场针对斯拉夫人和犹太人的系统性大屠杀。他下令可以消灭苏联领导人和以上两个种族的平民，他的部队不需要遵守关于保护平民的国际法。

跟随德国军队的是4个特别行动队，由约3000人组成，负责种族大清洗。实际上，它们是获准在众目睽睽下谋杀和煽动种族大屠杀的机动小队。

大规模谋杀

随着德国的地面攻势停滞不前，种族灭绝行动力度不断升级。1941年年底，特别行动队、党卫队、警察组织和合作者在选定的杀戮地点射杀了多达100万名犹太人。

尽管波罗的海国家和白俄罗斯也有屠杀事件，但大部分暴行发生在乌克兰境内。9月29—30日，3万多名犹太人在巴比亚尔被屠杀。10月初，同样有3万多名黑海居民被屠杀。到了深秋时节，毒气车作为一种能胜任大规模杀戮的机械化武器被引入。■

> 希特勒的军队占领了基辅……从第一天起就开始抢劫和杀害犹太人。我们生活在恐惧之中。
>
> 巴比亚尔大屠杀的幸存者
> 迪娜·普罗尼切娃

参见： 巴巴罗萨行动 124~131页，大屠杀 172~177页，解放死亡集中营 294~295页，纽伦堡审判和去纳粹化 318~319页。

这意味着对美国开战

日本的困境（1941年7—11月）

背景介绍

聚焦

日本的战争之路

此前

1931年 九一八事变爆发，日本入侵中国东北。

1937年 日本全面入侵中国。

1940年9月 维希法国政府允许日本军队进入中南半岛北部。

此后

1941年11月26日 美国国务卿签署了《赫尔备忘录》，呼吁日本从中南半岛和中国撤军。

1941年12月7—8日 日本偷袭美国在珍珠港的海军基地，同时入侵东南亚。

1942年5月 日本控制了马来亚、印度尼西亚、泰国、缅甸和菲律宾。

1941年夏天，日本的殖民统治扩张到了一个决定性的节点。当日本军队于7月25日进入中南半岛南部时，维希法国未予抵抗，美国则以经济封锁作为报复。这是一个明确的信号，警告日本进一步的扩张不会被容忍。日本领导人不得不做出选择：是放弃他们的亚洲帝国梦，还是与美国开战，即使这场战争有可能会输？

诡计多端的外交

1941年秋天，日本召开了一系列政府会议，以一种混乱和犹豫的态度走向了战争。日本奉行矛盾的政策，一边与美国谈判，一边秘密计划入侵东南亚。即使在军国主义分子东条英机于10月17日担任首相后，日本仍继续向美国做出让步。后来，美国密码学家破解了日本的情报，自此美国的谈判代表才清楚了日本的真实意图。

日本向维希法国施压后，其军队迅速占领中南半岛。

最终，日本不得不做出选择，要么为成为一个能够经济自给自足的庞大帝国而全力一战，要么接受在西方主导的世界秩序中做一个永久附属小国。11月底，日本做出了与美国开战的重大决定。■

参见：日本的进军 44~45页，日本偷袭珍珠港 138~145页，日本的扩张 154~157页，日本投降 312~313页。

一个被永远钉在耻辱柱上的日子

日本偷袭珍珠港（1941年12月7日）

背景介绍

聚焦

战争中的太平洋

此前

1937年 美国强烈反对日本入侵中国。

1940年 美国总统富兰克林·罗斯福督促太平洋舰队前往珍珠港，以威慑日本。

1941年8月1日 日本占领中南半岛南部后，美国出台了对日石油出口禁令。

1941年11月26日 日本拒绝了美国关于撤出中国和中南半岛的要求。

此后

1941年12月11日 为了支持日本，纳粹德国对美宣战。

1942年5月 日本完成了对东南亚的征服。

1943年7月 1艘潜艇补给舰驻扎在中途岛，以支援在日本海域巡逻的美国潜艇。

1945年8月15日 日本被迫宣布无条件投降。

日本战机起飞前往珍珠港。日本打击力量包括353架飞机。

1941年11月26日，一支由6艘航空母舰组成的日本海军特遣舰队从日本东北部的千岛群岛驶往夏威夷。它的目标是摧毁位于夏威夷瓦胡岛珍珠港基地的美国太平洋舰队，以确保日本在对美国宣战的那一刻发动突然空袭。这场大胆的豪赌是日本联合舰队总司令、海军上将山本五十六的主意。

尽管山本对日本取得对美战争胜利的可能性基本上持悲观态度，但他认为，要取得胜利，唯一的途径是在战争开始时就抓住巨大优势，即在美国动用工业力量、动员人口参战之前掌握先机。一个使美国海军暂时失去行动能力的大胆举动，将使日本有时间在太平洋上建立强大的防御圈。

同时，如果日本军队占领东南亚并控制当地的经济命脉，日本就能维持持续作战的能力。这样一连串的事件也可能会让美国觉得日本过于强大，自己无力扭转局势，从而被迫接受日本在东南亚具有主导地位这样一个既成事实。

秘密策划

1941年夏秋两季，袭击的计划和准备持续进行着，尽管两国的谈判代表仍在就拟定一个可以避免战争的妥协方案而辩论。日本间谍谨慎地侦察了珍珠港。

偷袭珍珠港是极为困难的，因为港口的水太浅，常规的机载鱼雷无法发挥作用。然而，山本五十六以1941年1月英国舰队航空兵在塔兰托港成功用鱼雷攻击意大利舰队的事件为灵感，与他的指挥官们进行了深入的研究。

在绝对保密的情况下，日本海军飞行员用特别改装的鱼雷，以

参见：日本的进军 44~45页，美国中立态度的终结 108页，日本的困境 137页，战争中的美国 146~153页，日本的扩张 154~157页，中途岛海战 160~165页。

俯冲轰炸和水平轰炸的方式，进行了无数次的攻击演练。

由于山本五十六在20世纪30年代对海军航空部队的一贯支持，日本舰载机和它们的飞行员都具有极高的质量，这是这次非常危险的行动能够获得成功的先决条件。

11月5日，山本五十六偷袭珍珠港的计划得到正式批准。日本领导层此时仍然希望能通过一系列妥协来避免与美国开战。然而，11月26日，美国国务卿科德尔·赫尔直言不讳地要求日本从中国全面撤军，这一要求结束了日本的所有犹豫。

日本或许可以接受放弃控制东南亚的愿望，但绝不能放弃在东亚的所有利益。5天后的一次帝国会议正式批准了偷袭珍珠港的计划——此时秘密海军特遣部队已经启程。

下图为遭受袭击前的珍珠港鸟瞰图。

> **这一刻已经到来。我们的帝国危在旦夕……**
>
> 山本五十六给舰队的消息，1941年12月6日

日本偷袭珍珠港时，3艘美国军舰起火。

未被美国察觉

这支由6艘航空母舰和14艘护卫舰组成的舰队由南云忠一指挥。在油轮的补给下，舰队航行了10天，穿越数千千米的海洋，到达了夏威夷附近。

这次进军完全没有被注意到，要归功于日军保持无线电静默，以避免被美国海军情报部门发现的纪律性，但这也是美国自满的结果。

对于大多数美国人来说，偷袭珍珠港可能是一个令人震惊的消息，但美国军事指挥官应该早就预料到这样的举动。从1941年7月开始，几乎所有消息灵通的观察人士都清楚，日本和美国之间的敌对行动很可能随时开始。12月，美国政府知道战争一触即发，因为谈判实际上已经破裂。

了解军事历史的人可能还记得，日本在1904年发动了对俄国的战争并获得了成功。在那次战争里，日本在正式宣战之前突然袭击了位于中国旅顺口的俄国海军基地。

珍珠港的指挥官们甚至已经意识到了战争的紧迫性，但他们并没有足够认真地对待。

准备进攻

第一波183架日本飞机，包括中岛“凯特”鱼雷轰炸机和爱卡“瓦尔”俯冲轰炸机，在三菱“零式”战斗机的护卫下，于12月7日黎明时分从位于夏威夷以北400千米的航空母舰上起飞。

那是一个星期天的早晨，在夏威夷的美军正处于一种轻松的和平氛围中。指挥官渊田光夫是这次空袭的首席飞行员，他甚至能够收听檀香山广播电台播放的娱乐节目，其中包括对当地天气的有用更新。

美国收到了两次明确的警告，表明事情不对劲。为了策应空

> 日本政府感到遗憾……不可能通过进一步谈判达成协议。
>
> 14段电报

袭，日本决定使一些双人小型潜艇潜入港口，这些潜艇是从海上的全尺寸潜艇上发射的。美国水手发现了其中一艘，但并未触发警报。

更令人想不通的是，美国雷达操作员记录到了大量来袭飞机，但他们温和地认为它们一定是友军飞机。

猝不及防的袭击

上午7点55分，日本的第一波飞机到达珍珠港时，总共有90艘美国军舰停泊在锚地或干船坞中，其中包括8艘战列舰。但关键是，里面没有美国航母舰队的舰艇，4艘航母碰巧都不在港内。

这绝对是出其不意的。当炸弹开始落下时，内华达号战列舰的甲板上有一支乐队正在演奏。大约300架有能力拦截日本攻击的美国飞机停在机场上，遭到了日本飞机的扫射和轰炸，根本无法起飞。

美国海军努力用高射炮扫射飞机，却只产生了有限的效果。在短短20分钟内，被4枚炸弹击中的亚利桑那号战列舰发生爆炸，1777人死亡；被鱼雷击中的俄克拉荷马号战列舰倾覆，429人死亡。一个由B-17轰炸机组成的中队从美国本土飞来，在袭击中抵达珍珠港，随后被摧毁。

精打细算的糊涂账

当日本飞机在夏威夷大肆破坏时，日本故意发出了晦涩的警告，但由于混乱和延误，美国并没有及时意识到事态的严重性。

按山本五十六的计划，日本大使应在第一次袭击珍珠港前半小时向美国政府递交一份宣战书，这样一来，日本的行为就没有违背“和平时期禁止袭击另一国军队”的国际公约。

但是，由于偷袭成功与否完全取决于“偷袭”本身，所以日本对任何可能惊动美国的行动都很警觉。为了稳住美国，日本需要保持外交谈判正在认真进行的假象直到最后一刻。进攻前夕，一份被称为“14段电报”的冗长而复杂的文件被从东京以密码形式传送到日本驻华盛顿大使馆，以便在当天早上交给美国人。

由于日本工作人员解码和抄写文本需要时间，而且在周日上午很难找到美国官员，所以直到攻击开始1小时后，这份文件才被呈交给美国国务卿赫尔。

尽管这份文件宣布日本将中断和平谈判，但它用复杂而含糊的措辞来规避“正式宣战”这几个字。事实上，这份电报在珍珠

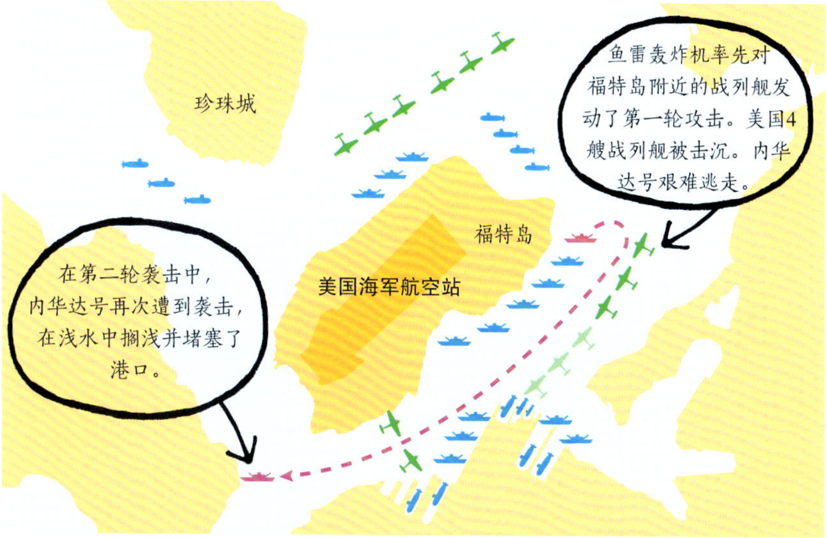

日本飞机从北面攻击珍珠港的美国海军基地，攻击计划十分周密。飞机从不同的高度和不同的方向接近港口，美国战列舰是其主要攻击目标。

图例：
- 第一波日本轰炸机
- 第二波日本轰炸机
- 美国战列舰或巡洋舰
- 美国驱逐舰或潜艇
- 内华达号战列舰
- 内华达号战列舰路线

港袭击开始前就被美国情报机构截获并破译了，但情报人员未能准确理解它的意思——实际上，它是想表达“日本宣布立即开始敌对行动”。

在20世纪全面战争的背景下，对于在宣战前发动攻击是构成严重犯罪还是仅仅违反国际礼仪，是很难判断的。然而，它在美国谴责日本偷袭的宣传资料中被大量利用，并成为战后审判日本领导人的战争罪的一个主要因素。

第二轮攻击

在第一轮袭击后1个小时，第二轮170架日本飞机袭击了珍珠港，这一次它们面对着高度戒备的美国防空防御系统猛烈的回应。内华达号战列舰已经成功起锚，但在驶向公海时遭到俯冲轰炸机的袭击。为了避免在深水中沉没，它被故意搁浅。

停泊在干船坞中的太平洋舰队旗舰宾夕法尼亚号，受到的损害相对较小，但停靠在它两侧的驱逐舰被击沉了。

毁灭性的损失

总体而言，破坏令人震惊。当最后一架日本飞机返回航母时，港口中的所有8艘美国战列舰以及其他7艘重要军舰都已沉没或受损。美国还损失了188架飞机，其中大部分是停在地面上时被毁的，约2400人死亡，近1200人受伤。

相比之下，日本的损失很小，只有29架飞机被摧毁。日本小型潜艇的攻击失败了，因为只有一艘潜艇进入港口但很快被击沉。不过这些损失相对较小。如果没有这些损失，日本此番可谓大获全胜。

战术失误

当日本飞行员返回他们的航母时，他们中的许多人对未命中美国航母和港口大部分设施完好无损表示失望。他们急于发动针对港口设施（如储油罐和维修场所）的第三轮攻击，但南云忠一觉得已经够了，并决定在美国有能力发动反击之前撤退，这一决定得到了山本五十六的赞同。

许多军事历史学家此后得出结论，从长远来看，对基地目标进行第三轮攻击会比击沉战列舰更能使美国海军瘫痪。由于袭击发生时美国的航空母舰不在，所以美国的太平洋舰队能够相当迅速地恢复。经过打捞，最终5艘美国战列舰恢复服役。

批评日本珍珠港军事策略的人还指出，日本忽视了美国潜艇的潜在威胁，并没有将潜艇列为攻击目标。

然而，对进攻策略的主要误判是心理问题，而不是海军战略问题或后勤问题。这次袭击的冲击和它造成的重大伤亡一下子摧毁了美国民众普遍的孤立主义和和平主义倾向。

美国一直没有参加第二次世界大战，但是罗斯福总统觉得他需要美国人民团结起来跟随他加入战争。袭击珍珠港事件发生后的第二天，美国国会终于支持对日本宣战。

日本的战略曾模糊地假设，它可以建立足以阻止美国持续反攻的防御阵地。然而，从对日宣战那一刻起，愤怒的美国舆论支持不惜一切代价对日本进行全面报复。

两线作战

罗斯福不希望被限制在太平洋战争中。他认为纳粹德国仍然是美国利益和意识形态的主要威胁。而且希特勒对日本偷袭珍珠港的反应是欢欣鼓舞，这使得美国与德国的战争不可避免。

希特勒显然因日本在珍珠港的胜利及自己将有这样一个盟友而感到高兴。特别是，他自1941年6月发动的对苏联的入侵已经停滞。德国和日本在1940年夏天签署过防御性条约，事实上，此条约并没有责成德国在日本发动的战争中支持

袭击发生后的第二天，罗斯福总统签署了对日宣战书。在向全国发表的讲话中，他宣布12月7日是“一个被永远钉在耻辱柱上的日子”。

> 我们不可能输掉这场战争。我们现在有了一个3000年来从未打过败仗的盟友。
>
> 希特勒

日本。尽管德国要与苏联开战，但日本还是合法地保持中立。12月11日，希特勒和他的轴心国伙伴墨索里尼支持日本向美国宣战。

尽管一些美国军事指挥官持保留意见，但罗斯福还是确保了美国优先投入欧洲战争。这一决定让日本在太平洋战争中有了喘息的机会，直到美国动用了以前难以想象的资源来对付它。

是挑衅吗？

长期以来，阴谋论者一直认为，日本偷袭珍珠港在很大程度上符合罗斯福和英国首相温斯顿·丘吉尔的需求。英国想把美国拖入二战，而罗斯福则想说服他的人民支持美国加入战争。

大多数研究这个问题的历史学家拒绝承认日本之所以偷袭珍珠港成功，是因为这是英美蓄意挑起并借它实现自己目标的。诚然，美国确实亲手将日本“逼入”了战争，和谈中坚持日本必然会拒绝的条件，迫使其在战争和屈辱之间做出选择。

然而，没有哪个国家能够忍受如美国在珍珠港遭受的那种耻辱，同盟国也不能容忍因日本最初在太平洋和亚洲的推进而遭受的损失。

毫无疑问，袭击珍珠港事件对日本来说是一次战术上的胜利，对美国来说则是一场军事灾难。

不过，日本始终没有回答一个从一开始就困扰其军政首脑的简单问题：日本将如何长期应对美国在人口和工业实力等诸多方面的压倒性优势？

> 美国人民将以他们的正义力量赢得绝对胜利。
>
> 罗斯福，1941年12月8日

在激起美国强烈的反日情绪之后，日本很快就面临着一场它无法取胜的生死之战。■

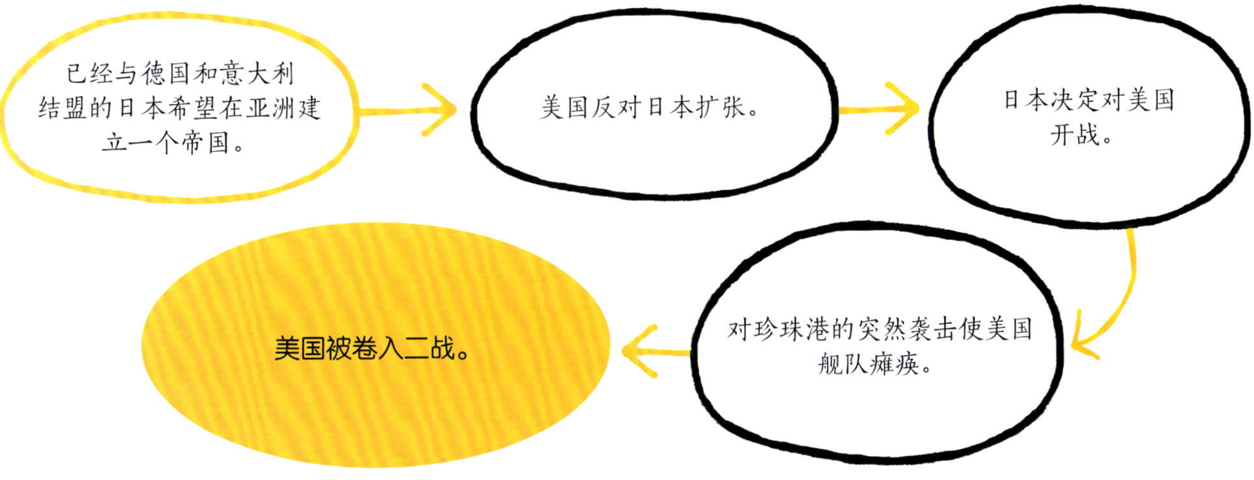

不接受结果，只得胜利

战争中的美国（1941—1945年）

背景介绍

聚焦

美国后方

此前

1919年 美国参议院拒绝批准《凡尔赛和约》。

1940年 在总统大选中，罗斯福被来自共和党的政敌指控曾经秘密筹谋将美国拖进战争泥沼。

1941年11月 德国鱼雷击沉美国驱逐舰鲁本·詹姆斯号后，美国政府披露了《中立法》的大部分条款。

此后

1945年8月 美国成为联合国的创始国。

1948年 马歇尔计划向饱受战争蹂躏的欧洲提供重建的海外援助。

1941年12月7日，日本偷袭位于夏威夷珍珠港的美国海军基地，美国被卷入二战。这次袭击完全出乎意料，因为两国外交官之间仍在就日本在太平洋和东亚的侵略进行谈判。

日本在袭击事件发生数小时后向美国和英国宣战，促使美国国会于12月8日做出了以牙还牙的回应。3天后，德国和意大利根据1940年的《德意日三国同盟条约》，亦向美国宣战。此刻，美国处在一场全球战争中。

> **我们不仅会竭尽全力保护自己，而且会确保这种背叛形式再也不会危及我们。**
>
> 富兰克林·罗斯福
>
> 向全国发表的讲话，1941年12月7日

孤立主义的终结

美国为潜在的冲突做了一些准备。例如，在1940年中期将太平洋舰队从加利福尼亚州的圣迭戈转移到珍珠港，并加强了在菲律宾的部队。新的军事基地和造船厂已经建成，征兵制度首次在和平时期被引入。然而，美国还没有准备好立即进入全面战争状态。

绝大多数美国人反对卷入战争，更支持孤立主义，主张美国不干涉所有海外冲突。1935—1939年国会通过的4项《中立法》限制了美国对受攻击国家的支持。

直到1941年3月，富兰克林·罗斯福总统批准了《租借法案》，情况才有所改变。《租借法案》是美国与英国等同盟国达成的协议，美国将军事装备借给它们，作为回报，美国将获得其军事基地的租约。

《战争权力法》

日本偷袭珍珠港改变了美国人的想法。美国要打赢这场战争，不仅要派兵上阵，更要动员国内民众。这需要政府以美国历史上前所未有的规模进行干预。

1941年12月18日通过的《战争权力法》，赋予了总统以权宜之计进行战争的巨大权力。这使罗斯福得以重组政府并设立新的政府机构和其他机构来推进战争。

总统还可以审查邮件和其他通信。1942年3月的《战争权力法》允许政府为军事目的征用土地。实施的其他措施还包括取消人口普查数据的保密性，允许联邦调查局围

1942年5月至1946年，美国价格管理办公室发行了配给书。每本配给书都包含可撕下来的配给券，可用于交换配给商品。

参见：有瑕疵的和平 20~21页，法西斯独裁者 34~39页，美国中立态度的终结 108页，日本偷袭珍珠港 138~145页，盟军峰会 225页，持久的影响 320~327页。

在一张海报上，山姆大叔举起美国国旗，鼓励公众购买战争债券。超过8400万名美国人购买了战争债券，为美国政府筹集了约1850亿美元。

捕可疑的外国人和其他潜在的敌人等。

战时经济

政府急需资金来打仗。税收提高到81%～94%的最高边际税率；最高税率的起征点从500万美元降低到20万美元，并通过降低有资格纳税的最低收入和取消许多免税及减税政策来扩大税基；行政人员的工资也被设置了上限。到1944年，几乎每个就业者都在缴纳联邦所得税，而1940年只有10%的人在缴纳该税。

经济也受到大规模的管控。工资和物价被限制，许多产品实行配给制，以保护原材料和稀缺材料。轮胎是第一批配给品，在1942年1月受到限制，这样可以节省进口天然橡胶。汽油也很快被限制。

一年之内，购物者需要用配给券来购买咖啡、糖、肉、奶酪和其他乳制品、罐头食品和干果、自行车、燃油、服装、尼龙和丝袜等。

配给券会发放给每个家庭成员，包括婴儿和儿童，且只在一定时间内有效，以防止囤积。汽车和家用电器等物品不在配给之列，因为这些物品已经不再生产，工厂已经转入战争生产。二手车的价格迅速上涨，以至于人们根本买不起。驾车游玩被禁止，所有汽车比赛也被禁止。

战争债券挑战

由于几乎没有可购买的东西，所以个人储蓄大幅增加。随着更多的钱只能买到更少的商品，通货膨胀持续加剧。在政府的鼓励和好莱坞影星的支持下，人们将钱投到政府发行的战争债券中以资助战争。

美国人民被要求将“每份工资的至少10%投入债券”，这一措施使美国国内生产总值的约40%用于军事开支，减缓了通货膨胀速度。有7个主要的战争贷款同时进行，每一个的还款日期都超出政府的预期。

日裔美国人的命运

1941年美日战争爆发时，种族主义导致人们质疑生活在美国的12.7万名日裔美国人的忠诚，他们中的大多数是第二代或第三代美国公民。美国情报协调局报告称，加利福尼亚的许多日本人支持日本对华作战，而菲律宾的日本人则与1941年12月入侵这些岛屿的日本军队勾结，从而引发了恐慌。

1942年2月19日，罗斯福总统签署了第9066号行政令，强制迁移了12万名日裔美国人，其中大部分来自太平洋沿岸，他们被关押在内陆的集中营中。加拿大的日本人数量要少得多，但同样遭到拘留。夏威夷的日裔美国人占当地总人口的三分之一以上，其中约有1500人被监禁。1944年12月，日裔美国人终于获准返回家园。

日裔美国人抵达圣塔安妮塔集会中心，该中心的前身是洛杉矶的一个赛马场。他们从此地中转前往内陆营地。

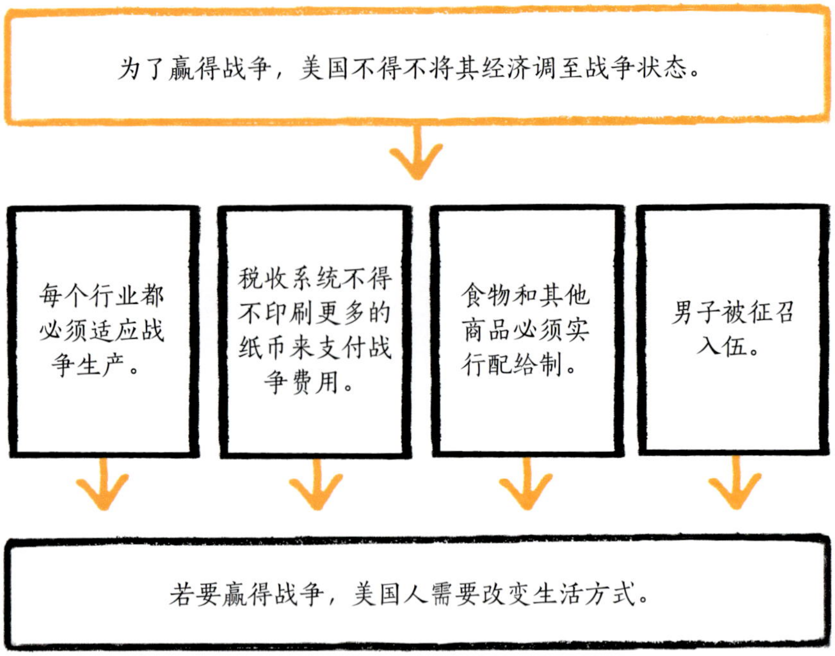

为了赢得战争，美国不得不将其经济调至战争状态。
每个行业都必须适应战争生产。
税收系统不得不印刷更多的纸币来支付战争费用。
食物和其他商品必须实行配给制。
男子被征召入伍。
若要赢得战争，美国人需要改变生活方式。

劳动力

战争改变了劳动力市场。在规模为5400万人的劳动力市场中，失业人数从1940年春天的770万下降到1941年年底的340万，到1942年秋天又下降到150万。2年后，失业人数创下历史最低水平，只有70万人。

熟练工人的需求量很大，配备扩音器的卡车在城镇街道上行驶，呼吁人们申请工作。数以百万计的退休人员重返工作岗位，而学生和家庭主妇则首次参加工作。

劳动力短缺很普遍。例如，杂货店助理的需求量很大，以至于零售商从柜台服务转向使用自助服务，而大多数零售商停止了送货上门。这种现象增加了零售商的销售额，因为亲自购买产品的顾客通常会抓住机会囤货。

为了填补被派往战场的男性农场劳动力空缺，大约29万名短期合同工（braceros，西班牙语意为“强壮的手臂”）从墨西哥被招募到美国得克萨斯州和太平洋西北地区的农场工作。

征兵

美国历史上第一次和平时期的征兵始于1940年9月。《选征兵役训练和服役法》将受训男子的人数限制在90万人，他们的服役时间被固定为12个月。1941年8月，服役期限增加到18个月。

最初是20～45岁的男性必须报到登记，但在袭击珍珠港事件发生后，范围扩大到18～64岁的男性，45岁以上的人不强制服兵役。服役的结束时间也被延长至战争结束后6个月。

总统在部署征兵一事上被赋予了更大的权力，可以将士兵派往世界上任何地方作战，二战以前，部署权限仅限于西半球。为了确保有足够的人手在工厂工作，18～37岁的男子不允许当志愿者。

美国共产党人最初反对征兵，实际上也反对战争，但他们的反对声音在1941年6月德国进攻苏联时消失了。

超过7.2万人登记为良知拒服兵役者，其中只有三分之二的人被授予良知拒服兵役者身份。他们中的2.5万人作为非战斗人员进入军队，1.2万人从事民事工作，近6000人入狱。逃避征兵的人极少，约占被征召者的4%。

在战争期间，共有4900万名男子登记入伍，约1000万人实际服役。种族歧视导致黑人新兵数量稀少，美国黑人反对征兵的呼声很高。

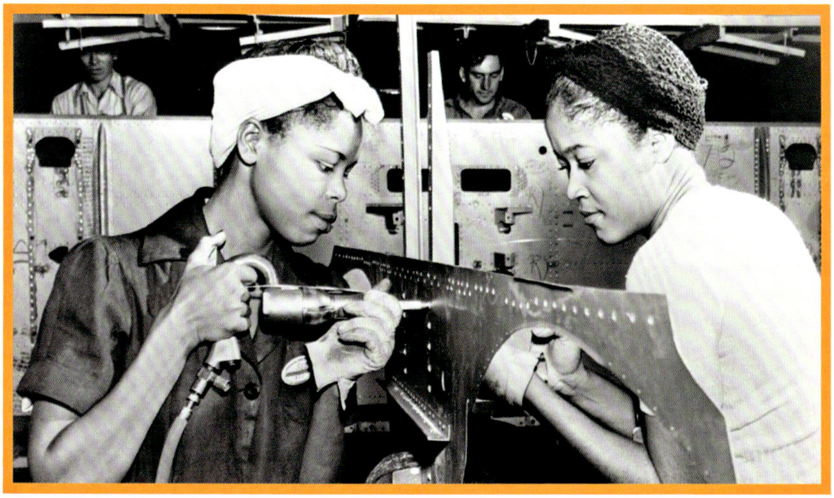

二战期间，两名妇女在美国加利福尼亚州道格拉斯飞机公司的工厂工作。

铆工罗西的形象在1942年被J. 霍华德·米勒设计并印制成海报，成为传世经典。她起源于一首流行歌曲，这一形象很快成为鼓励妇女参加美国战时工作的典范。

职业女性

美国妇女为战争的后方做出了贡献。总体而言，女性在劳动力中的比例从1940年的25.2%（1410万人）上升到1944年和1945年的29.2%（1930万人），达到顶峰。其中许多人在军火和机械工厂及飞机和船舶生产厂工作，或者从事其他与战争有关的工作。她们中的大多数人曾做过低薪工作，或者在大萧条之后重返工作岗位。

尽管战争期间只有300万名新女工加入劳动力大军，但参加工作的已婚女性人数首次超过了单身女性人数。那些丈夫远在战场上的女性参加工作的比例是其他女性的两倍多。大多数人这样做是出于经济原因，但爱国主义情怀也发挥了重要作用。

对于许多女性来说，战时的工作赋予了她们力量和回报，让她们拥有了更大的自主权，并扩大了她们的视野。许多母亲与朋友、邻居一起工作，分担照顾孩子的责任和其他家务。

然而在1944年，当胜局明朗时，美国政府宣传部门又开始敦促妇女回归家庭。能够养家糊口的男性从战争中归来后，女性失去了工作。

女性志愿者

并非所有女性都为钱工作。美国妇女志愿服务组织成立于1940年1月，组织了1.8万名女性志愿者。她们向军队提供驾驶救护车、灭火、急救、操作移动厨房和执行其他紧急任务的服务。到战争结束时，女性志愿者队伍已发展壮大到32.5万人。

另有一些人加入了红十字会或自愿担任护士。家庭主妇被鼓励收集战争所需的各类物资，如烹饪过程中产生的废金属和油脂，并帮助孩子用口香糖包装纸制作橡皮筋球和铝箔球。有土地的人开辟了“胜利花园”来种植蔬菜和其他农产品。

许多女性加入民防部队为应对轰炸袭击做预备训练，女子航空勤务飞行队录取了1000多名妇女驾驶新式飞机在工厂和机场之间往返。然而，没有女性在战斗中驾驶战斗机。

孩子们在农场和花园里帮忙，因而许多州修改了劳动法，允许青少年工作。公立高中的学生人数从1940年的660万人下降到1944年的560万人。

美国黑人

战争以不同的方式影响了美国黑人。种族隔离仍然存在。在战争期间，尽管每个部门都迫切需要劳动力，但美国黑人在自己的国家仍然是二等公民。

直到1942年，仍只有极少数黑人被美国陆军航空队录取，没有黑人加入美国海军陆战队。而那些在美国海军服役的黑人则被要求加入全黑人军团。美国武装部队在整个战争期间仍然完全隔离。

然而，一些黑人军人确实有机会飞行。一个开创性的团体是塔斯基吉黑人飞行员，他们的训练在1940年得到了罗斯福总统的批准。他们在战争期间飞行了数千架次，是黑人航空业的先驱，并且表现出色；95名塔斯基吉飞行员被授予英雄主义奖章。

> “我想让我的家人离开这个该死的南部。在这儿，黑人过得还不如白人的狗。”
>
> 人们写给《芝加哥后卫报》的信

美国武装部队的官方种族隔离政策一直保留到1948年，在战争期间，美国黑人军人经常受到轻视和公开的种族歧视。在战争中被边缘化的美国黑人在争取权利的斗争中变得越来越自信。

发行量很大的黑人报纸《匹兹堡信使报》发起了一场“双V运动”——第一个V代表战争的胜利，第二个V代表国内平权运动的胜利。

1941年，在“忠诚的美国黑人公民要求为国家工作战斗的权利”的口号下，拟议的华盛顿游行被取消，因为罗斯福总统签署了一项行政命令，成立了公平就业实施委员会，专门调查有关歧视的投诉并采取适当行动。

活动期间，该委员会在迫使战时雇主公平对待黑人工人方面取

1943年底特律种族暴乱期间，一名美国黑人正在试图逃脱抓捕。当时成千上万的黑人和白人移民从南部来到底特律的工厂工作，这引发了激烈的种族冲突。

得了一些成绩。然而，该委员会在1946年被解散了。

二战对美国南部产生了重大影响，在美国备战过程中，大约40%的军事设施预算花在了南部。

新的陆军训练营和机场被建成。弗吉尼亚州的查尔斯顿和墨西哥湾沿岸建造了新的造船厂，佐治亚州和达拉斯-沃思堡建造了新的军用飞机工厂。

南部的军事设施耗费了约40亿美元，另外还有50亿美元被用于国防设施。因此，战争期间，参与工厂生产的黑人和白人数量翻了一番。许多人离开他们的农场，在新的工厂和基地工作。

战争引发的移民

尽管黑人就业有所增加，但仍有超过500万名美国黑人加入了从南部到北部、中西部和西部城市中心的大规模移民，以寻求报酬更高的战争工作。数百万名黑人和白人妇女跟随丈夫来到西海岸的军营。大量的人口转移导致工作和住房紧张。

虽然没有爆发全国范围内的大规模种族骚乱，但局部事件时有发生。例如，在底特律，黑人工人在该市不断发展的国防制造业中工作时遭受了敌意，1943年6月爆发了骚乱和暴力事件。在2天的时间里，有34人死亡。

同年，其他4个城市也发生了类似事件，包括洛杉矶的阻特服暴动，当时拉丁裔和墨西哥人因穿着时髦、宽松的阻特服套装而成为白人的攻击目标，这些套装被视为“不爱国”的衣服。

控制传媒

在整个战争期间，媒体与美国政府合作，传播各类新闻的官方报道。审查办公室成立于1941年12月，它发布了广播公司、报纸和杂志的行为准则，依靠传媒机构的自愿合作来避免诸如军队调动、总统旅行和其他敏感新闻的传播扩散。它还有权检查和审查美国与其他国家之间的任何通信。

尽管战争结束导致审查办公室这类为应对紧急情况而设立的机构关闭，但美国在战争期间取得的许多社会、工业和经济进步，帮助美国在战后的世界中确立了地位。■

> **“（演员克拉克·盖博）被分配到我们的中队……他从1942年到1945年一直和我们在一起。我可以告诉你，他们没有让他参加定期飞行的侦察任务。他拍了很多展示高射炮在他的飞机旁边爆炸的照片。”**
>
> 美国空军第351轰炸大队拉尔夫·考利中士

富兰克林·罗斯福

富兰克林·罗斯福于1882年出生在美国纽约。1910年，他当选为纽约州参议员，从此踏入政界。

一战期间，他在威尔逊总统手下担任助理海军部长。1920年，他作为民主党副总统候选人参选，但共和党赢得了选举。第2年，他患上了一种瘫痪性疾病（当时被认为是小儿麻痹症，但现在看来更可能是格林-巴利综合征），导致他腰部以下瘫痪。1928年，他以纽约州州长的身份重返政坛，推动了缓解大萧条的政策。1932年，罗斯福成功竞选总统，并连任3次。作为一位富有魅力的政治家，他带领国家度过了几乎整个二战。在任期间，他定期进行“炉边谈话”，使用无线电广播直接与国民进行沟通。1945年4月，他在佐治亚州沃姆斯普林斯去世，此时距标志着二战结束的日本投降只有不到5个月。

清除前进道路上的一切障碍

日本的扩张（1941年12月—1942年5月）

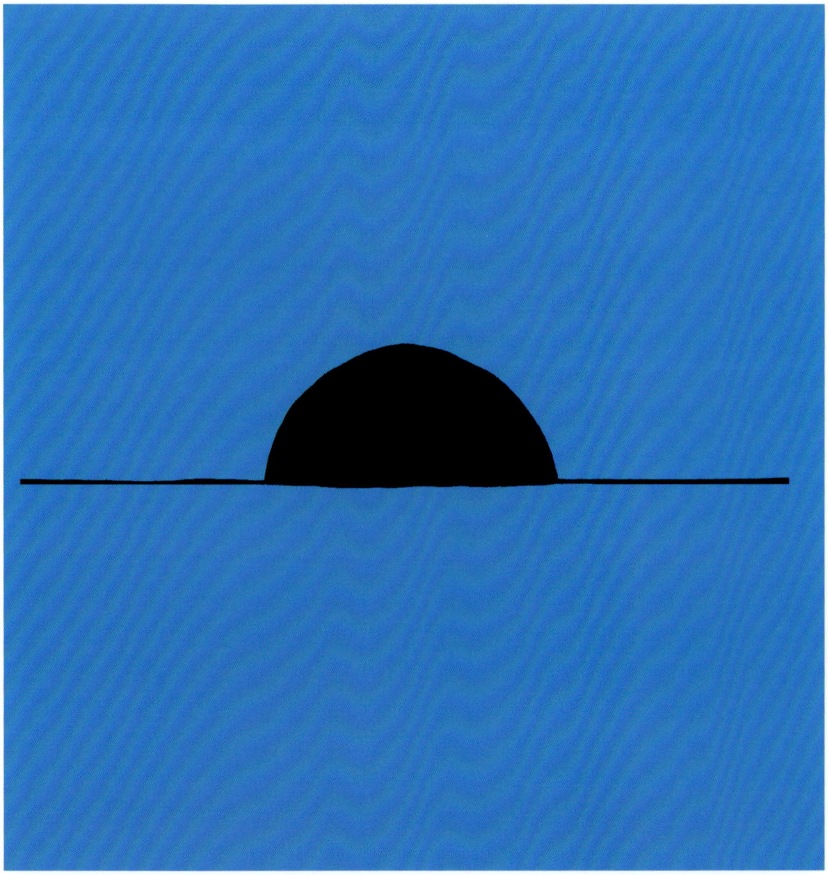

背景介绍

聚焦

日本在亚洲的扩张

此前

1937年7月 日本全面入侵中国。

1941年7月 日本军队占领了法属中南半岛南部。

1941年12月7日 日本偷袭了美国在夏威夷珍珠港的海军基地。

此后

1942年5月7—8日 珊瑚海海战拖慢了日本的南进速度。

1944年2—7月 日本向英属印度发起的进攻被击退。

1945年8月15日 日本战败投降。

日本1941年12月的战争计划要求日军要在盟军组织防御之前夺取东南亚和西太平洋的控制权。

军事进攻始于12月8日，并于次年5月结束，日军到达英属印度边境，这一做法大大羞辱了英国和荷兰的军队，以及驻扎在菲律宾的美国军队。

制海制空

日本军队在数量和装备上都没有明显优势——其步兵骑着自行车穿过马来亚（现在马来西亚的一

参见：日本的进军 44~45页，日本的困境 137页，日本偷袭珍珠港 138~145页，二战中的印度 158页，保卫澳大利亚 159页，盟军反攻缅甸 290~293页。

> **为了生存和自卫，我们……只能诉诸武力来清除前进道路上的一切障碍。**
>
> 1941年12月7日日本天皇诏书

部分）。日本的成功离不开其士兵的士气和斗志，但更为关键的是日本对制海权和制空权的掌控。

1941年12月10日，日本飞机击沉了战列舰威尔士亲王号和战列巡洋舰反击号，震惊了英国政府。这两艘战列舰原本是被派去增援英国的新加坡基地的。

在美国的非官方殖民地菲律宾，开战第一天，就有100多架美国飞机在地面上被日军轰炸机摧毁。

上述这些行动，连同偷袭珍珠港，确保了日本能够进行海上登陆，补给和增援它的部队，同时又切断了同盟国的地面部队与外界的联系，使之陷入瘫痪。

日本瞄准的一些领土是同盟国无力防守的。在太平洋地区，英国控制的塔拉瓦环礁和马金环礁的岛屿迅速被日本占领，美国的海外属地关岛也被占领，美国在威克岛的基地很快沦陷。

在1942年年初日本入侵之前，英国妇女和儿童准备乘船撤离当时的英国殖民地新加坡。

英国和加拿大两国驻守中国香港的部队被日军包围，后在圣诞节那天投降。尽管英国期望能够保卫马来亚和新加坡，但日本迅猛的攻势暴露了英国在计划和领导方面的缺陷。日军迅速从法属中南半岛的陆路行军到马来亚北部和泰国，而其他军队则未遭遇任何抵抗就在马来亚和缅甸沿海地区顺利登陆。

12月16日，已经被打得晕头转向的盟军（主要是印度和澳大利亚部队），沿着马来半岛向南撤退，日军穷追不舍。

新加坡失守

20世纪30年代，位于马来半岛南端的新加坡海军基地建成，以巩固英国在亚洲的势力。然而，随着日军的逼近，英国指挥官亚瑟·珀西瓦尔对他保卫新加坡的能力做出了十分悲观的评估，这震惊了英国政府。日本将军山下智之尽管兵力不到珀西瓦尔的一半，却掌握了主动权。

1942年2月8日，日军越过柔佛海峡，在新加坡建立了据点。1周后，珀西瓦尔无视伦敦发出的战斗至死的指示，选择投降。超过8万名士兵被俘，其中一半是印度人。英国感受到了前所未有的屈辱。

日本在菲律宾吕宋岛的海上登陆与它向马来亚的进军同时进行。美国将军道格拉斯·麦克阿瑟组织2万名美国士兵和10万名菲律宾士兵抵抗日军，但其中的大部分人没有接受过系统军事训练，装备也很差。麦克阿瑟的战略是撤回巴丹半岛的防御阵地，等待增援和补给。但日本在海上和空中战场有绝对的统治地位，麦克阿瑟无法及时获得增援。

巴丹变成了防守者无法逃脱的陷阱。到了3月，被围困的部队仅剩三分之一的口粮。营养不良导致疾病泛滥。

3月12日，麦克阿瑟将军乘飞机前往澳大利亚，他承诺说："我会回来的。"巴丹的军队于4月8日投降，其中约有8万人已经因疾病和饥饿而变得虚弱，又在遥远的战俘营里受到严重虐待。估计有650名美国人和1万名菲律宾人在这次"巴丹死亡行军"中丧生。美国和菲律宾的抵抗随着5月6日科雷希多要塞的放弃而结束。

原材料的获取

对于日本来说，这次征战最大的收获是占领了印度尼西亚。这些原本被荷兰统治的群岛拥有丰富的自然资源，能够解决日本长期缺乏原材料和食品的问题。

由于荷兰军队无法在地面战场上抵抗侵略，盟军寄希望于阻止日军海上登陆。1942年2月，一支由14艘军舰组成的美、英、荷、澳联合部队被派去拦截前往爪哇的日本军舰。在爪哇海上进行的一系列遭遇战中，盟军损失了5艘巡洋舰和5艘驱逐舰，日本海军完全控制了局面。3月12日，日本占领了爪哇，2周后，苏门答腊也落入日本手中。

缅甸是最后一个在日本的这次猛攻中倒下的英国殖民地。缅甸具有重要的战略意义，因为滇缅公路是盟军为中国西南部的国民党军队提供补给的路线。

日军穿过泰国，于1941年12月进入缅甸防御薄弱的领土。英国的印度士兵率先撤退，余下的缅甸军队也接二连三地开小差。日本于1942年3月占领了首都仰光，并于5月初抵达曼德勒。在季风季

1941年12月，当日本战机逼近时，缅甸仰光的人们正在逃离。许多平民和军人逃往印度边境以躲避冲突。

西方列强在欧洲战败，它们在亚洲的主导地位被削弱。

↓

日本寻求将西方列强逐出亚洲，“领导”亚洲其他国家。

↓

日本的快速胜利使日本控制了东南亚。

↓

日本的剥削统治暂时取代了西方的殖民统治。

结束前，英军退回了印度，结束了战役。

民族主义运动

缅甸人一度视日本为解放他们的救星。早在1940年，政治活动家昂山就在日本的支持下组建了缅甸独立军。日本入侵后，被英国监禁的缅甸民族主义政治家巴莫同意领导亲日政府。

印度尼西亚与缅甸类似，有被殖民当局拘留的民族主义领导人穆罕默德·哈达和苏加诺，二人被释放并被允许重返政坛，以帮助日本统治。反印度民族主义者苏巴斯·钱德拉·博斯的追随者被允许从在新加坡被俘的印度囚犯中招募人员并组建一支“印度国民军”，与日军一起作战。

日本“领导”亚洲其他国家以建立所谓的“大东亚共荣圈”的想法美化了日本的侵略行为。实际上，日本剥削被占领国家的资源，并征召平民从事强迫劳动。新加坡和中国香港沦陷后，日军屠杀当地平民。成千上万的人在缅甸铁路（又称“死亡铁路”）等项目中丧生。

错失良机

尽管日本的胜利及其冷酷无情的战术让同盟国领导人感到震惊，但军事上的成功并没有给日本带来它所希望的优势。

美国海军的潜艇威胁到东南亚和日本之间的海上运输，这限制了日本对已占领地资源的开发。日本在中国的战争无法取胜，日本海军几乎无法利用其对印度洋的控制。日本面临的关键问题是它能否打败美国。因此日本的决战地点不在亚洲，而在太平洋战场。■

道格拉斯·麦克阿瑟

道格拉斯·麦克阿瑟出生于1880年，1903年以优异成绩从西点军校毕业，随后参军，在菲律宾服役。一战期间在墨西哥和西线服役后，他于1922年返回菲律宾，1925年成为陆军最年轻的少将。1930年，他晋升为美国陆军参谋长，并任职至1935年。

1941年6月，他成为远东美军司令，并领导了1942年反对日本入侵菲律宾的战役。战败并被迫撤离后，他于1944—1945年回来，解放了这些岛屿。作为西南太平洋地区的最高指挥官，麦克阿瑟正式接受了日本投降。1950年朝鲜战争爆发后，他还领导过“联合国军”司令部，但在1951年4月，他被杜鲁门总统解职。他于1964年在华盛顿特区去世。

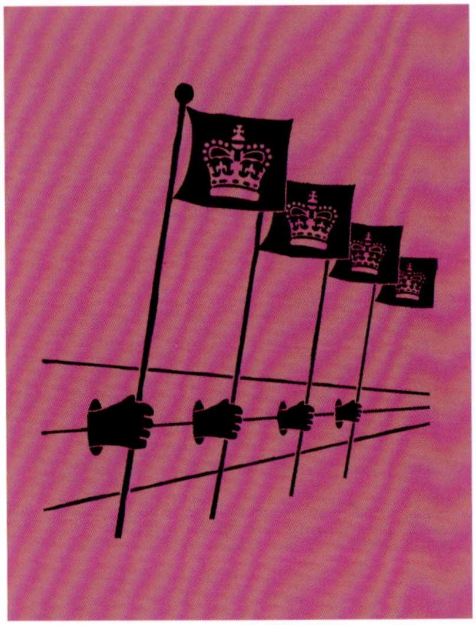

印度如何从……英国的战争中获利？

二战中的印度（1939—1945年）

背景介绍

聚焦

殖民地所受的影响

此前

1858年 英国获得了对印度的全面控制权。

1876年 维多利亚女王加冕为印度女皇。

1939年 英国在未与印度领导层协商的情况下单方面向德国宣战。

此后

1947年2月 英国宣布印度独立不会晚于1948年6月30日。

1947年7月 分割印度的协议被公开。

1947年8月15日 《印度独立法》确认印度和巴基斯坦为独立国家，不再受英国管辖。

当英国在1939年9月向德国宣战时，它代表的是其殖民地和自己。因此，受英国统治的印度发现自己在欧洲处于战争状态。

印度人对这场战争的看法存在分歧。全印穆斯林联盟主张在巴基斯坦建立以穆斯林为主体的国家，希望将印巴分治纳入印度独立的解决方案中，但印度国大党要求在帮助英国之前实现完全独立。当这一要求被拒绝时，1942年8月8日，国大党领导人圣雄甘地发起了“退出印度”运动，以迫使英国人离开。第二天，甘地和未来的总理贾瓦哈拉尔·尼赫鲁，以及超过10万名活动家被捕。英国的严厉镇压结束了“退出印度”运动。

呼吁日本

印度民族主义者苏巴斯·钱德拉·博斯为独立斗争选择了不同的路线，并于1943年5月向日本寻求帮助。他控制了非官方的亲日“印度国民军”，该部队由在新加坡沦陷时被俘的英军印度战俘组成。在日本的支持下，他在安达曼和尼科巴群岛成立了自由印度临时政府。

尽管如此，印度的支持对盟军来说仍然至关重要。约有260万名印度士兵在欧洲、非洲、远东和中东作战。他们在阻止日本入侵印度和将日本人驱逐出缅甸方面发挥了重要作用。■

印度士兵在两名英国军官的带领下离开他们在埃及的沙漠营地。印度第4步兵师在击败隆美尔的轴心国军队方面发挥了关键作用。

参见： 日本的进军 44~45页，殖民羁绊 90~93页，日本的困境 137页，日本的扩张 154~157页，盟军反攻缅甸 290~293页。

太平洋上的战争

保卫澳大利亚（1942年1—9月）

背景介绍

聚焦

日本在太平洋的扩张

此前

1901年 澳大利亚脱离英国成为独立国家。

1939年9月 随着英国加入战争，澳大利亚也对德国宣战。

1941年12月 日本偷袭了珍珠港，同时强势攻入东南亚。

此后

1942年8月 澳大利亚军队和美国军队夺回所罗门群岛之一的瓜达尔卡纳尔岛。

1942年11月 澳大利亚军队在阿拉曼战役中发挥了至关重要的作用。

1943年6月—1944年1月 澳大利亚军队与新西兰军队、美国军队共同作战，将日本赶出了新几内亚、新不列颠岛和所罗门群岛。

日本需要将澳大利亚与美国隔绝开来，为此，它计划夺取中途岛环礁、所罗门群岛和澳大利亚在新几内亚的基地莫尔兹比港。

1942年1月，日军开始包围新不列颠岛拉包尔的澳大利亚驻军。之后，日军穿过所罗门群岛，于5月占领了瓜达尔卡纳尔岛。日军还在2月19日轰炸了澳大利亚北部的城市达尔文，这是对该国100多次袭击中的第一次，日军在5月和6月对悉尼港发动了潜艇袭击。

日军计划通过入侵舰队的登陆部队占领莫尔兹比港。5月7日，这支舰队在从拉包尔向南航行时，在珊瑚海被美国和澳大利亚的特遣部队拦截。第二天，双方在历史上首次真正的航母战斗中再次交锋。尽管美国损失了更多的船只，但日本的飞机损失更大，因此日本取消了海军进攻。

7月21日，日军仍急于占领基地，于是选择在新几内亚北部海岸的布纳登陆。9月初，日军沿着曲折的科科达小径穿过岛屿，在被澳大利亚军队和美国军队击退前，甚至已经能看到莫尔兹比港了。在东边，日军从8月25日起对米尔恩湾盟军空军基地的猛攻也被击退，这是盟军在太平洋战场上取得的第一场陆战胜利。■

> 毫无疑问……珊瑚海海战是历史上最混乱的一场战役。
>
> 美国海军中将H. S. 达克沃斯

参见：日本偷袭珍珠港 138~145页，中途岛海战 160~165页，所罗门群岛和新几内亚之战 212~213页。

重大胜利酝酿中

中途岛海战（1942年6月2—4日）

背景介绍

聚焦

海战

此前

1859年 海豹捕猎船冈比亚号的船长N. C. 布鲁克斯声称中途岛属于美国。

1867年 美国海军正式占领中途岛。

1941年12月7日 日本偷袭珍珠港，将美国卷入了战争。

1942年5月6日 日本舰载机在珊瑚海海战中重创了约克城号航母。

此后

1942年7月 1艘潜艇补给舰驻扎在中途岛，以支援在日本海域巡逻的美国潜艇。

中途岛环礁是北太平洋的一个小岛，面积只有6.2平方千米。但它位于夏威夷群岛最西端，到北美和亚洲的距离一样远，因此具有极其重要的战略意义。1942年6月，军事史上最重要的海战之一发生在中途岛附近的海面上。这场战争是盟军对日战争的转折点。

日本的下一步计划

在1941年12月偷袭珍珠港之后，日本通过占领菲律宾、马来亚、新加坡和石油资源丰富的荷属东印度群岛，基本实现了领土扩张的目标。然后，在1942年4月，日本就后续战略进行了辩论并达成一致意见，这显然受到了4月18日美国报复性袭击的影响。当时，由16架美国陆军航空队米切尔舰载轰炸机执行的空袭东京的行动（又称“杜立特空袭”），轰炸了东京和其他日本本土目标。虽然军事价值有限，但这次空袭提高了袭击珍珠港事件后美国人的士气，并赤裸裸地向世人展示了日本本土岛屿在美国轰炸机面前的脆弱性，震惊了日本全国。

> **这是历史上最重要的海战之一。在战术层面上具有决定性意义，在战略层面上具有广泛影响力。**
>
> 美国历史学家克雷格•西蒙兹，2018年

日本联合舰队司令官山本五十六拟定了后续计划。根据他的计划，日本将消灭美国在太平洋的舰队航母确定为战略目标，因为航母

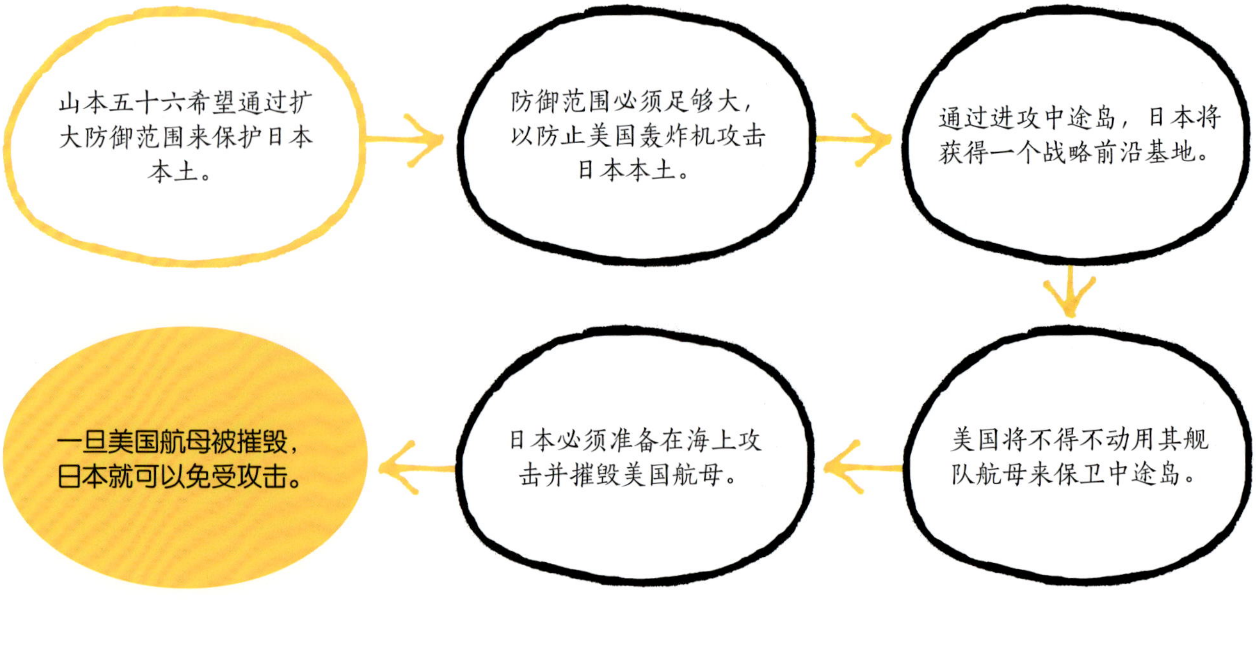

参见：日本的进军 44~45页，日本偷袭珍珠港 138~145页，日本的扩张 154~157页，所罗门群岛和新几内亚之战 212~213页，西太平洋战场 244~249页。

右图展示了赤城号航母甲板上的日本零式战斗机。1943年之前，零式战斗机在空战中以其强大的机动性、超长的航程而闻名，但赤城号航母在中途岛海战中被击沉了。

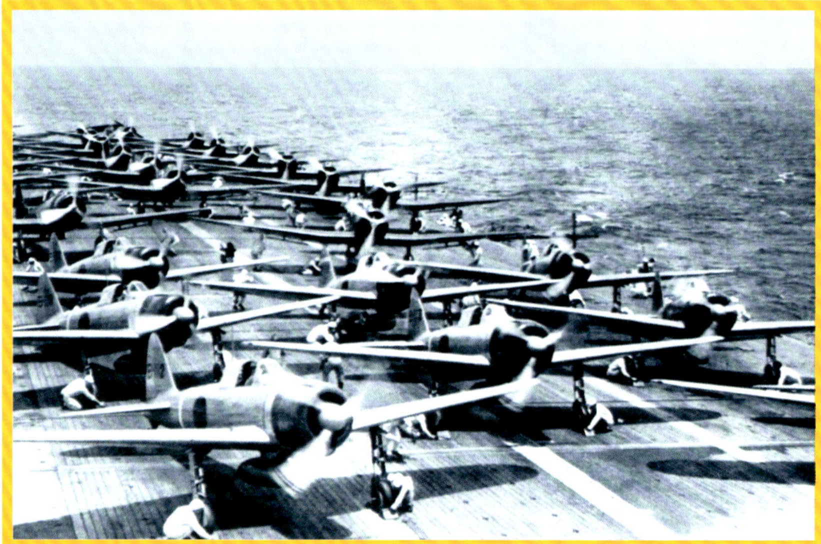

是日本控制太平洋的主要威胁。航母在太平洋战区至关重要，因为它能为双方提供前进的移动基地，为从海上发动空袭提供平台。如果能摧毁美国的舰队航母，日本就能将自己的防御范围进一步扩大到太平洋彼岸，夺取斐济、萨摩亚和中途岛，并夺取作为美国阿拉斯加领土一部分的阿留申群岛。它还将使日本不再受美国轰炸机的威胁。

山本五十六的计划

山本五十六认为，再次袭击珍珠港将引起美国的毁灭性报复。他认为这样的攻击风险太大，因此主张将主要袭击对象定为由美国控制的战略空军基地和中途岛的加油站。他相信这样的攻击会把美国舰队航母拖入一场由日本主导的、具有决定性意义的、必胜的海战中。山本五十六的作战计划极其复杂，因为他的各个作战部队必须跨越广阔的海洋进行组织。他的计划基于这样一个事实，即美国海军只有企业号和大黄蜂号2艘航母可用。他认为这2艘航母都在所罗门群岛，而原有的第3艘航母约克城号早已在珊瑚海海战中沉没。但事实是，约克城号确实严重受损，可随后在珍珠港被迅速修复并被重新投入使用。至关重要的是，山本五十六并不知道夏威夷太平洋舰队无线电部队的美国密码破译员约瑟夫·罗什福尔已经破解了日本海军的主要密码——美国称之为JN-25（日本海军-25），美国已经做好了应对中途岛的任何攻击的准备。山本五十六的另一个失误是严重误判了美国士兵的士气。他错误地认为美国士兵的士气在日本屡屡告捷之后已被极大地削弱了。

> **他们越来越绝望……在我们连续的打击下崩溃了……攻击中途岛和阿留申群岛的时机已经成熟。**
>
> 日本对美国海军实力的评估，1942年

为了确保最大限度地蒙蔽美国人，山本五十六派出他战斗力第4强的第1航母突击队及其248架飞机，为在几百千米以外的前线战斗的2艘战列舰、2艘巡洋舰、12艘驱逐舰和13艘潜艇提供支援。在更远的地方，一支由4艘重巡洋舰和2艘驱逐舰组成的支援舰队的任务是时刻准备摧毁一切前来保卫中途岛的美国船只。另一支部队则留守后方，准备在战斗结束后占领该岛。

开始战斗吧！

6月2日，由美国太平洋舰队总司令切斯特·尼米兹集结的两支美国海军特混舰队在中途岛东北约560千米的海面上等待着日本舰队。侦察机在此处的海洋中搜寻即将到来的日本舰队。第16特遣队由企业号和大黄蜂号2艘航母、6艘巡洋舰、9艘驱逐舰和152架舰载机组

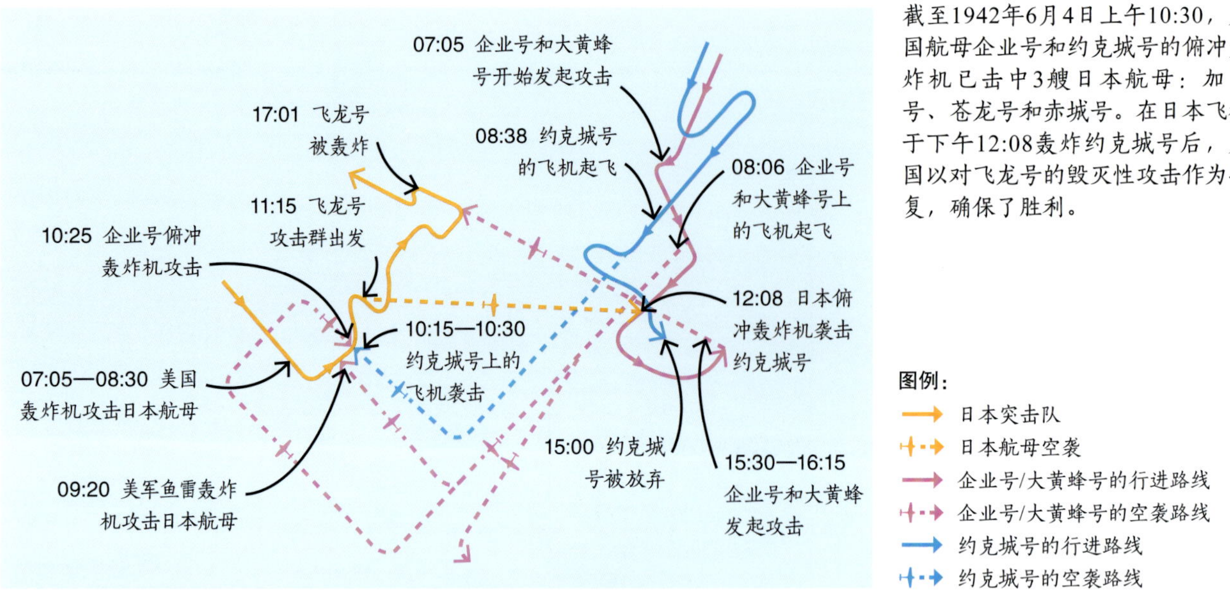
07:05 企业号和大黄蜂号开始发起攻击
17:01 飞龙号被轰炸
08:38 约克城号的飞机起飞
08:06 企业号和大黄蜂号上的飞机起飞
11:15 飞龙号攻击群出发
10:25 企业号俯冲轰炸机攻击
12:08 日本俯冲轰炸机袭击约克城号
10:15—10:30 约克城号上的飞机袭击
07:05—08:30 美国轰炸机攻击日本航母
15:00 约克城号被放弃
15:30—16:15 企业号和大黄蜂发起攻击
09:20 美军鱼雷轰炸机攻击日本航母
图例：
日本突击队
日本航母空袭
企业号/大黄蜂号的行进路线
企业号/大黄蜂号的空袭路线
约克城号的行进路线
约克城号的空袭路线

截至1942年6月4日上午10:30，美国航母企业号和约克城号的俯冲轰炸机已击中3艘日本航母：加贺号、苍龙号和赤城号。在日本飞机于下午12:08轰炸约克城号后，美国以对飞龙号的毁灭性攻击作为报复，确保了胜利。

成。第17特遣队由修复后的约克城号航母、2艘巡洋舰、5艘驱逐舰和73架飞机组成。中途岛本身由127架陆基飞机和16艘潜艇保卫。

6月4日凌晨4点40分，日本航母的108架飞机对中途岛发动了空袭。袭击者很快就被发现，美国的拦截机也迅速出动。因此，日本的进攻未能使中途岛的防御系统失效。由于美国飞机的火力和来自该岛的防空攻击，日本大约三分之一的突击飞机折损了。

> 我在阳光下看到了这种闪光，它看起来就像一道美丽的银色瀑布，这是这些俯冲轰炸机正在迫近。我从未见过如此精准的俯冲轰炸。
>
> 美国飞行员吉米•哈奇回忆中途岛海战

激战

早上，当日本航母成为美国鱼雷机的目标时，战斗变得更加激烈。美国鱼雷机反过来又遭到了速度更快的日本零式战斗机的攻击。然而，这些战斗机在早上执行完任务后就失去了最佳战斗位置并且弹药不足，因此无法阻止美国俯冲轰炸机的进一步攻击。美国俯冲轰炸机击中了加贺号和苍龙号2艘日本航母，二者都在同一天晚些时候沉没。日本航母赤城号在第2天被击沉，与它一同沉没的还有2艘战列舰和1艘巡洋舰。

上午晚些时候，美国雷达探测到日本飞机从飞龙号航母上起飞接近约克城号。日本飞机很快被拦截，但仍有一小部分突围成功，在中午前后，用3枚炸弹袭击了美国航母约克城号。炸弹爆炸产生的大火很快被扑灭，但鱼雷机在下午再次袭击了命运多舛的约克城号。到下午3点，约克城号严重倾斜，上峰下达了弃船命令。6月6日，它又被一艘日本潜艇的鱼雷击中，并于次日沉没。

美国对这次中途岛偷袭的反应是极为迅速且强势的。约克城号上的一架侦察机在下午2点30分左右发现了仅存的日本航母飞龙号。下午5点刚过，飞龙号就遭到了40架美国俯冲轰炸机的袭击，它在多次被击中后起火。第2天，当来自中途岛的B-17轰炸机追击正在撤退的日本舰队时，飞龙号被击沉了。

阿留申诡计

1942年6月3—4日，日本轰炸了阿留申群岛的荷兰港，并于6月6—7日占领了两个小岛——阿图岛和基斯卡岛。这是1812年以来美国领土首次遭到入侵和占领，该事件震惊了美国。当时人们认为这次袭击是日本故意迷惑美国，想要将美国的注意力从中途岛转移开的诡计。然而，这远非事实。

对于日本来说，阿留申群岛本身就是目标，而不是为掩护中途岛行动所使的障眼法。阿留申群岛和中途岛本应该在同一天遭到袭击，但由于主航母前往中途岛的时间延误了，所以阿留申群岛的袭击发生在了中途岛海战的前一天。直到1943年年中，美国才收回对阿图岛和基斯卡岛的控制权。

大获全胜

美国在中途岛大获全胜。日本失去了所有4艘航母，1艘重巡洋舰沉没，1艘受损，248架飞机被毁，3057名军人丧生，37人被俘。相应地，美国损失了1艘航母、1艘驱逐舰和大约150架飞机，另有307人死亡。

日本对外宣布此战大捷，失败的消息被严格封锁。只有天皇和最高海军机要人员才能准确获悉船只和人员的损失。在失去了4艘航母之后，日本也失去了空中优势，再也无法在太平洋上发动重大攻势了。

对于美国来说，这场胜利意义重大。这是美国对日本宣战后的第一次重大胜利，并使其控制了太平洋。美国自此掌握了战争的主动权，随后主动夺取了瓜达尔卡纳尔岛，并于1943年收复了所罗门群岛的其余部分。中途岛海战确实是太平洋战争的转折点。■

在中途岛海战中，飞龙号被美国俯冲轰炸机点燃，之后起火。这艘日本航母最终沉没，舰上389人丧生。

切斯特·尼米兹

尼米兹于1885年出生在美国得克萨斯州，就读于马里兰州安纳波利斯的美国海军学院，1905年首次出海。1909年，他指挥他的第一支潜艇舰队出海作战，之后迅速成为美国海军的领军人物。尼米兹参与了一战，并于1917年带领团队完成了海上补给技术的开发，使用这项技术能够在海上航行时将燃料、弹药和补给品从一艘船转移到另一艘船。

尼米兹在1941年袭击珍珠港事件发生10天后被任命为美国太平洋舰队总司令，随后参加了珊瑚海、中途岛、菲律宾和莱特湾等关键海战。二战后，他领命建造世界上第一艘核动力潜艇，该潜艇于1955年首航。1945年，他被任命为海军上将。但是，从这时起直至1966年去世，他一直处于赋闲状态。美国海军的尼米兹级航空母舰就是以他的名字命名的。

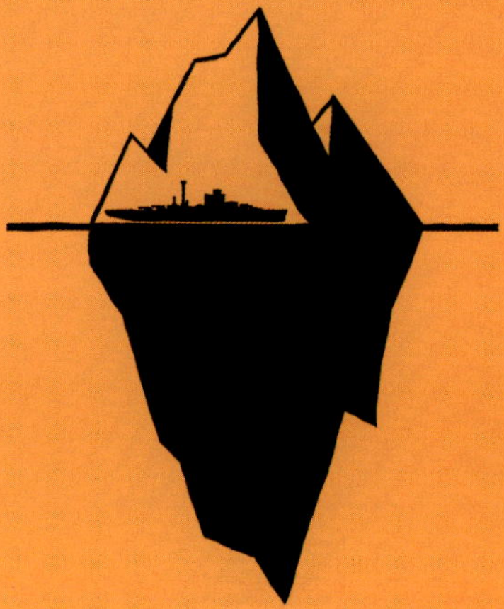

英雄气概、英勇无畏和毅力写就的北境史诗

袭击北极船队（1942年7月）

背景介绍

聚焦

海战

此前

1941年8月12日 第一支北极船队在“苦行僧行动”中离开利物浦前往冰岛，后于8月31日向苏联北部运送了数十架飓风战斗机。

1941年9月 北极船队的代码PQ表示出境船队，QP代表返程船队。

1942年3月28—30日 德国飞机、U型潜艇和驱逐舰舰队联合攻击由19艘护航舰组成的北极船队PQ13。PQ13共有5艘船只被击沉。

1942年5月25—30日 PQ16船队在轰炸机和鱼雷近250次攻击下共损失了7艘船只。

此后

1942年12月 北极船队重新编码，JW表示出境船队，RA表示返程船队。

1945年5月 战争中的最后一支北极船队JW67驶离克莱德湾。

1941年6月之后，苏联成为英国的盟友。为了在战斗中与苏联这个盟友维持关系，丘吉尔派出船队穿越北冰洋前往苏联北部的摩尔曼斯克和阿尔汉格尔。这场极地旅程需要穿过被占领的挪威附近的海域，这意味着英国船队要经受德国潜艇、飞机和强大军舰的挑战。

在护送北极船队前往苏联的途中，英国皇家海军谢菲尔德号巡洋舰的信号发射器上结满了冰霜。天气恶劣时，商船将被迫返航。

损失惨重的战争

PQ17船队的经验证明了在夏季连续极昼的时间里，在没有空中掩护的情况下作战具有多大的风险。1942年7月1日，PQ17带领35艘商船和6艘海军辅助船离开冰岛。3天后，在前往苏联的途中，英国海军部认为德国战列舰提尔皮茨号将发动攻击，于是命令近距离船队“向西撤退”，与敌人交战，而船队的商船则分散开来。到7月10日，24艘被船队抛弃的商船被击沉，只有11艘抵达苏联港口。这次战争中最严重的损失是由海军部的一个错误造成的。

在1941年8月至1945年5月的“基座行动”期间，78支船队的1400艘商船运送了400万吨物资。北极行动是宝贵的，但也是危险的，损失了约3000名盟军海员、85艘商船和16艘皇家海军的舰船。■

参见：美国中立态度的终结 108页，潜艇大战白热化 110-113页，巴巴罗萨行动 124-131页，大西洋上的对决 214-219页。

地球上被轰炸最严重的地方

马耳他之围（1940年6月—1942年11月）

背景介绍

聚焦

战略领土

此前

1800年 在遭遇法国军队驱逐后，马耳他受到了英国的保护。

1814年 马耳他正式成为英国的属地。

1940年6月10日 意大利对英宣战。

此后

1942年 乔治六世国王授予马耳他乔治十字勋章，以表彰其人民在被围困期间勇敢战斗的精神。

1943年7月 从马耳他起飞的飞机为盟军攻入西西里岛的“哈士奇行动”的战斗机提供掩护。

1943年7月20日 马耳他遭受最后一次空袭。

1964年 马耳他脱离英国获得独立。

马耳他位于横跨地中海的主要航道上。在二战期间，它是英国空军、海军和潜艇的基地，从这里可以攻击和破坏轴心国的补给线。墨索里尼一直垂涎英国殖民地，一旦北非发生战斗，其重要性就显而易见了。如果不夺取马耳他的控制权，北非的轴心国军队就不太可能取得成功。1940年6月11日，意大利对英国和法国宣战后的第2天，其空军对马耳他发动了第1次攻击。之后的2年多里，马耳他一直处于被围困之中。在此期间，意大利和德国对它进行了3000多次轰炸。马耳他成为地球上被轰炸最严重的地方。

基座行动

岛民们躲在山洞和隧道里，但食物、燃料和其他物资很快就短缺了。从埃及或直布罗陀前往马耳他的英国海军船队不断受到攻击，许多船只被击沉。1942年8月，“基座行动”船队出发前往马耳他，为14艘商船护航。在轴心国的集中攻击下，只有5艘商船幸存下来，其中包括油轮俄亥俄号，它为岛民提供了生存所需的重要燃料。

> 这个小岛是保卫我们中东阵地的重要一环。
>
> 英国将军黑斯廷斯·伊斯梅，1942年

1942年11月，英国在阿拉曼的胜利和“火炬行动”解除了马耳他所受的威胁。马耳他面临的围攻结束了，但这是一次险胜。■

参见：意大利参战 88~89页，北非和地中海 118~121页，沙漠中的胜利 208~209页，攻入意大利 210~211页。

武力即正义?

纳粹阴霾下的欧洲(1942年)

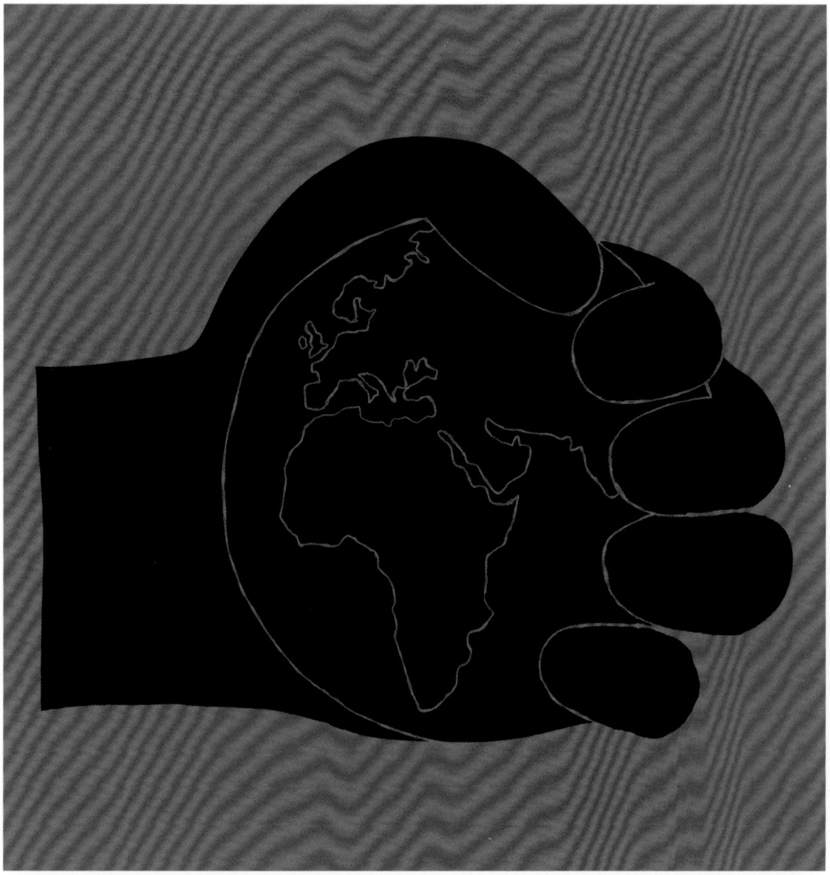

背景介绍

聚焦

纳粹德国

此前

1924年 在《我的奋斗》一书里，希特勒主张建立种族有序的欧洲，为日耳曼人提供“生存空间”。

1938年3月 纳粹德国吞并了奥地利。

1939年 德国入侵波兰。

1941年 德国侵占苏联大量领土。

此后

1945年7—8月 波茨坦会议将奥得-尼斯河定为德国东部边界。

1998年 《关于纳粹没收艺术品的华盛顿原则》规定了将被盗艺术品归还其合法所有者的原则。

1942年，德国几乎统治了整个欧洲大陆。除少数中立国家外，其余国家要么直接受德国统治，要么被德国占领，要么与之结盟，要么依附其而存在。德国控制着从北极圈到希腊群岛，从法国大西洋沿岸到北高加索的领土，这片区域人力、工业、农业资源丰富，文化底蕴深厚。

纳粹征服欧洲的野心已经滋

参见：史诗级战争 18~19页，德国的扩张 46~47页，波兰的毁灭 58~63页，法国的沦陷 80~87页，巴巴罗萨行动 124~131页，纳粹大屠杀 136页，大屠杀 172~177页。

> **这场战争结束后，我们要成为欧洲的主人。**
>
> 约瑟夫·戈培尔

生了几十年。正如希特勒1924年在《我的奋斗》一书中所述，纳粹坚持认为存在种族等级制度，而这与土地和命运的观念密切相关。

德国扩张

纳粹愿景的核心是“生存空间论”。纳粹声称，优越的种族注定要以定居这种方式占领劣等种族的土地，并将后者清除，以扩大自己的领地范围和文化范围。

与“生存空间”相关的概念是“大空间”，纳粹希望对整个欧洲大陆进行殖民和重新排序，迁移和消灭特定种族的人口，以满足注定的经济、文化和地理需求。

希特勒的首要任务是吞并那些在文化上与德国接近的地区，如奥地利和波希米亚，从而建立一个“大德意志帝国”，然后通过长期的定居过程向东扩张，逐渐清除他所谓的劣等的斯拉夫人和犹太人。

1941年7月16日，希特勒在纳粹主要领导人的集会上宣布：“我们必须把新获得的东部地区变成伊甸园。”

纳粹的“生存空间论”还设想将斯堪的纳维亚和荷兰等北欧地区并入德国，而南欧等其他地区，将为满足德国的需要而存在。

确定战争的优先次序

希特勒和其他领导人准备以务实的态度来实现对欧洲的意识形态重塑。赢得战争比直接实现这个纳粹“乌托邦”更重要。

1940年10月26日，希特勒的宣传部部长约瑟夫·戈培尔说：“如果有人问我，你们到底想要什么，我无法给他答案……我们想要‘生存空间’。是的，但那是什么意思？我们将在战后提供一个定义。”

为此，纳粹有意利用被征服的领土来推进其战争的进程，使用任何必要的手段来获取最大的利益。

1942年，整个欧洲存在着不同形式的德国殖民化。一些地区，如奥地利和波兰的普鲁士部分，已经被吞并，成为德国扩张的领土部分。一些国家，包括阿尔萨斯-洛林和摩拉维亚，面临逐渐被吞并的命运。还有一些地区，则引入了德国的民政管理机构，如波兰总督府、新成立的东方总督辖区和乌克兰总督辖区。其他领土则由军事政府直接管理。这些地区包括被占领的法国、比利时和苏联前线后面的

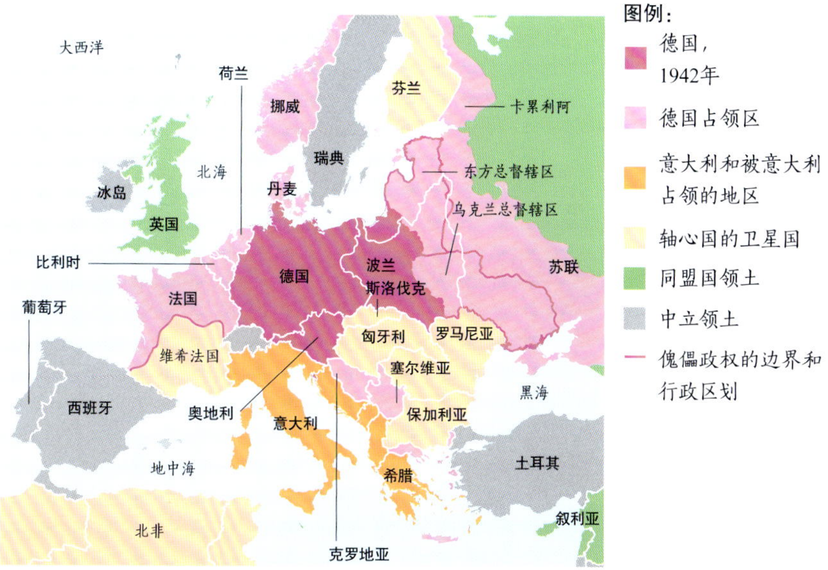

到1942年，轴心国及其卫星国统治了欧洲。德国和意大利将一些地区置于其军事统治之下，而另一些地区则被吞并，成为德国的一部分。

部分地区。

最后，也有一些国家，如维希法国和意大利，名义上是独立国家，但实际上是德国的傀儡政权。

上述这些受德国不同程度殖民的国家和地区的原材料都被德国控制，包括食品在内的物资都被用于德国的战争，它们的机器经常被拆解并被运往德国。

被掠夺的财富

除了大肆掠夺所征服区域的原材料，纳粹还大规模抢夺这些地方的艺术珍品。在西欧，纳粹声称要将“日耳曼艺术”带回故乡，或者以保护为借口而抢走艺术品。在这些理由不适用的地方，纳粹只会以远低于实际价值的价格“购买”艺术品。

在东欧和苏联，艺术品统统被直接拿走。华沙博物馆称，纳粹掠夺了2774幅欧洲画派的画作、10738幅波兰画作和1379件雕塑。

而苏联战争新闻在1944年9月报道说，3.4万件博物馆藏品，从列宁格勒（现在的圣彼得堡）周围的4座宫殿中被掠夺，其中包括“14950件稀世古董家具”。镶嵌着珠宝的琥珀屋，被从叶卡捷琳娜宫移走后，就再也无法复原。

纳粹甚至设立了特别办公室来监督对艺术品的抢劫。艺术专家汉斯·波塞特受命领导“林茨特别行动”，目的是为筹建中的大型博物馆收集欧洲艺术珍品的精华。

后来，赫尔曼·戈林和约阿希姆·冯·里宾特洛甫各自成立了相关机构继续完成珍宝搜刮工作。双方还互相竞争，挪用、抢占了波塞特留下的一切艺术品。

戈林是“罗森博格司令部行动队”的幕后黑手，这是一个由阿尔弗雷德·罗森博格领导的特别行动队，主要工作是没收犹太人的艺术品和手稿。它的记录显示，被掠夺的艺术品装满了超过140万辆铁路货车车厢。

纳粹还掠夺了其占领国家的黄金储备，从其中央银行没收了6.25亿美元（按今天的价值算约为125亿美元）的金条和金币，其中包括来自奥地利的1.03亿美元、来自荷兰的1.63亿美元和来自比利时的2.23亿美元。

恐怖统治

1942年，纳粹在西欧的霸权对非犹太人、罗姆人、残疾人或其他受迫害的少数群体来说尚且温和。例如，在被占领的巴黎，亨利·马蒂斯和让-保罗·萨特等文化界人士或多或少地继续自由工作。

然而，在东部地区，纳粹的全面恐怖政策很快变得清晰起来。大屠杀始于1939年，首先是对波兰知识分子和牧师的屠杀，接着是数十万名苏联战俘和其他被认为是德国公敌的人，他们或被饿死，或被特别行动队枪杀。

随着希特勒关于犹太人问题的“最终解决方案”的展开，纳粹开始了对所有犹太人的系统谋杀，东西方的犹太人都被围捕并被关进了集中营。

阿尔弗雷德·罗森博格

阿尔弗雷德·罗森博格于1893年出生在爱沙尼亚，但具有德国血统，是纳粹党早期的重要理论家。从1923年起，他开始负责编辑纳粹党的报纸《人民观察家》。

希特勒个人非常看重罗森博格。在1923年慕尼黑啤酒馆暴动失败后被监禁期间，希特勒仍让罗森博格担任纳粹党的“看守人”。此外，希特勒还整理总结了罗森博格在他的书《二十世纪的神话》中表达的反犹太思想，该书于1930年出版。

罗森博格在纳粹党内担任过一系列重要职位，在外交政策中发挥了领导作用，也担任过负责没收犹太艺术品的工作组领导。

1941年7月，罗森博格成为德国东部被占领土（东方总督辖区和乌克兰总督辖区）部长，那里发生了一些最严重的暴行。战后，他在纽伦堡审判中被判处死刑，并于1946年被处以绞刑。

1945年4月，一名美国士兵在德国埃林根的一座教堂里检查堆积如山的犹太艺术品和文件。矿洞和城堡也被用来储存这些东西。

起初，这种恐怖统治是由德国准军事组织党卫队及其特别行动队专门实施的。从一开始，党卫队就在乌克兰和爱沙尼亚等被占领区域招募右翼狂热分子，并利用他们的狂热情绪。战争结束时，大约50万名党卫队成员是非德国人，这一数量超过党卫队总人数的一半。

在德占区，地方当局经常与纳粹合作实施其种族政策。维希法国、匈牙利和挪威等国都愿意帮助围捕和运送犹太人。包括战俘在内的数百万名东欧人被迫为纳粹工作，成为奴隶劳工。到了战争后期，这些人又成为辅助部队。整个欧洲都曾发生过不同程度的抵抗运动，但大多数欧洲人的主要反应是作为旁观者苟活，低着头沉默不语或看向另一边。■

苏联妇女和老人被迫为德军车队清理道路。战争期间，成千上万名劳工死于饥饿和过度劳累。

最终解决方案

大屠杀（1942—1945年）

背景介绍

聚焦

迫害和种族灭绝

此前

1918年 右翼德国政党散布谣言，抨击左翼势力特别是犹太人在一战中背叛了德国。

1920年 纳粹党宣称只有具有德意志血统的人才能成为德国公民，这项规定还特别将犹太人排除在外。

1933年 一个位于达豪的原本用于关押政治犯的集中营投入使用。

1935年9月 《纽伦堡法》剥夺了犹太人的权利，使纳粹种族主义和反犹太主义意识形态合法化。

1938年11月9—10日 纳粹暴徒在德国各地煽动针对犹太人及其财产的袭击，这就是众所周知的“水晶之夜”。

此后

1945年1月27日 苏联红军解放了奥斯维辛集中营，发现了7000多名被遗弃的囚犯。这些囚犯被遗弃的原因是他们虚弱到无法走路。

1945年11月20日—1946年10月1日 纳粹领导人在纽伦堡审判中因反人类罪而受审。

2005年 联合国通过决议，将奥斯维辛集中营解放日1月27日定为国际大屠杀纪念日。

纳粹对犹太人的系统性屠杀现在被称为“大屠杀”，纳粹自己称其为“最终解决方案”。它自1941年底开始实施，而犹太人将大屠杀的开始日期定为希特勒上台的1933年。

在纳粹意识形态里，犹太人为异类，“污染”了纯正的雅利安血统。为此，纳粹提出了一系列“最终解决方案”来解决所谓的“犹太人问题”。

随着纳粹德国征服更多领土，越来越多的犹太人被置于纳粹的控制之下，这些解决方案也变得更为残暴冷血。

移民和贫民窟

1933年，德国约有50万名犹太人，其中80%拥有德国公民身份。1935年《纽伦堡法》通过后，这一数字有所增加，因为《纽伦堡法》将拥有犹太祖父或祖母的自然人也定义为犹太人。纳粹最初的策略是将犹太人集中起来以便看管。

> **在按性别分开的大型劳动队伍中，身体健全的犹太人将被带去……修路，这无疑会解决掉大量犹太人。**
>
> 莱因哈德·海德里希
> 在万湖会议上的讲话，1942年

1941年，一名来自乌克兰文尼察的犹太人被行刑队的一名成员射杀。这张照片可能是纳粹士兵拍摄的，背面写着“文尼察的最后一个犹太人”。

首选的解决方案是移民。种族主义法律、执法行政骚扰和反犹太主义宣传迫使德国犹太人离开故土，前往美国、英国和巴勒斯坦等地，但也有前往波兰、法国和欧洲其他地区的。

到1938年，超过一半的德国犹太人已经移民。党卫队在暴力反犹分子海因里希·希姆莱的领导下，管理着专门建造的集中营，尽管这些集中营主要关押政治犯。

1938年吞并奥地利和捷克斯洛伐克部分地区后，又有25万名犹太人受到纳粹控制。随着在“水晶之夜”开始的大屠杀，德国犹太人所遭受的虐待达到了新的高度。

大约从这时起，犹太人移民也变得越来越困难。许多目的地国家开始限制犹太人移民。雪上

参见：水晶之夜 48~49页，纳粹大屠杀 136页，大屠杀 172~177页，纽伦堡审判和去纳粹化 318~319页。

加霜的是，德国于1939年9月入侵波兰，导致当地的150万名犹太人身陷囹圄。

在其他地方，由于边境关闭，犹太人移民变得更加困难，英国进行了海上封锁，民用交通也受到了限制。

在波兰，纳粹制定了一种新方法，将犹太人赶入了贫民窟。这些犹太人一方面被迫劳动，另一方面身陷过度拥挤和供应不足的地区。这些情况助长了犹太人天生低人一等并且是斑疹伤寒等疾病源头的流言的传播。

最大的隔都在华沙，1940年11月，那里的犹太人口为13.8万，1941年4月增加到近50万。1942年7月，隔都有9.2万名犹太人死于疾病、寒冷和饥饿。

1940—1941年，纳粹占领丹麦、挪威、比利时、荷兰、卢森堡、法国、南斯拉夫和希腊，数十万名犹太人遭受苦难。

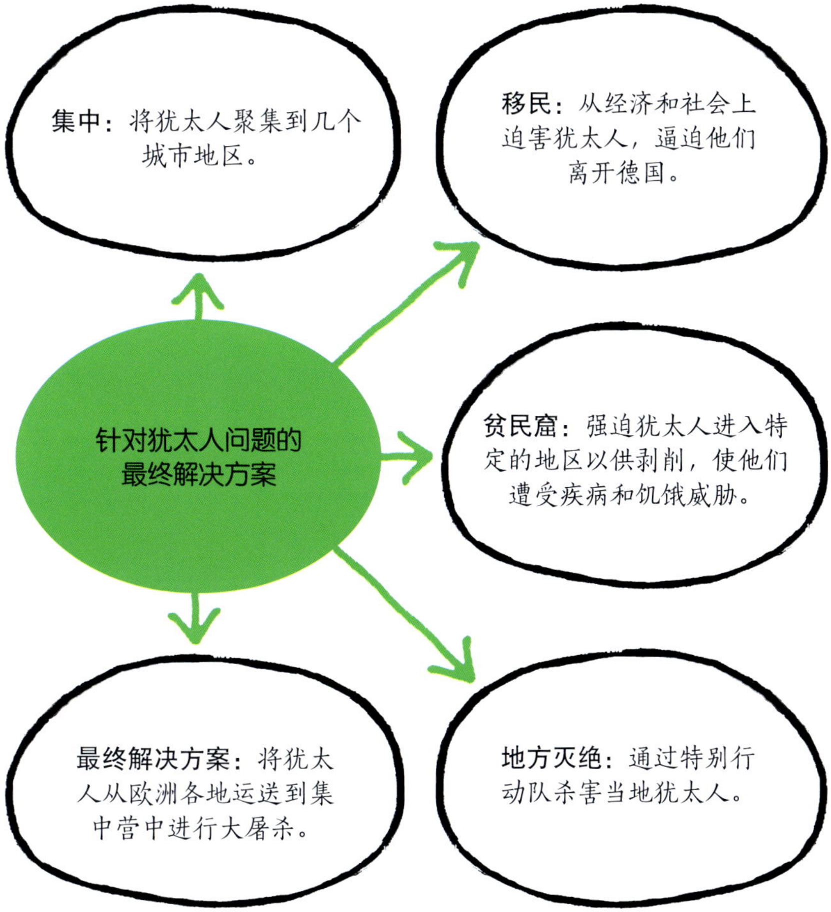

针对犹太人问题的最终解决方案
集中：将犹太人聚集到几个城市地区。
移民：从经济和社会上迫害犹太人，逼迫他们离开德国。
贫民窟：强迫犹太人进入特定的地区以供剥削，使他们遭受疾病和饥饿威胁。
最终解决方案：将犹太人从欧洲各地运送到集中营中进行大屠杀。
地方灭绝：通过特别行动队杀害当地犹太人。

海因里希·希姆莱

海因里希·希姆莱于1900年出生在德国慕尼黑，是一位天主教校长的儿子，他在一战中成为一名军官学员，但从未服役。1923年，他加入了纳粹党，这段经历助长了他的民族主义和反犹太主义情结。1929年，他被任命为党卫队首脑。到了1933年纳粹上台时，希姆莱的党卫队人数已从几百人增加到5万多人；这个数字后来上升到100万。他的党卫队监督种族问题、德国警察，并管理所有的集中营。1941年，希姆莱部署了特别行动队，这一队伍从1942年起受命执行“最终解决方案”。从1943年起，他组织对犹太人和其他群体（如罗姆人）的大规模屠杀，并公开为这一行为辩护。

随着战局开始对纳粹不利，希姆莱希望促成和平并接替希特勒的元首之位。希特勒获悉该计划后于1945年4月下令逮捕他。希姆莱试图逃跑，但被盟军俘虏，他于1945年在被拘留期间服毒自尽。

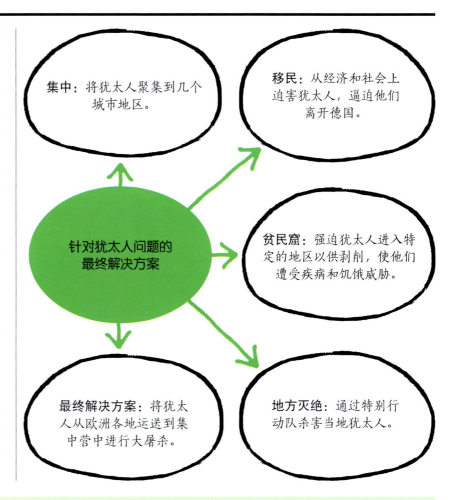

比斯基游击队

比斯基游击队队员、大屠杀幸存者阿隆·贝尔（原名阿隆·比斯基）拿着他父亲大卫·比斯基的照片。

在整个被占领的欧洲，犹太人试图抵抗纳粹的种族灭绝。一个取得相当大成功的团体是比斯基游击队，该团体从1941年到1944年在西白俄罗斯（现为白俄罗斯）的森林中展开游击活动。

在父母和兄弟姐妹都被纳粹杀害后，比斯基兄弟于1941年12月与其他犹太人一起逃到了诺夫哥罗德隔都。大哥图维亚是一名波兰退伍军人，被选为该组织的负责人。他们进行突袭，破坏德国的火车和桥梁，但更主要的使命是帮助犹太妇女、儿童和老人逃离贫民窟，在森林中自由生活。

1943年，当德国发动大规模攻势追捕他们时，比斯基兄弟带领他们的团队前往纳利博基森林的一处沼泽遍地、交通不便的避难所。在那里，他们建立了一个自给自足的社区。

1944年夏天，当苏联红军收复白俄罗斯时，这个游击队的人数已超过1200人。图维亚后来移居以色列，最终定居美国，于1987年去世。

最终解决方案

1941年的某个时刻，希特勒决定采用纳粹所谓的“最终解决方案”，对所有欧洲犹太人进行系统的、蓄意的灭绝。对于这个具体时刻，历史学家尚未有明确结论。

1942年1月20日，在柏林郊区万湖举行的一次会议上，党卫队将军和其他14名高级军官以及德国官员开会讨论如何将“最终解决方案”应用于被占领的欧洲的950万名犹太人身上。

大屠杀

在1941年6月德国入侵苏联之后，灭绝行动便已经开始。犹太种族灭绝紧随前线行动，特别行动队在当地安全部队和其他准军事部队的协助下，着手消灭当地的犹太人口。通过大规模枪击、焚烧、殴打和放毒气等多种方式，特别行动队杀害了大约100万名犹太人。

万湖会议标志着对犹太人的屠杀转向更有组织的种族灭绝。纳粹军队将犹太人大规模驱逐到偏远的营地，用毒气将他们毒死。毒杀地点要么是在特殊的货车中，要么是在伪装成淋浴间的毒气室里。

从1941年12月起，犹太人在5个死亡集中营——海乌姆诺、索比堡、马伊达内克、特雷布林卡和贝尔热茨被系统性杀害，而第6个——奥斯维辛-比克瑙集中营配备了毒气室，附属于奥斯维辛集中营，于1942年3月开放。

1942年，一群儿童在前往海乌姆诺集中营的途中被捕。遇害者中有593名来自波兰贝沙图夫镇的12岁以下的犹太儿童。

在重新安置的借口下，犹太人被从欧洲各地带到德国占领的波兰。多达150万人在奥斯维辛集中营中被杀，其中包括至少96万名犹太人。

在欧洲的许多地方，政府和民众协助纳粹围捕犹太人并将他们装上火车。但芬兰、阿尔巴尼亚和丹麦等一些国家拒绝合作，此举挽救了成千上万名犹太人的生命。

最后的日子和犹太人的伤亡

从1945年1月起，随着苏联红军的逼近，党卫队撤离了奥斯维辛-比克瑙。他们强迫囚犯长途跋涉。此行被称为“死亡行军”，因为许多人在途中丧生或被枪杀。大多数幸存者在强制劳动营中工作累死、饿死或遭受酷刑。

正是在这样的营地里，西方的盟军，以及全世界的人们，开始逐渐了解纳粹德国“最终解决方案”的真正恐怖之处。

大屠杀夺去了600多万名犹太

人的生命，其中包括超过100万名儿童。它消灭了世界上三分之一的犹太人口。只有30多万名犹太人在集中营和死亡行军中幸存下来。

其他受害者

虽然犹太人的死亡人数是大屠杀中最多的，但他们并不是大屠杀唯一的目标。在纳粹建立纯雅利安国家的实践中，数百万人被认为是低等种族的人，这里面既有犹太人，又有斯拉夫人，还包括波兰人、其他中欧和东欧人，以及具有亚洲特征的人。他们被从被占领地驱逐到集中营或强制劳动营，或被谋杀。

二战期间，纳粹杀害了多达190万名非犹太波兰平民。超过20万名罗姆人和辛提人在一场被称为"吞噬"的种族灭绝中被谋杀或死于疾病和饥饿。更多的人被迫劳动或接受绝育手术和医学实验。

其他屠杀目标包括同性恋者、残疾人和少数派群体。

纳粹还在安乐死计划中杀害了大约25万名残疾人。8000多人被送往难民营，约1500人被杀害。

数万人是大屠杀的同谋，但只有199名纳粹分子在纽伦堡因战争罪受审，其中161人被定罪（37人被判处死刑）。■

1945年苏联红军抵达集中营时，憔悴的奥斯维辛集中营幸存者透过带刺铁丝网看着发生的事。

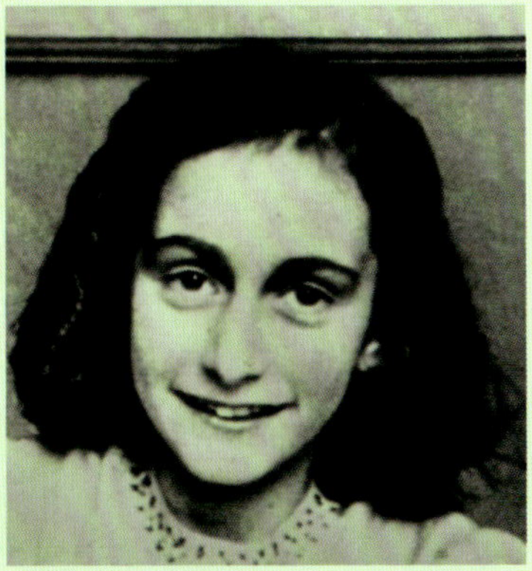

安妮·弗兰克

安妮·弗兰克于1929年出生在德国法兰克福。1933年，因身为犹太人，她与家人逃离德国，搬到她父亲有业务往来的阿姆斯特丹。

1940年，德国占领了荷兰。1942年，纳粹开始将犹太人运送到强制劳动营，安妮和她的家人躲了起来。在接下来的2年里，他们住在王子运河263号家族企业办公室后面的秘密阁楼里。

在此期间，安妮坚持写日记，并将日记称为她的朋友凯蒂，将她狭窄的生活空间称为秘密附楼。1944年8月，纳粹党卫队和荷兰警方找到了安妮的家人。次月，安妮一家被送往奥斯维辛集中营。安妮和她的妹妹玛格特随后被送往贝尔根-贝尔森集中营。1945年，她们在那里死于斑疹伤寒。全家只有她们的父亲幸存下来。战后，他努力让女儿的作品以《安妮日记》的形式出版。这本日记后来被翻译成65种语言，安妮对大屠杀的描述在全世界广为人知。

我们必须保卫城市，否则就战死

斯大林格勒战役（1942年7月—1943年2月）

背景介绍

聚焦

德国在苏联的进军

此前

1941年6月22日 德国发动巴巴罗萨行动，拉开了进攻苏联的序幕。

1941年6—12月 德国入侵苏联，却没能取胜。

此后

1943年2—3月 在哈尔科夫战役中，德国取得了在东线战场的最后一次重大胜利。

1943年7—8月 德国在库尔斯克会战中失利，这是德国在东线战场上规模最大的进攻。

1945年 二战后，斯大林要求建立一个对苏友好的缓冲区，以抵抗德国未来的潜在侵略。

> **斯大林格勒战役期间，我们开始感到世界上每个人都在注视着我们——并希望看到一些英勇的事情，一个转折点。**
>
> 斯大林格勒保卫者弗拉基米尔·图罗夫

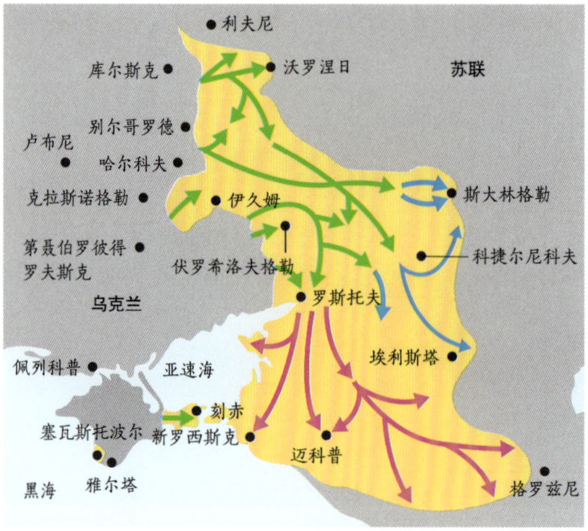

1942年6月，轴心国开始向高加索进军，这是一个资源丰富的地区，希特勒希望该地区能够帮助推动德国在欧洲的战争进展。事实证明，他们入侵斯大林格勒只不过是对这一战略目标的一次代价高昂的转移。

图例：
德军推进，1942年6—11月
南方集团军群
A集团军
B集团军

在1942年的夏季战役中，希特勒和他的部下计划以高加索为目标。该地区是苏联大部分石油储备的来源，还包含矿产资源、工业和农田。如果占领了高加索，德国就不需要如此严重地依赖罗马尼亚油田或者自己的合成燃料生产了。

代号为“蓝色方案”的进攻计划是让德国的南方集团军群向顿河东南推进，然后进入高加索地区。为了掩盖行动目标，德国发起了一场名为“克里姆林宫行动”的欺骗行动，使人们认为它的目标是占领莫斯科。按照“克里姆林宫行动”，德国增加了空军在莫斯科上空的侦察飞行频次，还给士兵分发了该市地图。

攻势开始

1942年6月28日，“蓝色方案”开始实施。得到匈牙利、罗马尼亚和意大利士兵增援的德军迅速取得进展。取得进展的另一部分原因是大多数苏联红军仍守卫着莫斯科，仍然认为那里才是德军真实的进攻目标。

7月初，由于供应问题和苏联的顽强抵抗，轴心国军队的攻势开始放缓。为了恢复势头，希特勒于7月23日指示南方集团军群一分为二：A集团军在右翼，发起“雪绒花行动”并向高加索推进，旨在夺取迈科普、格罗兹尼和巴库的油田；B集团军在左翼，发起“苍鹭行动”，向伏尔加河推进，这将有助于掩护A集团军。

新的优先级

“雪绒花行动”最初进展很顺利。8月9日，A集团军占领了迈科普的油田，却发现它们已被撤退的苏联红军严重破坏，需要一年的时间才能修复。尽管此后轴心国军队在南方取得了一些进展，但随着军队走入更加陡峭多山的地方，以及天气恶化，进展放缓了。1942—1943年的冬天，苏联红军将轴心国军队击退，成功阻拦了其进入高加索地区的油田。

然而，“雪绒花行动”失败还有一个原因——一个需要耗尽德

参见: 波兰的毁灭 58~63页，巴巴罗萨行动 124~131页，伟大的卫国战争 132~135页，战俘 184~187页，库尔斯克会战 232~235页，巴格拉季昂行动 266~269页。

国援军、补给和空中支援的优先事项出现了：进攻斯大林格勒（今天的伏尔加格勒）。

斯大林格勒最初名为察里津，但在1925年为纪念斯大林这位苏联领导人而更名，是伏尔加河西岸的工业城市和交通枢纽。这座城市与斯大林的联系赋予了它对希特勒的象征意义，这种意义远远超过了它本身的战略重要性。

一步也不许后退！

B集团军于7月23日开始向斯大林格勒推进，并在两天内将苏联红军推回顿河。为激励红军，斯大林于7月28日发布了第227号命令，其口号是“一步也不许后退！”。

1942年10月，德国第14装甲师的一辆坦克向斯大林格勒推进。虽然这个装甲师在斯大林格勒战役中被摧毁，但它重组后又返回了东线战场。

任何允许未经授权撤退的指挥官都将被剥夺职务并被送上军事法庭。

苏联红军新的抵抗减缓了B集团军的速度，当希特勒将B集团军的装甲部队调走以支持A集团军在高加索地区的进攻时，B集团军的进攻被进一步拖延了。结果，轴心国军队直到8月11日才开始穿越顿河。

这些延误使苏联红军有更多时间撤退到斯大林格勒并为应对轴心国军队的猛攻做准备。妇女和儿童被疏散到伏尔加河东岸，近7000名工人组成了民兵部队。

8月23日，德国空军开始对斯大林格勒进行大规模空中轰炸。9月14日，由弗里德里希·保卢斯将军率领的德国第6集团军杀入斯大林格勒。

负责规划斯大林格勒防御的瓦西里·崔可夫将军命令他的手下前进并与敌军尽可能地接近，这使

> 废墟变成了堡垒，被摧毁的工厂里藏匿着致命的神枪手，每台车床和每台机床的背后都潜伏着猝死。
>
> 德国第6集团军上校
> 赫伯特·塞勒

得德军因为害怕击中自己人而无法使用大炮或空中轰炸。崔可夫还创建了“风暴小组”，即全副武装的机动编队，专门进行巷战。

斯大林格勒废墟中的战斗是二战中最残酷的战斗之一。个别建筑物被激烈争夺，有时一天数次易主。德国退伍军人将斯大林格勒的战斗描述为“老鼠战争”，可见战况的激烈。

11月初，轴心国军队已将苏联红军赶回伏尔加河，苏联红军只能控制沿河岸的孤立地带。

苏联增援

崔可夫的部队在斯大林格勒的牺牲为苏联换来了重要的东西：时间。希特勒向这座城市投入了大量人力和资源，希望在这里取得重大的象征性胜利。但是，当斯大林格勒的战斗还在继续时，苏

弗里德里希·保卢斯

弗里德里希·保卢斯于1890年出生在德国布赖特瑙（今奥地利），在一战中担任初级军官。1939年，他荣升参谋。

1942年1月，保卢斯晋升为上将，指挥驻扎在苏联南部的第6集团军。这是他第一次担任战地指挥官。那年8月，他率领部下进入斯大林格勒。

11月，保卢斯的部队被苏联红军包围。希特勒拒绝了他的投降请求，将他提升为陆军元帅。希特勒希望保卢斯能够自杀而不是投降，但是这一希望落空了。

在被苏联俘虏期间，保卢斯成为反纳粹组织自由德国全国委员会的成员，并敦促德国投降。战后，他在纽伦堡审判中担任控方证人。保卢斯于1953年获释，4年后去世。

联援军已经抵达该地区：100万名士兵、13500门大炮、900辆坦克和1000架飞机。

轴心国军队被包围

轴心国军队在斯大林格勒的推进在轴心线上形成了一个640千米长的突起。苏联红军总参谋部计划利用增援部队攻击突出部的侧翼，从而包围斯大林格勒的轴心国军队。11月19日，苏联红军发起了“天王星行动”，这是一次针对守卫轴心国突出部侧翼的罗马尼亚、意大利和匈牙利军队的夹击。

经过4天的战斗，苏联红军完成了包围圈，将至少25万名轴心国士兵困在斯大林格勒及其周边地区的“口袋”中。被包围后，保卢斯请求德军最高统帅部允许他的部队从城市突围。

希特勒的参谋敦促希特勒同意这一请求，尤其是德国在斯大林格勒的部队现在可以得到补给的唯一途径是空运，这需要无数次冒险

> 对我们来说，在伏尔加河上相遇就是生与死。是无数人付出生命的代价换来了这场胜利。
>
> 苏联元帅康斯坦丁·罗科索夫斯基

飞越苏联防线。前线的德军每天需要超过440吨补给。然而，戈林却吹嘘德国空军能做到这一点，于是希特勒命令保卢斯坚守阵地继续战斗。

德国空军的运输机于11月25日开始降落在斯大林格勒，但始终无法提供戈林承诺的补给量。德国空军还在这场必败战中损失了大约500架飞机，这严重削弱了其在东线其他地方的空中作战能力。

绝境

12月12日，德军发起了救援行动，即“冬季风暴行动”。装甲部队试图建立通往斯大林格勒的陆地走廊，但到了12月23日，它们被苏联红军击退了。随后，苏联红军在“土星行动”中取得成功，击退了轴心国军队并极大地阻拦了一切可能的救援行动。

一名苏联狙击手正在斯大林格勒的废墟中清剿轴心国士兵。

德国士兵在斯大林格勒附近成为战俘。许多德国战俘被俘期间死亡，一些幸存者直到1955年才获释。

被困在斯大林格勒的轴心国士兵此时已处于水深火热之中：气温骤降至-30℃；虱子、疥疮、发热和痢疾流行；他们要求的补给只到了十分之一，食物和弹药极度短缺。饥饿的士兵不得不吃老鼠、墙纸糊和木屑。

1943年1月10日，苏联红军发起了最后一次进攻，即“环形行动”。2周内，轴心国军队失去了其在斯大林格勒的最后一个机场，轴心国军队与任何外部支持的联系被完全切断。尽管局势令人绝望，但希特勒还是禁止投降，并命令保卢斯指示部下战斗到最后。

到1月27日，苏联红军已将轴心国军队分割成两部分。1月31日，保卢斯本人和南部军队投降。北部的军队又坚持战斗了两天才投降。

轴心国军队到达斯大林格勒以北的伏尔加河，并空袭这座城市，将其夷为平地。

↓

轴心国军队攻入斯大林格勒。

↓

苏联红军在“天王星行动”中包围轴心国军队，切断其补给和增援。

↓

轴心国军队试图打破苏联的包围圈，但失败了。

↓

被困的轴心国军队投降。

东线战场的转折点

大约9.1万名德国和罗马尼亚士兵被苏联俘虏，他们大多受伤、生病、挨饿和冻伤，最后只有约6000人幸存并返回家园。大约15万名轴心国士兵死于斯大林格勒市，而苏联红军的阵亡人数高达48万。

总体而言，斯大林格勒的残酷斗争导致了约200万人伤亡（包括4万名平民）。这场失败对德国赢得战争的希望是毁灭性的打击，致命地削弱了德国在东线的实力。相反，对于苏联来说，这是一个重大的转折点，证明了苏联可以赢得与轴心国的战争。这次战役还将苏联放在了一个可以向西推进并击退入侵者的有利位置。■

我们是俘虏，更是奴隶

战俘

背景介绍

聚焦

人道主义危机

此前

1863年4月 美国总统亚伯拉罕·林肯签署了《利伯守则》，其中规定了有关战俘待遇的法律原则。

1899年 《海牙第一公约》批准了关于战争和战俘待遇的国际法条款。

1929年 《关于战俘待遇的日内瓦公约》签署。

此后

1949年 修订后的《关于战俘待遇的日内瓦公约》（《日内瓦第三公约》）签署。

1956年 最后一名幸存的德国战俘从苏联回到德国。

一战期间俘虏的数量比人类历史上任何一次冲突造成的俘虏的数量都多。这些俘虏的经历和命运大相径庭：在英国的意大利战俘，继承了他们曾经工作过的农场；而被俘的数百万名苏联人、菲律宾人和其他国籍的人被残忍杀害。

战俘所受的待遇很大程度上取决于他们的国籍和军衔，但更多的时候是取决于俘虏者的国籍，以及有关国家是否签署并愿意遵守1929年的《关于战俘待遇的日内瓦公约》。

早在19世纪，有关战俘待遇

参见: 波兰的毁灭 58~63页, 法国的沦陷 80~87页, 巴巴罗萨行动 124~131页, 纳粹大屠杀 136页, 大屠杀 172~177页, 解放死亡集中营 294~295页, 欧洲的胜利 298~303页, 持久的影响 320~327页。

战俘死亡率

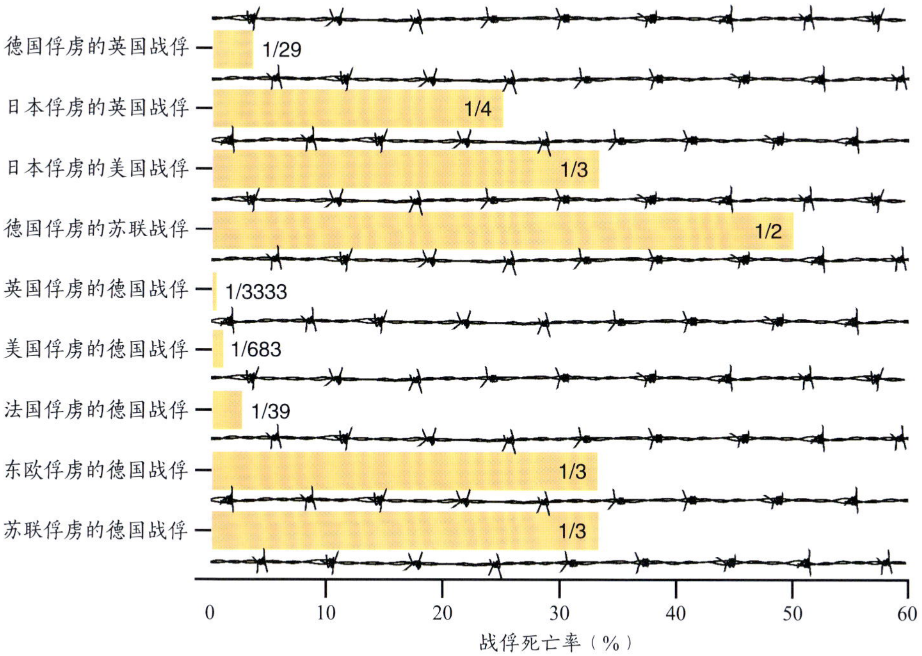

该图显示了二战期间被囚禁的战俘的死亡率。被日本或苏联俘虏的战俘的存活率较低，这是因为日苏两国未通过或签署《关于战俘待遇的日内瓦公约》。德国以苏联拒绝签署该公约为借口之一虐待被俘的苏联士兵。

的规则就已经发展起来了，1899年和1907年的《海牙公约》明确提出，放下武器的战斗人员应受到良好待遇。1929年7月，这些原则在《关于战俘待遇的日内瓦公约》中得到引申，其中规定了对投降士兵的照顾义务。

公约规定，战俘应在战斗中得到保护，在受伤时得到照顾；其住所和食物不得比俘虏他们的国家的驻军差；他们在接受审讯时必须提供的信息是他们的姓名和军衔或服役编号；国际红十字会应该被允许定期检查营地。

二战的主要作战国，除了日本和苏联，都签署并通过了《关于战俘待遇的日内瓦公约》，日本签署但未通过该公约，而苏联认为没有士兵会投降，因此没有签署。这对被德军俘虏的苏联士兵产生了致命的影响。因为德军认为自己对苏联战俘的态度不受公约的约束。

战俘所受的待遇

德军对待战俘的方式广泛地参考了纳粹的种族理论，纳粹认为斯拉夫民族，如波兰人和苏联人，在种族上是低劣的，因此不值得像英国战俘、美国战俘等盎格鲁-撒克逊战俘那样得到人道待遇。

日军对待战俘更加残酷。日本武士道精神认为投降是最大的耻辱，因此日本对待战俘和被关押的平民是残忍和不人道的。

同盟国则普遍善待它们俘虏的战俘。这种差异明显地反映在不同国家战俘的死亡率上。被英国关押的德国战俘只有0.03%的死亡率，而落入日本人手中的美国战俘死亡率约为30%，在德国人手中的苏联战俘的死亡率高达50%。

战俘的命运

二战期间战俘的命运受到前所未有的数量的重大影响。战争开始时，德国闪电般进攻所取得的成功使其活捉了大量战俘。1940年中期，超过200万名波兰人和法国人被俘。1940年12月9日，英国冷溪近卫团的一份报告说，它们还没有时间统计俘虏的战俘数量，但俘虏

> 战俘……应始终受到人道待遇和保护，特别是免受暴力行为、侮辱和公众好奇心的侵害。
>
> 《关于战俘待遇的日内瓦公约》

了“大约五英亩的军官和两百英亩的其他士兵”。

战俘营

在敌方领土上空被击落的飞机的飞行员可能会受到粗暴对待。在德国的某些地区，盟军的飞行员可能会被成群结队的暴民动用私刑处死。战俘可能会先接受简短的审讯，以试图搜集有用的情报，然后被带离前线进行进一步审讯。

德国和英国都设立了战俘营，以从掌握重要战略信息的囚犯那里获取情报。例如，在伦敦的科克福斯特战俘营，被俘虏德国军官的牢房被窃听，他们的谈话由懂德语的人分析。

最终，战俘会被送往永久营地。对于西线的绝大多数战俘来说，除了等待战争结束别无他法。

大多数战俘的主要关注点是吃饱。至少在1944年秋季之前，红十字会提供的食品和物资包可以为在德国的英美战俘提供微薄的口粮。但是，1944年秋天以后，盟军攻入欧洲，红十字会的供应链也就中断了。

除了饥饿，西线大多数盟军战俘的担忧是无聊，因此德国在娱乐和教育方面投入了大量精力。《关于战俘待遇的日内瓦公约》规定，不得强迫战俘劳动，但可以让他们从事有偿工作。据称，他们会在战争结束后获得报酬。

越狱和处决

尽管大多数战俘并未尝试越狱，但仍有超过3.3万名战俘成功逃脱。德国甚至在萨克森州的科尔迪茨设立了一座特殊的监狱，以关押他们认为“难缠”的盟军战俘，但即使这样，仍有一些盟军战俘设法逃脱。

相对而言，只有一名德国战俘成功从英国的拘留中逃脱。他就是德国战斗机王牌飞行员弗朗兹·冯·威拉。他于1941年年初在加拿大跳下火车，途经仍保持中立的美国、墨西哥和西班牙，最后返回德国。

在一些战区，战俘会被当场处决。1940年5月，在后来被称为“沃姆豪德大屠杀”的事件中，一支武装党卫队部队向关押着近100名英国战俘的谷仓投掷了手榴弹。

被德国俘虏的苏联战俘长期挨饿，在恶劣的环境中苦苦挣扎，饱受暴晒、虱子以及痢疾和斑疹伤寒等严重疾病的折磨。他们的处境如此恶劣，以至于他们中的许多人“自愿”加入了由叛变的将军安德烈·弗拉索夫领导的“俄罗斯解放军”——一个效忠于纳粹德国的

英国战俘在德国战俘营中演奏音乐。除了军乐队，战俘的其他娱乐活动还包括为狱友表演戏剧。

1942年6月，德军在乌克兰南部俘虏了苏联士兵。

苏联伪军组织。那些幸免于难并重回苏联的士兵很可能因他们的苦难而得到奖励，但也有部分归国战俘被运往苏联的惩戒部队。

远东战俘

日本给予盟军战俘的待遇极其差。1942年，6.1万名盟军战俘被迫与近30万名来自东南亚的劳工一起修建缅泰铁路（死亡铁路）。许多人在恶劣的条件下工作，死于疾病和饥饿。可能有多达1.2万名盟军战俘和9万名当地劳工死亡。

日本的另一项罪行是巴丹死亡行军。大约1.2万名美国士兵和6.4万名菲律宾士兵在1942年保卫菲律宾时被日军俘虏，他们被迫在炎热的天气中行军95千米，却没有住所和足够的食物。他们一旦无法跟上队伍就会被杀或被遗弃。将近一半的美国士兵死亡，而菲律宾士兵的死亡人数不详。■

> ……（菲律宾人）在黑暗、肮脏和长满虱子的牢房中缓慢而痛苦地死去。
>
> 东京审判中的菲律宾律师
> 佩德罗·洛佩兹，1946年

安德斯军团

1939年波兰被瓜分之后，超过100万名波兰平民和25万名波兰士兵发现自己被苏联拘留。德国入侵苏联后，波兰流亡政府和斯大林同意建立一支由前骑兵军官瓦迪斯瓦夫·安德斯领导的流亡波兰军团。

来自苏联各地的波兰人试图到达集合点，尽管许多人在途中因饥饿或筋疲力尽而死亡。随着与斯大林的关系恶化，安德斯将7.7万名士兵及其家属撤离到英国控制的波斯（今天的伊朗）。后来被称为安德斯军团的士兵们在意大利的卡西诺战役中赢得了些许声誉。战后，由于无法安全返回波兰，许多士兵定居英国。

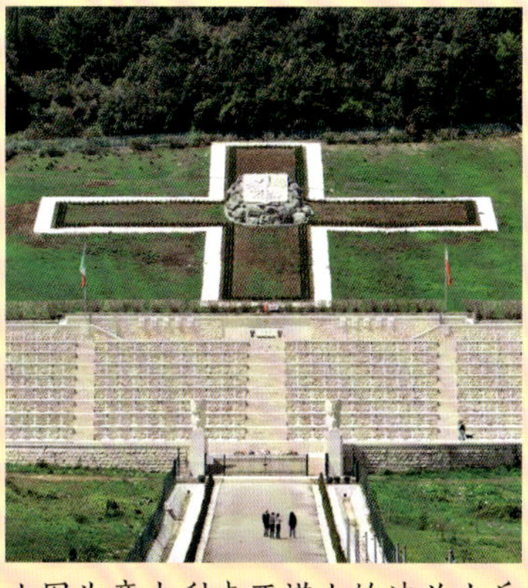

上图为意大利卡西诺山的波兰士兵墓。许多波兰士兵从苏联的古拉格被解救出来，辗转经过中亚、波斯、巴勒斯坦和北非，最终到达意大利，后来长眠于此。

残酷的现实

德国与战争

背景介绍

聚焦

德国后方

此前

1933年 纳粹领导人罗伯特·莱伊创建了德国劳工阵线，以掌控劳资关系，垄断对工人的控制。

1934年 阿尔伯特·施佩尔负责监督纽伦堡集会。

1936年 纳粹施行了一项旨在加速重整军备的四年计划。

此后

1946年 施佩尔在纽伦堡审判中逃脱了死刑。

1948年 德国的婴儿死亡率是其他西欧国家的两倍多。

2011年 富有的德国实业家族匡特家族承认，他们在二战期间从5万名囚犯的奴隶劳动中受益。

最终，德国将被它点燃的战火所吞噬，但令人惊讶的是，在很长一段时间里，德国民众相对来说并没有受到战争的影响。全面的社会文化控制、残酷的镇压、巧妙的经济管理，尤其是对欧洲大陆其他国家的无情剥削，让德国大部分国民免受困苦。然而，崩溃一旦来临就是残酷的。

不惜一切代价实现统一

希特勒从一战的后果中吸取的教训之一是，向民众施加苦难从

参见：纳粹政权的建立 30~33页，德国的扩张 46~47页，纳粹阴霾下的欧洲 168~171页，大屠杀 172~177页，德国的军工 224页，德国城市的毁灭 287页，苏联红军挺进德国 288~289页。

> **我们，柏林的男孩们……认为……不列颠之战只是一场角逐……战争，不，那不是我们使用的词。**
>
> 德国作家沃尔夫·乔斯特·塞特勒

而激发他们的“革命潜力”。纳粹决心避免任何可能破坏其精心构建的“协调”分配制度（国家统一和整合制度）的事情。因此，在战争爆发的第一年，纳粹的许多政策试图避免激怒国内民众。纳粹禁止军方对青年进行强制性服役的要求，全面配给、价格冻结等措施直到1944年才实施。

经济弹性

到了战争后期，德国国内消费最显著的特点是稳定，按人均计算，每年只是缓慢下降，甚至在1944年仍维持着1938年水平的70%。人均粮食预算在1944年之前一直保持稳定，甚至在某些年份还有所增加。战争初期的工业生产受计划经济影响，但在阿尔伯特·施佩尔执行了托特组织制订的计划后，工业产值有了巨大的增长。托特组织是一个由施佩尔的前任军备和弹药部部长弗里茨·托特创建的军事工程小组。对战时经济的技术官僚管理带来了军备生产的巨大增长。例如，1941—1944年，飞机制造增加了近4倍。

这个明显的增长是在英国和后来的美国海军的大规模封锁下实现的。资源从民用消费集中调配至军用，定额和配给保证了资源在军工产业内的有效分配，消除了军方对工业的干预。替代品（如使用合成油代替石油产品）帮助缓解了资源封锁的压力，德国工业的效率大大提高。与1941年相比，1944年生产BMW航空发动机所需的原材料减少了46%。

战利品

然而，德国最终依然只能通过从其他途径获得的资源来消除海上封锁带来的负面影响，主要的途径是征服和掠夺。德国迅速取得大陆霸权，获得了来自罗马尼亚的石油、来自波兰的煤炭、来自法国的铁矿石和来自苏联的锰等。1944年，德国获得的煤炭比1936年多了60%，铁矿石多了140%。粮食也可以从被征服的领土上抢夺或低价购买。毕竟，由于掠夺了被入侵国家的资源，德国积累了大量财富。战争初期，从苏联获得的许多进口商品抵消了封锁的影响。事实上，1941年，德国的经济部部长瓦尔特·芬克极力主张，面对英国的封锁，德国对来自苏联的进口品的日益依赖是将入侵苏联合理化的重要理由，这样可以确保持续的供应。

很明显，德国经济的恢复力在很大程度上是建立在人类的苦难

德国国内人均消费水平

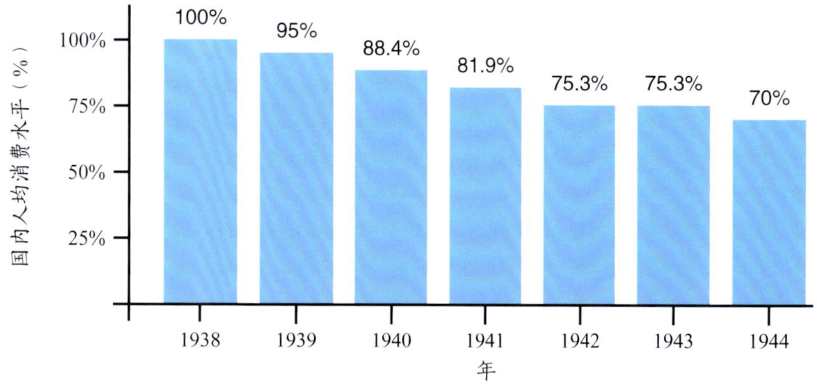

尽管发生了战争，但德国对国内生产的商品和服务的消费（此处基于1938年的100%水平）下降得并不明显。由于德国一直从占领的别国境内进口商品、掠夺资源和强迫非国民劳动，所以其国内人均消费可以保持在相对较高的水平。

上的。数百万名战俘被迫成为强制劳工或奴隶。战争开始时，德国实际上处于充分就业状态，如若征兵，则有可能导致劳动力短缺。英国和美国的解决方法是招募更多女性填补劳动力市场，但德国人意识形态上希望把女性限制在家庭和生育领域。例如，虽然所有18～25岁的年轻男性都必须在劳工局服役6个月，然后参军，但对于同龄的女性，仅限5万人参加志愿劳动服务，一次服务时长大约为26周。

强迫劳动

德国丝毫不愿放弃其父权观念，因此使用外国工人来解决劳动力短缺问题。到了1944年，德国四分之一的劳动力是外国工人，包括530万名强迫劳工和180万名战俘。

苏联的男男女女排满乌克兰的科韦利车站，等待被押送到德国从事强迫劳动。

这些外国工人的条件因其种族和国籍而有很大不同，但大多数人，包括犹太人、斯拉夫人和来自苏联被占领地区的人，受到的待遇之差令人震惊。他们靠仅能充饥的口粮勉强维持生计，许多人活活累死或活活饿死。

由于掠夺和奴役劳工分担了民众的负担，德国民众继续支持希特勒，他们的态度直到战争后期才有所改变。1939年，民众的情绪已经被纳粹宣传调动到了最有利于纳粹政府的状态。民众普遍认为德国的事业是正义的。1939—1940年取得的惊人胜利进一步提高了希特勒的知名度。

潮水转向

战争的进程随着1941—1942年冬季的莫斯科战役而开始转变。但在德国，对胜利的幻想仍然存在。战争期间柏林的一名少年沃尔夫·西德勒观察到，德国民众的情绪被“关于数百万名战俘的报道”点燃，但这与东部战役屡屡受挫的现实背道而驰：“普通德国人没有看到的是（莫斯科战役）之后德国没有打过一场大战。”然而，西德勒确实观察敏锐，1942年这一年里，来自东线的报告逐渐变得不那么具体，也不那么自夸了。

> **从高射炮塔上俯瞰，柏林遭受空袭的景象令人难忘，我不得不提醒自己注意残酷的现实，以免被眼前的景象迷住……**
>
> 阿尔伯特·施佩尔

1942—1943年斯大林格勒战役失败的消息，以及盟军对德国城市越来越凶猛的轰炸，使德国民众的情绪出现了转变。对轰炸的实际经济影响有很多争论。

德国战争生产直到1944年年末才受到严重损害，当时美国开始认真地以德国石油和运输基础设施为轰炸目标，尽管有证据证明美国轰炸造成的影响被德国已经实现的生产力的巨大增长所抵消。对工业区的攻击使许多工人无家可归，这造成了劳动力短缺和旷工。因为工人们不得不照顾他们的家人，或留在粮食供应更有保障的农村亲戚家。

美国飞机向德国不来梅的码头和造船厂投掷炸弹。仅1945年3月11日的一次突袭就动用了400多架轰炸机，这座城市也遭到了严重破坏。

绝命防御

在战争的最后几个月里，施佩尔所说的“残酷的现实”深深刺痛了德国民众的心。他可能指的是陷入困境的元首和他的小圈子的破坏性指令。维克多·克伦佩勒是一名在战争中幸存下来的德国犹太裔学者和作家，他记录了战争最后几天绝望的纳粹行话。纳粹的宣传资料里谈到了虚幻的“新的干预力量”。作为“80万人计划”的一部分，男孩和老人被强迫从事自杀式服务。德国国民警卫队的青少年成员只配备了“人民手榴弹45”，这种手榴弹实际上是一大块装满炸药的混凝土，它既可能杀死目标，也可能杀死投掷者。被派去对付苏联坦克的坦克连小队，实际上只是步行或骑自行车的男孩。

最后的抵抗

这种绝望的抵抗是希特勒最终背叛自己人民的结果，他于1945年3月19日发布了他的“尼禄法令”，下令实行焦土政策。这条命令意味着他将牺牲所有人和一切事物。“你不必担心基本生存需要什么……”他写信给施佩尔，“……最好的办法就是把它也毁了……这场斗争之后留下来的人无论如何都是劣等的，因为善良的人都会死去。”因此，德国民众被迫为毫无希望的“事业”付出生命。■

仅仅是序幕的结束

从加扎拉到阿拉曼（1942年1—11月）

背景介绍

聚焦

决定性的战役

此前

1940年6月10日 意大利对英国和法国宣战。

1941年2月6—7日 意大利军队在利比亚东部遭受重创。

1941年2月12日 隆美尔和他的非洲军团登陆利比亚，支援意大利。

此后

1942年11月8日 “火炬行动”一开始，美国和英国的军队就登陆了摩洛哥和阿尔及利亚。

1943年5月6—13日 轴心国军队在突尼斯投降。

1943年7月9日 盟军发起“哈士奇行动”，登陆西西里岛，开始攻入意大利。

1942年年初，轴心国军队在苏联境内激战。那场残酷的战役才是希特勒关注的焦点，但北非的战役仍然很重要。1月6日，盟军的“十字军行动”已迫使德国和意大利的军队从埃及边境撤回利比亚苏尔特湾的阿盖拉。撤退使德军筋疲力尽，补给线中断。

英军随后认为德军在很长一段时间内都无法再采取主动，因此决定休整部队并花时间检修装备。然而，隆美尔几乎立即证明英军想错了。

参见：意大利参战 88~89页，巴尔干战争 114~117页，北非和地中海 118~121页，火炬行动 196~197页，沙漠中的胜利 208~209页，攻入意大利 210~211页。

成功与僵局

在他的部队迅速恢复战斗状态后，隆美尔于1月21日再次前进。他迅速占领了班加西，迫使盟军在95千米长的加扎拉防线后方重新集结。这条防线从地中海沿岸向内陆延伸，由雷区组成的防御屏障加固，中间点缀着坚固的小型堡垒，这些堡垒是坦克障碍物和地雷的集中地。

尽管遇到了一些激烈的抵抗，特别是来自南部比尔哈凯姆的自由法国军队的抵抗，而且双方都损失惨重，但隆美尔还是带领他的部队绕过了防线的南端，智胜了盟军。然后，德军在一个被称为“大锅”的圈内设下掩体。

尽管盟军不断发动进攻，但隆美尔还是在6月11日成功突围并向东前进，然后在6月20日转向北方攻击英国控制的托布鲁克。这是北非海岸的主要港口之一，大型船只可以停靠在其天然的深水港，并在相对安全的情况下运送部队和装备。

在他的装甲师进入托布鲁克之前，隆美尔占领了两个机场并突破了外围防御。6月21日早上8时，英国的驻军司令、南非将军亨德里克·克洛普投降。这是1941年1月22日盟军占领托布鲁克以来，这座小镇第一次落入轴心国手中。能占领该港口，可能是隆美尔一生最大的成就。

> **我今晚将派出机动部队。根本不可能拖到明天……我们将誓死抵抗，直到最后一人、最后一轮。**
>
> 英国驻军司令亨德里克·克洛普，1942年6月21日

面对这一重大挫折，英国第8集团军迅速从加扎拉防线撤退，先是撤到梅尔萨马特鲁港，在该港被攻陷后，又越过埃及边界，向阿拉曼的小火车站撤退。

第一次阿拉曼战役发生在该镇以西约15千米处，始于7月1日，当时隆美尔袭击了盟军防线。

隆美尔被击退

英国将军克劳德·奥金莱克在两天内挡住了德军的进攻，新西兰军队击退了意大利阿里特装甲师的进攻，而澳大利亚部队则抵抗住了轴心国军队的突破。7月14—16日和21—22日，在英军两次穿越轴心国军队的防线后，隆美尔放弃了进攻。

8月30日，隆美尔再次尝试突破英军防线，在靠近海岸的北部发动了一次佯攻，并将他的主攻方向指向了南部。

由蒙哥马利中将指挥的盟军部队坚守阵地，迫使隆美尔挥师北上，向阿拉姆哈尔法阵地进攻。

由于缺乏燃料和车辆，隆美尔于9月5日撤退，并准备打一场防

1942年6月，自由法国士兵在成功保卫比尔哈凯姆沙漠绿洲后庆祝。他们的努力为盟军赢得了安全撤回埃及的时间。

轴心国vs同盟国：军事力量对比

	兵力	坦克	装甲车	大炮	反坦克炮
轴心国军事力量	116000人	547辆	192辆	552门	不多于1060门
同盟国军事力量	195000人	1029辆	435辆	900门	1451门

> **在你所处的情况下，你只能坚守岗位，一步也不能后退，将所有可用的武器和士兵投入战斗。**
>
> 希特勒致隆美尔，1942年11月3日

御战，以阻挡英军的进攻。然而，他又一次没能突围，他的东进之路被迫停止。

第二次战役

有些战役是靠主动大胆赢得的，有些战役则需要周密计划才能赢。第二次阿拉曼战役绝对属于后一类。

轴心国军队这时处于守势，未能突破英军防线，补给线也严重透支，无法及时供给。最重要的是，轴心国军队寡不敌众，枪炮也落后于对手。与盟军相比，轴心国军队人数较少，坦克、装甲车、大炮、反坦克炮和可用的飞机也较少。

尽管拥有精良的武器，但蒙哥马利并没有急于进攻。他慢慢地建立和训练他的部队，获取情报，并继续从陆地和海上切断轴心国军队的补给。

隆美尔预计英军会大举进攻，因此在沙漠深处布置了一片被称为“魔鬼花园”的雷区。与此同时，蒙哥马利采取了潜伏措施，开展了一系列行动来迷惑和误导敌人。利用争取到的时间，他精心策划了分为两个阶段的进攻，代号分别为“轻足行动”和“增压行动”

蒙哥马利觉得万事俱备才开始出击。10月23日，英国第30军对轴心国军队防线北部发动炮击。幸运的是，隆美尔远在德国治病，直到战斗开始的第3天才回来。盟军步兵开始穿越雷区，虽受到一些阻碍，但最终成功突破了防线。

与此同时，为了迷惑敌人，英国第13军向南发动了牵制性攻击，并于11月1日在西迪阿卜杜勒拉赫曼附近的海岸发动了两栖攻击。德军抵抗力强，多个地点战火纷飞。然而，最终“轻足行动”还是按照蒙哥马利的计划进行了。

增压行动

11月2日，蒙哥马利发起了“增压行动”。意识到隆美尔的部队燃料短缺后，蒙哥马利派遣他的部队突破了德军最后的防御工事。对西部的泰尔阿卡基尔和西迪阿卜杜勒拉赫曼的猛烈且持久的轰炸帮助英军在北部取得了突破。

隆美尔通知希特勒，他的部队面临全军覆没的危险，但希特勒回应说，他们必须站稳脚跟，否则就只有死路一条。然而，11月4日，隆美尔撤退了。

第二次阿拉曼战役对盟军来

> **几乎可以说，‘在阿拉曼之前，我们从未取得过胜利。在阿拉曼之后，我们从未输过’。**
>
> 温斯顿•丘吉尔《命运的铰链》

飞机

350架

530架

对轴心国和同盟国在第二次阿拉曼战役中的军事力量进行比较后，我们可以看出，隆美尔的非洲军团在每个类别上都处于劣势。

说是一个转折点，盟军之前与轴心国军队的大多数地面对抗以失败告终，但这次胜利对萎靡不振的士气是一次巨大的鼓舞。对英国来说，这也是提高蒙哥马利声誉的重大成功。

此前始终沉寂的教堂钟声终于响彻大地。此刻的战局对英国更为有利。

撤退至突尼斯

战败后，隆美尔迅速向西撤退，但遭到了盟军的追击。盟军于11月13日夺回托布鲁克，然后于11月20日夺回班加西，之后隆美尔于11月24日至12月13日在阿盖拉的防线后停下。稍后他再次出发，在苏尔特以外建立了防线，他坚守到1943年1月13日。

隆美尔的撤退速度如此之快，以至于盟军的补给线变得过于紧张，盟军无法紧紧跟随隆美尔。1943年1月23日，随着利比亚首都的黎波里被盟军占领，隆美尔越过边界进入了突尼斯。■

英军的步兵挺进阿拉曼。

伯纳德·蒙哥马利

伯纳德·蒙哥马利于1887年出生在英国伦敦，全程参与了一战。他在1914年的第一次伊普尔战役中被一名狙击手射中，并以第47（第2伦敦）师参谋长的身份结束了他的一战经历。从1942年8月起，作为英国第8集团军的指挥官，他带领部队在阿拉曼取得了胜利，并在1943年5月取得了盟军在突尼斯的最后胜利。随后，他在盟军攻入意大利期间领导第8集团军，并在诺曼底登陆日之后指挥诺曼底的所有盟军地面部队。

战争结束时，蒙哥马利指挥的部队已经解放了法国北部、比利时和荷兰，并占领了德国北部的大部分地区。1945年5月4日，他接受欧洲西北部德国军队的投降。他经常被批评为傲慢无礼，缺乏策略和外交手段，被温斯顿·丘吉尔描述为“在失败中，不可战胜；在胜利中，不可忍受”。他于1976年在英国汉普郡去世。

我们终于上路了

火炬行动（1942年11月）

背景介绍

聚焦

北非前线

此前

1940年6月 法国沦陷后，法属北非由亲轴心国的维希法国政府接管。

1941年12月 在日本偷袭珍珠港后，德国和意大利对美国宣战。

此后

1942年11月 维希法国政府的军队抵抗“火炬行动”失败，德国和意大利的军队占领了维希法国。法国海军在土伦自沉了几乎所有的军舰。

1943年1月 罗斯福和丘吉尔在卡萨布兰卡会晤并制定下一步战略，双方同意“地中海优先”策略，相信这能将轴心国赶出北非和意大利。

1943年5月 轴心国军队在突尼斯投降。两个月后，盟军登陆西西里岛。

从表面上看，“火炬行动”是盟军进攻法属北非的一个简单行动。其最终目的是夺取突尼斯，从西面攻击隆美尔的轴心国军队，而英国第8集团军则从东面追击，为攻入意大利扫清障碍。实际上，整个操作是一种妥协，有可能出现严重错误。

复杂的规划

当德国于1941年6月入侵苏联时，斯大林敦促西方同盟国开辟一条欧洲战线来对付希特勒。当年12月参战后，美国为是在太平洋地区

苏联敦促西方同盟国开辟第二条战线以对抗纳粹德国。

↓

美国高级指挥官主张直接攻击被占领的法国。

↓

英国敦促从北非开始清扫轴心国军队并攻入最脆弱的轴心国意大利。

↓

美国反对英国的计划，主张三管齐下横跨英吉利海峡。

↓

罗斯福总统命令“火炬行动”继续进行。

参见: 意大利参战 88~89页, 北非和地中海 118~121页, 日本偷袭珍珠港 138~145页, 从加扎拉到阿拉曼 192~195页, 沙漠中的胜利 208~209页, 攻入意大利 210~211页, 盟军峰会 225页。

弗朗索瓦·达尔朗

弗朗索瓦·达尔朗出生于1881年,从1902年开始在法国海军服役,1939年晋升为海军上将。二战爆发时,他是法国海军总司令,从1941年起在维希法国政府中担任事实上的政府首脑。

尽管在1942年4月被纳粹逼迫辞去了各种部长职位,但达尔朗还是被任命为整个维希法国武装部队的总司令。法属北非名义上忠于亲轴心国的维希法国政府。对于这一政府,美国承认但英国不承认,后者支持戴高乐将军的自由法国政府。但达尔朗说服维希法国的军队同意停战并与盟军合作。然而,许多自由法国政府成员后来对达尔朗之前与轴心国的合作多有诟病,他于1942年12月24日被一名抵抗运动战士暗杀。

与日本作战,还是通过从英国到北欧的三路进攻援助苏联而纠结。英国很谨慎,缺乏资源来支持这样一个大胆的行动,但丘吉尔主张将轴心国军队赶出北非。罗斯福总统在他的将军们推诿之后,罕见地直接下令,支持尽早进攻北非。

战略分歧刚被克服,军事计划就面临着问题。美国军队没有经历过战斗的考验,更不用说两栖攻击了。轴心国设在意大利的机场使登陆突尼斯过于危险,而地中海的摩洛哥或阿尔及利亚有可能使西班牙加入轴心国并封锁直布罗陀海峡。摩洛哥的卡萨布兰卡港口由于危险的大西洋海浪而具有风险,因此排除了提前占领突尼斯的可能性。

登陆开始

1942年11月8日,从美国出发的西部特遣部队在卡萨布兰卡附近登陆。尽管美军已经向当地的抵抗组织和法国军官探听了他们对盟军登陆的支持力度,但得到的回应并不是确定不变的。在这一事件中,维希法国的军队进行了猛烈的炮火抵抗,同时在海上引发了一场大规模海战。再往东,从英国出发的中央特遣部队在阿尔及利亚的奥兰附近登陆,此前该部队试图夺取港口的努力失败了。维希法国的舰队进行了干预,但其船只不是被击沉,就是被赶上岸。

更成功的是在阿尔及尔登陆的东部特遣部队,400名法国抵抗战士(主要来自犹太人的盖奥-格拉斯集团)于11月8日早些时候占领了关键目标。猛烈的炮火阻止了一艘英国驱逐舰的部队登陆,但这座城市在当天晚上投降了。11月10日,盟军与维希法国军队达成停战协议。"火炬行动"成功了。自此盟军在北非的地位得到了巩固。■

中央特遣部队在阿尔及利亚奥兰附近登陆。起初,由于希望得到法国的支持,美军暂缓了海上火力支援,但忠于维希法国政府的部队很快便展开了防御。

会下金蛋的鹅
不会咯咯叫

秘密战争（1939—1945年）

背景介绍

聚焦

间谍活动和情报

此前

1909年 英国政府正式组建军事情报机构MI5和MI6。

1938年 拉夫连蒂·贝利亚成为苏联的内务人民委员。

1939年7月 波兰情报官员赠送给英国和法国特工一台德国恩尼格玛密码机的复制品。

此后

1945年9月 美国政府解散了战略服务局。到了1947年，新成立的中央情报局吸收了大量战略服务局的特工。

1946年 德国陆军情报部门前少将莱因哈德·盖伦成为美国支持的东欧反共间谍网络的负责人。

1951年 一个位于英国的苏联线人情报网（剑桥五杰）浮出水面。

1952年 英国数学家、计算机先驱、战时密码破译行动的英雄阿兰·图灵，因同性恋而被判犯有严重猥亵罪。他被迫接受化学阉割，同时也失去了政府的安全许可。2年后他自杀身亡。

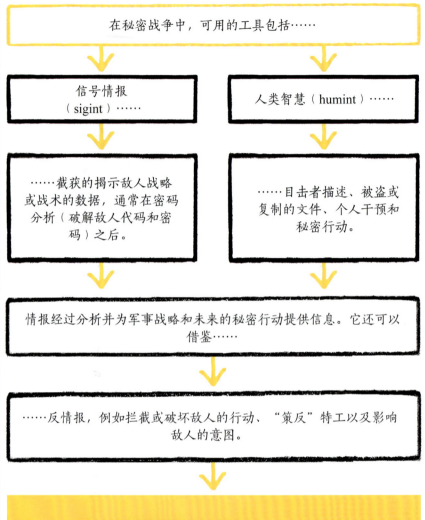

在秘密战争中，可用的工具包括……

信号情报（sigint）……

……截获的揭示敌人战略或战术的数据，通常在密码分析（破解敌人代码和密码）之后。

人类智慧（humint）……

……目击者描述、被盗或复制的文件、个人干预和秘密行动。

情报经过分析并为军事战略和未来的秘密行动提供信息。它还可以借鉴……

……反情报，例如拦截或破坏敌人的行动、“策反”特工以及影响敌人的意图。

情报的有效搜集和使用左右了二战的进程。

当交战双方在二战的战场上激烈交锋时，一场秘密战争正在暗中进行。参与者包括家庭主妇、密码破译员、间谍和外交官，而他们所使用的武器五花八门，从最新技术到信鸽，甚至还有被用作隐形墨水的精液。其中，信鸽遍布整个被占领的欧洲，使人们能够传递诸如过往船只等关键信息。所有交战国都动用了它们的情报机构、秘密行动和反情报部队，这极大地影响了战争的进程。

日本的间谍活动

日本将间谍活动视为战争不可或缺的一部分。东京的一所军事“间谍学校”教授间谍知识、破坏和颠覆技术。二战爆发时，日本在东南亚拥有重要的情报网络。

日本高级军官在马来各邦的

参见: 潜艇大战白热化 110~113页，日本偷袭珍珠港 138~145页，火炬行动 196~197页，大西洋上的对决 214~219页，刺杀希特勒 270页。

恩尼格玛和超智能

恩尼格玛是德国军方用来加密其所有通信信息的设备，便携且易于使用。它的密码轮实现了德国认为无法破解的加密。但是，当一名为法国情报部门工作的德国人将此事告知波兰后，3名波兰密码学家开始着手破解恩尼格玛。1939年，破解工作被移交给位于布莱切利园的英国密码破译员。

代号为ULTRA的情报非常有价值，因为它直接来自敌人的关键部门。但只有在德国仍然不知道密码已被破解的情况下，它才能被信任。获取情报的任务一直在不断演变，破译员们在争分夺秒地破解不断变化的加密技术，以使情报能够发挥作用。在英国数学家阿兰·图灵的领导下，1944年，"巨像"数字计算机在布莱切利被用来加快解密速度。ULTRA情报是盟军许多胜利的关键，从1942年在埃及阿拉姆哈尔法的胜利，到1943年5月在大西洋上结束U型潜艇的威胁，背后都有ULTRA的影子。

英国服务俱乐部假扮成服务员，从各种八卦中搜集情报。一个由海军司令山本平志管理的间谍集团延伸到整个太平洋，从洛杉矶的连锁"慰安所"（妓院）到纽约和墨西哥都有其特工。

策划偷袭珍珠港这一日本最大的情报搜集工作可以说是很容易实现的。一群在檀香山冒充外交官的间谍搜集了有关美国军事设施、时间表、防空系统、地形和珍珠港海军基地安全措施的详细情报。他们整理报纸报道，进行个人观察，甚至连明信片也不放过。

日本飞行员在1941年偷袭珍珠港时的确使用了一张带有海港鸟瞰图的明信片副本作为参考。

日本谍报活动的成功导致日本或多或少低估了无线电的价值和威胁。袭击珍珠港事件之后，美国的"MAGIC"密码分析行动破解了日本的外交密码，而ULTRA的美国分支机构破解了日本海军的关键密码JN-25。

这些情报破译工作阻止了日本在1942年5月的珊瑚海海战中取得胜利，挫败了日本入侵新几内亚的莫尔兹比港并切断澳大利亚补给线的计划。

ULTRA还在前往夏威夷途中发现了中途岛是日本的目标，这一发现帮助美军赢得了具有决定性意义的中途岛海战。

苏联的情报机构

苏联情报机构频繁重组，但自始至终，内务人民委员部都是关键机构。尽管其主职是负责国家安全，但内务人民委员部也在占领区开展活动。委员部的主要成就有：在英国情报部门成功安插间谍和窃取到绝密的美国原子弹计划。

苏联红军总参谋部主要情报局在前线搜集情报，并在东线成功对抗德军。虽然它是内务人民委员部的附属机构，但它管理着许多间谍网络，其中最著名的是德俄混血记者、纳粹党成员理查德·佐尔格。在东京的德国武官身边，佐尔格获得了德国入侵苏联的巴巴罗萨行动的情报，甚至包括日期。

然而，苏联认为这是英美的阴谋，以至于佐尔格差点被召回并接受惩罚。佐尔格后来发现了日本将其军队从苏联边境撤走的计划，

> 知彼知己，百战不殆。
>
> 《孙子兵法》

这使他恢复了原有待遇，苏联得以转移部队与德国作战。

苏联的反情报工作由施密尔舒（SMERSH）处理，SMERSH是俄文“间谍之死”（Smert Shpion-am）的缩写。SMERSH的职权范围很广，其中包括调查武装部队。总体而言，估计有3%～4%的军事人员直接受雇从事情报或反情报工作，另有12%是次级特工或线人。

德国情报机构的内战

德国的情报机构主要是军事情报机构“阿勃维尔”和帝国安全总局，后者由希姆莱和党卫队控制。纳粹领导人和机构之间的竞争削弱了德国情报的有效性，尽管党卫队对“阿勃维尔”的怀疑最终得到了证实——“阿勃维尔”参与了1944年刺杀希特勒的行动。德国的情报工作也因最终受希特勒本人领导这一事实而受到阻碍。虽然希特勒大部分时候很精明，但有时也受到先入为主、盲目和过度自信的限制。

反情报活动

“阿勃维尔”在反情报方面取得了最大的成功。苏联红军总参谋部主要情报局的间谍网络“红三”和德国的“红色乐团”都被发现。而在荷兰，“阿勃维尔”和帝国安全总局合办了“英国游戏”。在荷兰抓获特工后，德国欺骗英国，让英国以为这些特工仍在活动，从而得以抓获英国特别行动处之后派出的每一个特工。

英国的处理人员未能发现他们通信系统中的多次警告，在两年的时间里，他们的无能和德国情报人员的狡猾导致了54名特工、至少50名英国皇家空军人员和大量抵抗战士被捕。

最终，在1944年刺杀希特勒行动失败后，“阿勃维尔”被解散，许多领导人被处决，其大部分机构被归入帝国安全总局。后者负责监督国家安全，包括盖世太保（政治警察）、反情报活动，以及占领和征服行动。它也是大屠杀不可或缺的一部分。

值得注意的是，德国情报部门未能在英国成功安插任何特工，而派往美国和加拿大的许多特工则很快被抓获。它没能发现可以说是战争中最有价值的秘密——ULTRA，也没能发现盟军在诺曼底登陆日前后的欺骗行为。

美国“智慧汗水”的结晶

战略服务局成立于1942年，由“狂野的比尔”多诺万将军领导，相当于英国MI6和特别行动处的合体。尽管美国联邦调查局对许多反情报和国内情报领域严加防范，但战略服务局负责监督实地行动和反情报工作。其最大的部门是研究和分析部。

多诺万相信，“良好的老式智慧汗水”是现代情报工作的核心。因此，他召集了一批专家对不同地区和主题进行分析和报告，他们中有很多人来自学术界。

战略服务局的成就包括北非的“火炬行动”，尽管在这次行动中，波兰间谍网络负责人、代号为“雷戈尔”的斯洛维科夫斯基的“非洲情报局”的特工提供了大部分情报。

> **“英国特工秘密购买法国法郎——他们预计要登陆了。”**
>
> 德国关于伪造盟军入侵计划的情报报告，1944年3月

战略服务局在规划美国轰炸行动时还将经济理论引入军事情报中。它在意大利、希腊和巴尔干地区开展广泛的秘密行动和网络建设，并致力于对抗苏联在战后世界的影响力。

在远东地区，战略服务局训练了大批缅甸游击队，同时扰乱了日本的防空系统，使该地区的军队能够获得空投物资。也许最引人注目的是，从1944年开始，战略服务局将特工渗透到德国本土，他们在那里获得的情报为其他渠道的信息提供了宝贵的证实。

英国间谍活动

英国的情报机构包括特别行动处、军事情报局MI5和MI6，以及布莱切利园密码破译员。MI5的主要成就包括双十委员会，它负责监督国内情报和反情报的拦截、转交，并监禁每一个派往英国的德国特工。

著名的双重特工包括戴恩•

伍尔夫·施密特（代号TATE）。他对爱尔兰南部附近的雷区的报告使U型潜艇不敢轻举妄动。他非常受人信任，以至于德国将他归化，以便授予他铁十字勋章。

MI5还管理着西班牙人胡安·普霍尔（代号GARBO），他帮助发明了一个虚构的间谍团伙，欺骗德国高层，使其认为盟军的登陆不会发生在诺曼底，而会发生在加来附近。

海外成就

MI6负责监督国外行动，包括破译"阿勃维尔"的密码和提供来自被占领欧洲的战术情报。它还提供针对德国雷达设施及V型武器开发和发射地点的目标信息，这挽救了许多生命。

特别行动处在被占领地进行间谍活动，范围从突击队的突袭和破坏到情报搜集，再到战俘逃跑路线的追踪。■

为盟军的特别行动处和战略服务局工作的特工获得了特殊设备，例如这个伪装成公文包的无线电台，用于从占领区发送情报。

特别行动处秘密行动的主力飞机被漆成黑色以便夜间接应，这是在德国欺骗行动期间被击落的十几架英国飞机之一。

TURNING THE TIDE 1943—1944

局面扭转 1943—1944

1943年2月9日

经过与日本的长期苦战，美国控制了太平洋所罗门群岛的瓜达尔卡纳尔岛。

1943年5月13日

突尼斯最后的轴心国军队向盟军投降。超过25万名意大利和德国士兵进入战俘营。

1943年5月16—17日

英国皇家空军的617中队发动了被称为“水坝破坏者突袭”的行动，这是对默讷河和埃德尔河上的水坝的精确攻击。

1943年5月22日

德国潜艇司令卡尔·邓尼茨命令他的潜艇停止在北大西洋的行动，并承认战败。

1943年7月

在库尔斯克会战期间，德军的坦克部队向苏联红军的防线发起进攻，但之后被迫撤离。

1943年7月10日

盟军开始进攻西西里岛，2个月后全面攻入意大利本土。

1943年7月24日

英美空军对德国汉堡港发动了大规模突袭，引发了一场“火焰风暴”。

1943年11月

在太平洋上，美国海军陆战队占领了吉尔伯特群岛的塔拉瓦环礁。

到1943年春天，很明显，战争的进程正在不可逆转地向着有利于盟军的方向发展。德国和日本早先取得的战果正在逐渐失去。1943年2月，德国在斯大林格勒失利，几个月后，轴心国军队在北非投降。在太平洋战场上，战略主动权牢牢掌握在美国手中。

海空控制权

轴心国军队在战争前半部分取得的胜利是通过军事上的辉煌实现的，而盟军的战略则是依靠优越的资源来击垮它们的对手。为了反映一种商业化的战争方式，盟军领导人定期开会以解决分歧，明确目标，并制定一个统一的战略。

尽管双方命运的平衡发生了变化，但轴心国军队还是证明了自己是防御战的大师，能够比预期的时间更长地抵御盟军。盟军的战略最终将以占领德国和日本而告终，但在此之前，盟军必须获得对海洋和天空的控制权。

在对德战争中，第一步是在1943年年中的大西洋之战中取得胜利。这使大西洋对于为进攻欧洲做准备的数百万美国士兵来说是安全的，同时也保证了食品和物资供应能够顺利到达英国。在空中，早在1942年2月，英国就对德国发动了夜间战略轰炸攻势，旨在摧毁其经济资源并破坏其民众的意志。美国空军从1943年年中开始出现，白天从英国基地起飞。

盟军前进

1943年9月，盟军攻入意大利南部。墨索里尼在7月的政变中被罢免，新的意大利政府与盟军达成协定。然而，希特勒的反应迅速而无情：德军在几天内占领了意大利，并采取防御战略，让盟军的进攻陷入了困境。

只有通过进攻法国北部，盟军才能在公开战争中击败德军。欧洲的平民在纳粹的压迫下呻吟。1944年，当击败德军的希望越来越大时，抵抗运动获得了新的动力。法国抵抗组织提供了有关德军部署的情报，并发起了一场破坏活

1944年3月8日

日军在缅甸发动了U-Go攻势，旨在占领英帕尔和科希马的英军据点。

1944年5月18日

经过数周的战斗，德军在意大利的据点卡西诺山落入盟军之手。盟军开往罗马的道路现已开放。

1944年6月6日

盟军发起了诺曼底登陆行动，这是有史以来规模最大的两栖行动。

1944年7月20日

在希特勒总部引爆炸弹刺杀希特勒的行动失败。参与者主要是军官，最终被处决。

1944年8月30日

苏联红军占领了普洛埃斯蒂的罗马尼亚油田，进一步剥夺了德国进行军事行动所需的燃料。

1944年10月20日

美军在菲律宾登陆，开始将这些岛屿从日本的统治下解放出来。

1944年10月23—26日

美国在莱特湾战役中使日本海军遭受了惨重的失败。

1944年12月

在比利时的阿登，盟军击退了德军的一次主要攻势，即著名的突出部战役。

动，以阻止德军在进攻期间的自由行动。

在东欧和巴尔干地区，抵抗运动牵制了大量德军。例如，波兰抵抗组织的成员争夺华沙中部的控制权，并在被德军击败之前进行了长达7周的血腥战斗；在南斯拉夫，铁托的游击队与德国士兵进行了公开战斗。

1944年6月6日，盟军发起诺曼底登陆行动。盟军成功的核心是极其优越的情报网和制空权，这确保了士兵和武器的不间断移动。没有这两个优势，登陆就不可能成功。

在东线，苏联红军在斯大林格勒战役中取得胜利后继续进攻。1943年7月，苏联在乌克兰的库尔斯克会战中赢得了一场戏剧性的坦克会战。1944年，苏联把注意力转向了北部地区，在巴格拉季昂行动中摧毁了德国中央集团军群，然后转向南部并扫清了巴尔干地区的德军。到1944年秋天，苏联红军已将入侵者驱逐出境，并准备越过边界进入德国本土。

阻止日本

在太平洋战场上，美国潜艇在击沉向日本运输石油和其他重要资源的商船方面发挥了重要作用。美国飞机在破坏这些重要贸易路线方面也发挥了巨大作用。1944年年中，日本的经济正慢慢地被扼杀，而美国武装部队实施跳岛战术使日本进入了轰炸范围。然而，决定性的因素是美国开发出了一种新的恐怖武器——原子弹，这将为太平洋战争带来一个可怕的结局。■

他们完成了任务

沙漠中的胜利（1943年2—5月）

背景介绍

聚焦

突尼斯战役

此前

1942年11月4日 隆美尔在埃及的阿拉曼被英军打败。隆美尔向西撤退至突尼斯。

1942年11月8日起 盟军发动“火炬行动”，在地中海和北非的大西洋海岸进行了一系列登陆。

1942年 德军加固了突尼斯，抵挡住了盟军发动的攻击。

此后

1943年 盟军于7月开始进攻西西里岛。

1944年 由于卷入了刺杀希特勒的计划，隆美尔于7月自杀身亡。

1943年上半年的突尼斯战役结束了北非战争。在这场战争中，双方本可以处理得更好，但他们却进行了激烈的交战。虽然盟军迟迟未能到达突尼斯，但轴心国军队却倾尽一切保卫它，这是一个巨大的错误。

冲向突尼斯

1942年11月9日，也就是盟军“火炬行动”发动一天后，德军在突尼斯登陆，以保护隆美尔从阿拉曼向西撤退时的后方。与此同时，英军从阿尔及尔向西推进800千米，向突尼斯进发。11月12日，英军的伞兵就在德军尝试登陆前几分钟降落在突尼斯边境的波尼机场。11月18日，从波尼挺进的英军遇到德军巡逻小队，双方爆发了激烈的战斗。

1942年年底，德军已经在突尼斯周围建立了一系列据点。德军在突尼斯的进攻得到了海军上将让-皮埃尔·埃斯特瓦的帮助。埃斯特瓦允许在德国航母上降落更多的部队和新的虎式坦克。1943年年初，德国和其意大利盟友已经在那里集结了大约25万名士兵，并得到了西西里岛附近机场的支持。

> “增援北非的决定是希特勒犯下的最严重的错误之一……它使……德国最精锐的军队处于无法防御的境地……无路可逃。”
>
> 美国历史学家威廉姆森·默里，1995年

凯塞林隘口之战

第一次重大战役于1943年2月14日爆发，当时德国第5装甲集团军决定采取主动，发起了“春风行动”，向西推进穿过突尼斯中部。一天后，隆美尔和他的非洲军团开始了“晨空行动”，以威胁从阿

参见：意大利参战 88~89页，巴尔干战争 114~117页，北非和地中海 118~121页，从加扎拉到阿拉曼 192~195页，攻入意大利 210~211页。

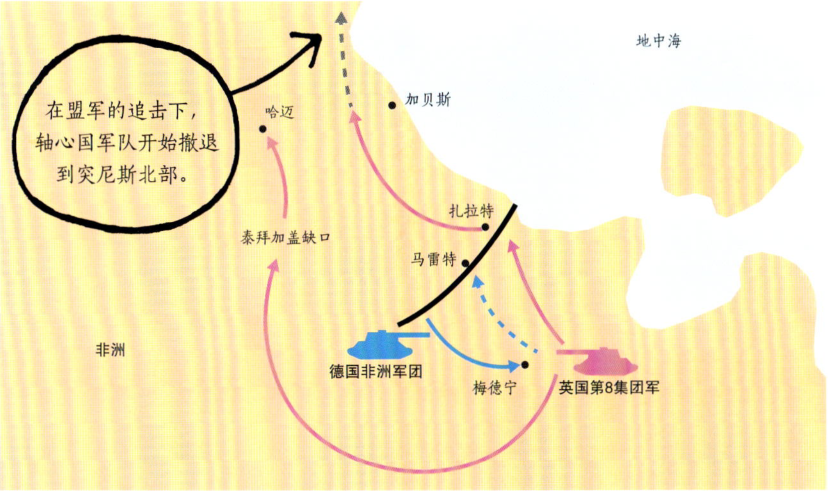

3月6日破坏性攻击失败后，轴心国军队退到了马雷特防线。3月19日，盟军对马雷特防线发动了正面进攻，并在德军右翼周围发动了第二次进攻。

尔及利亚向西前进的盟军第1集团军的侧翼。在凯塞林山口发生激战后，轴心国军队被迫撤退。

打破马雷特防线

在南部，追击隆美尔的英国第8集团军试图突破突尼斯与利比亚南部边境的马雷特防线——一条从海岸到山区全长35千米的防线。

在情报显示英军的进攻计划后，德军发动了代号为“卡普里岛行动”的破坏性进攻，但该行动失败了，德军损失了55辆坦克。

蒙哥马利下令对防线进行正面攻击，新西兰和自由法国军队围绕德军右翼进行第二次攻击以支持正面攻击。第二次攻击达到了目的，迫使轴心国军队于3月28日放弃了马雷特防线并向北撤退。4月7日，来自“火炬行动”的盟军增援部队终于与英国第8集团军在哈迈会合。

随着轴心国军队包围突尼斯东北部的沿海平原，盟军于4月20日向北移动。此时盟军进展缓慢，战斗经常是肉搏战。

5月7日，盟军终于进入突尼斯。轴心国军队集体投降，意大利将军梅塞最终在5月13日投降，突尼斯战役结束。大约25万名轴心国士兵投降。

在这里，希特勒白白牺牲了很多经验丰富的士兵，因为他犯了一个错误，让士兵经常处于无法防御的位置。对于盟军来说，非洲战争已经结束，但“火炬行动”的延误代价高昂。■

1943年2月，突尼斯附近的埃尔奥伊纳机场有一架德国空军飞机被美国B-17轰炸机的碎片炸弹炸毁。

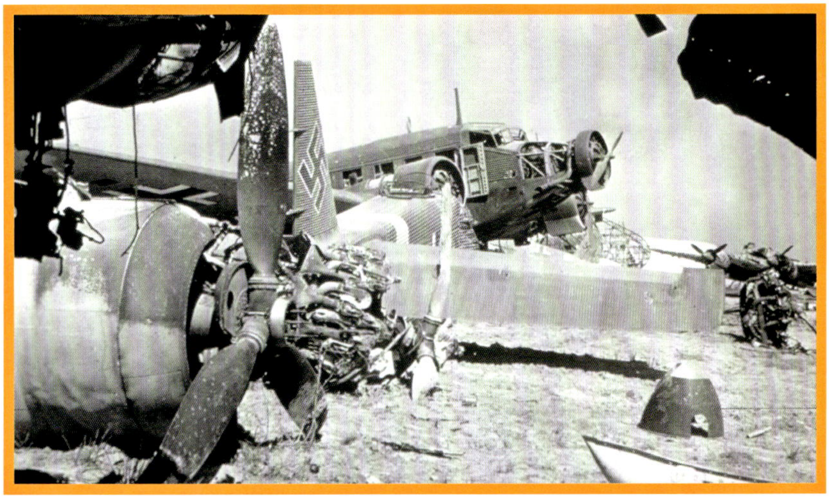

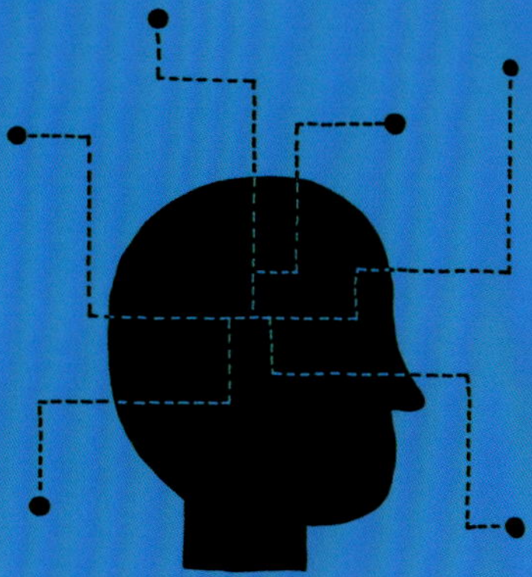

敌人残暴、狡猾，又冷酷

攻入意大利（1943年7—12月）

背景介绍

聚焦

地中海前线

此前

1940年6月 意大利作为轴心国一方加入二战。

1943年1月 英国和美国同意在摩洛哥的卡萨布兰卡实施地中海优先政策，将轴心国从北非和意大利赶走。

1943年6月 盟军攻入意大利的潘泰莱里亚岛，并趁机控制了地中海的空军基地。

此后

1944年1—5月 卡西诺战役爆发。盟军组织了4次进攻，付出了高昂的代价，才取得胜利。

1944年6月5日 盟军解放了罗马。

1945年4月28日 意大利的抵抗军逮捕并处决了墨索里尼。

1945年5月2日 意大利的德国军队向盟军投降。

盟军于1943年5月在突尼斯击败轴心国军队后，获得了北非的控制权。盟军的下一步计划是攻入意大利。罗斯福和丘吉尔在卡萨布兰卡会面后，盟军在战略上的分歧得到解决。

哈士奇行动

7月10日，两栖作战和空降标志着攻入西西里岛的“哈士奇行动”的开始。盟军北上积极应战，巴勒莫于7月22日投降。尽管名义上轴心国对该岛的控制权掌握在意大利人手中，但实际上德军领导人阿尔贝特·凯塞林元帅掌握着主导权。当他意识到败局已定而自己无力回天后，他旋即协调10万名轴心国士兵成功撤离。

英国军队在西西里岛海岸涉水上岸。“哈士奇行动”差点因夏季暴风雨而推迟。盟军于1943年7月10日登陆。

参见：意大利参战 88~89页，北非和地中海 118~121页，从加扎拉到阿拉曼 192~195页，火炬行动 196~197页，沙漠中的胜利 208~209页，夺回罗马 254页，最后一站，意大利 296~297页。

在港口城市阿格罗波利，美国士兵向孩子们分发糖果。长达3年的战时贫困使得意大利平民对法西斯政权的支持少之又少。

最后一批士兵于8月17日离开；当天早上，轴心国最后一个据点墨西拿的士兵也投降了。

西西里岛发生的事使意大利领导人相信需要一个新政权。希腊、巴尔干半岛、法国和苏联的军事开销越来越大，粮食短缺和空袭使人们疲惫不堪。7月25日，墨索里尼被迫辞职并被捕。雄心勃勃的将军彼得罗·巴多格里奥成为总理，他于9月3日与盟军签署了秘密停战协定。5天后公开宣布此事时，德国已迅速镇压了意大利军队，强行解除了意大利60万名士兵和欧洲其他地方40万名士兵的武装。

9月12日，德国突击队营救出墨索里尼，墨索里尼被任命为在意大利北部成立的德国傀儡政权——意大利社会共和国的领导人。

艰难的战役

与此同时，盟军于9月3日在卡拉布里亚登陆，攻入意大利本土。9月9日，盟军直面德军在萨莱诺的进一步登陆，双方展开了激烈的战斗。盟军的增援在最后一刻及时赶到，使盟军免于撤退的结局。德军于9月16日摆脱了与盟军的交战，向北撤退。

盟军前进

9月27—30日，意大利南部最大的城市那不勒斯爆发了一场反抗德军及意大利法西斯支持者的民众起义。那不勒斯的人民和抵抗的战士一直坚持到盟军10月1日抵达并解放这座城市及其重要港口。巴多格里奥于10月13日对德国宣战，将他控制的部队移交给盟军。

尽管盟军取得了一些进展，但德军并没有遭受毁灭性的打击。意大利军队保卫的罗马被凯塞林攻陷。凯塞林解除了意大利军队的武装并撤退到冬季防线，那里有意大利中部精心准备的防御工事网络。盟军在12月首先攻击了这道被德军占领的防线。但事实证明，复杂的防御工事和山区地形造成的困难难以克服。盟军在意大利的作战无法迅速取得胜利。■

> 那不勒斯城内弥漫着木头烧焦的气味，到处都是废墟，弹坑和废弃的电车随处可见，有时甚至完全封堵了街道。
>
> 英国情报官诺曼·刘易斯，1943年10月

欺骗轴心国

“哈士奇行动”成功的核心是欺骗轴心国领导人，尤其是希特勒，让其误以为盟军将进攻地中海的其他地方。

成功的另一个关键因素是“巴克莱行动”的展开。这是一张由英国情报部门编织的误导网。英国情报部门虚构了一支不存在的“第12军”，发送带有进攻巴尔干计划的虚假无线电信号，并制造充气车来迷惑德国侦察部门。在希腊，英国招募了当地的口译员，并与希腊反侵略武装力量一起袭击了铁路和公路。

最大胆的欺骗行动是“肉糜行动”。英国情报部门给一个刚死去的男子穿上皇家海军陆战队军官的制服，并将盟军攻占希腊和撒丁岛的虚假计划藏在其身上。1943年4月30日，一艘潜艇将这具尸体投放到西班牙海岸。尸体上的假情报被传递给德军，德军相信情报是真实的，于是向希腊和撒丁岛派遣了增援部队。

日军的坟墓

所罗门群岛和新几内亚之战（1942—1943年）

背景介绍

聚焦

太平洋上的战争

此前

1942年1月23日 日本从澳大利亚手中夺取了新不列颠岛的拉包尔，并在原地建设了日本在南太平洋的主要军事基地。

1942年3月8日 日军攻打新几内亚。

1942年5月3日 日军抵达所罗门群岛的瓜达尔卡纳尔岛，并在那里建设大型机场。

此后

1943年11月20日 美军开始攻打吉尔伯特群岛的塔拉瓦环礁和马金环礁。

1944年1月31日 美军开始进攻马绍尔群岛。

1944年6月 美军进攻日本在马里亚纳群岛和帕劳的据点。

在太平洋、珊瑚海和中途岛海域3个战区都战胜了日本海军后，美军于1942年8月再次发动进攻。日军于5月3日抵达所罗门群岛的瓜达尔卡纳尔岛和图拉吉岛，并开始建造瓜达尔卡纳尔岛的机场和图拉吉岛的水上飞机基地。这些行动对美国和澳大利亚之间的交通联系构成了巨大威胁，作为回应，盟军于8月7日袭击了这两个岛屿，1.1万名美国海军陆战队士兵几乎没有受到任何抵抗就顺利登陆了瓜达尔卡纳尔岛。8月8日至9日，日本海军发起夜间反击，在萨沃岛附近击沉了美军的4艘巡洋舰。美军舰队撤退，留下海军陆战队在没有重型装备的情况下独自战斗。

瓜达尔卡纳尔岛之战

海军陆战队很快攻占了瓜达尔卡纳尔岛北海岸日军正在建设的军用机场。这座机场为盟军所有后，美军以它为基地来阻止日本海军在该岛附近的行动。作为回击，日军将部队从其在新不列颠拉包尔的大型基地通过快速驱逐舰调到该

日本在南太平洋的一系列基地阻碍了美国和澳大利亚之间的交通联系。
→
日本的所有基地都戒备森严，难以占领。
↓
但如果一个基地被包围和孤立，它就不再是盟军的威胁了。
←
盟军占领了日军的一部分基地，并在其余基地周围形成一个包围圈，以切断它们之间的联系。

参见: 日本的进军 44~45页, 日本偷袭珍珠港 138~145页, 日本的扩张 154~157页, 中途岛海战 160~165页, 西太平洋战场 244~249页。

1943年12月进攻布干维尔岛时，纳瓦霍族的密语者们正在工作。日本的密码破译员完全无法破译这些密码。

密语者

美国军方的密语者使用鲜为人知的美洲原住民语言来传达机密信息。二战期间，400~500名美洲原住民士兵被招募到美国海军陆战队。

密语者主要使用两种类型的密码通过军用电话或无线电发送消息。第一类密码基于科曼奇人、霍皮人、梅斯克瓦基人和纳瓦霍人的语言，用他们的土语来表示英语字母的每个字母。这类信息的编码和解码采用的是简单的替代加密法。第二类密码更加随意，将英语单词翻译成原住民语言。如果没有现成的母语单词或短语，密语者就会创造一个。例如，纳瓦霍的密语者将“潜艇”翻译成“铁鱼”。纳瓦霍语很适合密码交谈，因为最亲近的人也无法完全理解彼此的意思，而且这种语言没有文字载体。密语者在太平洋战争中的作用是无价的。

岛。快速驱逐舰是一种被称为“东京快车”的高效运输系统。9月中旬，日军已准备好攻打机场。美国海军陆战队不得不应战，它击退日军进攻，同时在周围的丛林中进行巡逻。

11月13日，日本军舰炮击机场并登陆更多部队。在持续2个晚上的混战中，日本损失了2艘战列舰和4艘其他军舰。美军的损失大抵与日本持平，但仍设法阻止了日军登陆。随着美军源源不断前来增援，日军选择撤退，于1943年2月7日离开瓜达尔卡纳尔岛。

车轮行动

“车轮行动”是美军在西南太平洋上针对日军的一系列行动，由道格拉斯·麦克阿瑟将军提出。“车轮”有两个侧翼：一个飞向新几内亚海岸，另一个飞越所罗门群岛。行动的目的是包围并摧毁日军在拉包尔的基地。那里是盟军夺回菲律宾的主要障碍。

6月29日，以对新几内亚的首次攻击为标志，“车轮行动”正式启动。在布干维尔岛的进一步登陆使盟军得以在新不列颠岛周围形成一个大的包围圈，盟军于1944年3月开始攻击该岛。这导致日军在新爱尔兰的拉包尔和卡维英基地被包围和孤立。以盟军将士的生命和舰艇的损耗为巨大代价，“车轮行动”取得了成功。■

美国海军陆战队在新不列颠岛的格洛斯特角登陆。太平洋战区需要美军两栖作战，包括在困难条件下完成机械化运输部队的登陆。

他们的
新定位装置
让战斗变得
不可能

大西洋上的对决（1943年3—6月）

背景介绍

聚焦

大西洋之战

此前

1918年 一战期间，作为一艘U型潜艇的艇长，邓尼茨对协约国军队的一支商船船队发起了大胆的夜间水面突袭。

1940年 从7月起，U型潜艇的船员们在大西洋上享受了一段较为舒适的“快乐时光”。

此后

1944年年初 U型潜艇配备了通气管，发动机可以在水下时吸入空气，从而大大提高了性能。

1944年 “巨人”计算机于6月在布莱切利园投入使用，它能够实时破译德国的密码。

1944年 在英吉利海峡损失了一半以上的船只后，邓尼茨于8月结束了专门打击盟军进攻部队补给线的U型潜艇攻击战。

大西洋之战是一场旷日持久的冲突，几乎贯穿整个二战，于1943年春天达到高潮。这场战斗是一场拉锯战，双方轮流占据上风，不过最后胜利的天平果断地向有利于盟军的方向倾斜了。然而，早在1942年初，战局走向并非如后期所呈现的那样。在各种事件共同作用下，盟军的航运遭受了巨大的损失，德国U型潜艇有着巨大优势。影响战争走向的关键因素包括参战的U型潜艇数量、盟军空中掩护的范围、探测和反潜技术、商船船队的数量和战术，以及（最重要的）每一方读取对方密码的能力。

谍战

德国相信自己的海军使用的加密信息是牢不可破的。西班牙情报官员安东尼奥·萨米恩托在20世纪30年代评估用于创建德军情报内容的恩尼格玛密码机时说：“为了说明这些机器有多安全，我只想说，密码组合的总数量是惊人的，高达1252962387456组。”但

> **海上的潜艇必须被击沉，必须炸毁停泊在工地或码头上的潜艇。**
>
> 温斯顿·丘吉尔，1941年

1941年，盟军破解了密码。有一次，加密的信息在传输后1小时内就被迅速破解了。这一突破非常有价值。虽然德国恩尼格玛的安全性有所下降，但德国海军并没有放弃它，只是在1942年2月增配了一个密码轮。

然而，这个小变化对盟军来说是一场灾难，一下子就使ULTRA情报行动失效了。同月，德国的“无线电监测服务”破解了盟军海军密码3号（NC3）的大部分内容。这

卡尔·邓尼茨

邓尼茨是一位U型潜艇艇长。他在一战中彻底颠覆了传统的潜艇作战哲学。他不让潜艇在白天潜入水中发动攻击，而是让其在夜间发动水面攻击。

1935年，两次世界大战之间的对德绥靖政策让德国趁机再次组建U型潜艇舰队。邓尼茨被希特勒任命为U型潜艇总司令，他也是希特勒的狂热崇拜者。1939年10月，他因督战了英国皇家橡树号战列舰在斯卡帕湾的沉没而晋升为海军少将。邓尼茨组织了一系列U型潜艇战，引入了“狼群”等战术和他标志性的夜间水面攻击策略，这让他又获得两次晋升。

1943年1月，邓尼茨被任命为德国海军司令，但事实证明，他是一名无能的海军首脑。尽管如此，他仍然获得了希特勒的信任，希特勒选定他为继任者。在1945年5月22日被捕时，邓尼茨是当时的德国总统。他在纽伦堡审判中被判犯有战争罪，在监狱中服刑10年。

参见: 英国组织全面战争 100~103, 潜艇大战白热化 110~113页, 战争中的美国 146~153页, 袭击北极船队 166页, 秘密战争 198~203页, 德国的军工 224页。

大西洋上的一艘英国船只配备了深水炸弹。深水炸弹最初是对抗U型潜艇的唯一武器。

是一套用于确定盟军商船船队路线的密码。虽然只有10%的截获信息被及时破解，但它发挥了作用。这一小小的成功足以让轴心国准确了解关于商船船队时间和路线的全貌。正如德国对恩尼格玛的安全性过于自信一样，英国对NC3也过于自信，一直坚持使用它到1943年6月。

惨淡的海上作战

在此期间，德国取得了一连串对盟军来说是毁灭性打击的成功。1942年7月对北极商船船队PQ17的攻击导致盟军35艘商船中的24艘沉没，盟军运往苏联的三分之二军备折损；1942年9月，商船船队PQ18的40艘商船中有13艘被击沉。正如德国后来错误地将其损失归咎于海军技术一样，英国误以为，德国惊人的成功率是由于它们的船只配备了先进的U型潜艇水听器。据说这些水听器能够从130多千米外探测到一艘船的螺旋桨噪声。北极地区的商船船队被暂时中止了任务。直到1年后，盟军的航运才安全无损地通过东部和西部。

盟军急于改变这种状况，于是在其现有的海上防御系统中做了一些创新。增加的新能力包括：ASDIC（声呐）探测技术；后方和侧方发射的深水炸弹；高频/测向仪（简称HF/DF），它能利用U型潜艇的无线电信号将其定位；"Leigh"泛光灯，即使在夜间也能发现U型潜艇的潜望镜和指挥塔；机载雷达；反水面船只雷达，德国错误地认为这是盟军成功预测U型潜艇动向的原因。事实上，盟军打击U型潜艇战术和战略优势的最有效手段之一就是空中侦察和攻击。这迫使U型潜艇只能在水下行动，大大降低了它们的速度。但反U型潜艇的空中作战能否成功完全取决于盟军飞机的航程。

改进防御

随着超远程（VLR）轰炸机的发展，困扰大西洋商船船队的"大西洋中部缺口"最终被填补。由于加拿大皇家海军在大西洋之战期间扩大了50倍，特别是组建了反潜部门加拿大护航部队，盟军护航能力得到了极大的改善。

打破平衡

除了盟军的新技术，两次情报方面的变化也在左右潜艇战的进程中发挥了重要作用。1942年12月，英国皇家海军更改了其指挥商船船队的密码（尽管直到1943年6月才改变全部密码），这使德国海军情报部门无所适从。大约在同一时间，布莱切利园开始在解密德国海军恩尼格玛方面取得真正的成功。这都要归功于1942年10月30日从被击沉的U-559号潜艇上找到敌方密码本的英勇行为。

随着1943年的到来，大西洋上的一场大规模对决开始上演。丘吉尔在1月11日告诉他的战时内阁，“U型潜艇战的威胁是毫无疑问的”。德国军工厂每月能生产17艘U型潜艇。1943年春天，邓尼茨共拥有400艘潜艇（尽管在任何时候都只有约三分之一的潜艇运行）。但盟军此时已启用ULTRA。在1943年1月的卡萨布兰卡会议上，罗斯福和丘吉尔将应对U型潜艇的威胁作为首要的作战目标。海上和空中的联合攻击使U型潜艇在比斯开湾的基地频频受到骚扰。通过使用远程轰炸机、探测技术和改进的护航战术，加之ULTRA的辅助拦截，盟军在4个月的时间里使大西洋之战的胜利天平向自己倾斜了。

美国的B-24解放者VLR轰炸机经过改装，航程增加到4250千米，这使其能够为“大西洋中部缺口”的商船船队提供掩护。

武器装备的进步，例如“刺猬”前向反潜迫击炮发射器，以及情报方面的突破，使盟军商船船队在1943年获得了优势。

冲突的高潮

大西洋之战达到了高潮，43艘商船组成的ONS-5商船船队于1943年4月底向西驶过北大西洋。U型潜艇的攻击在船队经过冰岛南部时开始，但在接下来的9天里，皇家海军的护航队击退了3批敌军。参战的军舰在7至16艘之间，击退的总兵力约为50艘U型潜艇。但到了5月6日，邓尼茨取消了追击命令，导致德军有6艘U型潜艇被击沉，7艘受损，盟军这边则损失了13艘商船。尽管双方都损失惨重，但盟军的破坏力表明它们已经占据了上风。ONS-5的指挥官彼得·格雷顿后来写道：“这场战争中时间最长、最激烈的护航行动以明显的胜利告终。”

在被德国海军称为“黑色五月”的那个月中，邓尼茨损失了41

U型潜艇的成功和盟军的防御

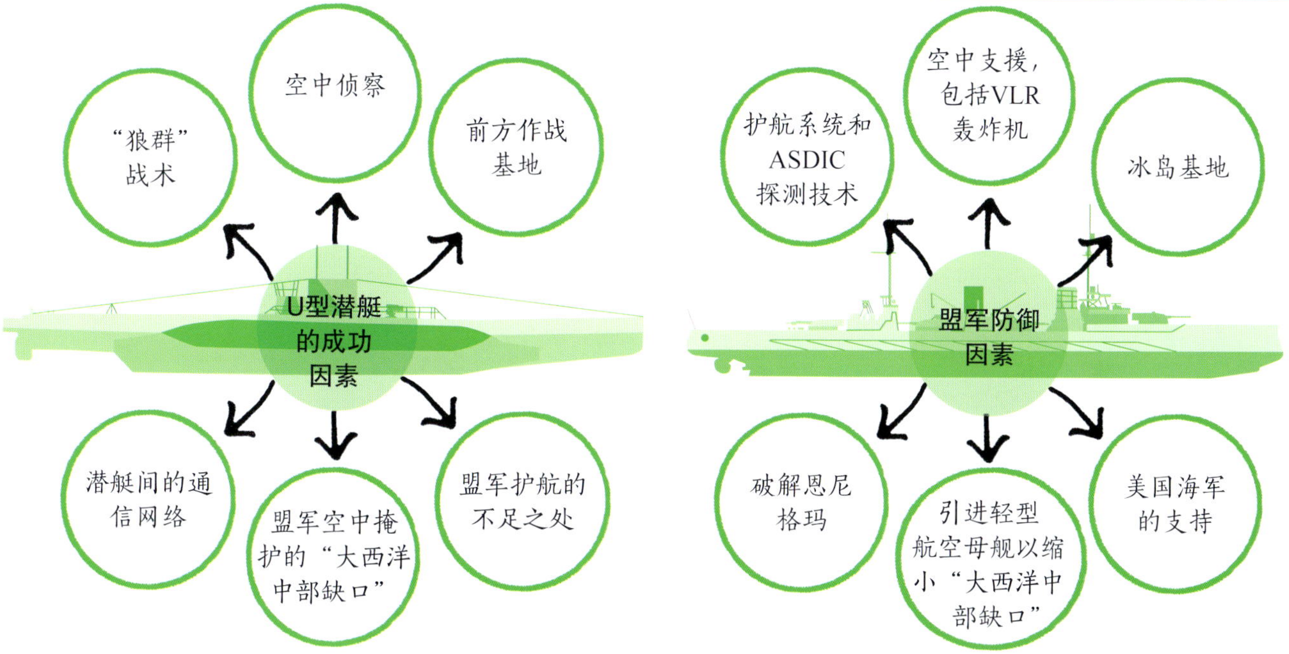

艘U型潜艇。这几乎是他作战舰队的三分之一，其中包括U-954号潜艇，他的儿子彼得那时正在此艇上服役。"他们通过新的定位装置……让战斗变得不可能。"他抱怨道。5月24日，邓尼茨从北大西洋召回了所有U型潜艇，尽管希特勒在6月5日直接下令"潜艇战不能松懈"，但6月是战争中第一个没有盟军商船受到攻击的月份。盟军有足够的信心宣布，能够以15节（约27.78千米/时）或更快速度航行的船只可以在没有护卫的情况下顺利通行。

终止U型潜艇的威胁

1943年9月，在阿尔伯特·施佩尔的领导下，德国军工效率更高了。制造一艘U型潜艇的时间从42周缩短到16周。然而，U型潜艇的部署空间正在被迅速压缩。当月，28艘U型潜艇返回北大西洋，但只击沉了盟军2468艘浮动船只中的9艘。1943年8月，被击沉的U型潜艇多于盟军船只。对此，英国小说家和海军军官尼古拉斯·蒙萨拉特写道："这个消息激励了海上和岸上的无数颗心，在这场战争中，敌我双方第一次达成了难得的平衡。"■

布雷舰U-118于1943年6月12日在复仇者号航空母舰的攻击下沉没，是德国当年损失的242艘U型潜艇之一，邓尼茨认为这个减员率太高。

一场强大的“火焰风暴”穿过街道

轰炸德国（1942—1945年）

背景介绍

聚焦

对民众的影响

此前

1918年4月1日 英国皇家空军成立。

1938年6月 英国首相张伯伦表示，轰炸平民有违国际法。

1940年9月7日 德国空军开始轰炸英国城市（伦敦大轰炸）。

此后

1945年 美国向日本投下了两枚原子弹，将两座城市炸成废墟，逼迫日本投降。

1992年 阿瑟·哈里斯的雕像在伦敦揭幕。

2005年 德累斯顿历史悠久的圣母教堂的重建工作终于完成。

在伦敦大轰炸之前，丘吉尔就已经在考虑“用非常重型的轰炸机……对纳粹的家园进行绝对毁灭性的攻击”了。除了轰炸机，英国几乎没有其他手段来反击德国，因此皇家空军轰炸机司令部从1940年开始制订空袭计划。

然而，司令部很快就意识到，白天的行动使其飞机容易受到敌人战斗机的攻击，于是皇家空军转而进行夜间轰炸。这一转变保护了轰炸机，但也使空袭变得无效，轰炸机错过了大部分目标。

1942年2月，轰炸机司令部接到指令，要将“敌人平民的士气”

参见: 静坐战 64~65页，伦敦大轰炸 98~99页，德国与战争 188~191页，德国的军工 224页，德国城市的毁灭 287页，轰炸广岛和长崎 308~311页。

1942年，一架轰炸机的机组人员正在待命，因为他们的飞机正在为一次行动做准备。

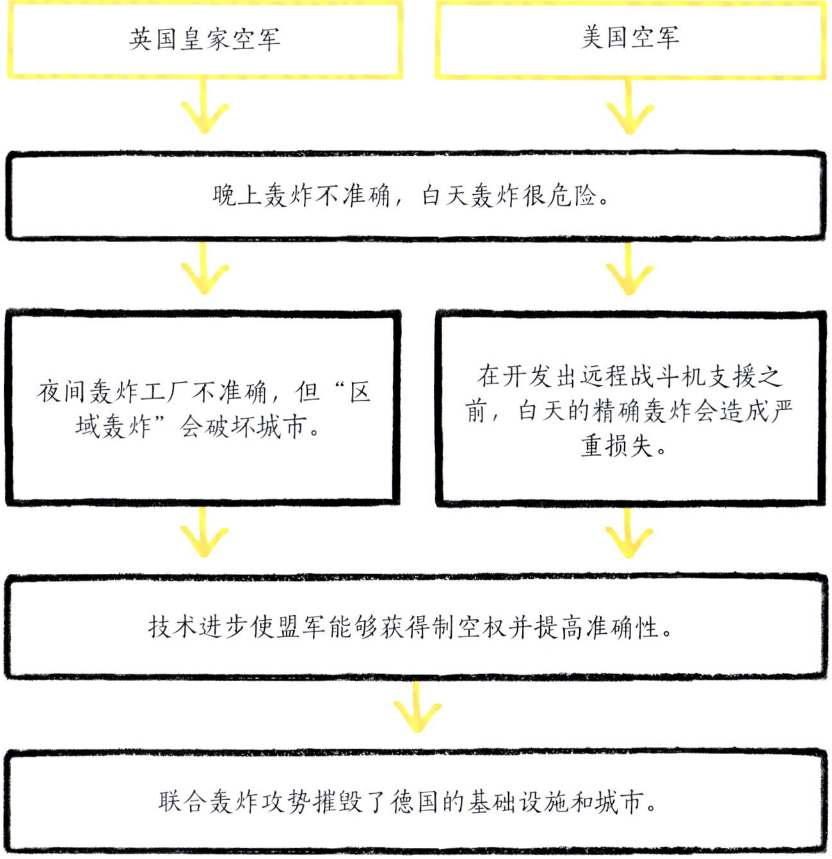

英国皇家空军
美国空军
晚上轰炸不准确，白天轰炸很危险。
夜间轰炸工厂不准确，但“区域轰炸”会破坏城市。
在开发出远程战斗机支援之前，白天的精确轰炸会造成严重损失。
技术进步使盟军能够获得制空权并提高准确性。
联合轰炸攻势摧毁了德国的基础设施和城市。

作为空袭的目标，这一政策后来被称为“区域轰炸”。“轰炸将军”阿瑟·哈里斯在这一指令发布1周后被任命为轰炸机司令部的新负责人。他希望避免他在一战的战壕里所目睹的对英国士兵的屠杀。事实证明，他是这一战术的无情执行者，动用了越来越多的轰炸机发动突袭。

德国科隆是1942年5月的首个轰炸目标，但柏林很快就成为主要目标，因为柏林既是德国政府所在地，又是其军事工业的主要中心。

在1943年11月的一份备忘录中，哈里斯称：“如果美国空军介入，我们可以从头到尾摧毁柏林。我们将动用400 ~ 500架飞机。这会使德国为战争付出沉重的代价。”

哈里斯的动机是在不让盟军因两栖作战付出巨大代价的情况下结束战争，这也是美国后来在日本所做的盘算。然而，德国人的士气和德国的战争经济被证明具有高度的弹性，其军备生产一直持续到1944年年中。

精确轰炸

美国空军于1942年夏天加入这场战役。与英国相反，美国坚持将重点放在精确轰炸上。这反过来又需要白天袭击。在战斗机的掩护下，美国空军在法国上空进行了练习，试图在战斗机航程之外对德国进行精确轰炸。

美国空军遭受了一系列可怕的打击，在1943年10月14日针对施韦因富特工厂的空袭中，美国291架轰炸机里有60架被击落，另有100架受损。

然而，这场灾难带来的战略转变，使空战决定性地转向了对盟军有利的方向。美国空军没有接受其轰炸机不得不在夜间攻击的事实，而是决心寻找战斗机的支持，甚至是对柏林的远程攻击。

因此，美国空军将一种以前被忽视的飞机——P-51“野马”投入使用，该机由美国设计，但以前只由英国使用。由于增加了可以抛弃的额外油箱，“野马”可以伴随

1945年3月，美国空军第401轰炸机大队的飞机在德国北部洛恩的铁路编组场和公路交会处投下了致命的炸弹。

轰炸机一路飞往柏林。

由于轰炸机群的到来，德国空军的战斗机被迫投入战斗，但它们发现自己不敌“野马”战斗机。从1944年1月起，盟军开始缓慢但稳步地击溃德国空军，取得空中优势，并且最终几乎完全掌握了制空权。

坚守目标

盟军轰炸机的准确性也因电子导航技术的重大发展而得到提高。炸弹观测实际上是一种精确的导航形式，因此二者能够互相促进，无论其中哪一种技术得到提高，都能带动另一种的进步。

第一个革新的是双簧管系统，它使用从地面广播的无线电波为轰炸机设定引导路径。起初，双簧管一次只能用于引导一架飞机，所以它被装配进“探路者”飞机中，为主力部队标记目标。随后的技术进步使它可以一次引导多架飞机。

到了1943年年初，一种被叫作“多腔磁控管”的微波发生器被发明出来，促进了HS2厘米波雷达的发展。该装置由飞机携带，从飞机下面的物体表面反弹微波，能够区分水、空地、山脉和城市地区。因此，如果将它与清晰的地图一起使用，就可以提供精确的长距离导航。

联合空袭

随着空中优势的增强和准确性的不断提高，盟军的轰炸变得越来越有效。对法国和低地国家的战略轰炸协助盟军准备和执行“霸王行动”，即诺曼底登陆。英国的轰炸机司令部提高了夜间轰炸的精准度。

这些实践有更持久的意义，证明了真正的精确轰炸是可能的。从1943年6月开始，英国和美国发动了联合轰炸攻势，运用它们开发的所有战术和技术集中火力攻击敌军。

在对德国的袭击中，美国的日间轰炸主要集中在石油基础设施上，并成功地制造了一场德国石油短缺危机。与此同时，英国夜间轰炸继续以德国城市为目标。这在1945年2月对德累斯顿的火力轰炸中达到了高潮，但也引起了严重的道德问题。

霹雳行动

德累斯顿是“霹雳行动”的目标，旨在表明英美两国对苏联进攻德国的支持，并顺道破坏德国的交通基础设施。2月13日晚，轰炸机司令部的796架轰炸机分两波攻击，投下了1500吨高爆弹和1200吨

> 有很多人说轰炸永远无法赢得战争。好吧，我对此的回答是，它从未被尝试过，我们将拭目以待。
>
> 阿瑟·哈里斯，1942年

燃烧弹，这样的组合是经过精心搭配的，目的是引起巨大的火灾。火势因第二天美国的后续攻击而蔓延。对这次行动造成的死亡人数的估计差异很大，从2万人到10万人不等，其中包括许多难民。

有争议的策略

对盟军“区域轰炸”的指责甚至使以前支持“雷霆行动”的丘吉尔，也提出了质疑。

1945年3月28日，也许是为了保护自己的声誉不受战后修正的影响，丘吉尔写信给他的参谋长们，以便将以下内容记录下来：“德累斯顿的毁灭仍然是对盟军轰炸行为的严重质疑……”

哈里斯则不为所动，他说他不认为“整个德国剩余的城市抵得上一个英国掷弹兵的骨头”。对德国的战略空袭使大约5万名英国机组人员和大约相等数量的美国人丧生。它还造成了75万至100万名德国人死亡。

这种可怕的流血牺牲换来了什么？人们通常认为，战略空袭的目标并没有实现，所以没有理由派出这么多轰炸机机组，更不用说大量平民无辜丧命这么悲惨的代价了。这种观点还指出，直到1944年中期，德国的军工生产力依然很顽强。

然而，尽管德国的军备生产保持相对稳定，但其在1942—1943年的真实增长速度却急剧下降了。施佩尔本人是德国大部分工业恢复力的缔造师。他计算过，由于空袭，武装部队补充的坦克和飞机比他计划建造的要少三分之一左右。

因此，一个强有力的理由表明，轰炸是成功的，因为它极大地削弱了德国的防御能力，从而使战争缩短了几个月，甚至几年的时间。■

1943年7月的最后一周，盟军的轰炸行动几乎摧毁了汉堡市，造成了数千名平民丧生，工业设施尽毁。

阿瑟·哈里斯

“轰炸将军”哈里斯于1892年出生在英国切尔滕纳姆。他是一位颇有争议的人物。他对“区域轰炸”的固执支持，加上粗暴的个人风格，即使在战争期间也为他的声誉增加了许多传奇色彩。17岁时，他移居罗得西亚，成为一名农场经理。一战期间，他在非洲南部和欧洲作战。在加入皇家飞行队之前，他在步兵部队服役，这段经历是后来他许多信念的源泉。

1918年，皇家飞行队演变成英国皇家空军，哈里斯留了下来。二战爆发时，他已经成为一名高级军官，并于1942年年初被任命为轰炸机司令部的新负责人。这个职位激发了他强烈的忠诚，使他以坚定的信念践行轰炸德国城市的战略。

事实证明，这一轰炸行动受到了英国公众的欢迎，尽管它的有效性始终受到质疑。他于1946年从皇家空军退役，在返回英国之前在南非生活了几年，最终于1984年去世。

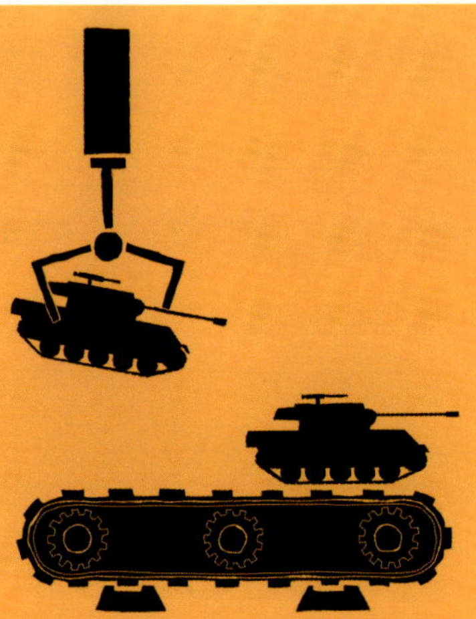

我们必须充分利用我们的资源

德国的军工（1942—1945年）

背景介绍

聚焦

德国后方

此前

1935年3月 希特勒宣布德国将重整军备，这一决定是对《凡尔赛和约》的无视。

1936年10月 赫尔曼·戈林的四年计划旨在使德国在原材料方面实现自给自足。

1941年7月 三分之二的德国工人参与了军工生产。

此后

1945年8月 波茨坦会议后，斯大林、丘吉尔和杜鲁门要求德国完全解除武装和实现非军事化。

1948年4月 《马歇尔计划》向西德（德意志联邦共和国）及其他欧洲国家提供了用以重建工业的美国援助资金。

1942年，希特勒器重的设计师阿尔伯特·施佩尔在他的前任弗里茨·托德死于飞机失事后成为装备部部长。施佩尔延续了托德对简化战争生产的重视，接手了所有工业和原材料的生产，实施了一系列变革。他集中管理资源的分配，减少对工业的军事干预，并加强工程师和工业家在战争经济中的作用。

从1942年到1945年，德国的武器产量增加了2倍，施佩尔因此获得了“组织天才”的声誉。近年来，历史学家对他在多大程度上实际影响了本就已经很高的产量表示怀疑。

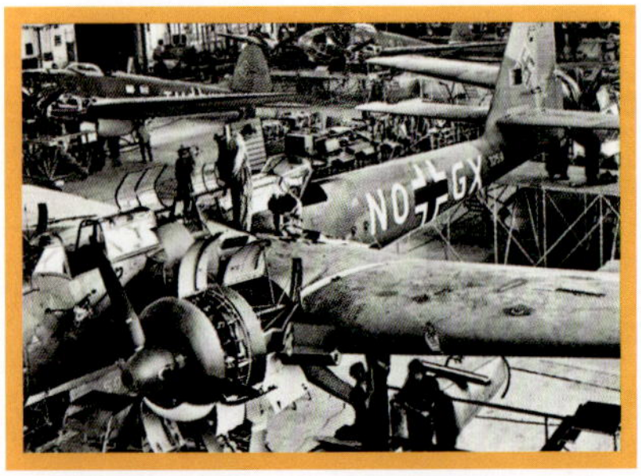

位于德国波罗的海沿岸罗斯托克的亨克尔工厂，在整个战争期间为德国空军生产军用飞机，主要生产轰炸机，但也生产水上飞机。

为了解决因征召数百万名士兵入伍而造成的劳动力短缺危机，施佩尔委派政治家弗里茨·索克尔寻找100万名工人。1944年，来自20个欧洲国家（包括法国和意大利）的570万名平民在纳粹德国的强制劳动营中劳动。

盟军破坏

尽管有盟军的轰炸，但德国工厂的产量直到1944年中期仍保持稳定。然而，这种稳定局面被盟军的攻击打破了，德国被迫把重点放在防空措施上，从而忽略了其他领域。1945年3月，当盟军部队逼近柏林时，希特勒下令摧毁德国的基础设施。考虑到德国的未来，施佩尔反对这项激进的措施，希特勒听从了他的劝阻。■

参见： 德国的扩张 46~47页，准备应战 66页，闪电战 70~75页，纳粹阴霾下的欧洲 168~171页，德国与战争 188~191页。

真正的朋友，无论精神上，还是目的上

盟军峰会（1943年）

背景介绍

聚焦

联盟合作

此前

1941年8月 罗斯福和丘吉尔会晤并签署《大西洋宪章》，这是一份关于战后目标的联合声明。

1942年1月 在一项联合声明中，中国、美国、英国和苏联承诺将投入全部力量对抗轴心国。

1942年8月 丘吉尔和斯大林在莫斯科会议上首次会面。

此后

1945年2月 美国、英国、苏联的领导人，在黑海的雅尔塔会晤，计划对德进行最终反击。

1945年7—8月 在波茨坦会议上，美国、英国、苏联的领导人要求日本无条件投降，并且通过了他们对被占领德国地区的政策。

1942年结束时，苏联和西方的诸同盟国仍因意识形态和战略上的分歧而处于互相背离状态。1943年，一系列会议加强了彼此的联系，促使各方达成了战略共识，并为战后世界制定了愿景。

英国首相温斯顿·丘吉尔和美国总统富兰克林·罗斯福分别在1月和5月举行会议，为同盟国的军事行动制订计划，包括在当年晚些时候攻入意大利，以及在太平洋地区进一步进攻日本。英国、美国和苏联的外长于10月在莫斯科召开会议，讨论奥地利独立的问题，并开始规划对被占领国家的战略。

塑造未来

多次延期之后，苏联领导人约瑟夫·斯大林同意于11月在德黑兰与英美领导人举行峰会。在此之前，丘吉尔和罗斯福在开罗会见了蒋介石，就亚洲的战后目标达成了一致意见。11月28日至12月1日举行的德黑兰会议是“三巨头”（美、英、苏三国领导人）的第一次会晤。他们讨论了一系列主题，包括战后对德国的分区占领及苏联对与日作战的支持。讨论的主要结果是美国和英国将在1944年6月进攻法国。■

> 如果我们不……利用现在的机会来促进我们的共同利益，德国人可能会得到喘息的机会并集结兵力，从而恢复元气。
>
> 斯大林致罗斯福的信，1943年2月

参见：有瑕疵的和平 20~21页，国际联盟的失败 50页，攻入意大利 210~211页，诺曼底登陆 256~263页，持久的影响 320~327页。

醒醒吧！战斗吧！

抵抗运动

背景介绍

聚焦

平民和游击队的反抗

此前

1939—1941年 德国发动了空袭，也发动了横扫欧洲的侵略战争。

1940年7月 英国设立了特别行动处，这是一个协调欧洲抵抗者工作的机构。

此后

1945年3月 多名波兰地下党领导人，包括波兰家乡军指挥官利奥波德·奥库利茨基被围捕并监禁。

1945年11月 共产主义革命家铁托成为南斯拉夫最高领导人。他在南斯拉夫组织成立了游击队。在欧洲的众多反法西斯团体中，铁托的游击队进行了最有效的抵抗。

1958年12月 阿尔及尔的叛乱使戴高乐重返政坛，他被选为法国总统。

每个轴心国和每个被占领的国家都有抵抗势力存在。抵抗者自发地或在苏联的政治警察机构——内务人民委员部、英国特别行动处等外部势力的推动、指导和资助下，凝聚成团，渐渐壮大，并最终组建成军队。然而，聚化成军主要的推动力来自基层。抵抗势力并不是由一个个单一的、连贯的抵抗运动或地下运动串联起来的，而是一块由不断发展的不同团体编织而成的不断变化的“织锦”。每个团体都有自己的议程、方法、能力和意识形态。各路抵抗军的性质也有很大的不同，从大众想象中的游击战和破坏性偷袭，到大规模的罢工或消极怠工，不一而足。声势最浩大的抵抗通常发生在波兰、法国、德国和南斯拉夫等地区。

> **长达7个小时的身心折磨让我知道，今天我走到了抵抗的尽头。**
>
> 法国抵抗运动领导人让·穆兰，1940年

波兰的爱国者

就参与斗争的武装战士而言，波兰的抵抗是欧洲规模最大的，据统计，有40万人参与——部分原因是德国占领的残酷性。甚至在华沙沦陷之前，波兰军队就已经建立了一个地下组织。从1939年波兰被德国和苏联瓜分，到1941年波兰被德国完全占领，这个地下组织逐渐演变成了后来被称为“家乡军”的组织。从1942年开始，这支军队试图破坏德国在波兰的基础设施，并激烈地抵制德国通过建立秘密学校、开设大学课程、编写地下戏剧及举行音乐和科学活动来抹杀波兰文化的企图。波兰人将这些活动统称为“地下国家”。

从1942年开始，主要在东部沼泽和森林中活动的共产主义团体加入了波兰抵抗运动，但该团体很快就与波兰流亡政府，即所谓的“伦敦阵营”发生了冲突。家乡军的主要目标是等到条件成熟时发动全面起义，最终目标是将波兰恢复到战前的状态。然而，在波兰流亡政府、共产主义游击队和苏联之间建立联盟的尝试失败了。而且越来越明显的是，苏联并不赞同波兰流亡政府的目标。一些合作仍在继续，但也发生了令人不寒而栗的事件。在家乡军于1944年8月1日发动华沙起义时，紧张局势达到了可怕的高潮。这是波兰国内反侵略势力努力改写波兰战争结果的最后尝试。德

来自波兰家乡军的杰德鲁西地下游击队战士兹齐奇（兹齐斯瓦夫·德维尔）正站在波兰东南部的森林中。他拿着他的自动步枪，保持着警惕。

参见： 纳粹政权的建立 30~33页，法西斯独裁者 34~39页，德国的扩张 46~47页，法国的沦陷 80~87页，纳粹阴霾下的欧洲 168~171页，秘密战争 198~203，舆论的力量 236~241页，华沙起义 271页。

国将华沙夷为平地，有多达25万名波兰人丧生，但苏联选择不进行干预。

不同的法国反对派

法国从来没有一个统一的抵抗组织，而是存在着目的和方法都不尽相同的各色团体。每个团体都试图为抵抗德国的占领和维希政府的合作主义尽一份力。1940年法国沦陷后，许多不同背景的人呼吁进行抵抗，其中最引人注目的是戴高乐，他在伦敦进行了广播，而其他团体则分发秘密宣传册和反纳粹新闻稿。

除了这类以意识形态和宣传为途径的抵抗行为，法国还进行了一些或主动或被动的破坏占领活动和德国战争的尝试。主要途径包括侦察、间谍活动、帮助战俘和被击落的盟军飞行员逃跑、游击战以及破坏战争工业和基础设施。其中，最有效的破坏者是“法国总工会铁路工人分会”，其成员是破坏德国通信和运输的铁路雇员。他们的“铁路抵抗运动”得到了英国特别行动处的资助。英国特别行动处寻找能有效组织反德活动的组织并加以扶持，很多法国抵抗组织背后有它的影子。

法国国民阵线和“自由射手和法国游击队”抵抗组织（FTP）从一开始就有一套组织结构。但非共产主义团体直到1943年1月才开始走到一起。北方的团体成立了一个协调委员会，而在南方，戴高乐的代表让·穆兰领导了抵抗运动。就在他被捕、遭受酷刑并因被拘留而死的几周前，负责协调整合法国各地团体的穆兰成立了全国抵抗运动委员会（CNR）。1944年1月，民族解放运动进一步促进了主要非共产主义团体的统一。

从1942年年中开始实施的令人憎恨的劳工征兵制，以及将法国工人驱逐到德国参加强制劳动的做法，催生了马奎斯这个农村游击队。该游击队以科西嘉内陆一片土匪出没的丛林的名字命名。1943年秋天，活跃的马奎斯成员估计有1.5万人，他们分布在许多不同的团体中，每个团体都有自己独立的游击战术和势力范围。英国哲学

波兰家乡军的反纳粹破坏活动

波兰家乡军在1941年1月1日至1944年6月30日期间对德国修建的交通和基础设施进行了广泛的破坏，试图破坏和削弱纳粹的力量。

华沙电力中断638次
1167个汽油储罐被毁
4674吨汽油被烧毁
19058辆铁路货车车厢受损
122个军事仓库被烧毁
4326辆军用车辆受损

家艾尔于1944年作为秘密特工来到法国西南部与抵抗战士联络，他将该地区丰富多彩的马奎斯团体形容为“一系列封建领主”。

尝试协调

1944年年初，为了协调盟军的进攻计划和当地的抵抗力量，戴高乐试图将所有抵抗组织的约20万名战士归入法国内地军麾下。在那一年，法国内地军的战术情报和破坏行为使盟军前进的道路更加顺利。然而，到了8月，戴高乐担心内地军日益增长的影响力，坚持认为其部队应该全部成为法国正规军的一部分。内地军正规化的过程于1944年10月—1945年3月逐步完成。

法国的抵抗行动引来了德国疯狂的打击报复。最严重的暴行包括1944年6月10日（诺曼底登陆后的第4天）的格拉讷河畔奥拉杜尔大屠杀。当时，党卫队借口要针对一个德军装甲营指挥官被俘的事进行报复，杀害了643人，就连婴儿和老人都没有放过。在战争过程中，超过9万名法国抵抗战士被折磨、处决或驱逐，还有成千上万的平民在盖世太保、党卫队或维希准军事部队法兰西民兵的报复行动中被杀害。

战争结束时，法国为国内抵抗战士的努力感到非常自豪，他们帮助国家洗刷了合作主义傀儡政权和被占领这两大耻辱，并提高了法国在同盟国中的地位。

德国境内的抵抗运动

1939年9月1日，在德国，批评纳粹的战争行为是死罪。然而，这并没有阻止一些共产党人和社会民主党人勇往直前。尽管有危险，但他们仍然坚持抵抗行动，其他一些神职人员、军人、公务员及学生也是如此。

其中，最勇敢的是1942—1943年慕尼黑大学白玫瑰学生团体中的那些人，他们到处分发反纳粹宣传册。但在1943年2月被一名大学工作人员告发后，这些学生受到了审判，并被处决。黑色交响乐队是一个包含反纳粹高级军官成员的松散团体，这一团体在1944年7月差点刺杀了希特勒。该团体的许多参与者来自保守的军事阶层，他们意识到纳粹正在毁掉德国。刺杀行动的失败导致约5000名纳粹政权的反对者被处决，这进而增加了当时民众对希特勒的支持。

1939年11月8日，工厂工人乔治·埃尔瑟率先尝试暗杀希特勒。在战争余下的时间里，埃尔瑟一直被关押着，最后于1945年4月9日在达豪被处决。同一天被处以绞刑的

> **无论发生什么，法国抵抗运动的火焰都不会熄灭，也永远不会熄灭。明天和今天一样，我将在伦敦电台发表讲话。**
>
> 戴高乐首次伦敦演讲，1940年6月18日

1943年，白玫瑰学生团体核心成员汉斯·肖尔（左）和妹妹索菲，与克里斯托夫·普罗布斯特一起因非暴力反纳粹活动而被纳粹政府处决。

还有几位备受瞩目的德国反纳粹分子：牧师迪特里希·邦霍费尔、海军上将威廉·卡纳里斯、汉斯·奥斯特将军和德国军队法学家卡尔·萨克。

四分五裂的南斯拉夫

1941年4月，德国攻陷了南斯拉夫，希特勒的部队被重新部署到东线，并仓促地占领了部分南斯拉夫领土。这导致这个脆弱的、不稳定的国家分裂，不同种族和教派彼此倾轧竞争。南斯拉夫国内出现了两支主要的反德武装组织，但它们经常在激烈的内战中相互争斗，并与其他民族群体尖锐对抗。前准军事组织的一些成员和现军事部队在德拉扎·米哈伊洛维奇上校的领导下，举旗宣告“切特尼克”的成立。这是一个充满保皇主义和塞尔维亚民族主义色彩的团体。反对“切特尼克”的是约瑟普·布罗兹·铁托领导的共产主义游击队。“切特尼克”最初得到了西方同盟国的支持，但在铁托1943年取得军事胜利后，苏联和西方同盟国的领导人纷纷转而支持铁托改名为“人民解放军”的游击队。

可悲的是，在战争中死亡的100多万名南斯拉夫人大部分死于同胞之手。然而，盟军仍然认为南斯拉夫部队，特别是游击队，牵制了轴心国的35个师。若没有南斯拉夫的抵抗部队，这些师可能会与盟军交战。与其他地方一样，坚定的抵抗战士挫败了德国的武装力量。■

南斯拉夫女游击队员正在接受战斗训练。这些女性年龄大多在20岁以下，她们既是共产主义抵抗运动的战士，又是领导者。

约瑟普·布罗兹·铁托

铁托于1892年出生在南斯拉夫萨格勒布，父亲是克罗地亚人，母亲是斯洛文尼亚人。他曾在一战中为奥匈帝国军队出战。1920年，他加入南斯拉夫共产党。1928—1934年入狱后，他改名为铁托。1937年，他成为南斯拉夫共产党总书记。

1941年4月德国入侵后，铁托所在的南斯拉夫共产党组建了游击队，展开抵抗运动。取得相当大的军事成功后，在盟军的支持下，铁托作为南斯拉夫的领导人，于1945年进军贝尔格莱德。

铁托很快就完全控制了这个国家。他拒绝了斯大林关于南斯拉夫要完全服从苏联的要求，巧妙地为南斯拉夫开辟了一条独特的道路。1961年，南斯拉夫主办了非联盟运动的第一次首脑会议。铁托缓和了种族、教派和民族主义的紧张局势，维持了南斯拉夫长达35年的相对统一和稳定。他于1980年在卢布尔雅那去世。

他们在我们周围，在我们之上，在我们之间

库尔斯克会战（1943年7月）

背景介绍

聚焦

保卫苏联领土

此前

1942年12月—1943年2月 苏联红军进攻乌克兰的“土星行动”取得了成功。

1943年2—3月 德军取得了第三次哈尔科夫战役的胜利，稳定了德军前线。

此后

1943年8月 苏联在乌克兰的进攻迫使德军撤退到第聂伯河后方。

1943年8—10月 苏联红军在斯摩棱斯克战役中获得了艰苦卓绝的胜利。

1943年11—12月 尽管德军疯狂反攻，但苏联红军仍解放并控制了基辅。

1943年1月，德军在斯大林格勒濒临失败，苏联最高司令部决定发挥优势乘胜追击。苏联红军发动了一系列攻势，夺回了沃罗涅日、哈尔科夫和库尔斯克等城市，前进了约480千米。

然而，这些城市的主要轴心国军队是南方集团军群，刚刚因精锐武装党卫队装甲坦克部队的到来而得到加强。南方集团军群由能干的战略家埃里希·冯·曼施坦因元

参见：巴巴罗萨行动 124~131页，伟大的卫国战争 132~135页，斯大林格勒战役 178~183页，攻入意大利 210~211页，苏联红军挺进德国 288~289页。

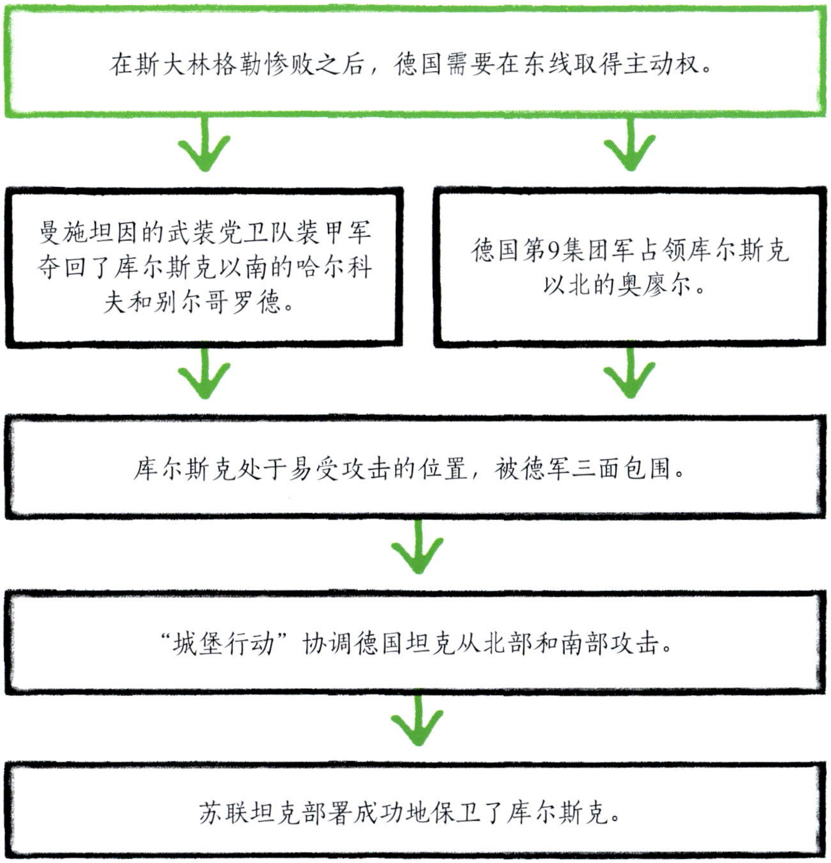

在斯大林格勒惨败之后，德国需要在东线取得主动权。
曼施坦因的武装党卫队装甲军夺回了库尔斯克以南的哈尔科夫和别尔哥罗德。
德国第9集团军占领库尔斯克以北的奥廖尔。
库尔斯克处于易受攻击的位置，被德军三面包围。
“城堡行动”协调德国坦克从北部和南部攻击。
苏联坦克部署成功地保卫了库尔斯克。

帅领导。尽管希特勒下令不惜一切代价守住哈尔科夫，但曼施坦因还是于2月16日下令撤离哈尔科夫，试图引诱苏联红军前进并借机发动反攻。

曼施坦因于2月19日按照希特勒的计划采取行动。德军于3月15日夺回哈尔科夫，3天后夺回别尔哥罗德市。这样就在库尔斯克市周围形成了一个“突出部”。它从北到南延伸256千米，从东到西约160千米，而轴心国军队控制的区域环绕在其北部、南部和西部。

希特勒打算继续前进以夺取库尔斯克，但他命令曼施坦因停下来，主要是因为他想休整部队，以便在当年晚些时候发动大规模进攻。

此外，曼施坦因的部队已经筋疲力尽，而春季解冻造成的泥泞条件使装甲车无法前进。经过数周的行动，双方都有时间整合、集结部队，并为下一阶段的冲突做准备。

备战

1943年4月15日，希特勒正式批准了“城堡行动”。这是对库尔斯克突出部的钳形打击，同时从北部和南部进行攻击。希特勒希望此战能胜，从而挽回在斯大林格勒的损失并结束东线的僵局。

时间是至关重要的，德国必须在苏联能够加强其防御之前发动进攻。希特勒被敦促在5月初开始进攻，但他几次推迟，希望有更好的天气。最终开战时间定在7月5日。

1942年，一种新型德国坦克——虎式坦克，已经投入生产。它拥有厚重的装甲和强大的火力，已经在北非成功使用。尽管虎式坦克有很多优点，但它很容易发生故障，而且燃料效率很低。

与虎式坦克一起参加“城堡行动”的是豹式坦克，这是它在战斗中的首次亮相。但是，豹式坦克是在没有经过充分测试的情况下被匆忙投入使用的，因此在战场上出现了许多机械缺陷。

虎式坦克和豹式坦克的问题意味着德军在库尔斯克将不得不主要依靠相对落后的Ⅲ号和Ⅳ号坦克。

预先警告

德军的延误让苏联红军有时间在库尔斯克周围布置坚固的防御工事。苏联最高司令部希望“纵深防御”能够削弱德军最初的打击，将德军诱入陷阱，并借机发动反击。

根据英国情报部门截获、破译的信息，苏联得知德国计划在7月3—6日的某个时间围绕库尔斯克发动进攻。于是在前线的每1英里处，苏联都布下4500名士兵、45辆

> 我们接到命令，要战斗到只剩最后一人，要保护我们的同志免受这些法西斯分子的侵害。我们有责任……阻止纳粹主义肆意侵袭我们的祖国苏联。
>
> 苏联红军炮手

坦克和100多门火炮，以及一系列碉堡、战壕和反坦克壕沟。苏联还布设了超过100万枚地雷和数千张带刺铁丝网。

批量生产坦克

苏联防御准备工作的关键是组装足够多的、数量超过德国的坦克。苏联的主战坦克是T-34，这是二战中生产最多的坦克。它有高度灵活性，全副武装，最高时速为54千米，并装有宽履带，可避免陷入泥泞或积雪的地面中。这些优点弥补了它的不足——狭窄的机舱、糟糕的内部能见度和机械问题。

T-34的最大优势在于设计简单，这意味着它可以快速批量生产。到1943年6月，当德国每月生产大约500辆坦克时，苏联工厂每月生产超过1000辆T-34。

德国前进受挫

在库尔斯克会战之前，苏联情报部门通过虚假无线电传输和创建虚拟机场，以及在夜间或能见度有限的时候进行部队调动，成功地进行了一次欺骗演习。

因此，许多德国将领对苏联红军的实力一无所知，也不知道其部队集结在哪里。纳粹党内部出现了谨慎的声音，提醒希特勒注意库尔斯克周围苏联防御工事的规模，敦促他取消“城堡行动”。但是，希特勒没有理会这些声音。

7月5日，德国发起了“城堡行动”。德国共发动了大约90万人进攻，而后备队大约有50万人。这次行动遭到了苏联红军持续而直接的炮击，很明显，苏联红军已经预料到了德军的动向。尽管如此，“城堡行动”最初还是按照德国的计划在进行。

然而，行动很快就被苏联红军的防御打断了。苏联红军战士经常在装甲车前进时迎面跑向装甲车，在车辆前行的必经之路上埋设地雷，或者向德军装甲车投掷手榴弹或燃烧瓶。此外，坦克尽管有良好的火力和机动性，但需要步兵支援来保护侧翼并坚守坦克占领的阵地，而德军严重缺乏步兵、飞机和大炮。

在库尔斯克突出部的北部，康斯坦丁·罗科索夫斯基将军的中央集团军在仅仅推进了13千米之后，就于7月10日阻止了德国第9集团军的行进。

德军在南部对尼古拉·瓦图京将军的沃罗涅日方面军取得了更大的进展。苏联最高司令部向此处增派了预备队，但到了7月10日，

德国发起“城堡行动”后，一辆苏联T-34坦克驶入燃烧的村庄。T-34创新的倾斜钢装甲提高了它对炮弹的抵抗力。

上图为1943年库尔斯克会战期间的德国步兵。来自中央集团军群和北方集团军群的部队从南北两面夹击苏联红军。

前进的部队已经向前推进了32千米以上。2天后，德军逼近距离库尔斯克仅80千米的普罗霍罗夫卡。

德国撤军

数百辆坦克激战，苏联红军损失惨重，但依然阻止了德军的突围。很明显，在库尔斯克包围苏联红军的计划失败了。随着7月10日盟军开始进攻西西里岛，希特勒结束了“城堡行动”，将部队重新调往西欧以解西西里岛的“燃眉之急”。一些德军在突出部南部继续战斗，但行动在7月17日完全停止。

7月12日，苏联红军在库尔斯克突出部北部发起反攻。中央集团军与来自布良斯克和西部方面军的部队会合，旨在夺取奥廖尔市周围的德军突出部。库尔斯克突出部南部的激烈战斗，意味着反攻被推迟到8月3日。8月5日奥廖尔解放，8月6日别尔哥罗德解放，8月23日哈尔科夫解放。

转折点

库尔斯克会战是历史上规模最大的坦克战之一，一共部署了大约9000辆坦克，以及200多万名士兵和近5000架飞机。德国未能实现其目标，库尔斯克会战标志着德国东线作战能力的彻底丧失。德国在库尔斯克和随后的战斗中死伤估计有20万人。

尽管苏联红军的伤亡人数可能达到了后者的5倍，但1943年秋天，东线的主动权已牢牢掌握在苏联红军手中。苏联红军已准备好进一步向西推进。■

“飞行坦克”

尽管库尔斯克会战主要以坦克战闻名，但苏联胜利背后的其他因素之一是空中优势。这方面的核心是伊尔-2攻击机，这是一种旨在为地面部队提供空中支援的攻击机。它被称为“飞行坦克”，因为它的钢制装甲可以抵御敌人的猛烈炮火。伊尔-2攻击机的产量很高，在二战期间共制造了超过3.6万架。伊尔-2攻击机装备有2门航炮和2挺机枪，炸弹载荷为450千克，助苏联击退了德国在库尔斯克的进攻。

库尔斯克会战爆发时，苏联已经开发出了比德国战斗机更强的战斗机，而且苏联的飞行员在战争过程中发展了更多的技能，拥有了更多的经验。最重要的是，苏联空军拥有巨大的数量优势，这意味着它可以比德国空军出动更多的架次。

上图为飞行中的伊尔-2攻击机，于1941年首次投入使用。它在战场上低空飞行，为苏联红军的地面部队提供掩护。

言多必失

舆论的力量

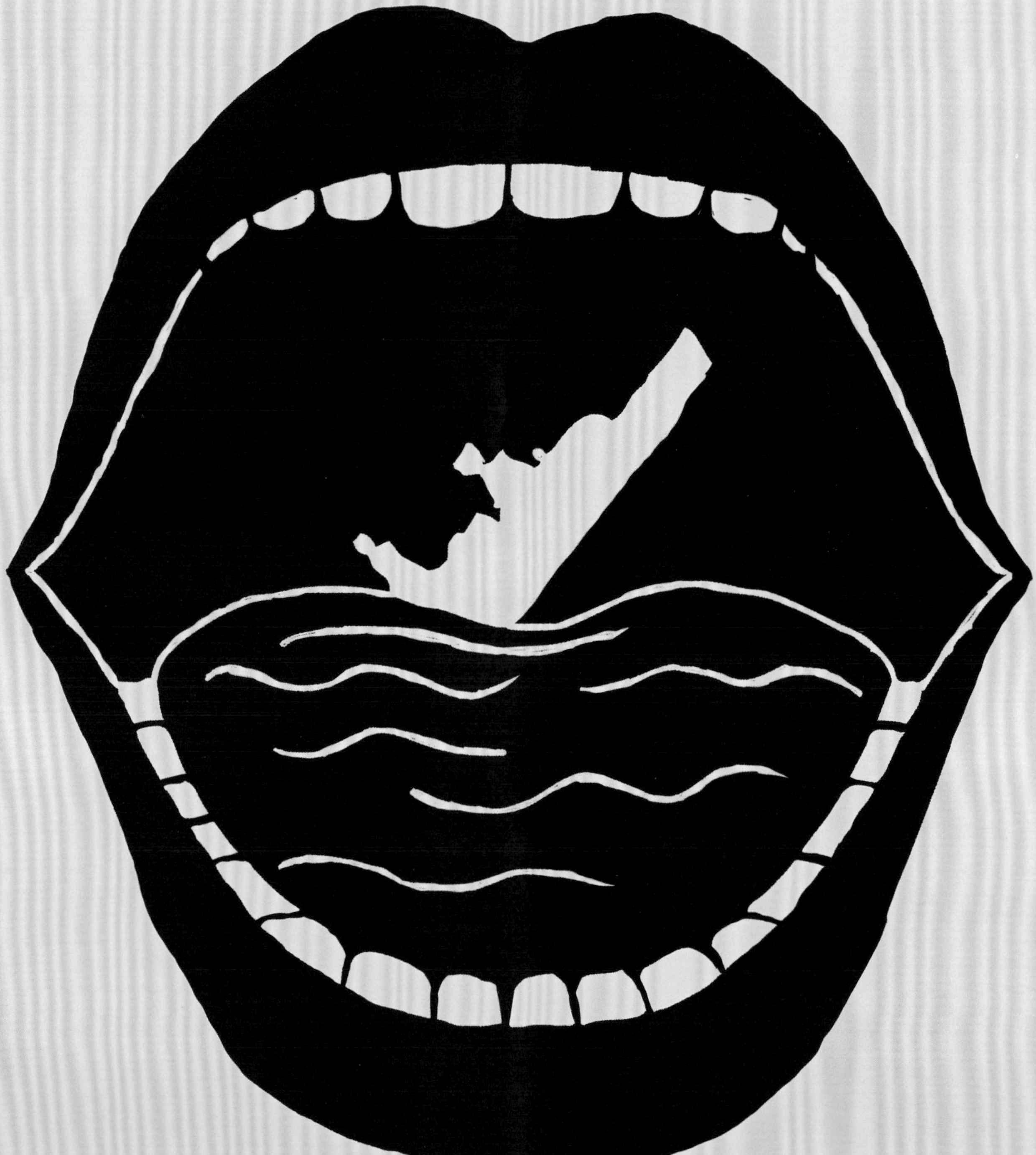

背景介绍

聚焦

操控民意

此前

1914—1918年 英国大众媒体在一战期间的反德宣传卓有成效。

1935年 莱妮·里芬斯塔尔的《意志的胜利》上映，这是一部庆祝1934年纽伦堡纳粹党代表大会召开的电影。

1938年 多年的反犹太主义宣传在“水晶之夜”达到高潮，德国、奥地利和苏台德地区的城镇和城市中的犹太社区遭到袭击。许多犹太人被杀，犹太会堂被毁。

此后

2016年 网络“假新闻”被认为是影响美国总统大选结果的一个因素。

一战的经验证明了宣传的价值。宣传是提高或打击公众和军队士气的一种手段，能鼓励理想的行为，阻止不理想的行为，并传播意识形态。

几位领导人早已研究透彻了这些经验。20世纪二三十年代，希特勒详细论述了宣传的潜在力量，他在《我的奋斗》中用了两章来讨论这个问题。

希特勒指责英国在一战期间对宣传的高度有效利用毒害了德国民众的士气。但他也看到，宣传可以成为使人民的意志屈从于自己的强大工具。他敦促使用简单的口号，以唤起“广大人民群众的原始情感”。

“弥天大谎”

在将宣传作为战争武器的计划中，希特勒找到了约瑟夫·戈培尔这一位尽心尽力且能干的合作者，他全心全意地支持希特勒在这个问题上的信念。

在《我的奋斗》中，希特勒认为，撒一个“弥天大谎”，即一个大胆到似乎无法捏造的谎言，可以通过操纵根深蒂固的情感来塑造公众舆论。

> **宣传的本质在于让人们极度诚、极认真地接受一个观念……直至他们完全为它所折服，再也无法摆脱它。**
>
> 约瑟夫·戈培尔

戈培尔在1929年成为纳粹的宣传主管，并在希特勒掌权后于1933年3月被任命为新帝国的新闻和宣传部部长。

在戈培尔的领导下，纳粹利用各种形式的媒体和文化来宣传，包括艺术、电影、戏剧、广播、音

约瑟夫·戈培尔

戈培尔出生于一个严格的罗马天主教家庭，他缺乏安全感且心怀怨恨，一部分原因是他的脚畸形导致他在一战中被军队拒绝，另一部分原因是他没有典型的雅利安人外貌。

戈培尔在纳粹党谋得了一个职位。希特勒任命他为宣传部部长后，戈培尔创造了一个“英雄元首”的神话，塑造了民众对希特勒个人和纳粹意识形态的崇拜，赢得了大多数德国民众的支持。与此同时，戈培尔放任尖锐狠毒的反犹太主义传播，妖魔化犹太人并为暴力辩护。他策划了“水晶之夜”这场反犹太暴力行动，并参与了“最终解决方案”这一种族灭绝计划。

战争使他与希特勒的关系更加密切。即使是在局势开始朝不利于德国的方向发展时，他们也依然亲密，戈培尔被赋予越来越大的权力。但随着国家的崩溃，他开始消极厌世，悲观起来。他无视希特勒指定他为继承人的遗嘱，杀死自己的妻子和6个年幼的孩子后，选择了自杀。

参见: 纳粹的崛起 24~29页，法西斯独裁者 34~39页，水晶之夜 48~49页，准备应战 66页，伟大的卫国战争 132~135页，战争中的美国 146~153页。

一张1941年的苏联海报上面写着："不要喋喋不休，八卦约等于叛国！"战时宣传经常使用普通人的形象来激发民众对宣传内容的认同感。

乐、文学、大众媒体和海报。二战爆发时，他的宣传技巧既能够被用来构建统一的民族文化，又能将犹太人妖魔化，更能向德国民众宣传德国发动战争的正当性和神圣性。

战争一开始，这些宣传手段就被用来将德国军队描绘成无坚不摧的、高尚的军队，以及将对手描绘成堕落无能的懦夫，或勇敢但被其领导人误导的笨蛋。

作为应对之举，苏联的宣传则以海报、报纸和传单的形式抨击纳粹最高统帅部，谴责德国士兵在占领区犯下的暴行，将苏联红军描绘成英雄，并劝告平民在日常生活中履行爱国义务。

对重大历史事件的响应

1941年过后，德国在战争中的命运发生了逆转，加上盟军对德国城市的猛烈轰炸，使得戈培尔的可信度降低了。但凭借特有的娴熟技巧，他将这些打击描述为挑衅，通过将战争描述为在彻底毁灭的威胁下的生存斗争，他激发了德国民众的士气和奋战到底的决心。

1943年2月18日，戈培尔在柏林体育场发表了一次著名的演讲，他利用各种演说技巧，煽动起一种歇斯底里情绪，同时疯狂地承诺德国会提供秘密武器和坚不可摧的堡垒，为德国全面动员起来追求胜利赢得了广泛的认同。

在这之后，纳粹对德国公众舆论的控制进一步加强，直到1944年年底，舆论控制才有所松动。在战争后期，就连戈培尔也认为德国平民手中的敌方宣传品已经开始对士气产生负面影响，盟军的传单"不再被不经意地扔到一边，而是……被认真地阅读"。

英国的宣传

英国开展了复杂的、多层次的宣传活动，最明显的表现是英国

宣传类型

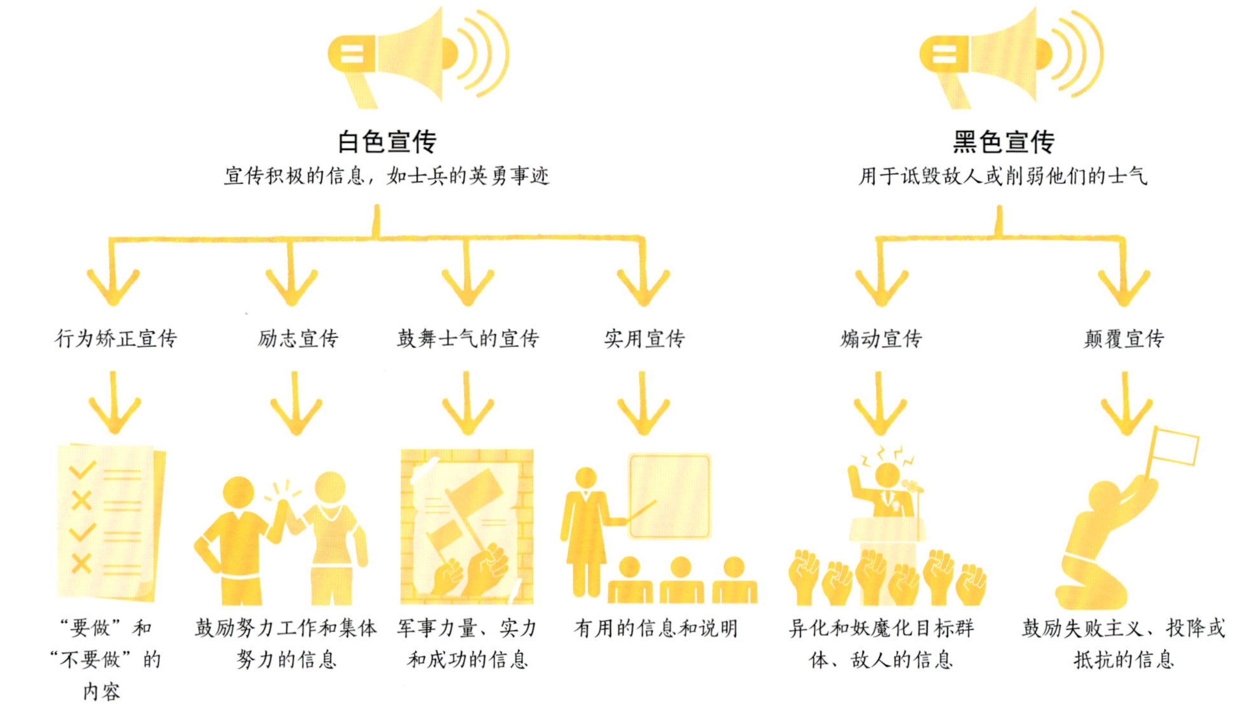
白色宣传
宣传积极的信息，如士兵的英勇事迹
黑色宣传
用于诋毁敌人或削弱他们的士气
行为矫正宣传
励志宣传
鼓舞士气的宣传
实用宣传
煽动宣传
颠覆宣传
“要做”和“不要做”的内容
鼓励努力工作和集体努力的信息
军事力量、实力和成功的信息
有用的信息和说明
异化和妖魔化目标群体、敌人的信息
鼓励失败主义、投降或抵抗的信息

广播公司（BBC）的工作。BBC向全世界广播，在保持其真实性的声誉和推动英国路线之间走了一条艰难的道路。

一位驻意大利的英国外交官写信指出，墨索里尼的无线电广播只是在撒谎，而BBC则“客观、实事求是地报道新闻，通过选择和省略的过程而获得好评”。

这种客观性增强了BBC的软实力，同盟国和轴心国的民众都将其视为可靠的信息来源。

然而，在控制信息和保持新闻自由两种倾向之间不可避免地产生了矛盾。在信息部的监督下，报纸和BBC都实施了审查制度，信息部是一个由约翰·雷斯爵士领导的政府部门，他本人曾是BBC的负责人。编辑被要求预先审查他们认为对国家安全或公共安全有潜在威胁的故事，并将他们不确定的故事提交给信息部审查。如果不遵守这一规定，编辑就会被起诉。

BBC的信息传播被温斯顿·丘吉尔视为“白色宣传”，因为它公开且相对透明。丘吉尔口中的“黑色宣传”被分配给一个秘密行动部门，即政治战争执行部（PWE），该部门成立于1941年，旨在创造和传播能够损害敌人士气的宣传。

PWE与BBC密切合作，还利用美国技术建立了一个秘密的德语广播电台网络以塑造德国公众舆论。PWE的广播讽刺轴心国领导人及其宣传。由于信号拦截，它能够利用戈培尔每天两次在德国新闻发布会上宣布的信息来增加其内容的真实性。PWE特工甚至被空降到法国的德占区，帮助当地建立报

> **言语如弹药。我们每个美国人说的每一句话要么帮助战争，要么损害战争。**
>
> 美国战争信息办公室
> 《电影业政府信息手册》

纸印刷厂。

左右美国舆论

尽管美国的宣传也针对占领区和敌方民众，尤其强调空投传单，但美国宣传的主要目标可能是国内民众。

一战和随后的经济大萧条加剧了美国舆论中的孤立主义倾向。为了团结全国力量支持战争，罗斯福总统于1942年6月成立了战争信息办公室（Office of War Information，OWI）。

OWI在美国国内与反动势力斗争，传播种族团结的信息，试图抵消种族主义对经济和军队最具破坏性的影响，并努力削弱敌人的士气。

然而，它最关注的是增加工业产量和减少浪费，无论这种浪费是闲谈、资源的低效利用，还是停工时间。

除了工业界的内部努力，OWI还试图通过"女性权力"部门让女性加入劳动力队伍，该部门的基本计划直截了当地指出："如果要说服美国妇女从事这些工作并坚持下去，就必须把这些工作美化为爱国战争服务。"

电影业

OWI也与好莱坞合作制作宣传内容，如唐老鸭向希特勒扔西红柿的动画。弗兰克·卡普拉因执导《美好生活》等影片而闻名于世。他执导的《我们为什么要战斗》系列纪录片获得了奥斯卡奖，其中对轴心国国民的描述具有仇外心理和种族主义色彩。

OWI审查剧本，甚至改写影片对白。它向电影制片厂发出基于单一任务的指导："这部电影是否有助于赢得战争？"尽管被赋予了具有高度侵入性的监督权，但OWI并不拥有正式的审查权。■

右图为美国陆军航空队1943年的征兵海报。这张海报的爱国主义设计旨在鼓励人们参军，同时国会也引入征兵制度来招募士兵。

"东京玫瑰"户栗郁子

"东京玫瑰"是驻太平洋美军对日本广播节目《零时》中女DJ的集体绰号，该节目因结合了流行音乐和滑稽的宣传而深受驻太平洋美军的喜爱。

"东京玫瑰"并不是某个个体的代名词，但战后这个名字与日裔美国人户栗郁子联系在一起。战争爆发时，出生于美国的她正在日本探亲。尽管有压力，但她还是拒绝放弃她的美国公民身份。然而，在战争期间，她被安排在《零时》节目中工作，演奏音乐和讲笑话。

战争结束后，起初户栗郁子被认为没有错误行为，但在1948年，当她试图返回美国时，一场媒体运动导致她被起诉犯有叛国罪，之后被关进了监狱。1977年，她获得了总统的赦免，并赢回了美国公民身份。

实力悬殊的战斗

华沙隔都起义（1943年4—5月）

背景介绍

聚焦

抵抗运动

此前

1940年10月2日 华沙的德国总督下达了建立犹太人聚居区的命令，犹太人聚居区与城市的其他地方隔绝。

1940年年中—1942年 大约8.3万名犹太人在集中营中死于饥饿和疾病。

此后

1943年11月 大约4.2万名犹太人在隔都起义后被驱逐出华沙，后在为期2天的名为“丰收节行动”的行动中被杀害。

1944年8月1日 一场反对德国占领者的全城起义在华沙爆发。

1943年的华沙隔都起义是纳粹在欧洲遭遇的规模最大的犹太抵抗运动。华沙隔都于1940年建立，超过40万名犹太人被塞进了一个面积不足4平方千米的区域，平均下来，每个可用房间有超过7人居住。起初，纳粹让犹太人挨饿，然后将一半以上的犹太人驱逐到强制劳动营和集中营。成千上万的犹太人也死于疾病。到了1943年4月，隔都只剩下大约6万名犹太人。

> “犹太妇女积极参加了战斗。她们向进攻的德国人泼洒开水。这样一场充满怨恨却实力悬殊的战斗在历史上是前所未有的。”
>
> 华沙犹太区的幸存者、日记作者玛丽·伯格

尽管纳粹将驱逐定性为“重新安置”，但犹太人越来越清楚这是一种种族灭绝。隔都内的犹太抵抗组织联合起来形成了两股力量，即左翼的犹太战斗组织和右翼的犹太军事联盟。通过与波兰抵抗运动短暂接触，两个组织获得了一些武器并临时制造了其他武器。

因此，到1943年1月，当德国人威胁要将他们全部驱逐到集中营时，大约750名青年男女准备好进行武装抵抗。“醒醒吧！战斗吧！”犹太战斗组织告诫隔都内的犹太人，敦促他们拒绝对死刑的“可怕接受”。

不平等的战斗

1943年1月18日，德国党卫队和警察部队抵达隔都，开始新一轮的驱逐行动。但当他们的行动被渗透到被驱逐者队伍中的抵抗战士破坏后，德军迅速撤离了。隔都中的其他人从这一短暂的成功中受到了鼓舞，并开始挖掘掩体和收集武器，准备迎接党卫队新一轮的进攻。

参见：水晶之夜 48~49页，波兰的毁灭 58~63页，抵抗运动 226~231页，华沙起义 271页。

德国请来了经验丰富的指挥官于尔根·斯特鲁普来监督下一次清理犹太人的尝试。1943年4月19日，一支超过2000人的德国军队在坦克、装甲车、重机枪和大炮的掩护下进入隔都。德国军队遭到了激烈的抵抗，被迫撤退，但很快又卷土重来，下令烧毁隔都。

死亡与毁灭

凭借对街道和建筑物的熟悉，犹太抵抗战士发动了游击战，而躲在掩体中的平民则躲避驱逐出境。尽管困难重重，抵抗运动仍持续了将近一个月。但在1943年5月8日，德军终于设法占领了位于米拉街18号的犹太战斗组织总部，24岁的指挥官莫迪凯·阿涅莱维奇和他的许多战友在那里被杀害。8天后，斯特鲁普下令摧毁特洛马基大街上的大犹太会堂，并向柏林方面报告说“华沙的前犹太区已不复存在”。

幸存者继续在废墟中坚持抵抗到7月。大约50名犹太战斗组织战士通过下水道逃脱。他们中的一部分人后来加入了1944年的华沙起义。在战斗和大火中，大约7000名犹太人被杀，另有7000人被捕并被送往死亡集中营。几个月后，隔都的幸存者被集体驱逐出境并被谋杀。■

镇压华沙隔都起义期间，德国党卫队逮捕了很多犹太抵抗组织的成员。妇女选择参与组织的起义并与男人并肩作战。

莫迪凯·阿涅莱维奇

莫迪凯·阿涅莱维奇于1919年出生在华沙附近的维什科夫，他从小就是一名犹太人自卫活动的积极分子。在华沙，他加入了一个亲苏的犹太抵抗组织，并在德军占领华沙后逃往苏联控制的区域。

阿涅莱维奇潜入了华沙隔都，创办了一家报社，但在1942年德军大规模驱逐犹太人时，他身在波兰西部。他赶回去说服贫民窟的人们接受武装抵抗。起初，人们不太情愿，但在其他积极分子的支持下，加上大家开始了解了“重新安置”是对犹太人命运的何等摧残后，阿涅莱维奇获胜了，犹太战斗组织在他的指挥下成立了。他是隔都的实际领导者，领导抵抗运动直到1943年5月8日。当时，德军包围了他的指挥地堡。阿涅莱维奇和他的许多战友被杀害。

> 虽然我们无法幸免，但我们的凶手会在我们死后为他们的罪行付出代价。我们的英雄壮举将永垂不朽。
>
> 犹太诗人和起义活动家
> 伊扎克·卡兹尼尔森

每个人都应该竭尽全力

西太平洋战场（1943年11月—1944年8月）

背景介绍

聚焦

太平洋战场

此前

1892年 英国宣布成为太平洋中西部的吉尔伯特和埃利斯群岛的保护国。

1920年 日本得到国际联盟的准许，管辖西太平洋的马绍尔群岛、加罗林群岛和马里亚纳群岛。

20世纪30年代 日本在太平洋许多岛屿上建立了军事基地。

1941年12月 袭击珍珠港事件发生2天以后，日军占领了吉尔伯特群岛。

此后

1947年 在联合国托管制度下，美国建立了太平洋岛屿托管区，接管了早先日本占领的岛屿。

1979年 吉尔伯特群岛更名为基里巴斯，脱离英国获得独立。

1986年 马绍尔群岛和密克罗尼西亚（加罗林群岛）成为独立国家；马里亚纳群岛与美国保持政治同盟关系。

1943年，美国对日本的战略变得清晰起来。为了攻占日本本土岛屿，美国陆军航空队的轰炸机需要在太平洋岛屿上筑建基地。在正在进行的“车轮行动”成功的基础上，美国军方负责人决定跳岛进入太平洋中西部被日本占领的吉尔伯特、马绍尔、加罗林和马里亚纳群岛。

该战役的目标是全面突破日本在1942年初的几周内建立的太平洋防御圈。随着盟军控制了马里亚纳群岛，美国有能力对菲律宾和日本发起远征。

最初，由于缺乏海军资源，美国对这些岛屿的进攻被推迟了，但在1943年11月，美国太平洋舰队总司令切斯特·尼米兹筹备好了进攻。

袭击吉尔伯特群岛

尼米兹的第一个目标是吉尔伯特群岛的塔拉瓦和马金这两个小珊瑚环礁。他的总舰队包括7艘航空母舰、12艘战列舰、12艘巡洋舰和66艘驱逐舰，仅仅这些就足以抵御日本海军的攻击。他又添上了一支由登陆艇和其他为太平洋行动开发的两栖交通工具组成的舰队。自此万事俱备，只待一声令下。

塔拉瓦环礁只有不到5000名日本士兵保卫，但他们加固升级了

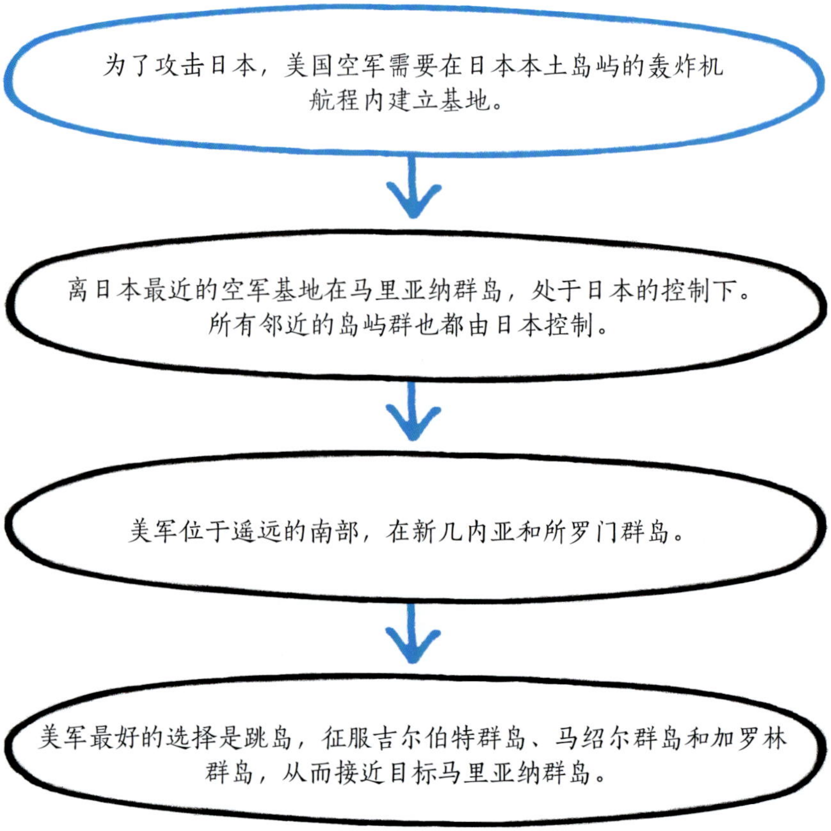

为了攻击日本，美国空军需要在日本本土岛屿的轰炸机航程内建立基地。
离日本最近的空军基地在马里亚纳群岛，处于日本的控制下。所有邻近的岛屿群也都由日本控制。
美军位于遥远的南部，在新几内亚和所罗门群岛。
美军最好的选择是跳岛，征服吉尔伯特群岛、马绍尔群岛和加罗林群岛，从而接近目标马里亚纳群岛。

参见: 日本的困境 137页，日本偷袭珍珠港 138~145页，日本的扩张 154~157页，中途岛海战 160~165页，所罗门群岛和新几内亚之战 212~213页，被围困的日本 304~307页。

该岛的防御。11月20日，1.8万名美国海军陆战队队员发起进攻，遭到了日军的激烈抵抗。

美国海军陆战队花了4天时间才夺取了塔拉瓦环礁，此役中共有1000多人死亡，2000多人受伤。日军几乎自杀式地战斗到了最后，他们只有17人被活捉。另有66名美国海军陆战队队员在同时袭击马金环礁时阵亡，而美国海军在利斯康姆湾护卫舰被日本潜艇击沉后损失了644人。这样的损失对美国来说是一个巨大的打击。

进攻马绍尔群岛

攻占吉尔伯特群岛后，通往马绍尔群岛的道路就畅通了。许多岛屿被绕过，而在7个目标岛屿中，夸贾林和埃尼威托克的环礁成为关键目标。因为这两个岛屿上都有机场、海军和潜艇基地。

夸贾林岛于1944年2月3日被美国占领，埃尼威托克岛于2月23日被占领，其余目标岛屿于2月底被占领。

夸贾林岛和埃尼威托克岛的战斗都很激烈，但美国从塔拉瓦环礁登陆战中吸取了一些教训，把伤亡人数控制在了450人左右。然而，日军再次战斗到几乎只剩最后一人，在其1.2万人的总兵力中，仅400人幸存，其余全部战死。

冰雹行动

再往西，2月17—18日，美国对加罗林群岛的特鲁克环礁发动了一次重大的海上和空中攻击。特鲁克是日本在南太平洋的主要海军基地，具有巨大的战略意义。

美国代号为“冰雹行动”的进攻非常成功，摧毁了日本15艘海军舰艇和32艘商船，以及250多架飞机，约有4500名日军士兵死亡。在阵亡的40名美国士兵中，29人是机组人员，其余是水手。

与美国着手建立军事基地的马绍尔群岛和吉尔伯特群岛相比，

2月17日，在特鲁克环礁杜伯伦岛附近的日本船只在“冰雹行动”中被击中，冒起了滚滚浓烟。美国空军飞机轰炸了这个防御严密的日本海军基地。

> 攻占塔拉瓦环礁，就松动了日本在太平洋中部地区的防御。
>
> 切斯特·尼米兹

> 整个岛（夸贾林岛）看起来好像被举到2万英尺的高度然后掉下来一样。
>
> 美国陆军第51特遣部队的官方报告

特鲁克环礁在其海军基地被摧毁后被留给了日本。美军继续向其目标马里亚纳群岛推进时，也绕开并孤立了特鲁克环礁。

马里亚纳群岛——有代价的获得

一战以来，马里亚纳群岛的大部分地区被日本控制，只有关岛例外，该岛于1898年被美国统治。1941年12月，日本偷袭珍珠港的同时夺取了关岛，对该岛及其在塞班岛和天宁岛的其他重要定居点进行了严密防御。夺取这些岛屿将为美国提供轰炸日本本土所需的关键基地，同时也可以切断日本与菲律宾及其在东南亚的其他收益的联系。

对马里亚纳群岛的进攻始于1944年6月15日对塞班岛西海岸发起的一次海上进攻。6月27日，除最南端外，对该岛的占领已经完成。日军于7月7日开始反击，但未能击退美军。日军于7月9日投降。

此战伤亡惨重，3426名美国军人阵亡，10364人受伤。对于日本来说，3.2万名战斗人员中约有2.9万人死亡，还有岛上的7000名日本平民和2.2万名当地人死亡。但是，塞班岛被占意味着日本处于美国B-29重型轰炸机的航程之内。

菲律宾海战

美国对塞班岛的攻击促使日本第1机动舰队在海军上将小泽治三郎的指挥下向东航行穿过菲律宾海，前往马里亚纳群岛加入战斗。

这支舰队寡不敌众，它仅有5艘航空母舰、20艘主力舰、31艘驱逐舰、6艘油轮和24艘潜艇。而它要面对的是拥有7艘航空母舰、36艘主力舰、68艘驱逐舰和28艘潜艇的美国第5舰队。

日本可以从其航母上起飞约450架飞机，从其关岛基地起飞300架飞机，而美国总共有约900架舰载飞机。

战斗于6月19日在马里亚纳群岛以西开始，日军对美国第58特混舰队进行了4次重大空袭。空袭被拦截，日军的2艘航母被潜艇击沉，200架飞机被击落。截至当天结束时，日军共损失了300架飞机，而美军仅损失了23架。

日本战败

第2天，随着美国舰队将日本赶出马里亚纳群岛，战斗继续向西推进。日本航空母舰飞鹰号和2艘油轮被击沉，大约340架飞机被击落。那天，美国损失了110架飞机，其中80架在返程途中因燃料耗尽而坠毁。

面对失败，小泽治三郎向西

> **该死的，为什么这就像以前在家里打火鸡一样？**
>
> 美国海军飞行员
> 描述菲律宾海战期间的空中交战情况

一架格鲁曼产的TBF复仇者式飞机，准备从航母上起飞，对保卫塞班岛的日本船只发动空袭。TBF复仇者式飞机是二战中使用最广泛的鱼雷轰炸机。

1944年7月，美国海军陆战队在天宁岛涉水上岸。虽然西北部有2个小海滩和低矮的珊瑚，但南部的珊瑚悬崖必须通过坡道攀登。

撤退到冲绳。这次为期2天的冲突是历史上最大的航母战斗，也是太平洋海战里5次主要航母对战中的最后一次。

战败导致日本在2天内失去了90%的航母空中力量。在开始战斗时日本拥有的大约450架飞机中，日本最后只带回了35架；300架陆基飞机中也损失了大约200架。大量训练有素的飞行员在这场战斗中死去，本就寡不敌众的日本舰队航空部队更加雪上加霜。正如它处理以前的损失一样，日本军方对本国民众隐瞒了伤亡情况。

占领天宁岛和关岛

7月16日，美军开始对塞班岛以南的天宁岛进行海上轰炸。在向南发动佯攻误导了日军后，美国海军陆战队于7月24日在该岛西北部登陆，并于8月1日占领了该岛。在这里，日本损失了5542名士兵，多达4000名日本平民死亡，其中一些人自杀身亡。

塞班岛上日军的抵抗和海战使对关岛的进攻推迟了一个月。经过持续的空中和海上轰炸，美军终于于7月21日在关岛西海岸的2个海滩登陆。

虽然向南移动的巡逻队没有遇到有组织的抵抗，但那些向北方日军防线前进的巡逻队在雨中和茂密的丛林中与日军展开了激烈的战斗，还遭遇了夜间偷袭。

1944年8月10日，日军终于在弹尽粮绝的情况下投降。两军都伤亡惨重，日军死亡18337人，被俘1250人，而美军则阵亡1783人，受伤6010人。

马尼贡行军

在美国进攻之前，日军强迫大多数查莫罗人步行前往关岛南部的6个集中营，这就是后来众所周知的“马内贡行军”。很多人在途中因饥饿和疾病而死，而日军在行军途中又屠杀了600人。据查，查莫罗的2万人口中有多达十分之一在日本占领期间被杀害。

从1944年年底开始，关岛成为轰炸日本的主要空军基地，而天宁岛将成为未来结束战争的原子弹的出发地。■

日本的死守

1944年7月和8月，马里亚纳群岛上的一些日本士兵负隅抵抗，拒绝投降。一批人在天宁岛死守到1945年9月4日。塞班岛上的其他日本部队坚持到12月1日。12月8日，又有一批日本人躲在关岛上，伏击并杀死了3名美国海军陆战队队员。

一些抵抗者坚持了许多年。村田进在天宁岛一直活到1953年，而二等兵南川文三和中士伊藤正志则直到1960年5月才相继投降。直到1972年1月24日，关岛的猎人才发现横井正一中士。他在一个山洞里独自生活了28年。

杀光、烧光、抢光

中国抗日战争（1931—1945年）

背景介绍

聚焦

中国抗日战争

此前

1928年 国民党统治了中国大部分地区。

1931年 日本占领了中国东三省。

1937年7月 七七事变爆发，中国人民开始全面抗战。

1938年 遭遇了一系列军事失利后，国民党政府迁都重庆。

此后

1946年 中国人民解放战争开始。

1949年10月 中华人民共和国成立。

当日本在1941年12月偷袭珍珠港，挑起与美国的战争时，它与中国的持续冲突使中国成为世界反法西斯战争的东方主战场。经过14年艰苦卓绝的抵抗，中国人民最终取得抗日战争的伟大胜利。

从1940年开始，日本接连建立了几个在华傀儡政权，其中以汪精卫为首的南京傀儡政权最为野心勃勃。然而，这些日伪政权都没有得到中国人民的承认。

尽管日本成功地盘剥了中国的资源，将中国经济发展的成果占为己有，但由于需要维持一个庞大

参见：动荡中的中国 42~43页，日本的进军 44~45页，日本的扩张 154~157页，盟军反攻缅甸 290~293页，日本投降 312~313页，持久的影响 320~327页。

的军事系统，日本本土遭受了巨大的经济资源压力。

早在袭击珍珠港事件之前，美国就公开站在中国一边，反对日本侵华。当美国与日本开始交战后，美国视中国为盟友。

中国的反应

美国与中国国民党政府的关系因基本的利益冲突而存在缺陷。虽然美国想利用国民党的国民革命军来帮助其赢得战争，但蒋介石更愿意由美国打败日本，从而保留自己的力量，以便在战后掌控整个中国。

与蒋介石的消极抗日相比，毛泽东率领的工农红军在中国北方积极开展抗日游击战，同时在农村积极发动群众，赢得了广泛的支持。

“三光”政策

从1939年开始，日本将主要注意力放在了对中国平民的报复性迫害上。从河北、山东，到陕西，日本在中国北方的大片土地上实施了残酷的“三光”政策（“杀光、烧光、抢光”），旨在粉碎共产主义的游击运动。日本对支持游击运动的农村地区进行“大扫荡”。

据估计，在这场残酷的“大扫荡”中，日军焚烧村庄、毁坏庄稼、屠戮无辜百姓，让大批人流离失所，几百万中国平民被杀害。

1942年4月美国轰炸机对东京进行空袭之后，日本在中国发起了另一场残酷的战争，史称“浙赣会战”。

美国的一些轰炸机机组曾降落在中国的浙江省和江西省。作为对中国平民向这些飞行员提供援助的报复，日本派遣军队对这些地区进行了严重的破坏。

在这次行动和其在中国北方的行动中，日本都使用了生化武器，散布各种致病菌，使霍乱、伤寒等传染病肆意传播。

战略物资补给路线

1942年春天，日本出兵缅甸，切断了国民党重庆政府的唯一对外陆路通道——滇缅公路，美国对中国国民党的援助因此受到限制。

在此之后，所有的美国物资都必须通过运输机从英属印度飞越喜马拉雅山的驼峰航线运来。

在约瑟夫·史迪威的指导下，在印度训练的国民党部队被调往缅甸袭击日军，同时在地形陡峭的中国西南地区修建一条新的公路来连接印度和中国。

史迪威、蒋介石和美国驻印度的空军指挥官克莱尔·陈纳德上校的关系都十分紧张，三人之间摩擦不断。这种摩擦对援助行动没有任何帮助，特别是三人有不同的主要目标。

陈纳德敦促尽快在中国国民党控制的地区建立空军基地；史迪威主要关注缅甸战局；而蒋介石则试图在中国西部的新疆培植自己的势力。当日本在1944年春天发动新的攻势时，他们三方都没有做出充分的反应。

> 放胆白山驱日寇，忍悲黑水灭夷蛮。
>
> 东北抗联英雄赵尚志

豫湘桂战役（一号作战）

日本侵华战争中规模最大的军事行动之一——“豫湘桂战役”（日本方面称之为“一号作战”）旨在夺取其之前未占领的中国中部和东南部的广阔腹地。日本的首要目标是在中国建立一条连通南北的铁路线，将北方港口与东南亚连接起来。

由于美国潜艇抵达中国沿海，日军原有的海上航线无法继续使用，构建新的通道便成了一项急迫的任务。日本还希望通过此役攻克陈纳德建立的美国空军基地。

随着1944年6月新式远程B-29轰炸机的到来，美国空军甚至能够瞄准日本本土进行轰炸。豫湘桂战役从4月开始，日军召集了60多万人，先后攻打中国的河南省、湖南省，迅速占领了洛阳和长沙。

随后，日军向南推进到广西和贵州，占领了桂林和柳州的空军基地，并威胁到了重庆的安全。

但是，豫湘桂战役的实际影

在穿越缅甸的陆路运输通道被日本切断后，美国飞机为中国空投物资。

响是有限的，因为美国在更远的东部地区建立了新的空军基地，并且在克服了重重困难后开始从马里亚纳群岛轰炸日本本土。

日本投降

1944年到1945年初，世界反法西斯战场捷报频传，德国在欧洲战场处于劣势，败局已定。在美国、英国的连续打击下，日本在太平洋战场节节败退，陷入困境。中国共产党领导的敌后战场率先发起局部反攻，取得了一系列胜利。

1945年8月15日，日本天皇被迫宣布无条件投降。9月2日，日本政府正式签署投降书。中国抗日战争经历了14年艰难曲折的斗争，特别是8年全民族艰苦卓绝的浴血奋战，取得了最后的胜利。

中国抗日战争胜利的伟大意义

中国共产党在全民族抗战中发挥了中流砥柱作用，这是中国人民抗日战争取得完全胜利的决定性因素。中国共产党以卓越的政治领导力和正确的战略策略，指引了中国抗战的前进方向。中国共产党人勇敢战斗在抗日战争最前线，支撑起了中华民族救亡图存的希望。

中国抗日战争是中国近代以来反抗外敌入侵第一次取得完全胜利的民族解放战争。它促进了中华民族的觉醒，为中国共产党带领中国人民实现彻底的民族独立和人民解放奠定了重要基础。中国战场是世界反法西斯战争的东方主战场，对世界反法西斯战争的胜利、维护世界和平做出了巨大贡献。中国的国际地位得到了提高。■

> **他们像一群蝗虫，除了破坏和混乱，什么也没留下……他们射杀所有男人、女人、孩子、牛、猪，或者几乎所有会动的东西。**
>
> 文德林·邓克尔神父作为目击者描述日本在中国东部的破坏行为

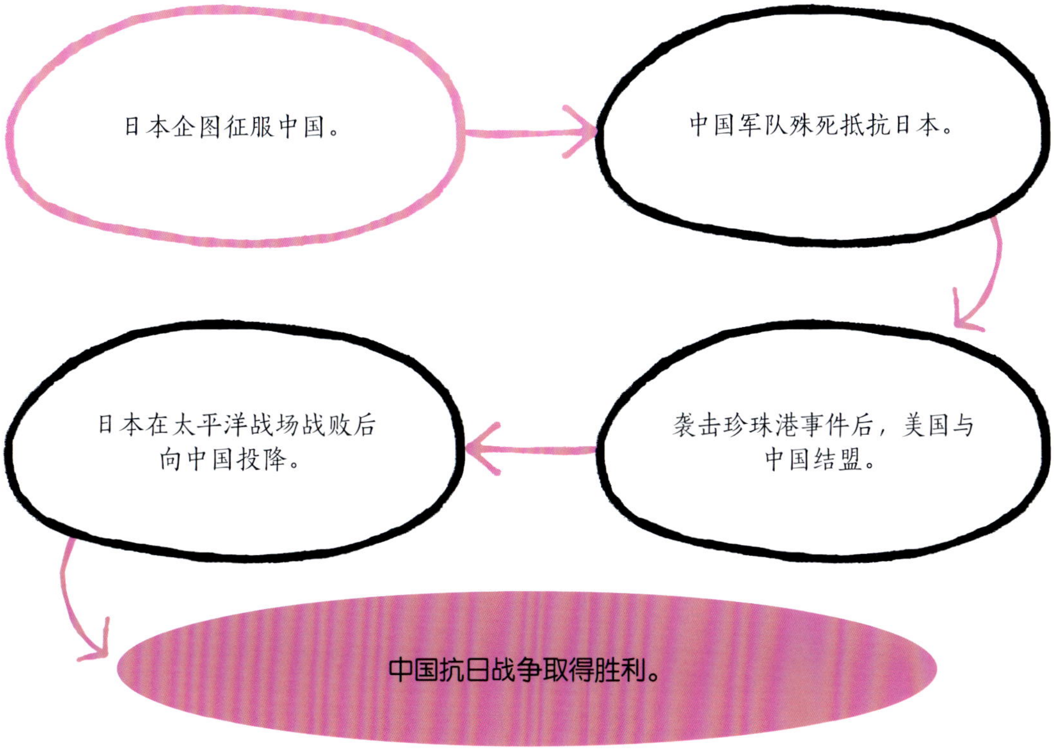

罗马不仅仅是一个军事目标

夺回罗马（1944年6月）

背景介绍

聚焦

地中海战线

此前

16世纪 努西亚的本尼迪克特（努西亚的圣本笃）在卡西诺山上建立了一座修道院。

1943年9月 意大利向同盟国投降后，德军占领了意大利北部。

1943年10月13日 解放后的意大利向德国宣战。

1943年12日 艾森豪威尔签署了《文化财产保护令》，以保护文化遗址免受攻击。

此后

1944年8月 同盟国进攻法国南部，占领了土伦和马赛的港口。

1945年4—5月 作为春季攻势的一部分，盟军突破了哥特防线，使德军在意大利战败。

1943年9月，意大利向盟军投降，意大利的领土被北部、中部地区（包括罗马）的德军和南部的盟军分别占领。盟军向北推进的步伐被古斯塔夫防线阻挡，这是一张由阿尔贝特·凯塞林元帅策划的德国防御网络。1944年1月25日，美国第36和第45步兵师试图包抄这条防线，在罗马以南51千米的安齐奥登陆，但没能成功速退。

卡西诺山

2月，盟军在安齐奥内陆的卡西诺山陷入困境。盟军认为此处有德军指挥所，并“出于军事需要”轰炸了镇上的修道院。这个错误损害了盟军的声誉。在英国和印度对卡西诺山的袭击失败后，波兰军队又在此地与德军交战。在经历了德军几个月的激烈抵抗后，波兰终于在5月18日占领了该地。

入春后，天气转暖，盟军得以前进。1944年6月4日，美国第5军在英国和加拿大军队的支援下夺回了罗马。凯塞林撤退到亚平宁山脉北部，建立了一个长达322千米的防御阵地，被称为“哥特防线”。在这样陡峭难攻的地形上，由哈罗德·亚历山大率领的盟军面临着一个穷途末路的敌人，但已经没有人能阻止盟军走向胜利了。■

> 在意大利战争的所有阶段里，这都是最艰苦、最令人痛心的，某种程度上也是最悲惨的。
>
> 马克·克拉克将军谈卡西诺战役

参见：意大利参战 88~89页，北非和地中海 118~121页，火炬行动 196~197页，攻入意大利 210~211页。

喂得太饱，到处乱跑

驻英美军（1942—1945年）

背景介绍

聚焦

驻英的美国大兵

此前

1940年12月 罗斯福总统提出《租借法案》以协助英国作战。

1941年12月8日 美国对日宣战。几天之后，德国对美宣战。

1942年2月 在美国，《匹兹堡信使报》发起双V运动，敦促黑人军人在战争中寻求胜利，并与国内的歧视做斗争。

此后

1945年5月 战争末期，欧洲有超过200个美国空军基地，每个基地上约有2500名美国人居住，这个数字是英国大多数村庄人口的数倍。

美国于1941年12月参战后，其军队很快就抵达了英国以支援盟军在欧洲的行动。1942年1月至1945年12月，共有约150万名美军驻扎在英国。

这些驻军被称为“美国大兵”，每位军人都得到了《在英国的美国军人须知》，这是一本向他们介绍英国生活的小册子，包括英国的历史、文化，甚至俚语。

作为回报，美国大兵们给英国人民上了一堂文化课，内容是可口可乐、糖果、尼龙制品、爵士乐和自由流动的现金。美国大兵们的工资比他们的英国同行高5倍，他们的慷慨是有名的。大约7万名英国妇女成为美国大兵的新娘，数以千计的美国大兵所生的婴儿是非婚生子女。

黑人大兵

驻英美军中有大约15万名美国黑人，他们在只有黑人的部队中服役，起初主要是担任服务角色，这反映了当时美国仍然猖獗的种族隔离和歧视。

一名美国士兵向伦敦东区的孩子们分发糖果。由于英国的食物实行严格配给制，所以美国士兵的慷慨受到了欢迎。

黑人美国士兵在英国的酒馆和居民家庭中普遍受到欢迎。这常常使白人美国大兵对他们十分反感。

1943年6月，在兰开夏郡班伯桥村，由于当地酒馆老板拒绝了美国军警关于隔离其场所的要求，白人和黑人美国大兵之间爆发了暴力冲突。■

参见：美国中立态度的终结 108页，日本偷袭珍珠港 138~145页，战争中的美国 146~153页，轰炸德国 220~223页。

局势已逆转

诺曼底登陆（1944年6月6日）

背景介绍

聚焦

法国解放

此前

1940年5月26日—6月4日 数百艘海军船只和民用船只从法国敦刻尔克港撤离了33.8万多名盟军士兵。

1940年6月25日 法国正式向德国投降。15天后，纳粹建立了维希法国政权，这是一个由菲利普·贝当领导的傀儡政府。

1942年11月8—16日 在“火炬行动”中，盟军攻占了法属北非。

此后

1944年8月15日 盟军发动了“龙骑兵行动”，成功地攻入了法国南部。

1944年8月25日 在德国侵占法国4年后，法国和美国军队解放了巴黎。

1944年之前，同盟国对于在欧洲开辟第二战场是否明智存在分歧。斯大林非常渴望开辟第二战场，因为这可以减轻苏联红军的压力。美国也热衷于此事，于1942年年初制定了“围捕行动”，计划于1943年春季攻入法国。美国甚至还考虑将日期提前到1942年秋季。然而，英国并不情愿。丘吉尔犹记一战中加里波利战役的失败，并意识到了海上进攻的危险。英国认为西方同盟国尚未准备好，提议首先关注北非和地中海战场。

英国的观点获得了大多数国家的认同，1942年11月，英美军队发动“火炬行动”，进攻法属北非。

霸王行动

1943年5月，罗斯福和丘吉尔在第3次华盛顿会议上会面，并决定在12个月后进攻法国。计划中的进攻行动在11月底斯大林出席的德黑兰会议上被批准。它的代号为“霸王行动”。

> **除非我们能够登陆，与希特勒作战并在陆地上击败他的军队，否则我们永远不会赢得这场战争。**
>
> 温斯顿·丘吉尔

由德怀特·艾森豪威尔领导的新成立的盟军远征军最高司令部协调进攻行动。最高司令部否决了进攻加来地区的想法，因为尽管这一地区离英国最近，但它的防御很强。最后，最高司令部决定攻占诺曼底，诺曼底虽然离得较远，但防守很薄弱。

集渡海、登陆和建立滩头阵地于一体的行动代号为“海王星行动”。根据设想，进攻之前盟军将进行空中和海上轰炸，并由海上

德怀特·艾森豪威尔

德怀特·艾森豪威尔于1890年出生在美国得克萨斯州丹尼森，毕业于纽约西点军校，1915年开始在美国陆军服役。1942年6月，他被任命为驻欧美军指挥官，在指挥诺曼底登陆之前，他还领导了盟军对北非和西西里岛的进攻。

艾森豪威尔拥有良好的战略眼光和组织能力，能够平衡、调和其他盟军领导人的不同个性，并在这样一个庞大而复杂的系统中克服后勤和政治上的重重困难。诺曼底登陆成功后，他带领盟军解放了法国其他地区和西欧。

1945年5月德国投降后，艾森豪威尔在德国的美国占领区负责了6个月的治理工作。他在1951—1952年成为北约第一任最高指挥官，与整个西欧都建立了良好的关系。

艾森豪威尔后来在1953—1961年担任美国总统，两次均赢得了压倒性的选举胜利。他于1969年去世。

参见: 法国的沦陷 80~87页，复仇武器 264~265页，盟军向东横扫 272~273页，市场花园行动 274页，边境战 275页。

盟军的一系列行动试图在登陆的时间和地点上误导德国领导人。

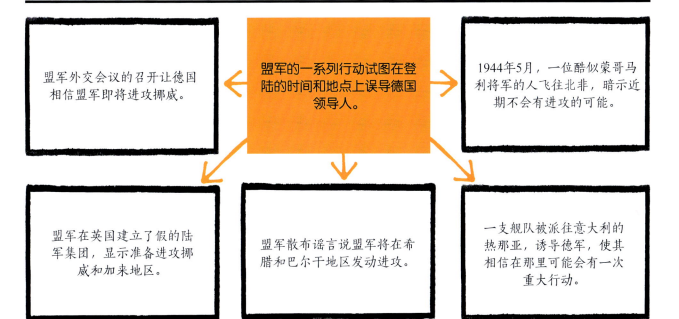

盟军外交会议的召开让德国相信盟军即将进攻挪威。

1944年5月，一位酷似蒙哥马利将军的人飞往北非，暗示近期不会有进攻的可能。

盟军在英国建立了假的陆军集团，显示准备进攻挪威和加来地区。

盟军散布谣言说盟军将在希腊和巴尔干地区发动进攻。

一支舰队被派往意大利的热那亚，诱导德军，使其相信在那里可能会有一次重大行动。

部队在沿80千米海岸线的5个海滩（代号为剑海滩、朱诺海滩、黄金海滩、奥马哈海滩和犹他海滩）登陆。然后，空降部队将在其两翼登陆。

“霸王行动”的准备工作非常充分。预定的诺曼底登陆日期被推迟到1944年6月，以便有更多时间增加登陆艇数量。人们为收集有关诺曼底的信息做出了巨大的努力：在法国上空投放了约16500只携带调查问卷的信鸽，供当地人填写（只有12%的信鸽返回，许多信鸽被德国狙击手击落）。

盟军还收集了数百万张潜在登陆地点的明信片和旅游照片，以获得对地形的清晰了解。法国抵抗组织的报告和空中侦察则对这些资料进行了补充。

与此同时，英国情报部门散布了有关进攻的错误信息。一系列代号为“保镖行动”的欺骗行动误导了德国领导人，尤其是希特勒，让他们误认为诺曼底会是一场佯攻，盟军会进攻其他地方。因此，德国分散了自己的防御力量，将数以千计的士兵留在挪威、希腊和巴尔干地区。

巧妙的发明

盟军开发了新技术和设备，

美军在英国海滩上进行登陆演练。有一次，演习引起了德国快速攻击艇的注意，德国快速攻击艇疯狂冲上来试图击退美军，盟军因此有所伤亡。

1942年8月"银禧行动"失败后，加拿大军队的坦克被毁坏并被遗弃在迪耶普海滩上。

迪耶普突袭

在诺曼底登陆之前，盟军在法国北部进行了另一场规模较小的行动，行动内容是突袭港口城市迪耶普。"银禧行动"的目的是评估跨海峡进攻的难度。盟军计划在迪耶普登陆，摧毁当地的港口和防御工事，搜集情报，然后撤离。

迪耶普突袭于1942年8月19日发起，约有5000名加拿大士兵、1000名英国突击队队员和50名美国陆军游骑兵参加。在一次无效的海军轰炸之后，盟军于早上6点20分开始登陆。德军收到了盟军可能发动攻击的警告，并在步兵登陆时用机关枪扫射。盟军坦克被软沙和混凝土路障困住，无法前进。

撤离的命令是在登陆后不到5个小时下达的。这次行动几乎没有实现任何目标，有3642名盟军士兵阵亡、被俘或受伤。

为诺曼底登陆做准备。"会游泳的坦克"（水陆两栖坦克）可以在岸边开火并在海滩上登陆，它有一个充气帆布屏，使其具有浮力；后部有螺旋桨，能够使其以6.4千米/时的速度移动。英国还在普通坦克上增加了远程火焰喷射器、迫击炮和扫雷装置，并开发了装甲推土机。

一个主要的后勤问题是如何为这些以及其他盟军车辆提供燃料。通过"冥王星行动"（海底管道），英国工程师将水下电报电缆修改成用于输送燃料的管道。一旦成功登陆诺曼底，这些管道就可以每天泵送8000吨石油。

更重要的是"桑葚港"——一个预制的、可移动的港口，可以被拖过英吉利海峡再组装起来。这将使盟军无须先占领一个港口就能卸下货物。盟军计划在奥马哈海滩和黄金海滩建立两个"桑葚港"。

德国布防

德国陆军元帅格尔德·冯·伦德施泰特1942年3月以来就一直在西部指挥德军。在此之前，他一直在东线服役，直到希特勒因为他在苏联进攻时下令撤退而解除了他的指挥权。到了1944年，伦德施泰特只有85万人可供调遣。由于坚信阻止盟军登陆是不可能的，所以他决定将他的部队集中在内陆，这样他的部队就可以在进攻真的发生时进行反击。

海滩工事

德国的主要海防是大西洋壁垒。这是从法国西部延伸至挪威约3200千米的一系列防御工事，始建于1942年。1943年11月，隆美尔加强了其防御系统。

隆美尔与伦德施泰特意见相左，隆美尔认为击败盟军的最佳方式是将部队集中在海岸，阻止盟军占领滩头阵地。隆美尔着手加建了数千个混凝土据点以增强海岸防御。他还在近海和沿海地区布设了数百万枚地雷。为了扰乱坦克通行和空中降落，他还在海滩和沿海地区设置了障碍物和陷阱。

跨海行动

艾森豪威尔曾指定6月5日为诺曼底登陆日，但在前一天，他得到警告，大风和阴天会扰乱空军和海军行动。因此，他将登陆时间推迟了24小时。

6月5日上午9点，盟军船只开始从英国海岸的各个地点出发。运送超过15万人的部队穿越英吉利海峡是一项巨大的后勤挑战。诺曼底登陆是有史以来规模最大的海上进攻，需要近7000艘船。

> **我们唯一可能有机会的地点是海滩，那里总是他们最弱的地方。**
>
> 隆美尔

午夜过后，盟军空降部队开始在诺曼底登陆。一些人跳伞，而另一些人则通过由飞机拖曳和释放的滑翔机降落到地面。英国和加拿大的空降部队降落在靠近卡昂市的剑海滩以东，而美军则抵达科唐坦半岛南部的犹他海滩以西。

空降成功

恶劣的天气和猛烈的防空火力打乱了登陆，分散了伞兵和滑翔机。尽管如此，空降行动大体上是成功的。英国和加拿大的军队彻底破坏了德军的一个主要炮台，并占领了2座具有重要战略意义的桥梁。美国空降部队面临更大的困难，但还是实现了许多既定目标，如占领瑟堡和巴黎之间主要道路上的圣梅尔埃格利斯镇。

英国皇家空军又导演了一场骗局——“泰坦尼克行动”。从6月6日凌晨2点开始，英国皇家空军在诺曼底上空空降了500个假人，英国突击队也混入其中，奉命与德军短暂交战，并使用扩音器播放枪声和命令的录音。这将德军从真正的着陆区转移开，使其浪费宝贵的时间寻找不存在的士兵。

海滩登陆开始之前，盟军还轰炸了诺曼底海岸沿线的德军防御工事。从午夜开始，盟军飞机在登陆日投下了720万吨炸弹，但云层覆盖意味着许多炸弹落在了目标之外。凌晨5点45分左右，海军炮击开始。数以千计的炮弹和火箭弹落在防御工事上。此次炮击的结果喜忧参半，当盟军登陆开始时，许多德军防御阵地仍然完好无损。

登陆开始

6月6日上午6时30分，美军在犹他海滩和奥马哈海滩登陆，这是第一批上岸的盟军部队。在犹他海滩，最初的计划进展得并不顺利。许多步兵和水陆两栖坦克没有按指定时间到达，或者登陆时偏离了方向。尽管如此，它们还是团结起来，重新集结，到上午9点，已经开始向海滩外推进。这一天结束时，它们向内陆推进了6.4千米。

奥马哈海滩的情况更加混乱。波涛汹涌的海面和大风，再加上航行错误，导致29辆水陆两栖坦克中只有2辆上岸。没有坦克的支持，美国步兵与躲在壕沟里从悬崖上射击的德军对战就不得不面临着巨大的伤亡。许多部队被打散，无人领导作战，军官们一度考虑从奥马哈撤退。然而，到了中午时分，美军已经冲出海滩，到当日结束时已经向内陆推进了1.6千米。

英军于6月6日上午7点25分开始在黄金海滩登陆。前期的轰炸成功地破坏了德军的许多防御设施。在步兵和装甲部队的密切配合下，到了下午时分，英军已经建立了一个实质性的滩头阵地，并向内陆推进了3.2千米。

在朱诺海滩，加拿大军队从早上7点50分开始登陆。那里的德军阵地在前期的轰炸中没有受到严重破坏，而波涛汹涌的海面阻碍了水陆两栖坦克前行。在遭受重大伤亡的情况下，加拿大军队在海滩上奋力抵抗，并设法与来自黄金海滩的英军会合。午夜时分，加拿大

一艘美军登陆艇驶向奥马哈海滩，约有3000名美国士兵在那里伤亡。他们中的一些人被沉重的设备压入强大的浪潮中，最后被淹死。

军队在一些地方推进了10千米。

早上7点25分，第一波英军在剑海滩登陆。他们的目标是夺取卡昂上空的制高点，甚至可能袭击这座城市本身。英军只用了一个多小时就占领了海滩并开始向内陆推进。下午4点，德军的装甲部队和步兵发起反击，将一些英军赶回海滩。然而，晚上9点，诺曼底登陆唯一的一次德军大规模反击被击败，德军被迫撤退。尽管拥挤和德军的抵抗阻止了向卡昂的推进，但英军仍然建立了一个滩头阵地。

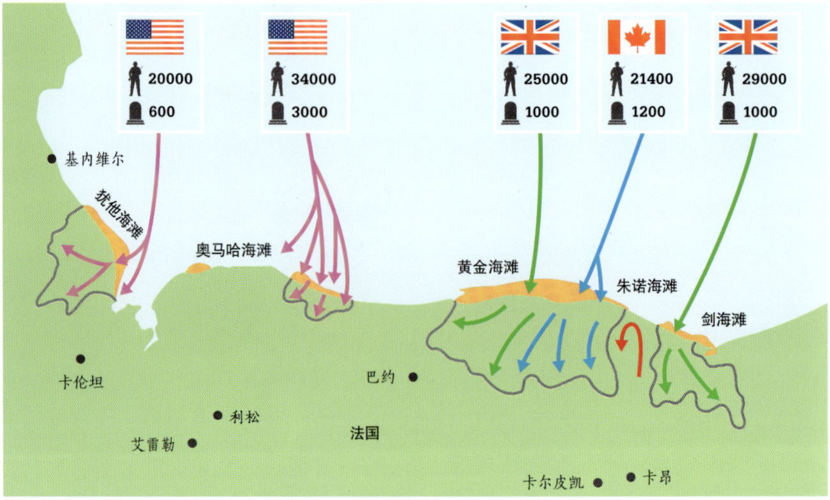

诺曼底登陆期间，代号为犹他、奥马哈、黄金、朱诺和剑的5处海滩成为进攻目标。在每个海滩登陆后，部队的首要任务是保护和加强滩头阵地，即一个可以发动攻击的据点。第2项任务是将这5个滩头阵地连接起来。

图例：
- 美军进攻
- 英军进攻
- 加拿大军队袭击
- 德军反击
- 盟军6月7日前线
- 诺曼底海滩
- 兵力
- 伤亡

德国的困惑

德国对诺曼底登陆的反应是混乱的。隆美尔本来是一切反击行动的核心人物，但这时的他已经回到德国为他的妻子庆祝生日了。伦德施泰特想建立自己的权威。诺曼底空降部队的规模使他相信诺曼底就是主要的进攻地点，而在凌晨4点，他试图命令装甲预备队前往该地区，但被告知，只有希特勒有权力这样做，而希特勒正在睡觉，不能被打扰。希特勒直到中午才起床，这时盟军已经建立了一个滩头阵地。

在诺曼底登陆的同时，法国抵抗军和英国突击队扰乱了德军的反击。它们切断了铁路线，阻碍了德国援军的到来，皇家空军轰炸机在进攻地点以北的海面上投下铝条，在德军雷达上造成了出现整建制舰队的假象。

近期目标

到诺曼底登陆结束时，盟军已有15.6万名士兵登陆。登陆的一个主要目标是夺取卡昂。英国军队试图在6月7日占领它，但很快被击退了。

6月9日，盟军开始在奥马哈海滩的滨海圣洛朗和黄金海滩的阿罗芒什建造“桑葚港”。虽然前者被暴风雨摧毁，但另一个已经完工。它被称为“温斯顿港”。在接下来的10个月时间里，250万人、

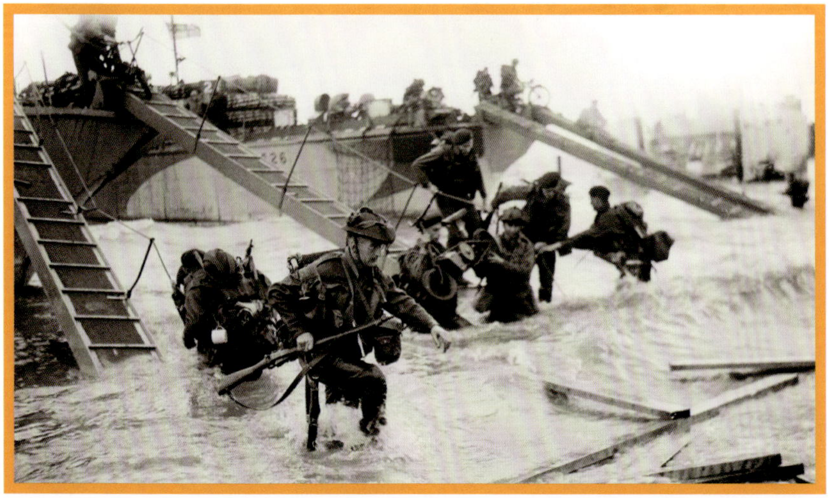

领命登陆朱诺海滩的是来自第48皇家海军陆战队的英国突击队。它的既定目标是占领并守住海滩的侧翼，以便其他部队能够前进。

50万辆汽车和400万吨物资悉数在此登陆。6月12日，美军占领了科唐坦半岛的卡伦坦镇，首次将盟军所有滩头阵地连接起来。

诺曼底战役

希特勒于6月16日飞往法国，并于次日在巴黎郊外与他的将军们举行了一次会议。他严厉批评了伦德施泰特和隆美尔，将盟军推进的罪责归咎于他们。

两位将军警告希特勒，德军在诺曼底的阵地已经站不住脚，提议向东撤退，形成防线。希特勒断然拒绝了这一提议。6月下旬，盟军在诺曼底取得进展。6月22日，美军进攻瑟堡，8天后占领了这座城市。

然而，当看到德军将砖石倾倒在周围的水域中时，盟军使用其港口的希望破灭了。7月，盟军攻占卡昂并挺进诺曼底腹地。大部分战斗发生在灌木丛中，灌木丛阻碍了行动，尤其是坦克的行动。

> **诺曼底登陆对我们来说是一次令人震惊的经历。我们没有意识到德军有那么强大，即使它们没有我们所拥有的武器装备。**
>
> 英国陆军连长在采访中表示

诺曼底登陆后，设备和物资从海军舰艇上被卸下。盟军尽快巩固优势至关重要。

7月中旬，美军占领了圣洛镇，并将其作为“眼镜蛇行动”的出发点，向布列塔尼西南方向推进。“眼镜蛇行动”从7月25日持续到31日，对盟军来说是一次彻底的胜利。在英军的攻击下，美军将德军束缚住，前进了64千米，并冲出了布列塔尼。

反攻

尽管被警告诺曼底的局势已无力回天，希特勒还是下令进行代号为“列日行动”的大规模反攻。8月7日，德军对莫尔坦镇附近的美军阵地的袭击开始了。截获并破译了德军攻击命令的盟军，迅速获得了该地区的制空权。第2天，德军在北部被加拿大军队和自由波兰军队包抄，在南部则被美军包抄。

8月13日，“列日行动”失败，8万名德国士兵被困在法莱兹镇周围的一个包围圈中。法莱兹包围圈有一个小出口。在8月21日出口被盟军封死之前，有2万名德国士兵从那里逃了出来，此时自由法国部队也加入了战斗。法莱兹的胜利基本上宣告了诺曼底战役的结束。尽管如此，最后的德军直到8月30日才撤退。“霸王行动”取得了胜利。诺曼底已经解放，盟军准备进军被占领的欧洲。■

黎明不恩赐解脱，阴云不带来安慰

复仇武器（1944年6月—1945年3月）

背景介绍

聚焦

武器与兵力

此前

1940年9月—1941年5月 德国对英国的基础设施和城区进行了密集的轰炸，轰炸目标主要是历史悠久的城镇。

1943年3—12月 英国皇家空军和美国空军日夜不停地轰炸德国。

此后

1945年8月6日 第一颗用于战争的原子弹在日本广岛上空被引爆。

1957年8月21日 受到德国V-2导弹的影响，苏联成功发射了第一枚洲际R-7弹道导弹。

1969年7月16日 阿波罗11号由德国导弹工程师维尔纳·冯·布劳恩设计的火箭发射升空，4天后登陆月球。

德国部署“复仇武器”，试图报复盟军的猛烈轰炸袭击。

这些武器经常因故障或被拦截而无法击中目标，但其创新技术令人钦佩。

由于出现在战争后期，这些武器对二战结果几乎没有影响，但许多设计它们的科学家继续在美国担任航空航天工程师。

1944年，当德国城市面临来自盟军的进一步毁灭性空中轰炸时，作为报复，纳粹领导人部署了“复仇武器”——V型武器，旨在造成最大破坏。

部署V型武器

众所周知，两种主要的V型武器分别是喷气式飞行炸弹和远程弹道导弹，即V-1和V-2。它们是在波罗的海乌瑟敦岛上的佩内明德研究中心开发的。第一枚V-1炸弹于1944年6月13日向伦敦发射。它的速度高达644千米/时，携带约900千克的炸药。它的发动机发出的嗡嗡的、微不可察的声音，这为它在英国赢得了两个绰号——“小飞虫”和“嗡嗡炸弹”。近1万枚V-1炸弹被射向伦敦和比利时的目标，杀死了大约6000人，但其中只有不到四分之一的V-1炸弹到达了目标地点。一些炸弹出现了技术或导航

参见：伦敦大轰炸 98~99页，轰炸德国 220~223页，德国的军工 224页，德国城市的毁灭 287页，苏联红军挺进德国 288~289页，轰炸广岛和长崎 308~311页。

维尔纳·冯·布劳恩

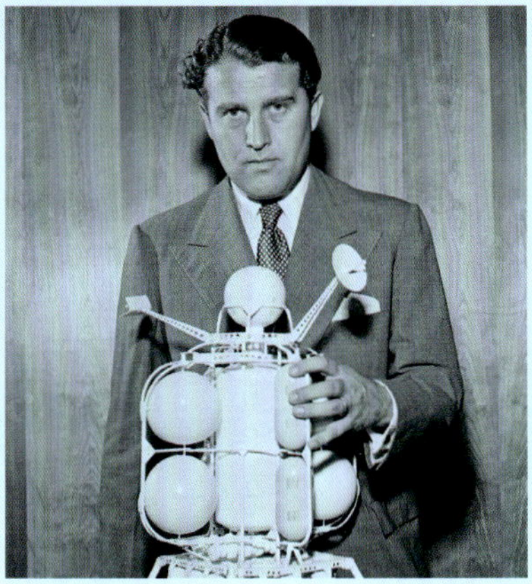

维尔纳·冯·布劳恩于1912年出生在一个富裕的贵族家庭，从小就对太空和天文学充满热情。当于1934年获得物理学博士学位时，他已经参与了德国的实验火箭计划。1937年，布劳恩被任命为佩内明德研究中心的技术总监，他是V-2导弹研发的核心人物。

作为纳粹党和党卫队的成员，布劳恩声称加入这两个组织只是权宜之计，并声称他从来都不是希特勒的狂热追随者。

1945年5月，布劳恩和他的许多队员向美国投降。作为“回形针行动”秘密计划的一部分，他们被转移到美国主持开发火箭技术。布劳恩曾为美国陆军的弹道导弹计划工作，并于1955年成为美国公民。1960年，他被调往美国航空航天局，在美国太空计划的成功中发挥了重要作用。他于1977年在弗吉尼亚州亚历山大市去世。

问题，而盟军的高射炮、拦截气球和战斗机又击落了数百枚V-1炸弹。

V-2导弹主要由工程师维尔纳·冯·布劳恩开发，在1942年进行了试射。它的射程为322千米，可以达到80千米的高度，最高时速为5760千米。1944年9月6日，第一批V-2导弹袭击了巴黎，2天后又袭击了伦敦。它们瞄准的是比利时、荷兰，甚至是德国的地面目标，目的是减缓盟军的进展。

来得太少、太迟

超过1000枚V-2导弹被发射，造成5000名平民死亡。集中营和强制劳动营的囚犯在制造它们时死亡的人数是正常情况下的两倍多。为了寻找并摧毁V型武器的生产基地和发射场，盟军发起了“十字弓行动”。1945年3月，盟军占领了法国北部、比利时、荷兰和卢森堡的所有V-1和V-2发射场。

V-1和V-2是纳粹开发和部署的几种“神奇武器”中的两种，目的是扭转战争进程。然而，尽管这些武器很有创意，但它们过度消耗了德国的资源，而收益与消耗却并不成正比。二战结束后，美国人估计，如果将生产这些武器的资源用于其他地方，德国可以制造2.4万架常规飞机。

另一种“神奇武器”是梅塞施密特Me-262型“燕式”战斗机，这是有史以来第一架投入使用的喷气式战斗机，最高时速为870千米。由于生产延迟，它直到1944年8月才投入使用。同年，梅塞施密特Me-163型“彗星式”战斗机——一种时速可达960千米的火箭动力战斗机——首次亮相。两者都出现得太晚，数量又太少，无法对战争进程产生重大影响。然而，在战争结束时，所有盟军都在争夺研发“神奇武器”背后的杰出人才。■

V-1炸弹最初从斜坡上发射，后来则从特别改装的轰炸机上发射。它由炸弹体内的自动导航系统引导。

复仇之路

巴格拉季昂行动（1944年6—8月）

背景介绍

聚焦

苏联的战略

此前

1943年7—8月 苏联红军击退了德军的进攻，在库尔斯克会战中取得了胜利。

1943年11月 苏联红军解放了乌克兰基辅。

此后

1944年10月 波兰地下抵抗组织领导的反德华沙起义被镇压。

1944年9—11月 苏联红军在波罗的海和巴尔干半岛发动进攻。

1945年2月13日 苏联对布达佩斯的进攻以胜利告终，匈牙利的亲纳粹政权垮台。

在1943年夏天的库尔斯克会战中惨败之后，德军无法在东线发动协同攻势。由于资源匮乏，德军只能坚守防线，抵御步步逼近的苏联红军。1943年的秋冬季节，苏联红军迫使德军撤出乌克兰大部分地区，并在1944年春天，控制了克里米亚。

战略欺骗

1944年5月1日，苏联开始计划一次夏季攻势。由于通往德国的最直接路线是借道乌克兰西部和波兰，希特勒和他的将军们计划对利沃夫市（今乌克兰利沃夫）发动攻击。然而，苏联此时正计划通过白俄罗斯发动大规模的正面进攻。

参见：巴巴罗萨行动 124~131页，伟大的卫国战争 132~135页，斯大林格勒战役 178~183页，苏联红军挺进德国 288~289页。

接连的失败迫使德军在东线采取守势。

↓

苏联暗中在白俄罗斯培植军队，用以对抗德国。

↓

盟军在西部的推进让德国的军力捉襟见肘，无法阻止苏联红军的进攻。

↓

苏联红军将德军赶出白俄罗斯和罗马尼亚，接着挺进了波兰和巴尔干半岛。

↓

苏联在中欧和东欧地区的未来霸主地位已经确立。

德军在白俄罗斯的阵地被苏联领土三面包围。受格奥尔吉·朱可夫元帅和亚历山大·瓦西列夫斯基元帅的监督，该计划于5月30日获得批准，并以拿破仑战争中杰出的俄国将军彼得·巴格拉季昂的名字命名，即“巴格拉季昂行动”。

苏联启动了这样一项精心设计的方案来掩饰其真实意图。士兵们在夜间被转移到集结地，然后集中在林地中，以尽量降低被发现的风险。苏联飞机增加了巡逻频次，以阻止或摧毁德国空军的侦察任务。参与“巴格拉季昂行动”的苏联红军在进攻前的一两个晚上才被转移到前线，并且必须遵守无线电静默纪律并使用伪装。作为最后的伪装，苏联红军用巨大的铁丝网捆绑加固前线，这使德军认为苏联红军只是在防守。在短短6个星期内，苏联为这次进攻部署了230万人，运送了几百万吨物资，使该行动成为二战中规模最大的行动之一。

格奥尔吉·朱可夫

格奥尔吉·朱可夫于1896年出生在俄国西部卡卢加的一个农民家庭，1915年应征入伍，在一战中表现出色。1917年，他加入布尔什维克党，1939年，他成为苏联驻远东部队的负责人，并带领部队取得了对日本作战的胜利。1941年，他被任命为苏联红军参谋长。虽然在巴巴罗萨行动后被免职，但他仍然很有影响力，还监督了斯大林格勒的防御和随后的反攻。

1943年，朱可夫晋升为元帅，协助苏联红军赢得了库尔斯克会战的胜利，为“巴格拉季昂行动”协调军队，后又负责指挥白俄罗斯第1方面军。1945年，他领导了对柏林的最后攻击。

二战结束后，朱可夫被排挤。1955年，他作为赫鲁晓夫手下的国防部部长回到了有影响力的位置，但因与赫鲁晓夫发生冲突而在1957年退休。朱可夫于1974年在莫斯科去世。

苏联的喀秋莎火箭炮从喀尔巴阡山脉的发射基地发射。1944年5月结束的第聂伯河-喀尔巴阡山脉攻势使驻扎在白俄罗斯的德军容易受到攻击。

缺乏资源的德国

苏联的迷惑性行动是有效的。希特勒和他的将军们将装甲预备队集中在南部地区，即东线的乌克兰地区。白俄罗斯周围的区域由德国中央集团军群控制，曾参加过巴巴罗萨行动的元帅恩斯特·布施负责指挥作战。他的部队所占据的前线相当稳定，所以能够修建防御工事和宽阔的战壕，并在防御工事城镇周围建立战略据点。

然而，到了1944年6月，布施的人手明显不足，因为许多德国士兵被调往西部以抵御诺曼底登陆。他只能召集40万名士兵与大致相同数量的增援部队和非战斗人员来保卫长达290千米的前线。与他们一起作战的匈牙利部队不仅人手不足，士气也十分低落。布施还缺乏强大的空中力量、战略物资和足够的装甲支援，这使他的步兵极易受到攻击。雪上加霜的是，当地游击队切断了铁路线，破坏了德军增援的能力，迫使德军有时不得不使用马匹向前线运送补给。

苏联红军前进

“巴格拉季昂行动”于6月22日发起——3年前的这一天，德国突然发动了入侵苏联的巴巴罗萨行动。当天，超过120万名苏联红军士兵在5200辆坦克和突击炮、5000多架飞机的掩护下投入战斗。波罗的海第1方面军和白俄罗斯第3方面军向北推进，而白俄罗斯第1方面军和第2方面军则向南进攻。

在某些地区，苏联红军与德军的人数比例超过8：1，德军只能调用900辆坦克和突击炮，以及1350架飞机。但由于希特勒已经下令不得从据点撤退，因此布施严禁部下战略撤退到第聂伯河。面对一波又一波的进攻，他的部下被包围并被消灭，幸存者逃往西部。夏季日照时间长达18小时，这让苏联空军有充足的时间瞄准德军阵地进行轰炸。

1944年7月17日，超过5.7万名德国战俘在莫斯科游行。苏联以此来庆祝“巴格拉季昂行动”的成功和夺回白俄罗斯的战果。

1944年8月31日，苏联红军的坦克穿过罗马尼亚首都布加勒斯特，没有遇到任何抵抗，因为罗马尼亚的米哈伊一世已经与同盟国进行了和平谈判。

德军撤退

6月28日，布施被陆军元帅沃尔特·莫德尔接替。莫德尔是一名声名鹊起的装甲指挥官，被称为元首的“救火队员”，但他同样无力阻止苏联红军的猛攻。德国曾希望广袤的普里佩特沼泽成为障碍，但苏联红军乘坐美国提供的四轮驱动卡车穿越了这些沼泽。苏联红军还携带着建造临时桥梁的设备，以保持前进的速度。最后苏联红军稳步逼近白俄罗斯首都明斯克，并于7月4日解放了明斯克。

莫德尔在白俄罗斯西部建立新防线的尝试收效甚微。7月11日，他的部队逐步撤退到立陶宛。苏联红军紧追不舍，2天后占领了维尔纽斯。7月17日，苏联红军已经清除了白俄罗斯的德军。

苏联红军顺势进入波兰东部，于8月15日到达维斯图拉河并停下来等待补给。在接下来的5周内，苏联红军前进了724千米，直接兵指华沙。

这是希特勒损失惨重的一次失败。德国中央集团军群建制被打散，损失超过30万人，德军被迫将士兵和装甲车从东线其他地方转移到白俄罗斯。苏联红军乘胜追击，于7月13日袭击了乌克兰西部。在这里，伊万科涅夫元帅的乌克兰第1方面军占有巨大优势。他选择挺进波兰东部，占领利沃夫市。8月下旬，他的部队已经在维斯图拉河西岸建立了桥头堡。在再往南的罗马尼亚东部战场上，苏联红军于8月20日发起进攻。3天后，与纳粹结盟的政府被推翻，罗马尼亚转而投奔同盟国。苏联红军此时正处于向巴尔干半岛挺进的有利位置。

与此同时，7月24日，苏联红军的列宁格勒方面军在爱沙尼亚的纳尔瓦周围攻击了被削弱的德国北方集团军群。在这里，寡不敌众的德军仍然打了一场强有力的后卫战，撤退到了事前准备好的防线内，拖延了苏联红军夺回爱沙尼亚的行动。

结果，由于苏联红军无法将爱沙尼亚变为攻击芬兰的军事基地，芬兰在8月间与苏联成功地进行了和平谈判，并于1944年9月19日签署了停战协定。

“巴格拉季昂行动”的成功及盟军随后取得的一系列战果，加上德军在东线的毁灭性损失，使苏联红军坚定地走上了通往柏林的道路。这条路终点的“赏金”是领土。战后苏联占领了德国东普鲁士北部领土40多年。■

> 苏联红军越是接近法西斯德国的边界，敌军的抵抗就越是绝望。
>
> 苏联红军总参谋部的“巴格拉季昂行动”报告

是时候做点什么了

刺杀希特勒（1944年7月20日）

背景介绍

聚焦

暗杀企图

此前

1938年 德军制订了推翻希特勒的计划，但9月30日的《慕尼黑协定》避免了战争爆发，原计划被搁浅。

1941年 亨宁·冯·特莱斯科夫少将策划了“星火行动”，计划暗杀希特勒，发动政变推翻纳粹党，从而结束战争。

1943年3月13日 由于低温导致雷管结冰，炸毁希特勒飞机的计划失败了。

此后

1944年8月 参与7月20日刺杀希特勒行动的人接受了第一次审判。

1944年10月14日 德国陆军元帅欧文·隆美尔在卷入7月20日刺杀希特勒行动后自杀身亡。

1938年以来，德军内部就始终有人在密谋刺杀希特勒。一小部分高级军官认为，纳粹党正在带领德国走向灭亡。在许多次的刺杀尝试中，最接近成功的一次发生在1944年7月20日。

策划者希望暗杀希特勒后与民间反对派合作，并利用“女武神行动”作为夺权的借口。“女武神行动”是一项在紧急情况下恢复德国秩序的计划。刺杀行动的关键人物是克劳斯·冯·施陶芬贝格中校，他是一名在北非战斗中受重伤的军官，这时的他正处在一个可以接触到希特勒的职位上。

公文包炸弹

7月20日，施陶芬贝格飞往希特勒位于东普鲁士的总部“狼穴”，参加希特勒会出席的一场会议。他把自己的公文包留在会议桌下面，里面装有一枚炸弹。会议开始几分钟后，他离开会议室去接电话。炸弹在中午12点42分爆炸，造成4人死亡，但希特勒只受了轻伤，因为公文包早些时候被移到了桌腿后面。施陶芬贝格认为爆炸杀死了希特勒，于是乘飞机逃往柏林，但很快被捕。他和其他3名领头人于7月21日被处决。盖世太保随后对其他可疑的政治对手进行了全面清洗，约有5000人被杀。■

7月20日“刺杀希特勒”事件发生后，赫尔曼·戈林和纳粹官员马丁·鲍曼等人检查了“狼穴”的损毁情况。

参见：德国与战争 188~191页，抵抗运动 226~231页，诺曼底登陆 256~263页，盟军向东横扫 272~273页。

华沙被夷为平地

华沙起义（1944年8月）

背景介绍

聚焦

波兰抵抗运动

此前

1939年9月 德国入侵波兰，占领了波兰首都华沙。

1942年 波兰抵抗组织整合为家乡军。

1943年4—5月 华沙犹太区的居民奋起反抗德军。

此后

1944年10月 被俘的波兰家乡军战士被当作战俘对待，成千上万的华沙平民也被送往集中营。

1945年1月 苏联红军进入华沙，发现这座城市只剩下17.4万人，不到战前人口的6%。

2004年 华沙起义博物馆开放，以纪念起义爆发60周年。

1944年，波兰家乡军（波兰抵抗组织）在波兰各地发动了一系列起义。这些大大小小的起义组成了“暴风雨行动”。该行动旨在驱逐德国人，同时在苏联的不断推进下坚持主张波兰战后独立。8月1日下午5点，华沙约4万名家乡军士兵发动了起义，这是二战中规模最大的抵抗行动。它原计划只持续10天，但最终却持续了63天。

> 起义的头几天很成功，让我们重燃希望。
>
> 摄影师、华沙抵抗组织成员西尔维斯特·布劳恩（别名“克里斯”）

战败与纳粹的报复

起初，德国缺乏镇压起义的军事力量，但起义军装备简陋（平均每12名士兵只有1支步枪），未能完成既定的战略目标。然而，在华沙平民的大力支持和对盟军支援的殷切期待下，波兰指挥官塔德乌什·博尔·科莫罗夫斯基将军决定继续战斗。他希望与苏联红军会合，但苏联红军的进攻在华沙东部的郊区被德军阻止了下来。德军攻城略地，屠杀波兰平民，逐条街道击退起义队伍。10月2日，科莫罗夫斯基被迫承认失败，此时已有1.8万名抵抗者和超过13万名平民丧生。德军赶走了幸存者，最终将这座城市85%左右的地方夷为平地。■

参见：波兰的毁灭 58~63页，抵抗运动 226~231页，华沙隔都起义 242~243页，苏联红军挺进德国 288~289页。

各条战线全面进发

盟军向东横扫（1944年8—9月）

背景介绍

聚焦

解放法国

此前

1940年5—6月 法国、比利时、卢森堡、荷兰向德国投降。

1944年6月6日 在诺曼底登陆时，盟军借道英国攻入法国，在诺曼底站稳了脚跟。

此后

1944年9月 盟军未能在法国和德国之间的莱茵河东侧占据一席之地，迅速结束欧洲战争的希望破灭了。

1944年9—10月 盟军从法国南部挺进孚日山脉，但在那里遭遇了德军激烈的抵抗。

1944年11月 盟军的攻势在西线取得进展。

到1944年8月中旬，盟军已在法国诺曼底建立了一个强大的滩头阵地，在它们登陆的海滩上有了一个安全的位置，盟军打算从这里突围出去。由于在法国北部的德军处于守势，盟军发起了另一次进攻，这次的进攻目标是遥远的法国南部。

快速前进

代号为“龙骑兵行动”的进攻法国南部行动于8月15日开始，美国士兵和自由法国士兵在普罗旺斯的蔚蓝海岸登陆。盟军很快就建立了滩头阵地。德军缺乏有素的训练，兵力不足，火力也逊于盟军。盟军伞兵和法国抵抗战士在敌后造成了严重破坏，迅速取得了进展。更为重要的是，马赛和土伦于8月27日获得解放，并在1个月内向盟军航运开放。盟军随后转向北部。9月中旬，德军被迫撤至法德边境的孚日山脉。

与此同时，巴黎发生了重大突发事件。8月19日，巴黎发生了起义，几天之内，当地的德国当局就失去了对局势的控制。盟军并没有试图占领巴黎，而是打算包围

盟军在法国北部和南部都有据点，向东穿越法国，解放了巴黎。

→ 由于无法守住法国南部的领土，德军撤退到法德边境的孚日山脉。

↓ 盟军横扫法国，进入邻国比利时，并准备进军德国。

参见：诺曼底登陆 256~263页，市场花园行动 274页，边境战 275页，突出部战役 280~281页，盟军攻占德国 286页。

1944年8月巴黎解放后，盟军受到巴黎民众的欢迎。占领巴黎4年多后，德军在盟军抵达后24小时内投降。

它，这样盟军就可以避免一场代价高昂的巷战，并可以集中精力向东推进。然而，在戴高乐的施压下，德怀特·艾森豪威尔允许一支特遣队进入巴黎。特遣队于8月24日拂晓抵达，次日那里的德国军事总督就选择了投降。巴黎获得解放。

各条战线上的进展

8月30日，诺曼底地区剩余的主要德国部队都从该地区撤退。不过，盟军主要将领对下一步该怎么做有不同的看法。英国将军伯纳德·蒙哥马利和美国指挥官奥马尔·布拉德利希望向东“狭路突进”，认为此举将迅速击败德军。

艾森豪威尔则更为谨慎，希望采取“广泛战线”战略，使盟军穿过法国和低地国家，在所有地区全面推进。

为了确保军队及时得到补给，美国建立了“红球快递”系统。这是一个卡车护送系统，以标出两条路线的红球顶的柱子命名。行动于8月25日开始，持续了83天。在那段时间里，“红球快递”的司机有四分之三是美国黑人，运送了超过40万吨物资。

从法国到比利时

在蒙哥马利的指挥下，盟军的加拿大和英国军队向北推进并取得了很大突破。盟军解放了迪耶普、奥斯坦德、勒阿弗尔、布洛涅和加来等海峡港口。

在9月2日进军比利时后，布鲁塞尔于次日摆脱了德国控制获得解放。重要的安特卫普港在2天后被盟军占领，但在接下来的5个星期内，该港口无法向盟军航运开放。

在盟军“广泛战线”的中心，布拉德利率领的美军也取得了成功，尽管燃料短缺有时会阻碍其前进速度。这些问题固然存在，但在9月中旬，美军仍然顺利与从法国南部第戎附近挺进的盟军会合。这时，盟军已准备好进军荷兰并大举进攻德国本土。■

奥马尔·布拉德利

领导盟军向东推进的核心人物是奥马尔·布拉德利。他于1893年出生在美国密苏里州，1915年从美国军事学院毕业，开始了他的军旅生涯。然而，在他被派遣到欧洲之前，一战就结束了。两次世界大战之间，布拉德利晋升迅速，建立了“可靠的组织者和战术家”的声誉。

1943年，布拉德利作为前线指挥官在北非获得了第一次二战经验，然后在盟军成功攻入西西里岛的战役中发挥了重要作用。后来，他在诺曼底登陆中领导美国地面部队。1944年8月，他被授予美国第12集团军的指挥权，负责130万人的调配部署。在他的领导下，第12集团军在法国、低地国家和德国境内前进，在击败纳粹方面发挥了关键作用。他受到军官和士兵的欢迎与敬佩，于1953年退役。后来他就越南战争为林登·约翰逊总统提供战略建议，最终于1981年去世。

这是自杀式行动

市场花园行动（1944年9月）

背景介绍

聚焦

战略性失败

此前

1940年5月 荷兰军队投降，这是德国占领荷兰的开端。

1944年6—8月 在“霸王行动”期间，盟军在诺曼底建立了滩头阵地，然后突破了该地区。

1944年9月4日 德国占领波兰的4年后，蒙哥马利率领部队攻占了比利时安特卫普港。

此后

1944年10月20日—11月4日 在“黄金野雉行动”中，盟军解放了荷兰南部的大部分地区。

1945年5月4日 最后一支驻扎在荷兰的德国部队无条件投降。

“霸王行动”之后，蒙哥马利将军主张推行一项大胆的计划，以迅速结束战争。他的战略是在莱茵河上建立一个桥头堡，从荷兰进入德国北部，绕过防御严密的齐格菲防线。该计划包含两部分行动：“市场”，由降落在荷兰的部队进行空降突击，夺取莱茵河上的桥梁；“花园”，由英国装甲师进行地面攻击，在阿纳姆与空降部队会合。盟军情报部门曾警告说，德军已经加强了防御，但蒙哥马利坚持不懈，最终在1944年9月10日，艾森豪威尔批准了该计划。

该计划于9月17日启动，3.5万名降落伞和滑翔机部队士兵连同车辆和大炮在阿纳姆、奈梅亨和艾恩德霍芬周围着陆。同一天，英国装甲部队挺进荷兰，旨在与空降部队会合。在盟军取得初步成功后，行动陷入了停滞。9月25日，蒙哥马利在寡不敌众和火力不足的情况下取消了这次行动。

盟军取得进展

尽管战略失败，但盟军还是在11月初解放了荷兰南部。留在德占区的人们面临着1944—1945年那个“饥饿的冬天”。寒冷的天气和德国的封锁导致了食物短缺，2万人死在了那个冬天。■

> **如果得到足够的支持，即使我犯了错误，行动也会成功。**
>
> 伯纳德·蒙哥马利

参见： 闪电战 70~75页，诺曼底登陆 256~263页，盟军向东横扫 272~273页，边境战 275页，突出部战役 280~281页。

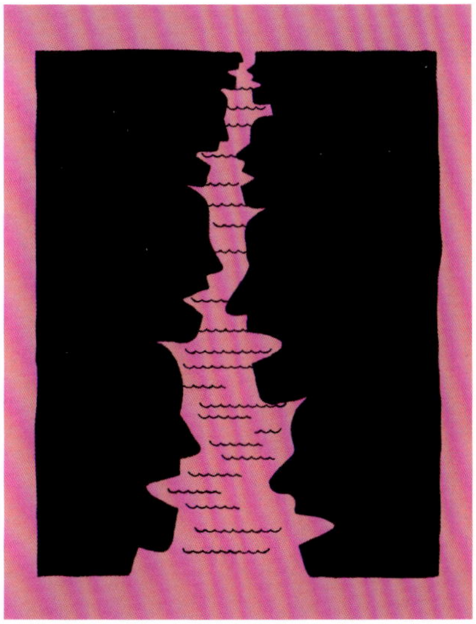

这只是一个跨越莱茵河的问题

边境战（1944年9—12月）

背景介绍

聚焦

盟军的推进

此前

1944年6—8月 在诺曼底登陆日登陆法国北部后，盟军攻破诺曼底，进入了法国境内。

1944年8月15日 作为“龙骑兵行动”的一部分，盟军在法国南部登陆。

1944年8月19—25日 巴黎起义过后，盟军解放了法国首都巴黎。

此后

1944年12月—1945年1月 突出部战役后，盟军在阿登击退了德军出其不意的反攻。

1945年2—3月 盟军发动了莱茵兰攻势，占领了莱茵河西岸。

尽管盟军在1944年夏季取得了成功，但其在西线的胜利来得并非轻而易举。美国第3集团军的洛林战役尤其展示了盟军是如何在重重困境之中竭力取胜的。尽管盟军在9月和11月分别解放了法国的南锡和梅斯，但过度紧张的补给线、潮湿的天气和德军的顽固抵抗共同减缓了盟军的前进速度。

与此同时，美国第1集团军挺进比利时，并于9月9—12日解放了卢森堡的大部分地区。9月19日，为了绕过保护德国内陆的齐格菲防线，美军袭击了德军在许特根森林的防御阵地。美国第1集团军的其他部分以盟军所到达的第1个德国主要城市亚琛为袭击目标。在对亚琛进行了为期11天的空中和大炮轰炸后，美国第1集团军于10月13日发起了进攻。尽管人数远远超过守城的德军，但经过2天残酷的巷战，美军还是被迫撤退。

美军于10月19日再次进攻，迫使德军2天后投降。

美军士兵穿过靠近德国边境的许特根森林。经过3个月的苦战，他们仍未除掉德国守军。

11月16日，盟军发起了“女王行动”，希望穿越鲁尔河进入莱茵兰。盟军虽然在4个星期后到达了鲁尔河，但无法建立桥头堡。并且由于新的重大威胁出现——德军在阿登展开反攻，盟军不得不推迟向东推进的计划。■

参见： 诺曼底登陆 256~263页，盟军向东横扫 272~273页，突出部战役 280~281页，盟军攻占德国 286页。

必须像超人一样才能赢得战争

莱特湾海战（1944年10月23—26日）

背景介绍

聚焦

掌控太平洋

此前

1941年12月7日 日本偷袭了美国位于珍珠港的海军基地。

1942年1月2日 日本占领了马尼拉并将美军赶出了菲律宾。

1942年8—12月 日本和美国舰队在所罗门群岛的瓜达尔卡纳尔岛进行了一系列激烈的战斗。

1944年6月 日本海军航空有生力量在菲律宾海战中被消灭。

此后

1945年3月26日—4月30日 日本神风特攻队在冲绳岛击沉、击损177艘美国军舰。

1945年4月7日 美国空军在九州岛附近击沉了日本大和号战列舰。

到1944年秋天，日本海军已经知道自己被美国太平洋舰队击败了。虽然日本仍然拥有实力较强的战列舰和巡洋舰阵列，但其海军飞机无法保护它们免受美国舰载机的攻击。在没有良好空中掩护的情况下派遣日本舰队参战几乎是自杀，但日本海军指挥官相信日本的武士道精神会战胜一切困难，创造奇迹。如果没有奇迹发生，他们至少会在战斗中倒下。

巅峰对决

1944年10月，美国集结了200多艘军舰，以支持舰队登陆日本占领的菲律宾莱特岛。日本聚集了所有的资源（大约70艘军舰），对这支令人生畏的美国舰队发起了攻击。日本的计划是在莱特岛的北面和南面分别派出舰队，用一支诱饵部队来分散美国航母的注意力。日本一度将美国的运兵船置于其炮口之下，但最终并没有对美军造成什么损失。在战斗的高潮部分，日本战列舰武藏号——有史以来最大的战列舰之一，在美国的俯冲轰炸机和鱼雷轰炸机面前束手无策，被彻底击沉。

日本在莱特湾海战中损失了28艘军舰和1.2万人。美国很快恢复了对菲律宾的控制，以菲律宾为基地，美国完全可以攻击到日本的商船。■

1944年，一艘日本重巡洋舰在菲律宾被美国海军航母上的轰炸机盯上。这艘重巡洋舰试图躲闪，但还是很快被击沉了。

参见： 日本的扩张 154~157页，中途岛海战 160~165页，所罗门群岛和新几内亚之战 212~213页，神风特攻队飞行员 277页。

每天的职责……就是去死

神风特攻队飞行员

(1944年10月—1945年8月)

背景介绍

聚焦

战争中的自杀战术

此前

12世纪 日本武士制定了一套严格的行为准则，称为“武士道精神”。

1942年8月 日军在瓜达尔卡纳尔岛开始了一场近乎自杀的“万岁冲锋”，这是一场对美军的殊死抵抗。

1944年7月 塞班岛被占领时，近1000名日本人自杀。

此后

1944年10月15日 美国海军航母富兰克林号是第一艘被自杀式俯冲击中的军舰。

1945年8月15日 最后一项自杀任务是在日本投降的那天执行的。

1983年10月23日 一辆满载炸弹的卡车被恐怖分子开进了黎巴嫩的美国海军陆战队基地，猛烈的爆炸导致241名军人死亡。

日本的军事训练参考日本历史上的武士道精神，强调为天皇而死是荣誉，而投降则是耻辱。

由于在科技和生产力方面无法与美国匹敌，日本指挥官认为武士道精神可以帮助他们克服物质上的不足，因为他们的士兵已经做好了赴死的准备。

自杀式袭击

自杀式袭击有时会被日本军队采用，特别是被飞行员用来对付盟军军舰。例如，自杀式袭击在1944年10月的莱特湾海战中多次登场，当时特殊部队将装有炸弹的飞机坠落在美国船只的甲板上。

执行这些自杀式任务的部队被称为“神风特攻队”，“神风”指的是13世纪拯救日本的那场奇异台风。

毫无意义的丧生

最初，神风特攻队飞行员是一群精英志愿者。但现实很快表明，经验丰富的飞行员只能完成护航飞行任务。自杀飞机被委托给刚刚完成飞行训练的“可有可无”的年轻人。

在冲绳岛战役期间，数千名飞行员在对盟军船只的大规模袭击中丧生。虽然这一战术使盟军遭受了重大损失——34艘盟军军舰被神风特攻队击沉，但更有成千上万名年轻的日本人丧生。■

参见：日本的进军 44~45页，西太平洋战场 244~249页，被围困的日本 304~307页，日本投降 312~313页。

战争中的日本

日本后方（1937—1945年）

背景介绍

聚焦

战争中的日本

此前

1931年 九一八事变后，日本占领了中国的东三省。

1937年7月 日本发动了全面侵华战争。

1941年12月7—8日 日本偷袭了珍珠港并且入侵了东南亚。

此后

1945年8月 日本战败投降。

1947年 日本通过了新宪法，成为议会民主制国家。

1968年 日本经济快速发展。

早在发动太平洋战争前，日本社会就已经在为此做准备了。1937年7月，日本发动了全面侵华战争，日本军国主义希望构建一个“国防国家”。工人被征召入伍，企业从生产消费品转向生产军事硬件。从1938年起，物资短缺成为日本人生活中的一个事实。食物

> **老师们将这样的观念灌输到我们的大脑中，那就是我们的使命是战死沙场。**
>
> 在校学生小野忠志，1941年

参见：日本的进军 44~45页，日本偷袭珍珠港 138~145页，日本的扩张 154~157页，西太平洋战场 244~249页，中国抗日战争 250~253页，被围困的日本 304~307页。

左图为在日本一家军工厂工作的妇女。日本劳动力中妇女人数的增加是战争带来的一个重大社会变化。

和衣服实行配给制，奢侈品从商店消失，人们开始过朴素生活。

好莱坞电影被禁止在电影院放映，舞厅关闭，穿着鲜艳衣服或化妆的妇女会被训斥。学校教导学生做好服兵役的心理准备。

食物和劳动力短缺

从1940年起，一个单一的组织——帝国统治援助协会，完全控制了日本的政治生活。

其地方分支机构的任务是监视民众，向政治警察报告任何异常或失败主义情绪。发动太平洋战争后，日本动用宣传手段来夸大其军事胜利，掩盖其失败。然而，随着战争的继续，它无法掩盖大米和大豆等基本食品日益短缺的现实问题。到了1945年，日本官方规定的个人口粮每天提供1600卡路里能量，这远远低于维持健康所需的水平。大量平民患上各种由营养不良导致的疾病。

由于男性加入了武装部队，劳动力短缺问题变得非常严重。妇女、学生和来自朝鲜的强制劳工填补了缺口。学生们通过从事一系列工作来支撑日本的战争活动，从在军工厂工作到从松树上采集树脂作为卡车的燃料，不一而足。

随着日本将遭受盟军直接袭击的迹象日益明显，防空洞被建造起来，孩子们被疏散到乡下。尽管许多人因为农村地区更容易获得食物而搬离了城市，但大多数城市人口仍然要面对燃烧弹的袭击。在战争的最后阶段，大多数学校关闭，除最年幼的学生外，其余学生都被要求在田间工作，建造防火带或担任防空警报员。男女老少都接受军事训练，学习用竹矛当武器，以便在盟军攻入后进行自杀式抵抗。■

二战期间为日本战争服务的人群

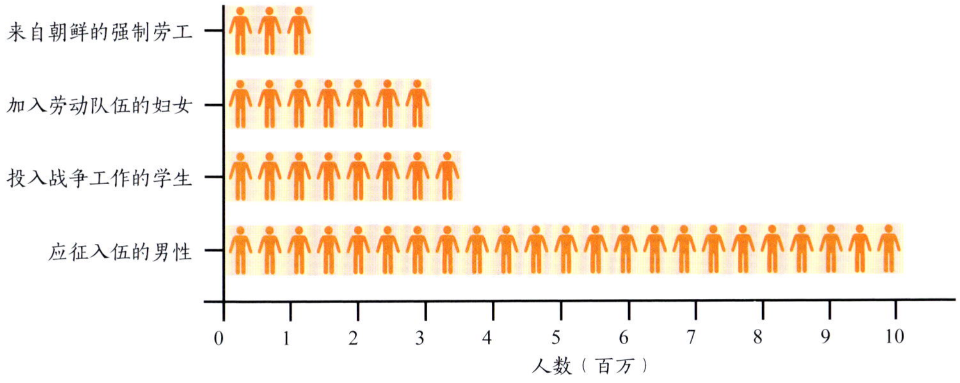

随着男性被征召入伍，妇女和学生填补了劳动力缺口，来自朝鲜的人成为强制劳工。数以千计的劳动者因疲劳和恶劣的工作条件而死亡。

猛烈而代价高昂的出击

突出部战役（1944年12月）

背景介绍

聚焦

希特勒的最后一搏

此前

1944年6月 在历史上规模最大的两栖作战中，盟军攻占了法国海岸。

1944年9月3日 英国第2军团解放了布鲁塞尔。

1944年9月 大约1.6万名盟军伞兵被空投到荷兰上空，但他们未能在莱茵河上建立桥头堡。

此后

1945年1月 苏联红军在维斯图拉河攻势中横扫波兰，占领了东普鲁士的大部分地区并深入西里西亚，最后在距离柏林不到80千米的地方停了下来。

1945年1月27日 盟军进入奥斯维辛集中营并释放了7000多名囚犯，他们主要是苏联人和犹太人。

1944年12月16日，超过20万名德国士兵和近1000辆坦克发起了希特勒的最后一次进攻，以扭转当年6月盟军登陆诺曼底以来德军在战场上的节节败退的势头。

他们的计划是推进到安特卫普城市周围的海岸，并将盟军打散，就像他们在1940年5月所做的那样。

当天，大雾弥漫，阻碍了盟军空中部队的攻击，德军出其不意的进攻取得了成功。德军向西推进，穿过美军在比利时树木繁茂的阿登地区的防线，形成了一个突出区域，这也是这场战役名字的由来。

突破美军防线后，德军包围了一个步兵师的主力部队，夺取了关键的十字路口，并向默兹河推进。德军需要夺取默兹河，以便向盟军的主要供应港口安特卫普推进。

关于德军在马尔梅迪和斯塔夫洛特这两座比利时城市里屠杀平民和美军士兵的传言，开始在战线上流传。会讲英语的德国士兵混入美军中，利用缴获的制服和吉普车冒充美军士兵，大肆破坏美军的通信。为了竭力区分敌我，美军开始询问士兵对美国流行文化的了解情况。

> **我来自水牛城，我以为我很了解寒冷，但直到突出部战役我才真正知道什么叫严寒。**
>
> 二战老兵沃伦·斯帕恩

失败的魔爪

到了12月22日，德军装甲部队已将美军包围在巴斯托涅镇，阿登地区的主要道路均汇集在这里。

德军指挥官向美军指挥官——第101空降师的安东尼·麦考利夫

参见: 日本偷袭珍珠港 138~145页，火炬行动 196~197页，盟军峰会 225页，诺曼底登陆 256~263页，巴格拉季昂行动 266~269页，边境战 275页，盟军攻占德国 286页。

1944年12月27日，美国第10装甲步兵团的士兵向关键的十字路口城镇巴斯托涅周围的德军阵地推进。

准将发出一封信，要求他两个小时内投降。麦考利夫被激怒了，他发出了两个字的回复："疯子！"

美军通过对巴斯托涅及其附近的圣维特镇的顽强防守，减缓了德军的推进速度。12月26日，巴顿将军的第3军第37坦克营的到来，有效地突破了德军的防线，使突出部战役的局势变得对美军有利。在最初从突出部的南部接近后，巴顿向北移动，将德军孤立在突出部，并迫使其在艰难的冬季天气中转移和撤退。

盟军重新掌握战场主动权。德军燃料耗尽，士气也很低沉。天气条件的改善使盟军飞机得以支援反击。由于无法继续推进跨过默兹河的行动，德军在1945年1月中旬开始崩溃。

终结在望

希特勒无法重新获得战争主动权。美军所付出的巨大的防御努力有效地消耗了纳粹的有生力量。纳粹没有人力和资源来坚持两线作战。

突出部战役只是向德军最高统帅部证实，德军已经无可挽回地失败了。这将是德军在西部的最后一次大规模进攻。■

巴顿将军

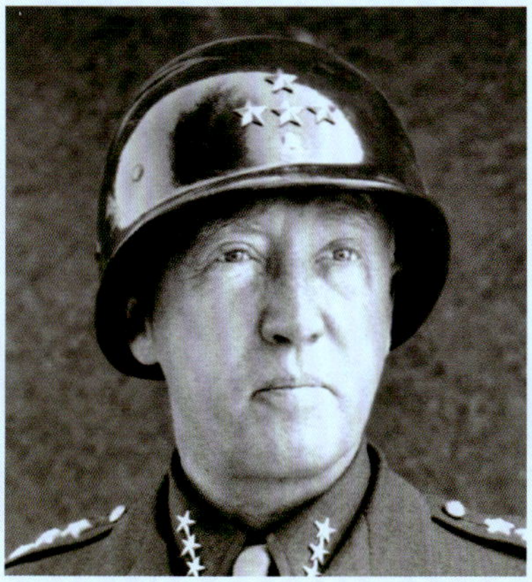

乔治·巴顿将军于1885年出生在美国加利福尼亚一个富裕的家庭，1909年毕业于美国西点军校。一战期间，他领导美国陆军在法国的新坦克旅。由于在受伤期间仍坚持领导坦克旅，他获得了杰出服务十字勋章和杰出服务奖章。

在战时参谋的职位上待了一阵后，巴顿于1943年3月接管了突尼斯的美国第2军团，并在当年晚些时候指挥第7军进攻西西里岛。当时，他在日记中坦言，他有一种"作为命运之河中的一个筹码的感觉"。1944年6月，当诺曼底登陆顺利进行时，他的第3集团军反击了德军的最后一波进攻。他被他的部下称为"血胆将军"。

纳粹被打败后，巴顿希望在太平洋战区发挥作用，反复向上级游说此事。然而，他却被任命为巴伐利亚州的军事长官。1945年12月，他因在一次车祸中受伤而去世。

END GAME

1945

终局之战
1945年

1945年1月27日
苏联红军解放奥斯维辛集中营。这是第一个被解放的纳粹死亡集中营。

1945年1月27日
日军被从缅甸的木姐清除，盟军打开了中印公路这条具有重要战略意义的、连接缅甸和中国的补给线。

1945年2月4—11日
丘吉尔、罗斯福和斯大林在克里米亚度假胜地雅尔塔会面，就东欧战后勘界、领土划分等问题进行了谈判。

1945年2月13日
占据匈牙利首都布达佩斯的轴心国军队向苏联红军投降。

1945年2月13—15日
英美飞机轰炸德累斯顿，将这座城市夷为平地。

1945年2月19日
美国海军陆战队登陆硫黄岛，开始了对该岛的激烈争夺。

1945年3月3日
美军击败了驻守菲律宾首都马尼拉的2万名日军。

1945年3月6日
在党卫队的带领下，德军对匈牙利的苏联红军发动了最后一次徒劳无功的进攻。

随着1945年的到来，二战进入了尾声。德国和日本都面临失败，但无论是希特勒，还是日本军政府，都不愿意无条件投降，而这是盟军准备提供的唯一条件。战争仍在继续，轴心国的独裁统治迫使其军队战斗到最后。

抵抗力量的崩溃

盟军在空中和海上有绝对统治力。在欧洲，由于飞机、飞行员和燃料的严重短缺，德国的反抗变得少之又少，英国和美国的航空部队可以在德国上空任意翱翔。1945年初，盟军的空中部队已经没有目标可炸了。

尽管盟军从空中将德国炸成了一片废墟，但德军仍坚持在地面上与盟军战斗。当英美的军队在1945年3月终于突破了可怕的莱茵河屏障，深入德国腹地时，德军有组织的抵抗才开始崩溃。

然而，在东部战场上，德军顽固地选择继续战斗，一部分原因是这些士兵害怕苏联的报复。与此同时，随着苏联红军继续推进，数百万名德国平民逃离了东普鲁士、西里西亚和波罗的海。

4月25日，苏联红军和美军在易北河畔的德国托尔高的港口会师，几天后，苏联坦克横扫柏林市中心。没过几天，希特勒就自杀身亡了。德国作为战败的国家，即将面临新的惨淡命运。

日本战败

在德国取得的胜利使盟军能够将军力投向日本。而日本正在来自空中和海上的双重压力下苦苦挣扎。美国占领硫黄岛和冲绳岛，使日本处于美国两栖进攻的范围内，但日本对这些岛屿的狂热防御让美国不得不保持警惕。美国的军事计划人员警告说，对日本的进攻可能会导致多达100万名美国士兵伤亡。

这种疑虑在某种程度上影响了对日本城市广岛和长崎使用原子弹的决定。尽管大多数历史学家现在认为，迫使日本投降的主要原因并不是核武器的使用，而是美国对日本的封锁、常规轰炸以及苏联在

1945年4月1日
美军开始进攻冲绳，这是太平洋战争中规模最大的海陆联合行动。

1945年4月12日
罗斯福总统死于脑出血。他的职位由副总统哈里·S. 杜鲁门接任。

1945年4月28日
墨索里尼和他的情妇在试图逃往瑞士时被意大利游击队抓获并处决。

1945年4月30日
希特勒在他的柏林地堡中自杀身亡。他提名海军上将邓尼茨为他的继任者。

1945年5月7日
德国代表在艾森豪威尔将军的盟军远征部队最高司令部签署无条件投降书。

1945年6月26日
《联合国宪章》的文本在旧金山被确定，这是试图建立一个更加和谐的世界秩序的第一步。

1945年8月6日
美国向日本广岛投下了原子弹，预示着一种新的致命的战争形式的出现。

1945年9月2日
日本在密苏里号战列舰上正式签署投降书，二战结束了。

8月8日对日本宣战。

新世界

在投向广岛、长崎的两枚原子弹爆炸后不久，日本便正式投降了，美国获得了对日本的完全控制权。在道格拉斯·麦克阿瑟将军的领导下，日本建立了以民主为基础的君主立宪制，发展成现代化的工业国家。

战争的另一个后果是殖民帝国秩序的崩溃。旧的帝国主义列强——英国、法国和荷兰等，已经筋疲力尽，本土的民族自决运动是大势所趋。

欧洲的政治局势更为复杂。欧洲大陆被以美国、英国和法国为代表的西方列强和苏联及其共产主义盟友分别占据。一场新冲突——冷战——即将开场，自此欧洲被称为“铁幕”的“政治边界”分隔为东西两个部分。在某些地方，如柏林，分割墙悄然出现，以防止任何越过边界的行为。

在西欧，美国以马歇尔计划的形式向西欧国家提供援助。受益于马歇尔计划，旧的议会民主制度重新建立起来，重建工作很快开始。这个金融计划使西德（德意志联邦共和国）的经济和政治成功发展起来。

苏联控制了东欧地区，包括波兰、捷克斯洛伐克、匈牙利、罗马尼亚和保加利亚等国。西欧与这些受苏联影响的国家之间的分裂，一直持续到苏联解体。1989年柏林墙倒塌，正是苏联解体的一大前兆。

无论欧洲采用何种政治制度，都无法掩盖欧洲在世界事务中的主导地位已经终结这一事实。美国和苏联取而代之，其他大部分地区成为其中一方的盟友。随着两个超级大国为维持各自的全球影响力而激烈竞争，世界的分裂渐渐为人们所接受。这是二战最持久也是最重要的遗产。■

共同敌人的最终溃败

盟军攻占德国（1945年1—3月）

背景介绍

聚焦

攻入德国

此前

1940年 英军的敦刻尔克大撤退和巴黎的沦陷使德国控制了欧洲大陆。

1941年 德国发起巴巴罗萨行动，大举进攻苏联。

1944年 德国中央集团军群被苏联红军摧毁，这为苏联红军进攻德国开辟了道路。

1944年 盟军在法国诺曼底登陆，开始自西向东地收复欧洲。

此后

1945年 柏林被盟军占领，希特勒自杀，欧洲迎来了二战胜利的曙光。

1945—1946年 在纽伦堡审判中，纳粹领导人因暴行而受到审判。

德军在突出部战役中的回光返照是短暂的。蒙哥马利将军率领英军南下抵达默兹河，而巴顿将军率领的美军则向北移动，将德军挤进所谓的“突出部”。为避免被切断，德军于1945年1月8日开始撤退，但由于5000架盟军飞机轰炸德军，毁坏其补给线，德军伤亡惨重。很快，比利时就被解放了。

欧洲的未来已定

1月20日，罗斯福在成为美国总统并史无前例地进入第4个总统任期的几天后，在克里米亚的雅尔塔会见了苏联领导人斯大林和英国首相丘吉尔。

会议上三方讨论的是波兰战后的未来。罗斯福的意愿与丘吉尔的意愿相左，罗斯福忽视伦敦的波兰流亡政府，转而支持背后有苏联支持的卢布林委员会。为了补偿被苏联夺走的东部土地，波兰将获得一些西部的战前领土，但其领土规模无法恢复到战前状态。

3月，盟军到达莱茵河。不同寻常的是，无论德军多么拼命地摧毁雷马根大桥，它始终保持畅通。美军于3月8日进入德国，当10天后大桥倒塌时，美军已经建立了稳固的据点。德军在西线的防御支离破碎。■

> **他们上了桥（雷马根大桥），切断了所有电线，以防止德军炸毁这座桥。**
>
> 美国士兵迈克尔·库奇卡，1945年

参见： 诺曼底登陆 256~263页，突出部战役 280~281页，欧洲的胜利 298~303页，纽伦堡审判和去纳粹化 318~319页。

现在他们要收割旋风阵营了

德国城市的毁灭（1945年1—4月）

背景介绍

聚焦

空袭

此前

1849年 奥地利军队向威尼斯上空投放了装有燃烧弹的气球。

1914年 德国齐柏林飞艇对安特卫普市进行了轰炸，这是一战中频繁的飞艇轰炸中的第一次。

1940年 德国对英国城市发动了大轰炸。

1942年 英国皇家空军开始对德国的平民区进行“士气轰炸”。

此后

1945年 美国对东京的火力轰炸“会议室行动”杀死了10万人。它成为历史上最具破坏性的空袭。

1945年 美国空军的原子弹摧毁了日本的广岛和长崎两座城市。

1945年春天，西方盟军向东推进，决心通过对德国城市的大规模轰炸来将德国推向崩溃。盟军轰炸机总共投下了超过150万吨炸药，对几乎所有德国城市造成了严重破坏，并造成了超过60万人死亡。轰炸最初是由英国皇家空军元帅“轰炸机”哈里斯下令进行的，而历史学家一直对无差别袭击非战斗人员的正当性有争论。

盟军的轰炸将德累斯顿变成了废墟，正如这张从该市市政厅的塔楼上拍摄的布拉格大街的照片所示。

从天而降的毁灭

于利希市遭受的破坏最为严重，而埃森则化为一片废墟。但最可怕的破坏是对德累斯顿的轰炸，造成了约2.5万人死亡。1945年2月13日，英国皇家空军兰开斯特式重型轰炸机在15分钟内投下了880吨炸弹。高能炸药粉碎了建筑物并发出巨大的冲击波，而燃烧弹则烧毁了木制建筑物。随风蔓延的火舌达到了难以想象的强度，产生了“火焰风暴”。几天后，美军和英军的空袭增加了该城市的磨难，德累斯顿的大火持续了数周。

3月，盟军的目标转为柏林。当时美国第8航空队的1329架轰炸机和733架战斗机遇到了由梅塞施密特Me-262喷气式战斗机组成的小股部队，后者进行了激烈抵抗。美军损失很大，但这次空袭向德国的首都投下了许多炸弹，迫使希特勒躲在地堡里避难。■

参见：伦敦大轰炸 98~99页，轰炸德国 220~223页，轰炸广岛和长崎 308~311页，战争的代价 314~317页。

东线就像纸牌屋

苏联红军挺进德国（1945年1—4月）

背景介绍

聚焦

攻入德国

此前

1939年9月 德国东侵波兰的同时，苏联西进波兰。

1941年6月 德国发动了巴巴罗萨行动。

1943年 在取得了斯大林格勒和库尔斯克的一系列胜利后，苏联红军将德军赶出了俄罗斯、乌克兰和白俄罗斯东部。

此后

1945年5月8日 欧洲宣布二战结束，5月9日苏联宣布胜利。

1961年 东德（德意志民主共和国）建立了一堵分隔东西柏林的柏林墙，这堵墙在1989年倒塌。

1945年1月12日，苏联红军在波兰的维斯图拉河对岸发起攻势。此时，大部分德军正在阿登地区与盟军作战，而其他部队则在立陶宛、匈牙利和南斯拉夫阻击苏联红军。波兰的德军人数众多，但苏联红军仍能迅速推进。希特勒无视他的参谋长海因茨·古德里安将军关于将增援部队派往匈牙利首都布达佩斯而非波兰的建议，并拒绝从立陶宛调兵。在短短5天内，苏联红军就占领了华沙，并在1周内到达了德国战前的东部边境西里西亚。2月，在距离

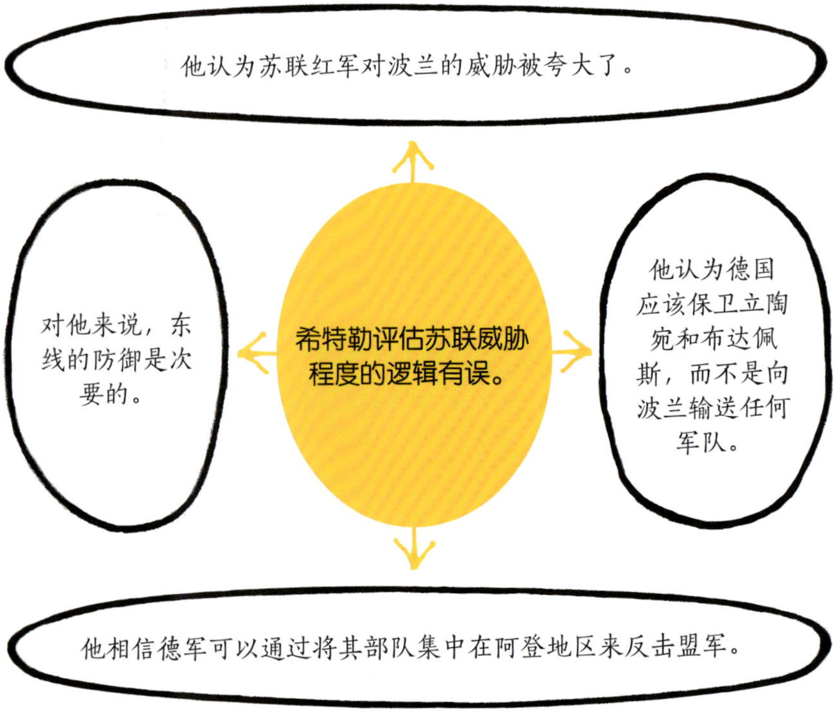

他认为苏联红军对波兰的威胁被夸大了。
对他来说，东线的防御是次要的。
希特勒评估苏联威胁程度的逻辑有误。
他认为德国应该保卫立陶宛和布达佩斯，而不是向波兰输送任何军队。
他相信德军可以通过将其部队集中在阿登地区来反击盟军。

参见: 波兰的毁灭 58~63页，巴巴罗萨行动 124~131页，斯大林格勒战役 178~183页，库尔斯克会战 232~235页，盟军攻占德国 286页，欧洲的胜利 298~303页。

苏联红军经过维也纳的奥地利议会大厦，向德国推进。经过一个月的攻击，苏联红军于4月15日占领了该市。

柏林约64千米的地方，苏联红军停下来巩固其在东线的战果。

穿过波兰时，苏联红军发现了奥斯维辛-比克瑙集中营的恐怖状况，解放了里面7000名囚犯，其中包括180名被用于纳粹医学实验的儿童。当德军撤离集中营时，所有的人都被留在了那里。

苏联红军占领柏林

4月，苏联红军重启对柏林的攻势，希望抢先一步占领柏林。

结局来得很快，由格奥尔吉·朱可夫元帅领导的白俄罗斯第1方面军从北推进，而伊万·科涅夫元帅领导的乌克兰第1方面军从南推进。4月，在柏林以东的塞洛高地和南部的哈尔贝，占据优势的苏联红军摧毁了有11万多人的德国第9军，包围了柏林。数十架英国蚊式战斗机连续36晚轰炸德军在柏林的阵地，直到4月20日苏联炮兵开始猛烈炮击这座城市。

4月22日，希特勒承认失败，称他的将军们辜负了他的信任，但他将留在柏林直到生命的最后一刻，他最终选择了自杀。那天，希特勒的宣传部部长约瑟夫·戈培尔号令柏林民众守卫自己的城市。房屋墙壁上匆忙、潦草地写着诸如“我们将在我们柏林的城墙前阻止苏联红军”之类的句子。然而，几天之内，苏联红军在近战中一条街接一条街地攻入柏林。4月29日，苏联红军到达柏林市中心，并向德国国会大厦发起进攻。希特勒立下遗嘱。第2天，柏林防区最后一任指挥官赫尔穆特·魏德林将军通知希特勒，只剩下几个小时的弹药补给了。希特勒和他的新婚妻子爱娃·布劳恩在地堡中自杀身亡，戈培尔成为总理。

当苏联红军在柏林的街道上进军时，柏林已处于一片废墟之中。由于雅尔塔会议决定了它的未来，西方同盟国愿意让苏联进入这座城市。

投降与胜利

5月1日，戈培尔派汉斯·克雷布斯将军向苏联红军元帅瓦西里·崔科夫提出投降条件，后者拒绝了戈培尔的这些条件，要求德军无条件投降。由于无法接受这一现实，戈培尔和妻子先杀死自己的孩子，接着自杀。魏德林默许了苏联的无条件投降要求。大多数德军部队于5月2日投降。但在柏林西部，一些德军部队由于害怕苏联的报复，奋力杀出一条血路，选择向西方盟军投降。5月8日，欧洲战争结束。然而，远东战场上的战争仍在继续，直到1945年9月日本投降，二战才正式落幕。■

雨季来临前夺取仰光

盟军反攻缅甸（1943—1945年）

背景介绍

聚焦

丛林战火

此前

1886年 缅甸成为英属印度的一个行省。

1938年 在抗日战争中援助中国的补给线——滇缅公路建成。

1941年12月8日 袭击珍珠港事件发生一天后，英国和美国对日宣战。

1941—1942年 日本入侵缅甸并占领了其首都仰光。

此后

1947年 昂山与英国谈判，要求缅甸独立，但几个月后他就被暗杀了。1948年1月，缅甸获得独立。

1962年 吴奈温将军通过军事政变接管了缅甸。他一直掌权到1988年。

日本和英国对缅甸的争夺是二战中最漫长的斗争之一，其中包含了一些人类史上最激烈和最残酷的战斗。作为日本妄图控制东南亚的重要一环，日本于1942年入侵缅甸，但几乎没有遇到任何反抗。一部分原因是英国在缅甸的防御部署不足，还有一部分原因则是许多缅甸人，包括其领导人昂山，都将日本视为帮助他们摆脱英国统治的“拯救者”。

入侵的日军切断了援助中国的重要补给线滇缅公路，英国在缅甸的驻军协调英国、印度和当地军队撤退到印度。这将被证明是一条

参见：日本的进军 44~45页，国际联盟的失败 50页，日本的扩张 154~157页，二战中的印度 158页，中途岛海战 160~165页，日本投降 312~313页。

威廉·斯利姆

威廉·斯利姆于1891年出生在英国布里斯托尔，1914年一战开始时加入了英国皇家沃里克郡军团。他在加里波利受伤，1918年因在伊拉克服役的经历而被授予军事十字勋章，后于1919年晋升为英属印度陆军上尉。

二战爆发后，斯利姆被任命为印度旅的指挥官，参与英国征服意属东非的行动。2年后，他带领一个印度师参加了盟军的伊拉克、叙利亚、黎巴嫩和伊朗守卫战。1942年，他被调去领导缅甸军团，巧妙地带兵撤退到印度，远离了日军的威胁。随后，他设计了新的战术，包括空中支援和游击战，带领第14集团军在1945年夺回了缅甸。

斯利姆备受大家尊敬，被称为“兵王之王”，他于1948年晋升为陆军元帅。1953—1960年，他担任澳大利亚总督，后成为子爵。他于1970年在伦敦去世，英国为其举行了完整的军事葬礼。

漫长的回归之路。

游击战术

起初，英国方面几乎没有人认为有希望在缅甸崎岖的丛林地带反击日军。然而，不走寻常路的英国指挥官奥德·温盖特在印度创建了一个特别行动小组，他称之为“钦迪特突击队”。突击队行动轻快，能与空中支援相协调。这一点至关重要，人们很快就意识到了这一点。1943年，钦迪特突击队对日军发动了第一次游击战，尽管损失惨重，但也证明了这种行动是可行的。一支同样特立独行的美国部队——由弗兰克·梅里尔指挥的“梅里尔突击队”，在1944年加入了这场战斗。钦迪特突击队和梅里尔突击队都得到了克钦游骑兵的重要侦察援助，克钦游骑兵是缅甸北部的部落成员。

1943年，昂山意识到争取日本支持、实现缅甸独立的希望是徒劳的，于是他敦促缅甸与英国合作。他于1944年成立的反法西斯人民自由联盟将在战斗中发挥关键作用。英国开始考虑收复缅甸的可行性。

作战计划

1943年年底，威廉·斯利姆将军接管了第14集团军，该集团军是在印度东部新成立的，隶属于路易斯·蒙巴顿勋爵领导的东南亚司令部，负责确保更好地协调空中支援。斯利姆强调了丛林战训练的重要性，并主张将部队编入防御性的方队，从空中向地面部队投放补给和给予军事支持，以鼓励地面部队坚守阵地，抵抗日军的进攻。

与此同时，日军仍然打算征服东南亚，日军计划占领中国，并准备进行英帕尔战役（也称“乌号作战”）以入侵印度。日本将军牟田口廉也是“乌号作战”的狂热支持者，他敦促日军从缅甸西北部越过边界进入印度的阿萨姆。

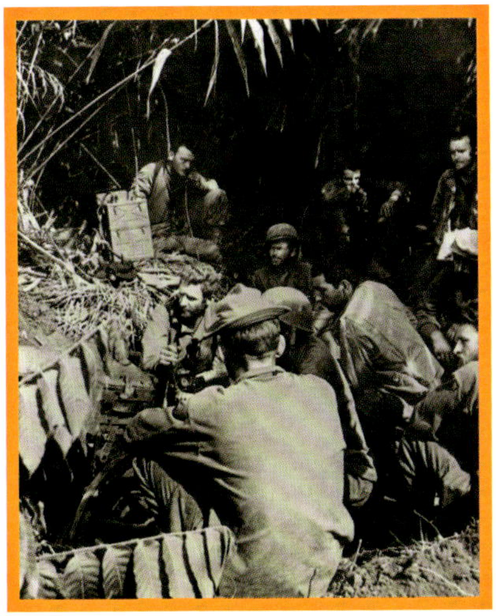

缅甸丛林中的梅里尔突击队。突击队成员在1944年3—4月共坚守阵地13天。在他们向密支那推进的过程中，地面供给被切断，他们仅获得了一些空投物资。

空军支援在丛林战中具有重要意义的原因：

补给线穿过丛林地形的速度很慢，而且没有连续的前线。

快速移动的敌方游击队可以对物资输送部队进行奇袭。

物资输送部队一旦在丛林中受到优势部队的攻击，就必须撤退。

在地面信号的引导下，飞机可以通过降落伞投放物资和弹药。

部队可以持续防守，获得重要的补给，一直坚持到增援部队到达。

盟军向前推进

1944年1月9日，在日军采取进攻之前，由印度和英国军队组成的第14集团军从印度开进，占领了缅甸西部的孟都港。在随后的2月，在附近的辛兹威亚进行的第二次若开战役中，该部队在空中提供的武器和口粮的帮助下坚守阵地，对抗日军，迫使日军撤退，这是盟军的重大胜利。

与此同时，在缅甸北部，美国将军乔·史迪威正在领导“X部队”，这是一支由美国在印度装备和训练的中国军队。它的任务是保护建造中印公路的建筑工人，并将物资从印度运往中国。这支部队还被指示要尽一切可能对日军造成最大的伤害，并在梅里尔突击队的协助下，穿过丛林向南推进，夺取缅甸北部克钦邦首府密支那镇及其关键的空军基地。

“X部队”将日军击退，但没能将其困住。1944年春天，与史迪威部队并肩作战的钦迪特突击队指挥了一次大胆的突袭。钦迪特突击队通过滑翔机降落在日军防线后面，切断了连接密支那的铁路。与此同时，梅里尔突击队和史迪威的一些部队在丛林中开辟了一条道路，直通密支那。它们在1944年5月占领了机场，但该镇的战斗一直持续到8月才结束。

印度的东部战线

1944年3月，日本将军牟田口廉也发动了“乌号作战”，他的第15军穿过钦敦江，向缅甸与印度东部的边境移动。他的目标是盟军在英帕尔的空军基地。该基地由斯利姆第14集团军的第4军团把持，位于平原上，两边是山，为盟军部队提供支持。4月，第15军从几个方

日军和印度士兵在缅甸一起作战，对抗英军。

1945年1月，斯利姆将军的部队在战役的后期向南挺进曼德勒。右图中，2名英国士兵正在缅甸中部巴河镇的废墟上巡逻。

向夹击基地所在的平原。

出乎斯利姆意料的是，1.5万名日军穿过丛林向北部137千米处的印度山地站科希马发起进攻，切断了通往英帕尔的主要补给路线。盟军在几天内抵达，成功解救了科希马绝望的2500名驻军，但战斗一直持续到5月底。

由于盟军的抵抗，日军在英帕尔附近的进攻在5月底基本停止，随后由于季风降雨减缓了盟军的反攻速度，战局出现了短暂的僵持。然而，最终击败日军的却是物资的匮乏。精疲力竭、疾病缠身、饥肠辘辘的日军撤退了，而英军则清理了通往科希马的道路。在这两场战役中，日军共有约5.5万人伤亡，其中包括1.3万人死亡。这是日军在缅甸代价最大的一次失败，被许多人视为缅甸战场上的局势的主要转折点。盟军的损失则要小得多，主要是由于运输机高效地运来了援军和物资，并带走了伤亡人员。

> “防御工事外，日本人的尸体堆积如山。”
>
> 英国陆军第4皇家西肯特A连连长汤姆·凯尼恩少校

日军撤退

1945年年初，日军已撤至伊洛瓦底江东岸，盟军的目标是缅甸中部伊洛瓦底江以东的曼德勒。斯利姆此时分兵，派一半去曼德勒，另一半绕道迂回，对曼德勒和仰光之间的城市密铁拉发动奇袭。密铁拉于3月3日被攻陷，10天后英军占领了曼德勒。

随着日军的撤退，盟军继续向仰光港推进，并急于在季风季到来之前占领它。5月1日，泰国海军接到通知后立即驶离泰国，参加“德古拉行动”。这次攻击既有空降部队作战又有两栖攻击。印度军队第二天一早赶在降雨前几个小时登陆，但发现日军已经撤离了港口。

6月15日，盟军最高指挥官蒙巴顿勋爵在仰光举行了胜利阅兵，尽管北部丛林中的战斗仍在继续。到了9月，盟军基本取得了全面的胜利，缅甸再次处于盟军控制之下。

尽管历史学家仍然在争论缅甸战役对二战亚洲战场的影响到底有多大，但不可否认的是，盟军的胜利提升了英军的声誉，同时也严重削弱了日军的士气。为期4年的作战也为缅甸和印度的独立奠定了基础。■

我们所见到的……远超人类想象

解放死亡集中营（1945年1—4月）

背景介绍

聚焦

惨无人道的暴行

此前

1900年 在布尔战争期间，英国强迫20万名黑人和布尔人进入集中营。

1914—1918年 超过80万人在一战期间被投入集中营，他们的基本生存需求大多得到了满足。

1933年 第一个纳粹集中营在达豪建立。

此后

1946年 纳粹领导人在纽伦堡审判中因反人类罪而被判刑。

盟军在进入德国领土，遇到死亡集中营之前，就已经知道了集中营的存在。但是，当走入集中营时，许多盟军士兵发现自己并没有做好准备面对接下来所要见到的一切人间惨状。

尽管集中营已经得到解放，但许多幸存者在身心上饱受摧残，无法感到喜悦，甚至无法意识到自己已获释。

> “（奥斯维辛集中营的幸存者）冲向我们大喊大叫，跪下亲吻我们大衣的襟翼，并张开双臂搂住我们的腿。”
>
> 首批进入奥斯维辛的苏联红军士兵
> 格奥尔吉·埃利萨维茨基

1944年夏天，行进中的苏联红军在卢布林附近的马伊达内克发现了第一个集中营。尽管随着苏联红军的逼近，纳粹党卫队已将许多囚犯疏散到更西边的地方，但仍有一些人在集中营内被监禁。集中营里有足够的证据证明它的恐怖。杀死过许多人的毒气室仍然完好无损。

随着苏联红军的推进，党卫队指挥官海因里希·希姆莱下令撤走前进线上的所有营地。数万名营养不良的囚犯从奥斯维辛-比克瑙等集中营中被疏散出来，要么被遗弃，要么在寒冷的天气中进行漫长的“死亡行军”，前往更西边的其他集中营。数以千计的人在这样的行军中饿死或冻死，另有很多人因为太虚弱无法跟上队伍而被枪杀。

奥斯维辛集中营

1945年1月27日，苏联红军穿过奥斯维辛-比克瑙集中营，发现里面关押着约9000名虚弱、消瘦的囚犯。他们几乎奄奄一息。

一些人因获释而欣喜若狂，

参见: 纳粹大屠杀 136页, 纳粹阴霾下的欧洲 168~171页, 大屠杀 172~177页, 战俘 184~187页, 纽伦堡审判和去纳粹化 318~319页。

1944年7月至1945年5月期间，盟军在横扫欧洲的过程中解放了集中营里的囚犯。苏联红军解放了东部的营地，美军解放了南部和西部的营地，英国和加拿大军队联合解放了北部的营地。

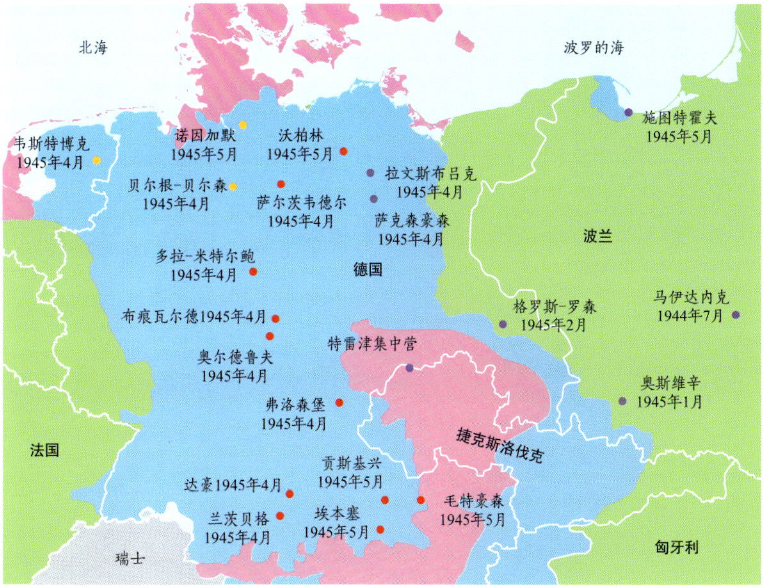

图例:

- 被美军解放的区域
- 被英军/加拿大军队解放的区域
- 被苏联红军解放的区域
- 1945年3月21日之前解放的领土
- 1945年3月21日至1945年5月9日解放的区域
- 1945年5月7—9日德国投降时盟军占领的区域
- 中立领土

为了表达感激之情选择加入了苏联红军。一些人太虚弱，无法活得更久，但约有7500人在接受食物和医疗护理后幸存下来。

奥斯维辛是纳粹所有种族大屠杀集中营中最大的一个，关押了超过110万人，其中主要是犹太人，但也包括2.5万名辛提人和罗姆人，以及从欧洲各地被带来的战俘。

1945年4月英军解放集中营后，贝尔根-贝尔森集中营之前的囚犯正排队领取面包配给。

尽管撤退的德军摧毁了集中营的大部分营区，但苏联红军的士兵仍然发现了数十万件男式西装、超过80万件女式连衣裙和超过6.3吨的人发，所有这些都是从俘虏身上“剥”下来的。

在接下来的几个月里，苏联红军还解放了施图特霍夫集中营、萨克森豪森集中营和拉文斯布吕克集中营，而美军则解放了布痕瓦尔德集中营、多拉-米特尔鲍集中营、弗洛森堡集中营、达豪集中营和毛特豪森集中营。

英国和加拿大的军队也解放了一些集中营，包括诺因加默集中营和贝尔根-贝尔森集中营。英军进入贝尔根-贝尔森集中营时，发现里面挤满了从其他监狱挪出的囚犯。约有6万名囚犯得了斑疹伤寒，1.3万人在几周内死于营养不良或疾病。

震惊世界的罪孽

揭示集中营中种族恐怖景象的报道——堆积如山的尸体、挥散不去的死亡恶臭，以及因强迫劳动和饥饿而濒死的瘦骨嶙峋的幸存者——震惊了全世界。一些幸存者在获救后不久就因长期饥饿后突然进食而猝死。

撤退的德军试图通过谋杀证人以及摧毁监狱、毒气室和集中营中的记录来掩盖证据，但仍留下了太多的人证、物证。纳粹领导人兼奥斯维辛的长官鲁道夫·胡斯等人，完全无法在纽伦堡审判中全身而退。■

我们为事业而战，而非为侵略而战

最后一站，意大利（1945年4月）

背景介绍

聚焦

地中海战线

此前

1940年6月 意大利站在德国一边参战，巩固了轴心国的势力。

1943年7月 盟军在“哈士奇行动”中登陆西西里岛并保护该岛。

1943年9月 盟军进攻意大利南部。意大利政府投降，但德国在意大利北部建立了一个由墨索里尼领导的傀儡政权。

1944年1月 盟军在安齐奥登陆，并于5月占领了卡西诺山要塞。

此后

1946年5月 意大利国王维克多·伊曼纽尔三世退位，他的儿子翁贝托二世被流放。

1946年6月 意大利作为共和国举行了首次全民选举。

盟军的正面进攻未能突破防守严密的哥特防线。

→ “葡萄弹行动”开始了，盟军首先在防线的两端声东击西。

→ 然后，盟军主力部队在中心地带发动进攻，占领关键城市并切断德军的物资补给线。

→ “葡萄弹行动”的成功引发了米兰和都灵的意大利游击队起义，确保了盟军的全面胜利。

1943年9月攻入意大利南部后，盟军一路北上。盟军逐步击溃撤退德军的每条防线，但进展缓慢。事实证明，德军的抵抗依然十分顽固。德军利用沿着意大利脊梁崎岖延伸的亚平宁山脉和两边狭长地带易守难攻的优势继续阻挡盟军。1944年夏天，盟军被哥特防线挡住了前进的脚步。这是一个横跨亚平宁山脉的德国防御系统，东起亚得里亚海沿岸，西至利古里亚海。防线阻断了通往波河河谷的道路，波河河谷是意大利米兰和都灵等主要工业城市的所在地，能为德军提供种植粮食的大片农田。

盟军在秋天发起的进攻突破了哥特防线，但顽固抵抗的德军依然坚守阵地，加上当时天气恶劣，盟军再一次停下了前进的脚步。盟

参见：意大利与法西斯主义的崛起 22~23页，法西斯独裁者 34~39页，意大利参战 88~89页，攻入意大利 210~211页，夺回罗马 254页。

> 墨索里尼的悲惨结局恰恰标志着人民的悲惨生活自此结束。
>
> 《纽约时报》，1945年4月30日

军决定等到次年春天再行动。1945年4月，在美军马克·克拉克将军的指挥下，盟军发动了代号为“葡萄弹行动”的决定性攻势。

德军防线被攻破

“葡萄弹行动”不是要占领防线，而是要在两个侧翼采取小规模行动分散德军的注意力，然后用主力部队冲破中线。随后，盟军将继续占领德军防线后方的主要城镇。参战的主要军队是美国第5集团军和英国第8集团军。前者目标是博洛尼亚，后者目标是费拉拉和邦德诺。盟军的部队由不同国家和民族的人组成，有新西兰人、法国人、阿尔及利亚人、希腊人、印度人、波兰人、巴西人、摩洛哥人和加拿大人。

牵制性攻击于4月1日开始。盟军从4月6日开始对德军阵地进行猛烈轰炸。英国第8集团军随后向东翼推进。4月14日，在因大雾延误后，美国第5集团军通过山区中心发起进攻。4月21日，波兰军队进入并占领了博洛尼亚。4月25日，盟军越过波河，将德军一分为二。随着盟军的推进，意大利抵抗战士和游击队员越发奋起反抗德军和墨索里尼的傀儡政权。因此，盟军在到达许多目的地时，甚至都没有遇到抵抗。

墨索里尼之死

4月25日，墨索里尼与他的情妇克拉丽塔·佩塔奇逃离米兰，希望前往瑞士边境。历史学家不确定接下来确切发生了什么，但最广为接受的说法是，2天后，这两人在科莫湖东戈村附近被当地游击队俘虏并处决。4月29日，尸体被运回米兰的洛雷托广场，并在那里遭到人们泄愤般的围殴。

当天，德军指挥官签署了投降文件，该文件于5月2日生效，近100万名德军士兵放下武器。至此，约有31.3万名在意大利作战的盟军士兵阵亡、受伤或失踪。德军伤亡人数约为33.6万人。意大利战役一般情况下被视为全面抗德战争的副产品。但经此一战，德国需耗费巨大的资源来保卫意大利，使盟军在北欧的胜利更加容易。■

1945年春天，意大利游击队队员在“葡萄弹行动”成功后抵达米兰。成千上万名游击队队员带着他们能拿到的武器，与盟军并肩作战。

世人必知真相，永不可忘

欧洲的胜利（1945年5月7日）

背景介绍

聚焦

实现和平

此前

1939年9月 德国入侵波兰，促使英法两国对德宣战。

1941年 德国入侵苏联后，苏联宣布参战。袭击珍珠港事件则将美国拉入了战局。

1944年 同盟国发动了诺曼底登陆。

此后

1945—1946年 纳粹领导人在纽伦堡接受审判。

1961年 东德（德意志民主共和党）修建了柏林墙，以阻止民众向西方逃跑。

1989年 柏林墙倒塌，东德与西德于次年统一。

1945年4月30日希特勒的自杀，并没有使二战戛然而止。并非所有纳粹指挥官都接受失败的事实。即使是在接受失败的那一群人里，也有很多人不确定该做什么。德军士兵和平民害怕苏联红军的报复。

苏联红军于5月初占领了柏林。然而，在德国最终投降后，美国、英国和苏联有意愿敲定一个分区占领德国的计划，以实现持久的和平。

德国最后的抵抗

5月2日，在赫尔穆特·魏德林将军在柏林投降后，德国首都陷入了死一般的平静。由于极度缺乏食物和水，柏林的市民从他们的地窖里出来，却只看到冒浓烟的废墟和满是尸体的街道。许多青少年和年迈的退伍军人在德军展开最后的防御战时作为补充力量加入了军队。苏联红军围捕了所有身穿制服的人，并将他们送上了前路未知的命运之旅。

对于柏林的许多妇女来说，噩梦也才刚刚开始，因为无数士兵将她们视为战利品和报复的对象，向她们发泄纳粹给自己祖国带来苦难的仇恨。尽管没有确切的统计数字，但在德国投降后的几周内，可能有多达10万名柏林妇女遭到伤害，其中1万人因此死亡。

1945年5月2日，一名苏联士兵在柏林破败的德国国会大厦上方升起红旗。

一些德军部队试图从本国南部杀出一条血路，或许这是因为他

在西方盟军和苏联红军的包围下，德国投降。
→ 胜利使西方同盟国转头对抗苏联，因为双方都谋求自己能获得持久的全球影响力。
→ 苏联早期对东欧国家的民主承诺没有兑现。
→ 西方同盟国接受苏联对东欧的控制，以避免进一步的冲突。
→ 东欧和西欧分裂，这种状况持续了40多年。

参见：诺曼底登陆 256~263页，巴格拉季昂行动 266~269页，盟军攻占德国 286页，苏联红军挺进德国 288~289页。

们相信了纳粹关于存在巴伐利亚据点的宣传。其他人试图向西突围，希望向西方同盟国投降，相对来说，他们更害怕苏联。

沃尔特·温克将军于4月初被任命为德国第12军司令，负责抵抗美军和英军的进攻。柏林南部一个巨大的难民营中的人全体投奔他，希望他能带领大家逃离德国。当柏林投降的消息传来时，温克一路向西杀出重围，与第9集团军的残余部队会合，并带领士兵和可能多达20万名难民越过易北河进入美军占领区。

德军投降

5月4日，在荷兰、丹麦和德国西北部的德军指挥官在下萨克森州的吕内贝格山庄会见了英军指挥官伯纳德·蒙哥马利元帅，宣布投降。

蒙哥马利把他们送到位于法国东北部兰斯的盟军远征军最高司令部，在那里，由德怀特·艾森豪威尔将军领导的盟军司令部要求他们立即无条件投降。

德军要求推迟2天，表面上是为了有时间向全军传达停火协议，但更有可能是为了让更多的部队有时间逃到西方同盟国的地盘上。艾森豪威尔同意推迟投降时间，投降书最终于5月7日签署，于5月8日凌晨1点生效。

在欧洲战场的北部，挪威仍然被一支装备精良、士兵超过35万人的德国军队和一支小型U型潜艇舰队所占领。希特勒死后，接任德国国家元首的卡尔·邓尼茨曾一度视这里为纳粹继续抵抗的潜在地点。

然而，德国刚于5月7日无条件投降，邓尼茨就命令挪威的指挥官弗朗茨·博梅将军也跟着投降，所有敌对行动在5月8日结束。

混乱的和平

苏联对德国投降一事感到愤怒，认为投降书应由德军最高统帅威廉·凯特尔元帅签署，并且投降仪式应在德国首都举行。因此，投降仪式于5月8日在柏林重新举行，投降书于5月9日生效，此前凯特尔促成了投降的短暂延迟，以使停火消息传达到德军的所有部队。

然而，在此之前，投降的消息已经泄露，人们欢欣鼓舞地涌上伦敦、纽约和其他城市的街道。温斯顿·丘吉尔宣布欧洲胜利日庆祝活动将于5月8日举行。斯大林

> 他们是一群彻头彻尾的强奸犯。
>
> 苏联战地记者纳塔利娅·格塞

哈里·杜鲁门

哈里·杜鲁门于1884年出生在美国密苏里州拉马尔，一战期间作为美国陆军上尉在法国作战。他是唯一参加过一战的美国总统。

1944年11月，杜鲁门被选为罗斯福的副总统。当罗斯福赢得大选后仅82天就身亡时，杜鲁门接任成为总统。他于1945年8月授权对日本使用原子弹，迫使日本投降并结束了太平洋战争。

出于对苏联及其盟国政治影响的担忧，杜鲁门在战后走上了干涉主义道路，例如，他在1950年决定派遣军队“保卫”韩国。1952年，由于民望下降，他选择不参加总统连任竞选。他于1972年去世。

1945年5月8日，伦敦人和美国士兵在街头跳舞庆祝胜利日。不过，战争并未结束，丘吉尔在同一天说“前方仍有艰辛和荆棘”。

回应说，他们将于5月9日在苏联举行。

整个欧洲仍然一片混乱，战斗仍在继续，数百万人依然流离失所。在超过600万名被纳粹强迫劳动的人中，有许多人与其他流离失所者（包括集中营的幸存者）一起试图步行返回他们的故乡。

德意志人成为人人喊打的对象，被赶出以前由纳粹控制的领土。仅在苏台德地区就有300万名德意志人被驱逐，数十万德意志人被关入了强制劳动营。与此同时，西方盟军和苏联红军的士兵们也都疲惫不堪，他们急于庆祝胜利并返回家园。

争权夺势

德国在同盟国的联合努力下被击败，但几大战胜国之间的关系极为紧张。丘吉尔担心美国会从欧洲撤军，届时欧洲大陆将无力抵抗苏联的百万大军。

1945年2月，当德国败局已定时，罗斯福、斯大林和丘吉尔在克里米亚的雅尔塔会议上会面，讨论了战后欧洲的重组等问题。

丘吉尔敦促东欧国家，如波兰和捷克斯洛伐克，决定自己的未来并选举民主政府，而斯大林则明确表示，对东欧和中欧的政治控制对于苏联的国家安全至关重要。尽管斯大林承诺波兰将进行自由选举，但到1945年1月，一个由苏联支持的波兰临时政府已在柏林就位。

控制波兰

5月，当苏联的意图变得越来越明确时，丘吉尔主张进行“不可思议行动”，即趁着美军仍在欧洲时对苏联红军发动快速进攻以解放波兰。

美国新任总统哈里·杜鲁门认为，打压苏联需要更多的人力，并且需要打赢一场代价高昂的长期战争才能占据上风。因此，他对苏联采取了更为圆融的态度，允许其在波兰建立一个傀儡政府，这使得总部位于伦敦的波兰流亡政府成为一颗弃子。

规划战后欧洲

雅尔塔会议就许多领域达成了广泛协定，包括将德国划分为4个占领区，分别由美国、苏联、英国和法国控制。然而，法国临时政府领导人夏尔·戴高乐并未受邀参加此次会议，也被排除在随后于1945年7月在柏林西部波茨坦举行的会议之外。

在雅尔塔会议上，杜鲁门、

“这就是我们与德国开战的目的——波兰应该是自由的主权国家。”

英国首相温斯顿·丘吉尔，1945年

1945年7月下旬，在波茨坦，哈里·杜鲁门的两侧分别是斯大林（右）和英国首相克莱门特·艾德礼（左）。艾德礼在7月的英国大选中击败了丘吉尔。

斯大林和丘吉尔3位同盟国领导人会面，为战后欧洲敲定了一项最终协定。

斯大林此时已经知道丘吉尔的“不可思议行动”流产了，他带着满满的自信参加了会议。然而，他被杜鲁门抢了风头，杜鲁门在会议前夕收到了一则“婴儿圆满出生”的消息。这标志着曼哈顿计划研究小组在美国新墨西哥州的洛斯阿拉莫斯进行的第一次原子弹试验成功了。

丘吉尔立即意识到西方同盟国现在已经完全有能力对抗苏联了。苏联间谍很快将情报转达给斯大林。一周后，当杜鲁门告诉他美国已经研制出一种比任何已知炸弹威力更大的新武器时，斯大林对此并不感到意外。

杜鲁门后来回忆说，斯大林只是说他“很高兴听到这个消息”，并希望美国人“好好利用它来对付日本人”。

根据三方于8月初签署的《波茨坦协定》，德国将被解除武装、实行非军事化管理，并按雅尔塔会议上商定的那样被分割成4个占领区。

同盟国领导人还制订了对德国社会去纳粹化、逮捕和审判犯有战争罪的德国人的计划。他们将大块的德国领土转让给波兰。该协定使苏联基本上控制了东欧的大部分地区。

不稳定的后果

德意战败，欧洲太平。而在世界的另一端，日本仍在发动战争，不肯让步。在一段时间里，西方同盟国和苏联共同搁置分歧，联合起来对抗日本。

然而，由于意识形态差异和相互冲突的野心，这是一个非常不稳定的联盟。丘吉尔在1946年3月谈到欧洲正在降下“铁幕”。这是“冷战”开始的早期标志，这场冷战将使欧洲分裂长达40年。■

德国失去了它在二战前和期间占领的土地，以及其东普鲁士的原核心地带。主要同盟国将德国划分为由美国、英国、苏联和法国管理的4个区域。

图例：
- 英国占领区
- 苏联占领区
- 美国占领区
- 法国占领区
- 萨尔保护领
- 主权国家

持续的抵抗

被围困的日本（1945年2—8月）

背景介绍

聚焦

太平洋战场

此前

1941年12月7日 日本偷袭珍珠港，迫使美国加入战局。

1941年12月 日本对菲律宾、缅甸、加里曼丹发动了侵略战争。

1942年2月 英国将在新加坡的大本营拱手让给日本。

1942年6月 美军在中途岛海战中摧毁了日本4艘航空母舰和248架飞机，结束了日本在太平洋的统治。

1944年1月 盟军再次试图收复缅甸。

此后

1945年9月2日 日本最终投降，由美军实施军事占领。

1947年5月 在新通过的宪法规定下，日本实行议会民主制。

1945年年初，美国海军、陆军和空军主宰了太平洋及其上空。但若要向北推进攻击日本群岛，就需要先拿下日本以南的太平洋岛屿。

夺回自1942年以来被日本控制的菲律宾，是盟军的下一个目标。1944年年底，由美国道格拉斯·麦克阿瑟将军领导的盟军开始出兵菲律宾的莱特岛，随后占领了主岛吕宋岛以南的明多罗岛。

占领吕宋岛被证明是一个巨

参见: 日本的困境 137页, 日本偷袭珍珠港 138~145页, 日本的扩张 154~157页, 中国抗日战争 250~253页, 轰炸广岛和长崎 308~311页, 日本投降 312~313页。

在这些岛屿上，一场大悲剧即将发生。这将是一场你死我活的战斗。

日本记者团，1945年1月

大的困难。美国战列舰队遭受了日本神风特攻队一波又一波的攻击，加利福尼亚号和新墨西哥号战列舰严重损坏。

1945年1月9日，一支由6.8万人组成的美军进攻部队在吕宋岛西部的林加延湾登陆，旨在从北部接近菲律宾首都马尼拉。美军还在马尼拉以南和其西面的巴丹半岛登陆。

吕宋岛之战

由于日军指挥官山下奉文将军没有预料到美军会在林加延湾登陆，所以美军最初几乎没有遇到抵抗。山下奉文将他的26.2万名士兵分成3组，大部分留在北部，只有3万人保卫巴丹和西部海岸，还有8万人负责保卫马尼拉和南部。麦克阿瑟急于夺取马尼拉，3个师于2月初抵达该市。

此时，山下奉文的地方海军司令岩渊山治展开了孤注一掷的守城行动。美军解放了关押在马尼拉圣托马斯拘留营的盟军囚犯，并被迫展开了一场长达1个月的野蛮巷战。没有这次巷战，就无法完全占领这座城市，当时已有超过10万名平民被杀，其中许多人是被日本人屠杀的。

5月底，征服工作已基本完成，但山下奉文的部队仍固守在该岛北部山区的洞穴和隧道中。战斗又持续了几个月。山下奉文直到9月2日日本正式投降后，才选择投降。

瞄准日本

5月，当麦克阿瑟的军队夺回菲律宾时，澳大利亚的军队正在重新占领婆罗洲。它们最终在7月底前攻陷了婆罗洲，使日本失去了重要的石油来源和陆地基地。此时，澳大利亚军队的主要目标是日本本土。

从1944年年底开始，美国陆军航空队对日本的基础设施进行了战略轰炸。这些任务由停驻在位于日本东南部2519千米的马里亚纳群岛上的B-29“超级堡垒”轰炸机执行。马里亚纳群岛于几个月前被夺回。

1945年年初，负责这次行动的柯蒂斯·李梅将军认为精确的日间轰炸是无效的，因为这需要避开日本防空系统的高海拔地区，强大的急气流会将炸弹吹离航线，而频繁的多云天气又会遮挡目标。他反其道而行，下令在夜间进行低空燃烧弹袭击。

3月9日，超过300架B-29“超级堡垒”轰炸机飞往东京。燃烧弹如雨点般落在这座城市，大火吞没了25万座建筑物，造成了8万多人

美军向日军在马尼拉的据点开火。与听从山下奉文命令撤离城市的军队不同，日本海军陆战队决心顽抗到底。

死亡，超过4万人受伤，还有近100万人无家可归。这是有史以来最具破坏性的轰炸袭击，事实证明，东京的防御完全不足。

李梅认为这次轰炸非常成功，因为美方的损失很小。3月的晚些时候，他针对名古屋、大阪和神户等城市发动了类似的轰炸袭击，并且计划进行更多此类轰炸袭击。

攻打硫黄岛

在“燃烧弹行动”进行的同时，一场血腥的战斗正在硫黄岛上如火如荼地进行。硫黄岛是马里亚纳群岛和日本之间的战略地带。它只有8千米长，没有本地居民，仅被日本用作空军基地。

保卫该岛的是多达2万名全副武装的日本军人，由栗林忠通将军指挥。他们建造了坚固的地下掩体、指挥中心和混凝土哨所，彼此间由宽阔的隧道连接。

盟军最初对该岛的猛烈轰炸

1945年，从机头锥窗看到的景象。波音B-29“超级堡垒”轰炸机轰炸了日本平冢市。轰炸的目标是该市的海军弹药库和一家飞机制造厂。

收效甚微，2月19日登陆的第一批美国海军陆战队队员因日军的迫击炮火力、机枪和提前布设的地雷而遭受巨大损失。

在接下来的几天里，伏击和奇袭不断，参战的数万名美军士兵伤亡惨重，他们用手榴弹和火焰喷射器将日军驱散。激烈的战斗持续了5个多星期——几乎日夜不停。

3月21日，美军终于炸毁了栗林忠通的据点——该岛西北部峡谷周围的隧道群。几天后，日本幸存者发动了反击。这是硫黄岛的最后一战，结束于3月26日，以美军的胜利告终。然而，分散的日本游击队继续抵抗留在岛上的美国驻军，他们一直坚持到1949年。

超过6800名美国士兵在战争中死亡，超过1.9万人受伤。为了嘉奖他们的勇气，27名海军陆战队队员和海员被授予美国最高军事勋章——荣誉勋章。大多数日本士兵负隅顽抗到生命最后一刻，只有216人被俘。

冲绳岛战役

在硫黄岛取得的胜利是一个有益的警告，表明日本会以最凶猛的方式保卫其土地。几天后，当盟军进攻日本最南端的冲绳岛时，太平洋战争中最血腥的战斗之一

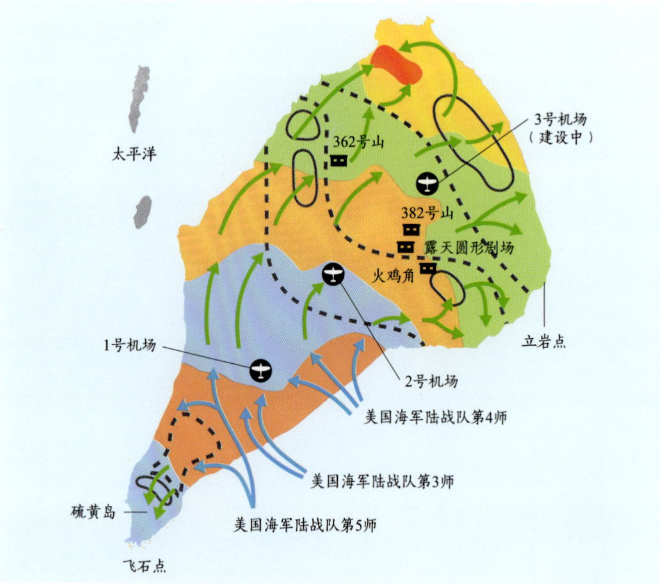

1945年2月和3月，美国海军陆战队在5个多星期的作战时间里横扫硫黄岛，分4个阶段占领了该岛。3月26日，美军占领了日军的最后一个据点。

图例：

- 飞机跑道
- 美军登陆
- 美军行进路线
- 日军的防线
- 日军炮兵阵地
- 重设防地形/高地
- 1945年3月26日之前的最后一个日军据点

美国攻占的地区，1945年：

- 2月19日的滩头堡
- 2月24日
- 3月1日
- 3月9日
- 3月14日

美国海军陆战队第2次在硫黄岛插上美国国旗。摄影师乔·罗森塔尔安排了这次活动，创作了这张标志性的照片，这让他获得了普利策奖。

随之发生。

盟军计划通过猛烈的初步轰炸来压制日军的反击，以掩护4月1日在该岛西海岸首次登陆的约5万名美军（总兵力超过18万人）行动。日军的抵抗起初很微弱，牛岛满将军的部队躲在山洞和强化掩体中等待战机。美军向前推进，当天夺取了2个空军基地，并向该岛北部推进，虽然有1000多人伤亡，但取得了进展。

在南部一个名为首里的崎岖地区，暴雨中近距离的残酷战斗持续了11个多星期。盟军舰队也遭到了猛烈的炮火攻击。从4月6日到6月22日，盟军遭受了日本神风特攻队大约1900次攻击，攻击至少摧毁了30艘军舰。然而，日本大和号战列舰在执行最后一次自杀式任务时被拦截并被击沉。

到6月21日战斗结束时，至少有1.2万名美国士兵阵亡，另有超过10万名日军和差不多同样数目的冲绳平民丧生。

盟军赢得了一场苦战，但日本仍然不肯认输，它还没有意识到自己的对手很快就会动用原子弹这一破坏力巨大的武器。■

冲绳岛战役是太平洋战争中规模最大的两栖攻击，也是人类生命损失最惨重的战役之一，因此获得了“钢铁台风”的绰号。

死亡威胁

轰炸广岛和长崎（1945年8月6—9日）

背景介绍

聚焦

核武器

此前

1945年3月9—10日 美国的燃烧弹摧毁了东京的大部分地区，造成了10万人甚至更多人死亡。

1945年5月8日 纳粹德国无条件投降，结束了欧洲的战争。

1945年7月26日 《波茨坦公告》要求日本立即投降，但日本置若罔闻。

此后

1945年8月15日 日本无条件投降。

1946年1月 联合国呼吁削减核武器数量。

1949年 苏联在今哈萨克斯坦的塞米巴拉金斯克完成了第1次核爆炸试验。

二战爆发时，核物理学家发现了分裂铀原子以释放大量能量的理论可能性。1939年10月，科学家阿尔伯特·爱因斯坦写信给罗斯福总统，告诉他制造出“极其强大的新型炸弹”的可行性。

美国参战后，罗斯福启动了属于最高机密的曼哈顿计划，以制造原子弹。该项目由罗伯特·奥

参见: 日本偷袭珍珠港 138~145页, 神风特攻队飞行员 277页, 日本后方 278~279页, 欧洲的胜利 298~303页, 日本投降 312~313页。

> ……日本准备投降，所以就没有必要再用那个可怕的东西打他们了。
>
> 德怀特·艾森豪威尔

本海默领导的一个物理学家小组在新墨西哥州的洛斯阿拉莫斯率先开展。

科学和技术方面的挑战被证明是非常艰巨的。德国和日本都启动过原子弹计划，但都没有成功。该项目需要采购裂变铀和钚，更需要投入巨大的工业资源，只有美国有能力将科学理论转化为实用的武器装备。美国政府未经国会批准就资助了约20亿美元。

所有相关人员都认为新武器是为投入使用而制造的。曼哈顿计划的总负责人、陆军工程师莱斯利·格罗夫斯将军的任务是制造原子弹并部署这种新武器。

1944年秋天，他组织了一个特殊的航空小组，学习驾驶波音B-29“超级堡垒”轰炸机——一种新的远程轰炸机。在保罗·蒂贝茨上校的领导下，飞行员们进行了严格的训练，准备在原子弹问世后立即投掷原子弹。

1945年春天，蒂贝茨的B-29轰炸机被派往马里亚纳群岛的天宁岛。格罗夫斯努力推动项目进展，希望在战争结束前准备好原子弹。

道德问题

新任美国总统杜鲁门在担任副总统期间并没有被告知曼哈顿计划。1945年5月，他在成为总统后，成立了一个由战争部部长亨利·史汀生领导的临时委员会，就核问题向他提出建议。委员会成员意识到核弹使用会产生道德和政治问题。美国的官方政策是虽然在实践中仍然存在许多偏差，但应避免蓄意轰炸平民。

选定的轰炸目标

大约在这个时候，芝加哥的曼哈顿计划物理学家小组提交了一份报告，提出了对日本城市使用原子弹的替代方案。

该报告被称为《弗兰克报告》，以领导该小组的物理学家詹姆斯·弗兰克的名字命名，提议要么将炸弹扔到荒凉的地方，要么提前警告日本将在何处使用炸弹，以便疏散民众。临时委员会拒绝了这份报告。

一个由格罗夫斯担任主席的独立目标委员会拟定了一份原子弹可摧毁的城市名单。由于日本的许多城市已经化为废墟，因此它的任务变得很复杂。

之所以选择广岛，是因为它是一个相对未受破坏的港口城市，拥有军事设施，而且它地势平坦，

被称为“卡卢特伦女孩”的年轻女性在美国田纳西州橡树岭国家实验室的铀浓缩工厂中监测“卡卢特伦”（分离铀同位素的机器）。

物理学家发现了重原子的原子核裂变可以产生巨大的能量，并意识到其军事潜力。

↓

美国领导人急于结束太平洋战争，于是将资金和资源投入了原子弹的研发中。

↓

他们相信，原子弹造成的空前破坏将迫使日本投降。

可以最大限度地扩大爆炸的范围。长崎只排在名单的末尾，因为它的丘陵地形被认为不太适合。候选名单上的城市免于常规轰炸袭击，以留待原子弹轰炸。

进攻计划

6月18日，美国文职官员和军事首脑举行会议，讨论如何圆满结束这场战争。会议决定采用海、空、陆等一切可能的方式攻击日本，以促使日本尽快投降。但是，会上并没有提及原子弹，因为在场的大多数人并不知道曼哈顿计划的存在。

如果海军封锁和对城市的轰炸无法迫使日本投降，那么对日本本土的第一次海上进攻就将于1945年11月进行。如有必要，1946年3月将会进行第2次登陆行动。

军事规划人员预计，2.5万名美国士兵可能在第1次登陆中丧生，2.1万名美国士兵会在第2次登陆中丧生。尽管有这些预测的伤亡数据，但当美国军方负责人，包括参谋长威廉·莱希和艾森豪威尔将军，被私下告知美国有使用原子弹的意图时，他们的反应仍是消极的。

太平洋地区的空军司令卡尔·斯帕茨要求得到总统的书面授权，因为他担心以后会因原子弹爆炸的后果而受到指责。然而，没有人曾急切地敦促军事首长们更改对原子弹的保留意见。

测试和制造

1945年7月16日，世界上第一次原子弹试验在新墨西哥州阿拉莫戈多附近的沙漠进行，这次试验释放的能量约为2万吨TNT当量。曼哈顿计划成功了。

同盟国领导人在波茨坦的会议于次日开幕。在美苏关系不断恶化的情况下，面对与苏联领导人斯大林的艰难谈判，杜鲁门总统希望新武器能加强自己的实力。

然而，当杜鲁门告诉斯大林原子弹问世的消息时，斯大林的反应并没有如他所期望的那样。斯大林已经从苏联间谍那里知道了原子弹的所有情况。

在波茨坦会议进行期间，第一颗原子弹的材料被运往天宁岛进行组装。格罗夫斯告知杜鲁门，第一枚原子弹的代号是“小男孩”，为铀基炸弹，将于8月初准备就绪；第二枚是钚基炸弹，被称为“胖子”，会紧随其后；第三枚正在筹备中。

7月26日，盟军发表声明，敦促日本无条件投降。这份被称为《波茨坦公告》的声明对日本如果不投降的命运提出了模糊的世界末日式的威胁，但没有具体提及原子弹。

日本的回应是不置可否，盟

> **吾人通告日本政府立即宣布所有日本武装部队无条件投降……除此一途，日本即将迅速完全毁灭。**
>
> 《波茨坦公告》

轰炸目标	估计死亡人数（人）
华沙，1939年9月	25800
汉堡，1943年7月24日—8月3日	43000
德累斯顿，1945年2月13—15日	18000
东京，1945年3月9—10日	至少100000
广岛，1945年8月6日	80000，后来因放射病死亡人数上升至146000
长崎，1945年8月9日	40000，后来因放射病死亡人数上升至80000

广岛和长崎的死亡人数超过了欧洲城市常规轰炸造成的死亡人数。但东京的燃烧弹袭击才是最致命的事件。

军将其解读为轻蔑的拒绝。与此同时，在太平洋上，日军仍在攻击美国军舰。

双重暴击

1945年8月6日上午，蒂贝茨驾驶B-29轰炸机从天宁岛起飞，他将这架飞机命名为“埃诺拉·盖伊”，这是他母亲的名字。飞机上还有其他11名机组成员和“小男孩”原子弹。在另外两架B-29的陪同下，这架飞机于上午8点15分抵达广岛上空。

原子弹从高空坠落，在市中心上空爆炸，释放出强烈的闪光、热量和辐射，随后产生的冲击波几乎摧毁了爆心投影点周边1.6千米范围内的所有建筑物。爆炸引发的风暴摧毁了城市余下的区域。

轰炸后，杜鲁门通过无线电广播向全世界宣布了原子弹的存在，并以“从空中降下毁灭性的雨，这在地球上从未见过”来威胁日本。

由于日本政府没有立即做出反应，3天后美国又投下了第2颗原子弹。第2次轰炸最初的目标是小仓市，但恶劣的天气迫使B-29转移到长崎。轰炸结果与广岛基本相同，只是该市的山丘为一些人提供了保护。

广岛和长崎原子弹爆炸造成的死亡人数永远无法确定。当天和随后几个月死亡的人数（包括因放射病死亡的人数）在广岛为8万～14.6万人，在长崎为4万～8万人。大多数受害者是平民，其中也包括老人、妇女和儿童。

在长崎原子弹爆炸后的第2天，格罗夫斯通知他的上级，第3颗原子弹将在8月17日左右准备好，但他被告知，没有总统的指示，不得再投掷原子弹。这时，日本打算投降的意图已经很明显了。■

原子弹被投放到广岛，爆炸形成了蘑菇云。

天空不再降下死亡

日本投降（1945年8月15日）

背景介绍

聚焦

盟军在太平洋战场上的胜利

此前

1945年6月21日 盟军击溃了日军在冲绳的抵抗。

1945年8月6日 日本的广岛被原子弹炸成一片废墟。

1945年8月9日 第2颗原子弹在日本长崎爆炸。

此后

1945年9月 盟军占领日本，解散了日本军队并开始重组日本经济。

1946年4月 东京的军事法庭开始审判被控犯下战争罪的日本战犯。

1945年6月上旬，日本军官知道他们无法赢得战争，但他们仍想方设法避免“国耻”。日本最高战争领导委员会是一个由6人组成的内阁，分为主和派和主战派。前者以首相铃木宽太郎为首，希望与同盟国达成协定，但寻求通过谈判获得解决方案，忽视了美国坚定要求日本无条件投降的现实。主战派主张与同盟国决一死战，认为这对国家的精神生存至关重要。昭和天皇同时支持两种方案，在进行谈判的同时，还授权进行“越后行动”的军事计划，即大规模动员日本平民进行自杀式抵抗。

参见: 日本的进军 44~45页, 日本偷袭珍珠港 138~145页, 日本后方 278~279页, 被围困的日本 304~307页。

政治僵局

几周过去了，分裂的日本领导层沉浸在幻想中，他们幻想能够与苏联斡旋并达成和平协定，或者来一场突然的军事胜利，以便说服同盟国给予有利条件。铃木宽太郎没有对7月26日的《波茨坦公告》做出回应，对该公告威胁日本如果不投降将“迅速完全毁灭”的说法不予理睬。

日本最高战争领导委员会仍然陷在僵局中，一些成员准备在允许天皇继续在位的情况下投降，而其他成员则坚持认为日本必须保持不被占领。在8月6日广岛被炸和2天后苏联对日本宣战的双重冲击下，僵局才被打破。

日本肯定会输掉这场战争，但日本军方希望避免投降。

当美国向日本的两座城市投下原子弹，苏联加入太平洋战争时，日本的失败已成定局。

一些日本军官希望继续战斗以维护日本的荣誉，而另一些军官则为了维护国家而同意以投降换取和平。

8月10日，即美国在长崎投下原子弹的第二天，昭和天皇宣布，只要他自己的地位得到尊重，日本就可以“忍受无法忍受的痛苦”并投降。美国拒绝对天皇的未来做出承诺，只是说日本将在以后的某个日期自由选择自己的政府。

8月14日，昭和天皇录制了一份关于投降的语音，准备在广播中播放。极端主义的陆军军官试图发动政变，在广播前夺取该录音，但是他们失败了。8月15日，日本人民第一次听到了他们天皇的声音，就是听他宣布日本战败投降的消息。■

1945年9月2日，在密苏里号战列舰的甲板上，日本陆军大将梅津美治郎签署了日本无条件投降书。

为了你们的明天，我们付出了我们的今天

战争的代价

背景介绍

聚焦

对人类的影响

此前

1803—1815年 拿破仑战争席卷整个欧洲，造成了600万人死亡。

1914—1918年 一战是人类史上第一场现代化的全球战争，约有1800万人死亡，其中包括700万名平民。

此后

1954—1975年 至少330万人死于越南战争。

1998—2003年 在刚果民主共和国，约540万人在第二次刚果战争中死亡，其中大部分死于饥荒和疾病。

当二战终于要结束时，人们开始计算战争的代价，并且此后一直在反复思量。最简单的衡量标准是死亡的人数。但即使是这样，人们也无法知道确切数字。仅仅是军人的死亡数量就很庞大了，战死的士兵大多是年龄只有23岁左右的年轻男子。几乎每个国家的战斗人员都有一些伤亡。

参见：波兰的毁灭 58~63页，巴巴罗萨行动 124~131页，大屠杀 172~177页，斯大林格勒战役 178~183页，中国抗日战争 250~253页，轰炸广岛和长崎 308~311页。

位于法国圣阿沃尔德的洛林美国公墓和纪念馆有10489座坟墓，这是欧洲最大的美国二战坟墓。

> 你的名字是未知的。你的事迹是不朽的。
>
> 莫斯科的无名战士之墓

美国和英国的统计数据较为可靠。前者损失了40多万名战斗人员，主要死于战争的最后一年。诺曼底登陆后，美国与德国发生了直接冲突，几乎四分之三的美国士兵伤亡发生在那个时期。英国也损失了与美军相近的人数。英联邦同样付出了沉重的代价，例如，有8.7万名印度士兵、4.5万名加拿大士兵和4万名澳大利亚士兵丧生。

德国在西线损失了超过50万名士兵，但德国最大的损失发生在东线，大约230万名士兵丧生。也正是在那里，1942—1943年发生了二战中最惨烈的伤亡。在斯大林格勒战役中，德国第6集团军占领了这座城市，随后被苏联红军切断了联系——多达100万名德国士兵及其盟友死亡、受伤或被俘。尽管苏联是胜利者，但在这场可以说是历史上最致命的战斗中，苏联的伤亡人数甚至更高。

其他国家的损失

为了赢得欧洲战争，苏联背负了沉重的负担，付出了高昂的代价。苏联损失的士兵比欧洲所有其他参战国损失的总和还多。苏联损失的士兵的真实数字未知，官方数字为870万人，但据传真实数字接近1100万人。东欧的军事死亡人数并没有定格在这个数字上，还有大约24万名波兰士兵死亡，其中至少有2.2万名在1940年的卡廷事件中被杀。另外还有更多的南斯拉夫士兵战死沙场。

与此同时，亚洲的伤亡几乎同样巨大。死亡人数最多的是中国。

除了死亡人员，还有大量人员在战斗中受伤。在盟军中，每有1名士兵在战场上死亡，就有3名士兵受到重伤，不能再参加战斗。许多伤员终身残疾，而那些身体康复的人也多有精神创伤。

平民受害者

与以往任何一场战争相比，二战将更多平民卷入其中。当军队横扫城镇和村庄时，许多平民被直接卷入战斗。在对德累斯顿等城市的大规模轰炸中，许多平民成为攻击的目标。更多的人在强制劳动营和集中营中死于人为制造的饥饿、疾病和恶劣生存环境。平民的死亡人数更难量化，但普遍的估计表示，有超过2000万名战斗人员在二战中死亡，平民的死亡人数是这个数字的2倍。这一估计也包括纳粹大规模屠杀的平民人数。二战中，纳粹系统地杀害了600多万名犹太人、罗姆人和其他种族的人。

各国死亡人数

从数字上看，受打击最严重的国家是苏联，其平民死亡人数几乎等于整个二战中各国死亡士兵的总数。有些人是被自己的友军故意杀害或因见死不救而死亡的；而更多的人是在德国占领期间被杀害的。2020年，俄罗斯军事历史学家米哈伊尔·梅尔秋霍夫估计，纳粹在苏联领土上杀害了1590万～1740万名平民，包括在长期围困列宁格勒期间（1941—1944年）的至少120万人。

按比例计算，波兰的死亡人数比例最高，二战中，波兰失去了五分之一的人口——近600万人。数百万人死于巴尔干地区，其中南斯拉夫的伤亡人数最多。德国失去了多达300万人，其中许多人死于空袭。相比之下，英国损失了大约6万名平民，法国损失了17.3万名平民。

> **萨维切娃一家已经死了……所有人都死了……只剩下塔尼娅了。**
>
> 列宁格勒围城幸存者，14岁的塔尼娅·萨维切娃在她的日记中这样写道，1944年

饥荒和强奸

数百万人死于饥荒，主要发生在苏联、爪哇、越南、印度等地区。在希腊，有300万人（占其总人口的5%）在德国占领期间饿死。还有一些国家的军队将女性作为征服或报复的对象。

心灵伤害

波兰的一项战后心理健康研究发现，经历过战争的人口中有30%～40%患有创伤后应激障碍。波兰不是唯一发生这种情况的国家。

战争结束后，仅在欧洲就有2000万人流离失所。战后2年内，仍有85万人住在欧洲的无家可归者营地中。1945—1952年，超过3100万人得到重新安置，以适应欧洲大陆新划定的边界。许多流离失所者有幸回到了故土，但家里只剩满目疮痍，还有许多人再也没有回家，

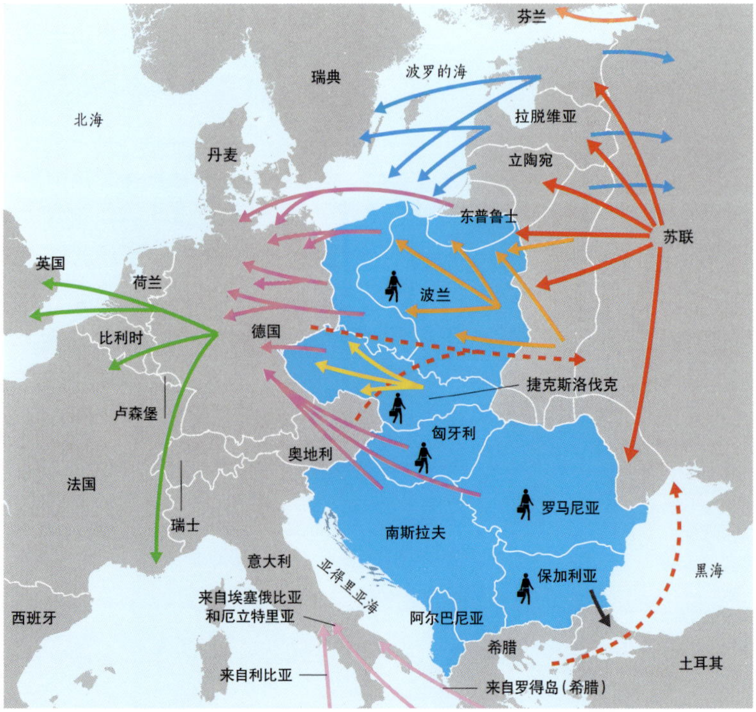

1945—1952年，超过3100万名移民被驱逐、重新安置或疏散。战争结束后不久，许多犹太人试图移民到巴勒斯坦，但大多数人在1948年以色列成立之前被英国当局扣留。

图例：

被重新安置、疏散、驱逐或移居的人

- 被强行遣返的苏联人（550万）
- 苏联人（230万）
- 德国人（525万）
- 波兰人（450万）
- 捷克斯洛伐克人（195万）
- 由国际难民组织重新安置的人（100万）
- 芬兰人（41万）
- 意大利人（23万）
- 波罗的海人（20万到西部，2.2万到东部）
- 土耳其人（13万）
- 1945—1950年移民到以色列的犹太人（28.6万）

1945年7月，英国商船马塔罗亚号载着1204名犹太难民，前往海法。他们中的许多人是集中营的幸存者。

其中包括数十万名欧洲犹太人。数以千万计的儿童失学多年。

重建城市

随着工业和农业遭到破坏，柏林、德累斯顿和东京等昔日繁荣的城市化为废墟，重建生活是一项艰巨的任务。法国估计损失的总费用约为其国民年收入的3倍。在波兰，30%的建筑物被毁，包括60%的学校。在遭到严重轰炸的德国，49个较大的城市失去了40%的房屋。由于1945年的原子弹袭击，战争结束后的几年里，日本广岛和长崎居民的白血病发病率高于往常。

二战是历史上代价最高的战争，估计共耗资4万亿美元甚至更多。不过，值得注意的是，断壁残垣之上，人们开始收拾残局，重建被打碎的生活。■

联合国善后救济总署

美国总统罗斯福意识到大规模难民问题日益严重，于1943年领导44个国家创建了联合国善后救济总署（UNRRA）。它比联合国的成立还早了两年。

起初，UNRRA只帮助同盟国的难民，但犹太组织要求它涵盖所有被迫逃离家园的人。战争结束后，UNRRA在重新安置流离失所者方面发挥了巨大作用，包括帮助德国的1100万非德国人返回家园。它建立了近800个安置营，安置了70多万人，并为东欧和南欧提供重要的援助、食品和药品。1947年，其职能由国际难民组织接管。

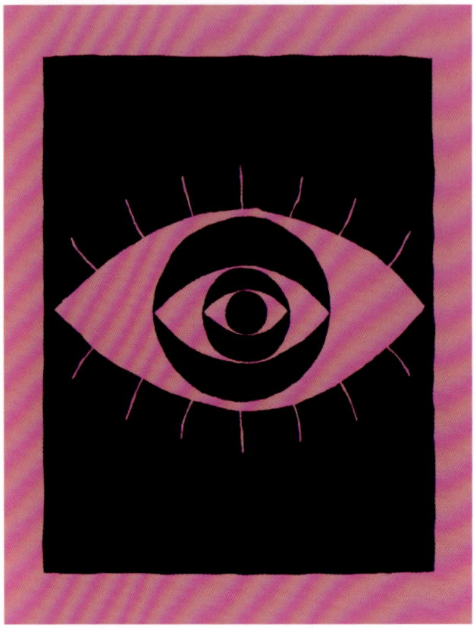

文明无法避免错误重演

纽伦堡审判和去纳粹化（1945—1949年）

背景介绍

聚焦

战争罪行

此前

1474年 勃艮第骑士彼得·冯·哈根巴赫是第一位被判犯有战争罪的军事指挥官。

1920年 国际联盟设立了常设国际法院。

1943年 同盟国的《莫斯科宣言》呼吁对纳粹领导人进行审判。

1944年 同盟国一致同意设立联合国，并下设国际法院。

此后

1961年 阿道夫·艾希曼——种族大屠杀的主要组织者，在阿根廷被捕，在以色列被审判和处决。

1987年 克劳斯·芭比因驱逐犹太人而受审，他最终被定罪。

2017年 前南斯拉夫问题国际刑事法庭对塞尔维亚前总统斯洛博丹·米洛舍维奇定罪。

当投降书最终被签署，战斗最终结束时，同盟国面临着如何处理纳粹分子的棘手问题。人们热切希望将那些发动战争、给许多人带来如此多痛苦和折磨的人绳之以法。还有一个更强烈的愿望是惩罚那些主导、参与大屠杀的人。

1943年，罗斯福、丘吉尔和斯大林及中国驻苏代表在莫斯科会面，发表了《莫斯科宣言》，承诺要对纳粹进行惩罚。丘吉尔希望战争一结束就立即处决纳粹高级军官，以避免审判被认为是一场带有表演性质的假审判。但斯大林争辩

同盟国为在纽伦堡审判中指控纳粹领导人而设立了新的罪行。

↓

危害和平罪：计划、准备和发动侵略战争。

↓

战争罪：在对待平民和战俘方面违反了国际战争法和惯例。

↓

反人类罪：蓄意、系统和广泛地迫害平民。

参见：纳粹阴霾下的欧洲 168~171页，大屠杀 172~177页，德国城市的毁灭 287页，欧洲的胜利 298~303页，持久的影响 320~327页。

说，他们必须得到适当的审判。斯大林的观点占了上风。

以新的罪名受审

1945年10月，包括赫尔曼·戈林在内的24名纳粹领导人在纽伦堡受审，他们被指控犯有新设立的罪行：危害和平罪、战争罪和反人类罪。纳粹党人辩称，他们不能因实施犯罪时并不存在的罪行而受到审判。但最终，在历时数周听取了逐渐披露的恐怖事件后，法庭认定除3人外，其他人均有罪。他们中的12人被判处死刑（戈林已经自杀），其余人被判处长期监禁。1946年12月至1949年4月，另外12个军事法庭（纽伦堡国际军事法庭）审判了其他不太知名的纳粹领导人。

一些人认为，审判只实现了"胜利者的正义"，因为盟军也有暴行，如轰炸德累斯顿。但大多数人认为，这些审判在建立作为解决争端手段的法治秩序方面至关重要。最重要的是，这些审判开创了对战争罪和种族灭绝罪进行法律惩罚的先例。

> **如果我们能够培养……这样的观念……打仗是通往囚犯牢房的道路，而不是获得荣誉的道路，我们就会使和平的局面更加安全、稳固。**
>
> 纽伦堡审判中的美国首席检察官
> 罗伯特·杰克逊，1945年

德国的未来

与此同时，同盟国试图将纳粹和纳粹主义从整个曾被纳粹占领的欧洲社会中清除。去纳粹化的范围很广，包括从图书馆中清除纳粹出版物，以及确保前纳粹分子被调离关键岗位等各个方面。在新成立的德意志联邦共和国（西德），纳粹标志被禁止出现，鼓吹纳粹思想可被处以死刑。但1949年，西德废除了死刑。

在实际操作方面，其实很难确定谁是纳粹分子，谁不是纳粹分子。所以在1949年，当康拉德·阿登纳成为西德的第一任总理时，他放弃了这一政策，赞成将纳粹分子重新纳入社会系统，以便国家能够向前发展。西方同盟国此时正将苏联视为一个更大的威胁。在接下来的几十年里，西方的历史走向变成了德国借助美国、英国和法国的政策获得救赎、走向新生，最终在1989年柏林墙倒塌时达到高潮。■

纽伦堡审判的被告们听着对他们的判决。

维护我们在战争中赢得的和平

持久的影响

背景介绍

聚焦

国际关系

此前

1815年 拿破仑战争后，维也纳会议的最终法案重组了欧洲。它旨在通过均势来实现和平。

1919年 一战后，《凡尔赛和约》给德国定罪，并惩罚德国发动战争的罪责，但它也产生了灾难性的长期后果。

此后

1955年 苏联起草了《华沙条约》，这是苏联与东欧国家签订的防御条约。

1987年 美国总统罗纳德·里根和苏联领导人米哈伊尔·戈尔巴乔夫就核军备控制条约达成一致意见。

1989—1992年 苏联解体，德国重归统一，东欧和中亚的部分国家获得独立。

1945年8月，二战的枪炮归于沉寂。对于战胜国的许多人来说，这是庆祝的时刻，伦敦、纽约和莫斯科举行了街头派对。

但是，快乐并没有持续多久。当人们停下来环顾四周时，他们看到了一个充斥着死亡、废墟和流离失所者的满目疮痍的世界。柏林和德累斯顿等德国主要城市已成废墟；在苏联，7万多个村庄和1700多个城镇被摧毁；日本广岛和长崎两座城市因原子弹爆炸而遭到了致命辐射的污染。

复仇与废墟

战争的结束并没有立即终结人类的苦难。许多前战区都发生了报复性杀戮，人们往往以残忍和暴力的方式解决战争中的恩怨。

在法国，数以万计的女性因在战争期间与德国人交往而受到责难和羞辱，她们被公开剃光头。

欧洲对犹太人的迫害也没有随着纳粹的倒台而结束。1946年7月2日，42名犹太人在波兰凯尔采镇被杀害。许多犹太人逃往巴勒斯坦，但英国急切地希望拉拢自己的阿拉伯盟友，于是拦截了近5万名犹太难民并将他们拘禁在塞浦路斯。

> **几乎所有其他人都无能为力。他们（向美国）寻求帮助。**
>
> 第36任美国总统林登·约翰逊于1947年发表讲话

战后的经济彻底崩溃，生产资料成了废墟，基础设施被严重破坏。饥荒在欧洲和亚洲普遍存在，即使是战胜国，也继续实行配给制。

但很明显，殖民时代就此结束了。日本在亚洲的军事胜利摧毁

1948年，瓦砾妇女正在清理发廊废墟周围的瓦砾，这是德国战后重建的一部分。

瓦砾妇女

战后德国经久不衰的形象之一是瓦砾妇女。她们手持锤子，清理德国城市废墟中的瓦砾。

她们经常被视为德国女性不屈不挠精神的化身。她们以这样的形象出现在画风欢快的招工海报中。许多德国城市有她们的纪念碑。然而，这种观点只是部分正确的。确实有大量女性自愿投身于重建工作，但在一些地方，这一群体的人数很少，因为让女性工作通常被视为一种惩罚（前纳粹党成员会被迫从事这类劳动）。不过，确实有一些妇女被额外口粮的报酬所吸引。尽管如此，德国的经济奇迹让战争带来的破坏迅速消失，并在非常短的时间内稳固地重建了国家。

参见: 国际联盟的失败 50页，殖民羁绊 90~93页，欧洲的胜利 298~303页，日本投降 312~313页，战争的代价 314~317页，纽伦堡审判和去纳粹化 318~319页。

第一届联合国大会于1946年在伦敦召开。

了英国和法国在该地区的殖民势力，使其无法恢复往日荣光，而印度要求独立的呼声再也不能被忽视。不久之后，非洲要求独立的呼声也随之响起。

美国的霸主地位

随着欧洲老牌霸主的崩溃，美国没有像那些位于主要冲突地区的国家那样遭受巨大的战争损失。因经济和社会完好无损，美国迅速脱颖而出，填补了欧洲老牌霸主留下的权力真空。

因为是当时唯一拥有核武器的国家，美国成为世界上第一个超级大国。因此，它在塑造战后国际秩序方面产生了巨大影响。1946年，美国是创建联合国儿童基金会的推动力之一，为欧洲和亚洲的母亲和儿童提供援助。

在1945年2月的雅尔塔会议

> 必须建立一个能够通过司法裁决来解决国家间冲突的世界政府。
>
> 物理学家阿尔伯特·爱因斯坦

上，美国还带头倡议创建联合国，以取代失败的国际联盟，此倡议得到了丘吉尔和斯大林的支持。

1945年6月，战争仍在继续时，来自50个国家的代表在旧金山通过了《联合国宪章》，并承诺联合国两个关键理念：它将使世界摆脱“战祸”并重建“对基本人权的信念”。

联合国大会是联合国的议会，每个成员国都有一名代表可以对提案进行投票。然而，真正的权力在于由美国、英国、苏联和中国（后来法国也加入其中）组成的安全理事会。作为安全理事会的常任理事国，这几个国家在所有重大决策上发挥着主导作用。

后来有6个非常任理事国加入了安全理事会，每个国家的任期为2年。1965年，又增加了4个非常任理事国席位。

然而，一些批评者认为，在经历了战争的恐怖后，只有一个联邦制的世界政府才能够维持和平，联合国终将失败。

稳定经济

除联合国外，为了稳定全球经济和促进经济合作，各国还成立了新的金融组织。

1944年7月，来自44个国家的730名代表聚集在美国新罕布什尔州布雷顿森林的华盛顿山酒店，建立了国际货币基金组织（IMF）和国际复兴开发银行（IBRD）——后来成为世界银行，使遇到短期经济困难的国家能够借到钱。

苏联参加了这些讨论，但拒绝批准倡议，因为它认为这些新机构只是资本主义的傀儡。1947年3月，IMF开始在美国华盛顿特区运作。

同盟国的分裂

最终，美国和苏联之间的意识形态之争分裂了同盟国，粉碎了全球能从战争的破坏中走向和谐发展的希望。

尽管在雅尔塔会议上做出了自由和公平选举的承诺，但苏联决心将东欧作为一个缓冲区，以防止西方国家攻击苏联，即使这意味着要阻止这些国家的民主社会主义运动。

苏联的战略很简单。每个东欧国家都要有一个效忠于苏联的政府，每个国家的经济都要与苏联的经济挂钩。如果苏联的控制区受到威胁，每个国家都可以使用自己的军队或秘密警察来维持权力，或者

> **美国应尽其所能，协助世界恢复正常的经济秩序，否则就不可能有政治稳定和可靠的和平。**
>
> 乔治•马歇尔

权力天平的变化

二战结束后，全球权力的平衡发生了重大变化。苏联和美国脱颖而出，成为超级大国，而欧洲的主要国家由于受到战争的影响和失去殖民地，影响力有所下降。

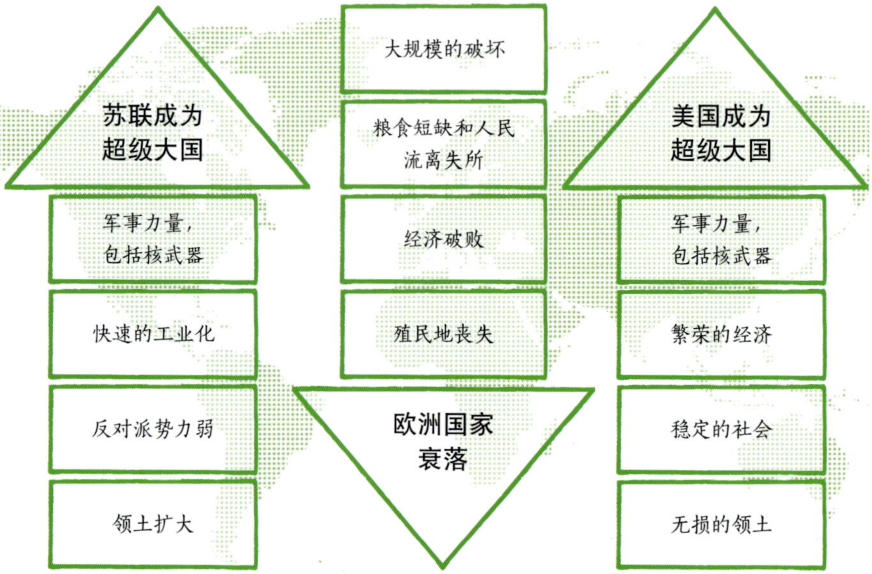

向苏联红军求援。

1948年2月，一场由苏联扶持的政变推翻了捷克斯洛伐克政府，使捷克斯洛伐克被纳入了苏联的势力范围。3年内，保加利亚、罗马尼亚、波兰和匈牙利也都归于苏联的控制之下，而爱沙尼亚、拉脱维亚、立陶宛、白俄罗斯和乌克兰在此之前早已被纳入苏联。

西方国家不清楚苏联的野心有多大，不禁发出疑问，希腊和土耳其会是下一批吗？1946年，希腊的亲西方政府和亲共产主义力量之间爆发了一场内战。美国总统杜鲁门被说服，认为他的国家应该放弃孤立主义政策，在外交政策问题上采取强有力的干预态度。

1947年3月，他提出了杜鲁门主义，宣布美国将向所有受到外部或内部独裁力量威胁的民主国家提供政治、军事和经济援助。这一举措实际上是在承诺美国将努力遏制苏联扩大势力范围。

马歇尔计划

随着西欧成为一片废墟，共产主义对民众有了更强的吸引力。美国国务卿乔治·马歇尔认为，防止这种情况发生的最好办法是提供援助，迅速重建破碎的经济。

马歇尔计划承诺，从1948年开始，美国将其国内生产总值的5%用于恢复被摧毁的欧洲大陆，并将提供150亿美元用于重建城市、工业和基础设施。

它还将消除欧洲内部和欧洲与美国之间的贸易壁垒。这个想法以人均水平为基础提供财政援助，将更多的钱给德国、法国和英国等主要工业大国。因为这些大国被认为对恢复欧洲经济至关重要。

每个欧洲国家都被邀请参与计划，但接受援助有一个条件：举

在柏林被封锁期间，孩子们对着一架运送物资的飞机欢呼。

乔治·马歇尔

乔治·马歇尔于1880年出生在美国弗吉尼亚州，17岁时进入弗吉尼亚军事学院，一生都是军人。1902年，他首先在菲律宾服役，在那里他很快被任命为指挥官。在接下来的15年里，他不断晋升，于1917年在法国领导了美军第一次的一战行动。二战开始时，马歇尔已升任参谋长，带着美军从20万人的小规模军队发展到830万人的装备精良的地面和空中部队。丘吉尔形容他是“胜利的组织者”。

从1947年起，作为国务卿，马歇尔设计并实施了欧洲复兴计划，该计划后来被称为“马歇尔计划”。该计划为欧洲的战后恢复做出了贡献，帮助建立了北约，并助其创造者（乔治·马歇尔）赢得了1953年的诺贝尔和平奖。马歇尔于1949年因健康状况不佳而离任，但仍在军队中积极工作，直到1959年去世。

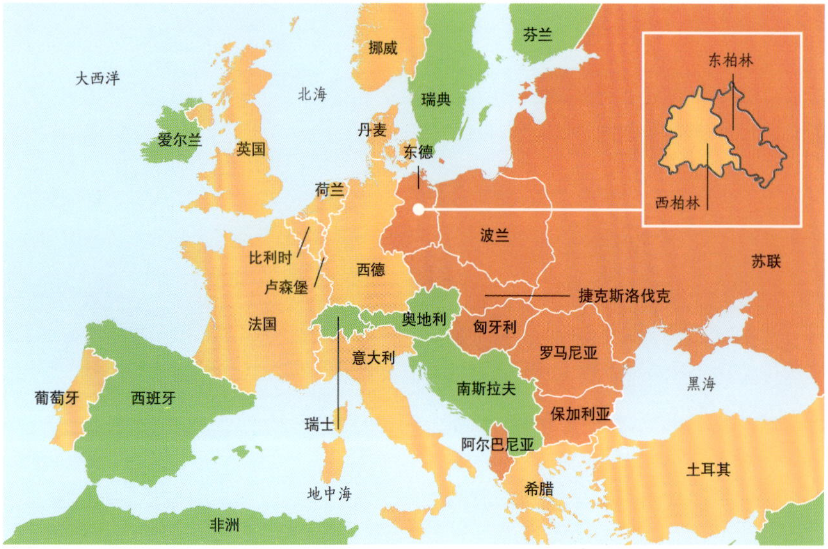

在冷战期间，欧洲大致分为受苏联影响的东部集团和与美国结盟的北约国家。柏林市被一分为二，由柏林墙隔开。

图例：
《华沙条约》组织（至1968年）
不结盟的国家
北约国家（1955年）

行自由和公平的选举。这个限定条件的意图是明确的，苏联禁止它的东欧卫星国参与该计划。

冷战开始

苏联对美国给予德国和其他国家的经济援助感到不安。1948年6月，苏联和西方国家之间的紧张关系激化，在柏林引发了全面的危机。当时，苏联红军封锁了所有通过铁路、公路和运河进入该市西部地区的通道。突然间，250万人无法获得基本需求。

在接下来的1年里，西方国家进行了历史上最大规模的空中救援行动，在11个月内向该市西部地区运送了约230万吨物资。

到1949年3月，苏联放弃了封锁，但东西方之间的冷战，苏联、美国及二者的相应盟友之间的长期对抗已经开始。

1949年4月，比利时、英国、加拿大、丹麦、法国、冰岛、意大利、卢森堡、荷兰、挪威、葡萄牙和美国在华盛顿共同签署了《北大西洋公约》。它本质上是一个军事同盟的缔约，规定对任何一个签署国的军事攻击都将被视为对其所有国的攻击。

北大西洋公约组织（NATO）在接下来的40年里成为西方对抗苏联的军事安全核心。当德意志联邦共和国（西德）于1955年加入NATO时，苏联与阿尔巴尼亚、保加利亚、捷克斯洛伐克、德意志民主共和国（东德）、匈牙利、波兰和罗马尼亚签署了《华沙条约》。

一个新的秩序

1945—1960年，亚洲和非洲有近40个新国家实现了自治甚至完全独立。在少数地方，如锡兰（改名为斯里兰卡），这一过程是迅速和有序的。在许多其他地方，独立是在困难中实现的。新独立的国家容易落入军政府的手中，或被部落的争斗所困扰。

1947年，英国将英属印度分成两个新国家——巴基斯坦和印度，前者的大多数人口是穆斯林，后者的大多数人口是印度教徒。由于处理不当，大约2000万人处于“错误”的国家。在随后发生的暴力事件中，有多达200万人被杀害。

许多法属殖民地的独立斗争也导致了激烈的冲突和全面战争，如1954—1962年的阿尔及利亚战争，以及1946—1954年的第一次印度支那战争（越南称之为抗法战争）。

更公平的社会

在大多数西欧国家，自由和公平的选举确实发生了。同时，社会面临越来越大的压力，民众要求提供更多的社会支持。

即使在繁荣的美国，也存在变革的压力。包括美国黑人和妇女在内的边缘化群体像其他人一样忠诚和英勇地参加了战争，不愿意在战后恢复二等公民的身份。结果，战后出现了民权斗争和女性主义等社会变革运动。

欧洲的大多数国家走向了社会民主制度，加强了国家在提供社会安全网、医疗保健、教育以及基础设施方面的作用。

英国的新工党政府创建了国家医疗服务，为所有人提供免费

以色列国旗的特点是蓝白相间的犹太祈祷披肩和中心的大卫星标志。

以色列建国

从20世纪30年代起，越来越多的犹太人为了逃避欧洲的迫害而在受英国管辖的巴勒斯坦定居。他们被称为犹太复国主义者，与生活在那里的巴勒斯坦人一样，他们也将巴勒斯坦视为他们祖先的家园。

为了获得阿拉伯国家对战争的支持，英国试图减缓犹太移民的速度，甚至还击沉了2艘犹太移民船（1940年的帕特里亚号和1942年的斯特鲁马号）。战后，犹太移民成潮，一个名为莱希组织（又被称为“斯特恩帮”）的犹太复国主义组织发起了针对英国的恐怖活动。当大屠杀的真相被揭露后，支持建立一个新的犹太国家的人越来越多。

1948年，联合国对巴勒斯坦进行分治，从而建立了一个新的犹太国家。4月9日，犹太复国主义组织杀害了代尔亚辛村的100多名阿拉伯居民，并在2周后控制了海法和雅法。5月14日，英国人离开巴勒斯坦，以色列宣布建国。

医疗服务，并开始实施社会住房建设计划。其他国家也出现了类似的举措。

值得注意的是，大规模的恢复计划和广泛的社会支持帮助欧洲以惊人的速度重建。

在短短3年内，即使是被摧毁的德国也开始了它的“经济奇迹”，它很快便成为欧洲大陆上最繁荣的国家之一。

破碎的生活被重新拼凑完整。被毁坏的城市从废墟中清理出来，获得重建。在20年内，随着战后一代人长大成人，历史上最具灾难性的战争正在成为永恒的过去。但是，冷战和核毁灭的威胁带来了新的隐患。■

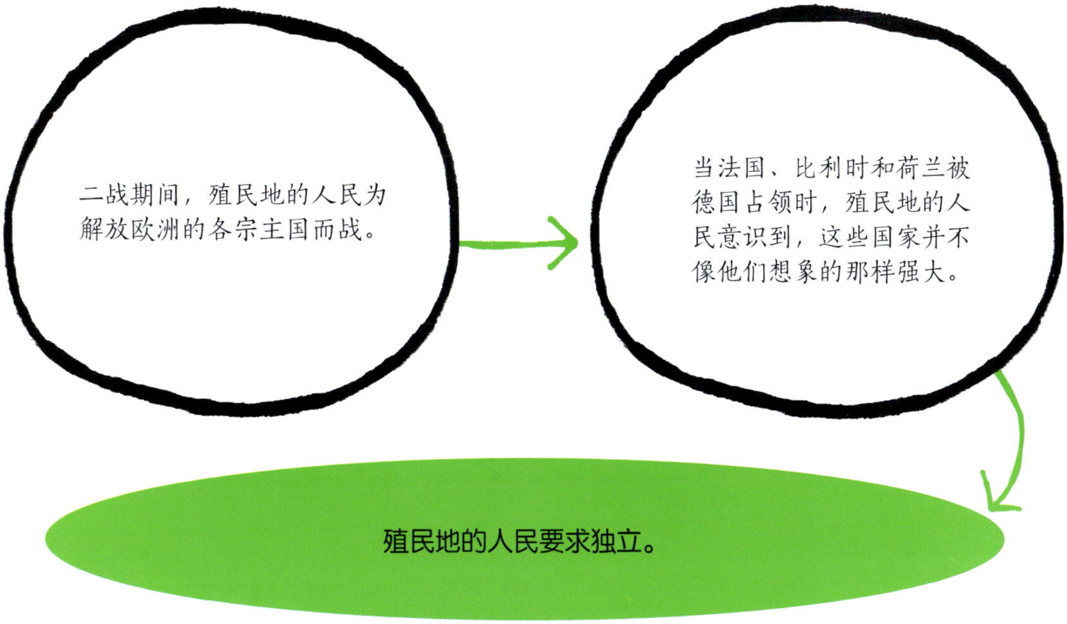

二战期间，殖民地的人民为解放欧洲的各宗主国而战。
当法国、比利时和荷兰被德国占领时，殖民地的人民意识到，这些国家并不像他们想象的那样强大。
殖民地的人民要求独立。

原著索引

Page numbers in **bold** refer to main entries.

A

B

C

D

E

F

G

H

I

J

K

L

M

N

O

P

Q

R

S

T

引文出处

战争的种子

18 H. G. Wells, British author

20 Popular expression

22 Benito Mussolini, Italian dictator

24 Heinrich Himmler, leader of the SS

30 Nazi salute

34 Eric Fromm, German-born social philosopher

40 Francisco Franco, Spanish dictator

42 Sun Yat-sen

44 Hirozo Mori, Japanese nationalist financier

46 Adolf Hitler, German dictator

48 *Jewish Chronicle*, London 1938

50 Haile Selassie I, emperor of Ethiopia

51 Neville Chamberlain, British prime minister

欧洲陷入战争

56 Vyacheslav Molotov, Soviet politician

58 Hermann Göring, Nazi politician

64 Winston Churchill, British prime minister

66 British government Public Information Leaflet No. 3, 1939

67 Henry Harwood, British naval officer

68 Anonymous Finnish officer

69 John Hodgson of the 49th West Riding Division, British Army

70 Heinz Guderian, German Army general

76 Winston Churchill, British prime minister

80 Charles de Gaulle, French Army officer and statesman

88 Benito Mussolini, Italian dictator

90 Winston Churchill, British prime minister

94 Winston Churchill, British prime minister

98 Ernie Pyle, American journalist

100 Winston Churchill, British prime minister

战争愈演愈烈

108 Franklin D. Roosevelt, US president

109 John Tovey, British admiral

110 Otto Kretschmer, U-boat captain

114 Kurt Student, Luftwaffe general

118 James Palmer, British tank soldier

122 Archibald Wavell, British general

124 Adolf Hitler, German dictator

132 Soviet slogan

136 Based on popular references to the massacre at Babi Yar

137 Nagano Osami, Japanese naval general staff chief

138 Franklin D. Roosevelt, US president

146 Franklin D. Roosevelt, US president

154 *Umi Yukaba*, Japanese military song

158 Mahatma Gandhi, leader of India's independence movement

159 John Curtin, Australian prime minister

160 Chester Nimitz, US admiral

166 Ivan Masiky, Soviet ambassador to Britain

167 Douglas Thompson, author

168 Adolf Hitler, German dictator

172 Nazi term first recorded at Wannsee Conference, January 1942

178 Vasily Chuikov, Soviet military commander

184 Alistair Urquhart, British soldier and prisoner of war in Japan

188 Albert Speer, Reich minister of armaments and war production

192 Winston Churchill, British prime minister

196 Franklin D. Roosevelt, US president

198 Winston Churchill, British prime minister

局面扭转

208 Bernard Montgomery, British field marshal

210 Unnamed US infantry officer

212 Kiyotake Kawaguchi, Japanese Army commander

214 Karl Dönitz, German admiral

220 Heinrich Johannsen, eyewitness

224 Joseph Goebbels, Reich minister of propaganda

225 Declaration of the Three Powers

226 ŻOB, Jewish resistance movement in Warsaw

232 Unnamed German SS officer

236 US War Advertising Council poster

242 Mordecai Anielewicz, Jewish leader, Warsaw Uprising

244 Soemu Toyoda, Japanese admiral

250 Japanese slogan

254 Franklin D. Roosevelt, US president

255 Howard Whitman, *Daily News* correspondent

256 Dwight Eisenhower, supreme Allied commander, Europe

264 Winston Churchill, British prime minister

266 Vasily Grossman, Soviet soldier

270 Claus von Stauffenberg, German Army officer

271 Hans Thieme, German Army officer

272 History of the 146th Quartermaster Truck Company, describing the Red Ball Express

274 Roy Urquhart, British major general

275 Unnamed British army officer

276 Kimpei Teraoka, Japanese 1st Air Fleet commander

277 Heiichi Okabe, kamikaze pilot

278 Japanese propaganda slogan

280 Winston Churchill, British prime minister

终局之战

286 Joint statement by Churchill, Roosevelt, and Stalin

287 Arthur Harris, British Royal Air Force commander

288 Heinz Guderian, German chief of staff

290 Operation instruction issued to the Allied 14th Army

294 Alan Rose, British Army sergeant

296 Mark Clark, US Army general

298 Dwight Eisenhower, supreme Allied commander, Europe

304 Tomoyuki Yamashita, Japanese Army general

308 Robert Lewis, co-pilot, Enola Gay

312 Douglas MacArthur, US Army general

314 John Maxwell Edmonds, British poet

318 Robert H. Jackson, US supreme court justice and judge at the Nuremberg Trials

320 Douglas MacArthur, US Army general

致谢

Dorling Kindersley would like to thank Mahua Sharma and Sanya Jain for design assistance; Ankita Gupta for editorial assistance; Shanker Prasad for DTP assistance; Assistant Picture Research Administrator Vagisha Pushp; Managing Jackets Editor Saloni Singh; Gwion Wyn Jones for additional research; Bonnie Macleod for additional editorial help; Alexandra Beeden for proofreading; and Helen Peters for indexing.

PICTURE CREDITS

The publisher would like to thank the following for their kind permission to reproduce their photographs:

(Key: a-above; b-below/bottom; c-centre; f-far; l-left; r-right; t-top)

19 Alamy Stock Photo: Pictorial Press Ltd (br). Getty Images: API / Gamma-Rapho (tl). **20 Alamy Stock Photo:** PA Images. **23 Getty Images:** Albert Harlingue / Roger Viollet Collection. **27 Alamy Stock Photo:** Shawshots (tl). **Bridgeman Images:** © Look and Learn (br). **28 Alamy Stock Photo:** mccool. **29 Alamy Stock Photo:** World History Archive. **31 akg-images**. **32 Getty Images:** Keystone / Hulton Archive. **33 Alamy Stock Photo:** Sueddeutsche Zeitung Photo. **37 Alamy Stock Photo:** dpa picture alliance (br); Scherl / Süddeutsche Zeitung Photo (tl). **38 Alamy Stock Photo:** Scherl / Süddeutsche Zeitung Photo. **39 Alamy Stock Photo:** Alpha Historica (bl). **Getty Images:** Popperfoto (tr). **40 Getty Images:** Universal History Archive / Universal Images Group. **43 Alamy Stock Photo:** Photo12 / Ann Ronan Picture Library. **45 Alamy Stock Photo**: CPA Media Pte Ltd / Pictures From History (tr); World History Archive (bc). **46 Alamy Stock Photo:** Scherl / Süddeutsche Zeitung Photo. **49 Alamy Stock Photo:** History and Art Collection. **50 Alamy Stock Photo:** mccool. **57 Alamy Stock Photo:** Scherl / Süddeutsche Zeitung Photo (br). **Getty Images:** Bettmann (tl). **61 Getty Images:** Hulton-Deutsch Collection / Corbis. **62 Alamy Stock Photo:** Everett Collection Historical. **63 Alamy Stock Photo:** Niday Picture Library. **64 akg-images:** Sammlung Berliner Verlag / Archiv. **65 Alamy Stock Photo:** Everett Collection Historical. **66 Getty Images:** Popperfoto. **67 Alamy Stock Photo:** Trinity Mirror / Mirrorpix. **68 Getty Images:** Keystone-France / Gamma-Keystone. **69 Getty Images:** Hulton Deutsch / Corbis Historical. **72 Getty Images:** Mondadori Portfolio. **74 Alamy Stock Photo:** Everett Collection Inc. **77 Getty Images:** Fox Photos / Hulton Archive. **78 Alamy Stock Photo:** David Cole. **79 Alamy Stock Photo:** World History Archive. **82 Alamy Stock Photo**: mccool. **83 Getty Images:** Jean-Guillaume Goursat / Gamma-Rapho. **84 Alamy Stock Photo:** Prisma by Dukas Presseagentur GmbH / Schultz Reinhard. **85 Alamy Stock Photo:** Pictorial Press Ltd (tr). **Getty Images**: Heinrich Hoffmann / Galerie Bilderwelt (bc). **86 Alamy Stock Photo:** Everett Collection Inc. **87 Alamy Stock Photo:** Shawshots. **88 Alamy Stock Photo:** Scherl / Süddeutsche Zeitung Photo. **89 Getty Images:** SeM / Universal Images Group (tl); ullstein bild Dtl.. (br). **91 Getty Images:** Bettmann (tl); Keystone-France / Gamma-Keystone (br). **92 Alamy Stock Photo:** incamerastock / ICP. **95 Alamy Stock Photo:** Lordprice Collection. **97 Getty Images:** Hulton Deutsch / Corbis Historical (br); ullstein bild Dtl.. (tl). **98 Alamy Stock Photo:** FL Historical S. **99 Getty Images:** Keystone / Hulton Archive. **101 Alamy Stock Photo:** Scherl / Süddeutsche Zeitung Photo. **102 Alamy Stock Photo:** Trinity Mirror / Mirrorpix. **103 Alamy Stock Photo:** H. Armstrong Roberts / Classicstock (tl). Shutterstock.com: Glasshouse Images (br). **108 Alamy Stock Photo:** Everett Collection Inc. **111 Alamy Stock Photo:** Everett Collection Inc. **113 Alamy Stock Photo:** Albatross. **115 Alamy Stock Photo:** De Luan. **117 Alamy Stock Photo:** Colin Waters (tl). **Getty Images:** ullstein bild Dtl.. (br). **119 Alamy Stock Photo:** The Picture Art Collection (br). **Getty Images:** Albert Harlingue / Roger Viollet (tl). **120 Getty Images:** Heinrich Hoffmann / ullstein bild. **121 Alamy Stock Photo:** The Picture Art Collection. **123 Alamy Stock Photo:** Everett Collection Inc (br). **Imperial War Museum:** Cabinet Office Second World War Official Collection (tl). **127 Mary Evans Picture Library:** Sueddeutsche Zeitung Photo. **128 Getty Images:** ullstein bild Dtl.. **129 Alamy Stock Photo:** Everett Collection Historical (br); War Archive (tl). **130 Alamy Stock Photo:** Scherl / Süddeutsche Zeitung Photo (bl); Sueddeutsche Zeitung Photo (tc). **131 Alamy Stock Photo:** dpa picture alliance (bc). **Getty Images:** Culture Club / Hulton Archive (tr). **133 Alamy Stock Photo:** Everett Collection Historical. **134 Alamy Stock Photo:** ITAR-TASS News Agency. **135 Getty Images:** Hulton Archive. **137 Alamy Stock Photo:** CPA Media Pte Ltd / Pictures From History. **140 Alamy Stock Photo:** Granger Historical Picture Archive / Granger, NYC. **141 Alamy Stock Photo:** Granger Historical Picture Archive / Granger, NYC. **142 Alamy Stock Photo:** Niday Picture Library. **144 Alamy Stock Photo:** American Photo Archive (bc); Pictorial Press Ltd (tl). **148 Alamy Stock Photo:** PjrStudio. **149 Alamy Stock Photo:** incamerastock / ICP. **150 Alamy Stock Photo:** American Photo Archive. **151 Alamy Stock Photo:** Granger Historical Picture Archive / Granger, NYC. (bl); World History Archive (tr). **152 Getty Images:** Bettmann. **153 Alamy Stock Photo:** Everett Collection Historical. **155 Alamy Stock Photo:** Everett Collection Inc. **156 Alamy Stock Photo:** Matteo Omied. **157 Alamy Stock Photo:** World History Archive. **158 Getty Images:** Topical Press Agency / Hulton Archive. **163 Alamy Stock Photo:** Chronicle. **165 Alamy Stock Photo:** Scherl / Süddeutsche Zeitung Photo (bl). Shutterstock.com: Bob Landry / The LIFE Picture Collection (tr). **166 Getty Images:** IWM / Getty Images / Imperial War Museums. **170 Alamy Stock Photo:** Interfoto / Personalities (bl). **Getty Images:** De Agostini Picture Library (tc). **171 Alamy Stock Photo:** mccool (br); US Army Photo (tl). **174 Alamy Stock Photo:** World History Archive. **175 Alamy Stock Photo:** Shawshots. **176 Alamy Stock Photo:** Schultz Reinhard / Prisma by Dukas Presseagentur GmbH (bc); Alyssa Schu / ZUMA Press, Inc. (tl). **177 Alamy Stock Photo:** From the Jewish Chronicle Archive / Heritage Image Partnership Ltd (tr). Getty Images: API / Gamma-Rapho (bl). **181 Alamy Stock Photo:** Shawshots. **182 Alamy Stock Photo:** Pictorial Press Ltd (bc); Scherl / Süddeutsche Zeitung Photo (tl). **183 Getty Images:** Hulton Archive. **185 Getty Images / iStock:** Stefan_Alfonso. **186 Getty Images:** Popperfoto. **187 Alamy Stock Photo:** © Adam Eastland (br). Getty Images: AFP (tl). **190 Getty Images:** ullstein bild Dtl.. **191 Alamy Stock Photo:** Photo12 / Coll-DITE / USIS. **193 Alamy Stock Photo:** World of Triss. **195 Getty Images:** Bettmann (tr); Mondadori Portfolio (bl). **197 Alamy Stock Photo:** History and Art Collection (tl); Trinity Mirror / Mirrorpix (br). **201 Alamy Stock Photo:** Pictorial Press Ltd. **202 Alamy Stock Photo:** dpa picture alliance. **203 Alamy Stock Photo:** Gary Eason / Flight Artworks (bl); Interfoto / History (tr). **209 Getty Images:** Three Lions. **210 Alamy Stock Photo:** Shawshots. **211 Alamy Stock Photo:** Granger Historical Picture Archive / Granger, NYC. **213 Alamy Stock Photo:** Alpha Historica (tl). **Getty Images:** U.S. Navy (br). **216 Getty Images:** ullstein bild Dtl.. **217 Alamy Stock Photo:** Pictorial Press Ltd. **218 Getty Images:** Universal History Archive / Universal Images Group (tr). TopFoto.co.uk: (bl). **219 Getty Images:** Historical / Corbis Historical. **221 Getty Images:** Popperfoto. **222 Alamy Stock Photo:** Vernon Lewis Gallery / Stocktrek Images, Inc.. **223 Alamy Stock Photo:** Schultz Reinhard / Prisma by Dukas Presseagentur GmbH (bl). **Getty Images:** Keystone-France / Gamma-Keystone (tr). **224 Getty Images:** Roger Viollet. **228 Polish National Digital Archive**. **230 akg-images:** George (Jürgen) Wittenstein. **231 Alamy Stock Photo:** Pictorial Press Ltd (bl). Getty Images: Bettmann (tr). **234 Alamy Stock Photo:** Scherl / Süddeutsche Zeitung Photo. **235 Alamy Stock Photo:** Scherl / Süddeutsche Zeitung Photo (tl). **Science Photo Library:** Sputnik (br). **238 Alamy Stock Photo:** David Cole. **239 Alamy Stock Photo:** Shawshots. **241 Alamy Stock Photo:** Everett Collection Inc (tr); war posters (bc). **243 Alamy Stock Photo:** Photo12 / Ann Ronan Picture Library. **247 Alamy Stock Photo:** Zuri Swimmer. **248 Alamy Stock Photo:** Pictorial Press Ltd. **249 Alamy Stock Photo:** Everett Collection Inc. **251 Alamy Stock Photo:** CPA Media Pte Ltd / Pictures From History. **252 Getty Images:** Popperfoto. **253 Getty Images:** Keystone-France / Gamma-Keystone. **255 Getty Images:** Fred Ramage / Hulton Archive. **258 Alamy Stock Photo:** Trinity Mirror / Mirrorpix. **259 Bridgeman Images:** © Tallandier. **260 Alamy Stock Photo:** Interfoto / History. **261 Alamy Stock Photo:** Schultz Reinhard / Prisma by Dukas Presseagentur GmbH. **262 Getty Images:** Lt. Handford / Imperial War Museums (bl). **263 Alamy Stock Photo:** World History Archive. **265 Getty Images:** Bettmann (tl); Universal History Archive / Universal Images Group (br). **267 Getty Images:** Keystone / Hulton Archive. **268 Getty Images:** Sovfoto / Universal Images Group (t, bl). **269 Getty Images:** Sovfoto / Universal Images Group. **270 Getty Images:** ullstein bild. **273 Alamy Stock Photo:** Granger Historical Picture Archive / Granger, NYC. (tr); World History Archive (tl). **275 Getty Images:** Bettmann. **276 Getty Images:** Historical / Corbis Historical. **277 Getty Images:** Yasuo Tomishige / The Asahi Shimbun. **279 Alamy Stock Photo:** Shawshots. **281 Alamy Stock Photo:** Interfoto / History (tr); Shawshots (bl). **287 Alamy Stock Photo:** Shawshots. **289 Alamy Stock Photo:** Chronicle (tr). **Getty Images:** Serge Plantureux / Corbis (bc). **291 Alamy Stock Photo:** Everett Collection Inc (br). **Getty Images:** Hulton Deutsch / Corbis Historical (tl). **292 Alamy Stock Photo:** Scherl / Süddeutsche Zeitung Photo. **293 akg-images:** Pictures From History. **295 Alamy Stock Photo:** Vintage_Space (bl). **United States Holocaust Memorial Museum:** adapted from the Liberation of major Nazi camps, 1944-1945 map (tr). **297 Alamy Stock Photo:** marka. **300 Bridgeman Images:** Picture Alliance / DPA. **301 Library of Congress, Washington, D.C.:** LC-USZ62-13033. **302 Getty Images:** Photo12 / Universal Images Group. **303 Getty Images:** Photo12 / Universal Images Group. **305 Alamy Stock Photo:** Everett Collection Historical. **306 Alamy Stock Photo:** Shawshots. **307 Alamy Stock Photo:** Archive Image (tl); Vintage_Space (bl). **Getty Images:** PhotoQuest / Archive Photos (tr). **309 Alamy Stock Photo:** DOE Photo. **311 Alamy Stock Photo:** Granger Historical Picture Archive / Granger, NYC.. **313 akg-images:** (bl). **Alamy Stock Photo** Everett Collection Historical (tr). **315 Alamy Stock Photo**: Immagia. **317 Alamy Stock Photo:** Matteo Omied. **319 Alamy Stock Photo:** Pictorial Press Ltd. **322 Getty Images:** Bettmann. **323 Alamy Stock Photo:** Interfoto / History. **324 Dreamstime.com:** Scorpion26. **325 Alamy Stock Photo:** Granger Historical Picture Archive / Granger, NYC. (tr); David Lichtneker (bl). **326 Bridgeman Images:** Sovfoto / UIG. **327 Getty Images:** Atlantide Phototravel

All other images © Dorling Kindersley
For further information see: www.dkimages.com